교육방법 및 교육공학

| 하경표 · 구서연 · 김운삼 · 남기양 · 송창백 · 안미영 · 이다현 공저 |

EDUCATIONAL METHOD AND TECHNOLOGY

양성원

머리말

교직이론을 공부하는 다수의 예비교사는 교육방법 및 교육공학 과목이 어렵다고 호소한다. 예비교사들의 이러한 고민을 반영하여 될 수 있으면 모든 이론과 모형을 실제 사례를 들어 설명하고자 노력하였다. 교육이란 “인간행동의 계획적인 변화”라고 정의할 수 있다. 즉, 인간의 가시적·비가시적 행동을 계획적으로 변화시켜 현재의 상태보다 좀 더 가치 있는 행동을 하도록 유도하는 것이 교육이다. 교육의 정의에서 나타난 ‘계획적’이란 말은 교육이 강한 의도성을 가지고 있다는 의미를 내포한다. 교육이란 인간행동이 자연스럽게 변화되는 것을 내버려 두고 지켜보는 것이 아니라, 의도적으로 변화를 유도하고 목표한 행동에 도달하게 하는 것이다. 이런 측면에서 교육을 볼 때, 가장 중요한 교육의 요소는 교육의 내용과 방법이다. 교육의 내용은 교육과정(教育課程)이며, 교육의 방법은 교수-학습과 교육공학으로 설명될 수 있다.

보통의 교육방법 및 교육공학 교재에서 공통으로 다루는 내용요소들을 포함하였다. 그러나 제시 순서는 조금 다르게 하였다. 즉 매주 배우는 개념, 원리, 모형, 이론들을 적용하여 워크시트를 활용한 수업설계 프로젝트를 수행하도록 하였다. 그 때문에 교수설계의 기본 절차인 분석, 설계, 개발, 실행, 평가의 순서에 따라 단계별로 알아야 할 내용요소들을 제시하였다. 교육방법 및 교육공학의 모든 내용이 집약적으로 녹아 있는 활동은 교수설계이며, 학교교육에 가장 핵심적인 교수설계는 수업설계이다. 예비교사들은 매주 학습한 개념, 이론, 모형 등을 워크시트 활동을 통하여 수업설계에 적용해 볼 수 있다.

현직교사나 교직을 이수하는 예비교사들은 대학에서 배우는 교육이론과 현장은 괴리가 있다고 말한다. 하지만 저자는 그렇게 생각하지 않는다. 수많은 교수·학습 이론은 오랜 시간 지혜자들의 연구를 거쳐 과학적으로 검증된 것이다. 이 이론들은 수업시간에 교사들의 수업언어와 수업행동 하나하나가 학생들에게 어떠한 학습 효과를 미칠 것인지를 예언해 준다. 독자는 이론을 배우고 이론에 근거한 설계를 하면서 교육적 효과가 검증된 수업설계를 연습하여야 한다. 그리고 이론에 근거한 수업을 할 때 이론을 더 깊이 이해할 수 있게 되며, 비로소 이론을 초월한 수업을 할 수 있게 된다. 모쪼록 이 책을 공부하면서 교육학 이론을 배우는 것이 수업의 질을 높이는 매우 가치 있는 일이라는 것을 깨닫기 바란다.

교육방법 및 교육공학을 공부하는 예비교사가 '좋은 수업'을 할 수 있게 만드는 것이다. 교육방법 및 교육공학은 교직 과정의 어떤 과목보다도 '좋은 수업'과 관련이 깊은 과목이다. 가르치는 사람이 자신의 능력 안에서 수업에 최선을 다해야 하는 것은 당연한 일이고, 한정된 시간과 환경, 예산에서 최대한의 효과를 내기 위해서는 다양한 방안을 고민해야 한다. 그리고 그 고민의 해답의 상당 부분은 교육방법과 교육공학에 대한 지식에서 찾을 수 있을 것이다.

마지막으로 이 책이 나오기까지 적극적으로 도움을 주신 양성원 사장님과 관계자분들께 깊은 감사를 드리며, 집필하느라 바쁜 시간을 쪼개어 늦은 밤까지 수고를 아끼지 않은 공동 저자들 서로에게 감사를 드리며, 이 작업을 마다치 않고 적극적으로 도와준 편집부 선생님들께 심심한 감사의 말을 전한다.

2018년 8월

저자 일동

차례

PART I 교육방법

PART 1

교육방법

CHAPTER 1

교육방법의 기초

1. 교육방법

1) 방법의 개념

방법이란 말의 사전적 정의는 “목적을 이루기 위하여 취하려는 방식이나 수단 · 법”, “객관적인 진리에 도달하기 위하여 연구하는 수법”이다(신기철 · 신용철, 1980). 그러면 방법이라는 말을 우리는 일상생활에서 어떻게 사용하고 있을까? ‘방법’이라는 말은 보통 “~을 하는 방법을 ~한다”라는 형태로 사용되는데 ‘자동차를 운전하는 방법을 안다’든지 또는 ‘다른 방법을 찾아야 한다’ 등이 그 예이다. 이러한 예들을 잘 살펴보면 방법이라는 말이 가지는 두 가지 특성이 발견된다(변영계 외, 1996).

첫째, 방법이라는 말은 어떤 ‘목적’을 염두에 두고 있으며, 다시 ‘목적’은 반드시 목적에 도달하지 못한 ‘현재의 상태’를 전제로 하고 있다.

[그림 1-1] 교육방법의 특성

둘째, 방법이라는 말은 목적에 도달하기 위한 '이론적 지식'과 이를 실현시킬 수 있는 '실행력'을 포함한다. 예를 들면 '자동차를 운전하는 방법을 안다'는 것은 운전하는 법의 절차를 말로 설명하거나 글로 써서 보일 수 있는 이론적 지식과 이 지식에 더하여 운전을 할 수 있는 실행력을 포함한다(변영계 외, 2000).

이처럼 방법이라는 말은 어떤 목적을 염두에 두고 있으며, 목적은 반드시 목적에 도달하지 못한 현재의 상태를 전제로 하고 있다. 그리고 방법이라는 것은 목적에 도달하기 위한 이론적 지식과 이를 실현시킬 수 있는 실행력을 포함한다.

2) 교육방법의 개념

교육방법이 갖는 의미는 가끔 어떤 일반적인 이론을 적용할 수 있는 단일한 과정의 인상을 느끼게 하는데, 막연히 사용되어 왔으나 실제로 교육방법이란 결코 어떤 단일한 이론이 충분히 해명할 수 없는 많은 유형의 과정, 행동 및 활동을 내포하고 있다. 교육방법은 교육목적과 더불어 교육의 전반적인 두 영역 중의 하나를 가리키는 말로 이해되기도 한다. 결국, 교육에서 중심이 되는 것은 무엇을 가르칠 것인가와 어떻게 가르칠 것인가의 문제이다. 일반적으로 교육은 왜 가르치려는가의 교육목적과 무엇을 가르칠 것인가의 교육내용 및 어떻게 가르칠 것인가의 교육방법 등의 세 가지로 나누어 생각해 볼 수 있다.

교육이론이나 일반적으로 사용하고 있는 교육방법이라는 의미는 교육의 주체를 누구에게 두느냐에 따라서 또는 교육방법의 영역, 즉 범주에 따라 크게 두 가지로 구분하여 고려할 수 있다. 우선 주체적으로 볼 때 교사 중심적인 관점에서는 좁은 의미의 교육방법으로서 전통적으로 교육방법이라는 것은 교육내용을 제시하는 형태로서 교수방법, 수업방법 또는 교수법 등으로 흔히 사용되고 있지만 학습자 중심에서는 학습지도라는 용어를 쓰기도 한다. 이와 같이 교육방법은 교육목적과 함께 교육의 두 가지 영역 가운데 하나를 의미하는 것으로, 넓은 의미에서의 교육방법은 교육목적과 관련된 논의를 제외한 다른 모든 이론적 · 실제적 영역을 의미하거나 교육목적과 교육내용을 제외한 모든 것을 포괄적으로 포함하여 교육목적의 탐구나 교육과정의 구성, 수업, 즉 학습지도와 교육평가 및 생활지도의 영역까지 의미하기도 한다. 그러나 구체적인 면에서 교육방법이라고 논할 때는 교수-학습방법의 유형으로 한정하여 설명하기도 한다(서정후, 2004).

Corey는 교육방법이란 "개인으로 하여금 특정한 조건하에서 또는 특정한 상황에 대한 반응으로서 특정한 행동을 나타내도록 학습하게 하거나 또는 그 특정 행동에 참여할 수 있도록 개인을 둘러싼 환경을 개인적으로 조작하는 과정"이라고 정의하였다.

교육방법을 교육목적과 관련지어 고려해 볼 때 다음과 같은 몇 가지 특성을 지니고 있다고 할 수 있다(이돈희, 1983).

첫째, 어떤 방법이든 그것이 특정 목적에는 효과적으로 봉사하나 다른 목적에는 그렇지 못한 특성이 있다.

둘째, 어떤 목표의 달성과는 상관없이 그 자체의 효율성만으로 의미 있는 교육방법이 있다고 해도, 그것이 구체적 목표의 달성에 기여하지 못할 때에는 엄격한 의미의 방법이 될 수 없다.

셋째, 한 가지 교육목표의 달성을 위해서 여러 가지 교육방법들이 동시에 작용할 수 있다.

넷째, 한 가지 교육방법이 여러 가지 교육목표를 달성하는 데 기여할 수 있다.

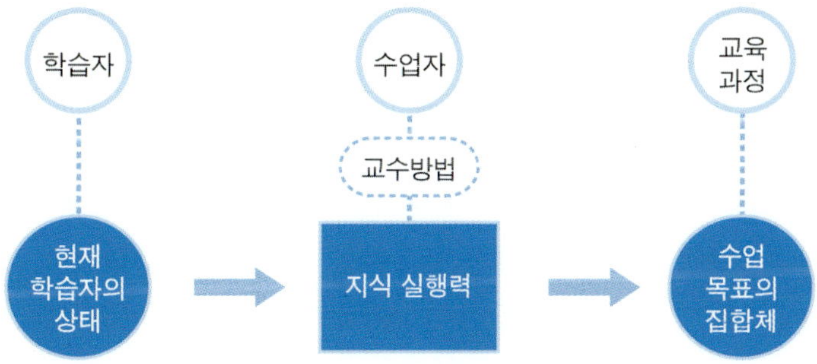

[그림 1-2] 교수방법의 영역

[그림 1-2]는 학습자, 수업자, 그리고 교육과정이 각각 학습자의 현 상태, 교수방법, 그리고 교육과정과 상응하고 있으며, 교수방법은 지식과 실행력으로 구성되어 있다(변영계 외, 1996).

여기서 교수와 수업의 구별이 필요하다. 교수는 흔히 수업을 가르쳐 주는 것, 가르치고 배우는 것 등의 뜻으로 이해하고 있다. 그러나 수업이 교사가 가르치는 내용을 그저 받아들기만 하는 것이라는 뜻은 현대적 의미에서는 받아들이기 어려운 개념이다. 여기서 교수란 수업에 비해 보다 포괄적인 것으로 구체적으로는 설계, 개발, 적용, 관리, 평가를 포함하며, 수업이란 주로 교사의 적용과 실행에 중점을 두는 것이다.

따라서 교사가 교실에서 수업시간에 가르치는 것은 수업이며, 이는 교수의 일부분이다.

교수란 교사가 수업을 하기 위한 준비, 계획, 수업, 수업 후 처치 등 모든 제반 활동을 말한다. 교육은 '무엇을 어떻게 가르칠 것인가'의 분명한 의도에서 출발한다고 할 수 있다. 이를 토대로 '교수방법이란 개인이 특정한 행동으로 나타낼 수 있도록 효과적이고 효율적으로 내용을 조작하기 위한 계획적 방안'이라고 할 수 있다.

3) 변천과정

교육은 처음에는 말로 설명하는 강의법으로 시작되었다. 후에 대화법, 산파술이라고도 불리는 문답법으로 그 방법이 변하였는데 이를 처음 도입한 사람은 Socrates(BC 470~399)였다. 그 후엔 시각 활용법(17C Comenius가 도입), 흥미중심수업(18C 설명, 시연과 수법, 연습모방), 실물교육법 또는 감각교육법이라 불리는 교육방법이 18C에 암송, 암기 위주의 교육을 변화시키고 대체하였다. 그 후엔 체계적 인지를 강조하는 방법으로 진행됐는데, Herbart가 주장한 내용이다. [교수의 4단계설에는 명료, 연합, 계통, 방법이 있는데 명료는 개념파악을 위한 예시, 제시를 말하고 계통은 기존의 개념을 새로운 개념과 연계시키는 방법이다. 계통은 배운 내용들을 순서화 · 위계화 하는 것이고, 방법은 실제 상황에 적용하고 응용하는 단계이다.] 이후엔 활동 중심, 경험 중심을 강조하는 교육방법으로 변천되었는데, 이는 학습자의 흥미와 욕구를 중시하고, 기능적인 지식을 습득, 협동학습을 강조하였다. 이것은 바로 학습자의 흥미와 필요, 활동, 경험 등을 강조하는 경험 중심 교육과정을 탄생시키는 계기가 되었다. 또 후에 Piaget 등의 구성주의적 관점의 영향을 받으면서 더욱 발전하여 최근에는 구성주의 교육과정을 제안하는 것에 이르고 있다.

교육방법에는 여러 가지 방법이 있겠지만 마지막으로 말한 경험 중심의 교육방법을 더욱 강조해야 한다고 생각한다. Dewey의 경험론은 현대 교육의 문제점과 많이 연관되어 있기 때문이다.

요즘 우리나라 교육의 큰 문제점 중 하나가 경험이 없는 지식전달 위주의 교육이라는 것이다. 오늘날 학교교육은 교과를 확정된 결과지식으로 대체시키고 같은 집단 내에서조차 구성원들을 경쟁적 관계로 규정하여 학생들에게 삶과는 동떨어진 지식을 준비하고 있다. Dewey에 의하면, 전통적 교육은 외부에서 부과된 목적이 만연됨으로써 교육을 먼 장래를 위한 준비라는 것에 강조를 두게 하여 교사와 학생의 과업을 기계적이고 노예적인 것으로 만들게 하였다. 바로 이것이 현재 우리가 겪고 있는 문제와 딱 들어맞는 것이라고 생각한다. 물론 사회변화에 따른, 입시위주의 교육에 따른 결과지만 고대 사회에서는 학생이 사회의 실생활에 참여함으로써 자연스럽게 기성사회에 적응할 수 있었다. 그러나 현대에 들어 사회가 점점 복잡해짐에 따라 젊은이들에게 사회생활의 내용을 체계적으로 제공할 필요가 있었다. 그러면서 학교교육의 영역은 확대되고 또 그것이 점차 왜곡되어 사회적 가치와는 관계없이 단지 그 자체의 중요성을 통달해야 하는 활동으로 변한 것이다.

이러한 상황에서 학습자는 교육의 필요성을 느끼지 못하기 때문에 그것이 자신의 활동에 생생한 영향력을 행사할 수 없었던 것이다(Dewey의 관점에서 봤을 때). 그 결과 학교에서 배우는 것과 사회현실과는 별개로 여겨져 사회적으로 교육적으로 엄청난 낭비와 부작용을 초래하게 되었다. 결국 현재의 교육은 학생들의 경험결핍, 획일적인 교육에 의한 수동적인 존재로의 전략을 초래하게 된 것이다. 물론 이러한 문제점의 대안점도 모색해 보았는데 그 내용은 다음과 같다.

첫째로 학습자들의 교육의 장을 학교에만 국한시키지 않고 가정, 사회, 학교가 유기적으로 연관된 체계에서 교육을 하는 것, 둘째로 주입식, 암기식 수업방법과 입시로 인한 수동적이고 방관자적인 삶의 태도를 지양하지 않기 위해 자율성을 신장시키는 교육이 필요하다는 것, 셋째로 학습자에 대한 올바른 직업교육이 체계적으로 실시되어야 한다는 것이다.

이는 학습자의 무한한 잠재력과 다양성, 가능성을 키워주는 지속적인 성장을 가능하게 하는 관점을 제시하는 교육이 되어야 하기 때문이다. 학교교육이 우리나라의 고학력 풍토와 연계되어 입시위주 교육으로 변모하고 단지 장래를 위한 준비로 인식되면서 전인교육의 역할을 점차 상실하고 있다. 지식위주의 교육을 경험교육과 함께 병행하려면 교육의 구조적인 개혁이 있어야 함을 보여주는 것이다. 입시제도부터 바뀌어야 교육의 방향과 방법이 바뀔 수 있는 것이다. 그렇다고 아무런 대책 없이 '경험'을 교육내용에 포함하기 위하여 당장 다음해에 이를 시행하라는 것은 아니다. 장기적이고 거시적인 안목을 가지고 여러 방안을 시행하여 교육개혁을 이루어 내야 한다. 즉, 고정된 지식과 가치를 획일적으로 주입하는 기존의 권위적 교육방식을 지양하는 것이 아니라 학생의 '경험'을 중요시(더 멀리 보자면, 구성주의 교육과정)해야 한다.

지금까지 제시한 대안들이 차근하게 현재 교육정책에 반영한다면 아마도 지금보다는 훨씬 더 효율적으로 학습과 교육을 할 수 있고, 쳇바퀴처럼 굴러가며 변화 없는 우리나라의 교육에 목표가 생기고 더 나아가 그 질도 향상될 것이라고 생각한다.

2. 교수학습의 기본원리

1) 방향의 원리

(1) 안정감과 만족감의 원리

학습에 있어서, 교사가 아동들의 안정감과 만족감을 기본으로 한 학습지도가 이루어져야 하는 근본 이유는 첫째, 민주주의에 있어 하나의 기본적인 원칙은 개인의 존중이라는 점 때문이다. 개인은 그가 가지고 있는 힘을 최대한도로 발달시켜야만 하는 하나의 귀중한 사회의 자원인 것이다. 둘째, 이것만이 효과적인 학습을 보장하는 유일의 방법이라는 점 때문이다. 셋째, 오늘날과 같이 안전보장에 대한 수많은 위협을 느끼는 세계에서 안정되고 적응할 줄 아는 개인이 되도록 도와주어야 한다는 요구에 응해 주어야 한다.

(2) 공동학습조장의 원리

바람직한 학습지도의 근본은 현실성을 띤 목적설정과 목적달성 그리고 경험의 참뜻을 해석하여 그 가치를 평가하는 데에, 아동들 자신이 능동적으로 참여하도록 하는 데에 있다. 공동학습은 효과적인 학습 계획을 세우는 것이기 때문이다. 오늘날 공동학습이 여러 점에서 효과적인 학습원리라는 것의 또 다른 이유는 민주사회의 성원들은 협동적 집단활동을 영위하고 공존공생하며 선택을 할 수 있으며, 자기가 속해 있는 집단에서의 가장 훌륭한 생각을 대표하는 해결책을 내놓을 줄 알 필요가 있기 때문이다.

(3) 자기지도조성의 원리

집단활동의 하나의 방법으로써 공동학습을 할 수 있는 분위기 조성에 능력 있는 교사는 학습자로 하여금 끊임없이 자기 노력의 평가를 격려하여 가면서 그들의 개인적인 여러 문제를 해결할 계획을 세우는 것을 도와주는 교사이다. 따라서 아동 한 사람 한 사람의 자기지도를 도와주는 최상의 방법도 그러한 과정 속에 놓여 있는 것이다. 민주주의 사회에 없어서는 안 되는 또 하나는 행동과 감정의 억제에 의한 자기통제이다. 아동은 자기행동에 대하여 자기 나름대로의 사회적 책임을 져야 하는데, 이때 자기통제 혹은 자기훈련은 가장 기본적인 목표인 것이다. 그것은 사회집단 내의 개인행동의 기본이기도 한 것이다. 이렇게 함으로써 자기 자신의 일을 처리해 나가며 자기 자신의 감정을 다스릴 수 있는 성숙한 성인으로서의 능력을 갖추게 되는 것이다.

(4) 창의력조성의 원리

효과적인 학습지도는 모든 아동의 창의적 자기표현의 최대 발달을 위한 필요한 조건을 구비하여 주는 것이다. 아동이 성장하여 민주주의 사회에 알맞게 일하려면, 먼저 그들의 창의적인 개인이 되도록 도움을 받아야 한다. 이러한 의미의 창의성은 민주주의 생활 영위의 진정한 일부분이다.

(5) 가치발달조성의 원리

가치는 인간생활의 도표이다. 아동들은 다른 아동이나 성인의 행동을 관찰하고 그 행동에 참가함으로써, 또한 인간・사물・이념・제도 등과 관련을 맺음으로써, 또는 가치를 명확히 하는 경험을 얻음으로써 이러한 가치를 발달시켜야 할 것이다. 아동은 출생한 순간부터 자기가 태어난 가정과 사회적 상태의 가치 속에서 교육되는 것이다. 가치발달의 효과적인 학습은 아동들로 하여금 집단의 수준과 방침 그리고 그 방침에 따라 살아가도록 하는 기회를 아동들에게 주는 것이다. 그들은 학습활동을 함으로써 창의적이며 평가할 수 있는 경험을 얻을 기회를 가지게 된다.

(6) 학습평가조성의 원리

아동들의 학습평가를 돕는 데에는 두 가지 주요한 이유가 있다. 첫째, 평가라고 하는 것은 전 생애를 통하여 습득되어야 할 과정이기 때문이다. 이 과정은 개인과 집단의 계획과 행동을 개선・향상시키는 데 필요한 것이다. 둘째, 평가는 교수와 학습을 편리하게 하는 하나의 과정이다. 평가는 절차의 정화를 가능하게 하여 선택의 지혜를 제공함으로써 오류의 반복을 피하게 한다.

2) 활동면에서의 원리

(1) 자발성의 원리

자발성의 원리는 인간활동의 근원이라는 생각할 수 있는 대전제가 된다. 자발성이란 창조적인 활동의 논리적인 전제가 되며, 여기서 자율적인 학습의 전제를 통한 창조의 원리를 생각할 수 있는 것이다. 이는 “자기활동의 원리”이며, 학습의 수동성을 능동성으로 바꾸어야 한다는 원리인 것이다. 이러한 자발적인 학습을 가능하게 하는 것은 첫째, 상・벌에 의한 학습의 동기유발을 들 수 있다. 둘째, 흥미에 의한 학습의 동기유발을 들 수 있다. 셋째, 학습의 생활화를 통해서 동기유발하고 자발적인 학습을 가능하게 할 수 있는 것이다.

(2) 개별화의 원리

학습의 내용과 진도 등을 학습자의 개성과 능력 등에 합치시키자는 원리이다. 학습자들이 같은 사물에 대해서도 각자의 이해하는 정도가 다르며 학습능력도 모두 다르기 때문에 학습의 효과를 높이고 성공적으로 이끌어 가기 위해서는 개인적인 차이를 충분히 고려해야 할 것이다.

이러한 개별화 학습을 가능하게 하는 것은 첫째, 능력별 학급구성을 생각할 수 있다. 둘째, 교육과정을 개별학습으로 하는 부분과 공동학습으로 나누어 하는 방법을 생각할 수 있다. 셋째, 각종 클럽활동을 생각할 수 있다는 것이다.

(3) 사회화의 원리

학습은 개인의 인격완성이나 인간형성을 목적으로 하는 의도적·계획적 활동이나, 다른 면에 있어서의 학습은 개인을 사회화하는 동화작용이며 사회인으로 형성하는 사회적 작용인 것이다. 그러므로 아동이 하나의 독립된 인간으로서 그들이 소속한 사회적인 활동을 원만히 할 수 있도록 학습을 지도해야 한다. 이러한 사회화 학습을 가능하게 하는 것은 첫째, 토의법을 들 수 있다. 둘째, 분단학습을 들 수 있다. 셋째, 문제해결법과 구안학습법을 들 수 있다. 넷째, 각종 클럽활동·자치회 등을 들 수 있을 것이다.

(4) 통합의 원리

오늘날의 교육은 지식이나 기능보다도 그것을 포함한 전인교육, 즉 전체로서의 환경에 적용할 수 있는 내재적인 모든 능력을 조화적으로 발달시킬 것을 요구하고 있다. 구교육은 인간의 지적 발달만을 목표로 한 데 비해서 현대에는 지적으로는 물론이고 신체적·사회적·정서적인 모든 면이 조화적으로 발달되도록 주의를 기울이고 있다.

학습지도의 있어서 통합의 요구는 다음 두 가지로 나누어 생각할 수 있다. 첫째, 교재를 통합하여 지도할 수 있다. 둘째, 인격을 통합할 수 있다.

3. 교육방법의 선정기준

1) 교수-학습의 과정 변인

교수-학습의 과정에는 무엇을 위하여(목적), 누가(교수자), 무엇을(내용), 누구에게(학습자), 어떻게(방법), 그리고 어디에서(환경) 가르치고 배우는지의 여섯 가지 요소가 필수적으로 관련되어 있다. 이들 요소 간의 관계를 좀 더 살펴보면 다음과 같다.

첫째, 목적은 교수자에게는 가르치는 목적이고, 학습자에게는 배우는 목적이다. 또 방법은 교수자에게는 가르치는 방법이고, 학습자에게는 배우는 방법이다. 따라서 교수자가 갖고 있는 목적과 선택하는 방법이 경험적으로 합치되어야 한다.

둘째, 가르치고 배우는 목적이 무엇이냐에 따라 내용은 달라지며, 또 내용이 어떠한 것이냐에 따라 그것을 가르치고 배우기 위한 방법이 달라진다.

셋째, 교수자와 학습자 그리고 내용 이들 셋은 내용을 매체로 하는 삼각관계를 형성한다.

넷째, 이들 목적과 내용, 방법으로 형성되는 논리적인 관계, 교수자와 내용, 학습자로 이어지는 삼각관계, 그리고 목적과 방법에 있어서 교수자와 학습자 간의 경험적인 합치관계는 모두 주변의 환경에 영향을 받는다. 미시적으로는 교실 또는 학교환경으로부터 거시적으로는 사회전체의 환경으로부터 영향을 받는다.

2) 교육방법 선정 기준

기 준	선정기준
교육내용	• 지식, 기능, 태도 • 논쟁의 여지가 있는지 • 일반적 혹은 구체적
학습자	• 학습스타일 • 학습경험 • 학습자 수

	• 학습자의 위치 • 지속적인 교육의 필요성 • 학습 기대치
조직의 기대	• 선호하는 교육방법 • 주체적인 학습목표 • 평가나 특정의 구체적인 방법
교육자원	• 교육 기술과 경험을 갖춘 사람을 요청할 수 있는지 • 새로운 교육자원의 개발 • 장소 • 시간

3) 교육방법 선정의 경험적 원칙

경험적으로 대개의 경우 교수방법과 전략에 대한 의사결정은 관련요인이나 실제적인 제약으로 인해 혹은, 그 이상의 요인들에 의해 대개 단순화된다.

- 주요 교수-학습 과정변인과 Reay의 선정기준을 바탕으로 교수-학습 상황에 적절한 교수방법을 다음과 같이 정리할 수 있다.

〈표 1-1〉 교수-학습 상황과 교수방법 선정(예시)

교수-학습 상황	교수방법
• 학습집단이 50명 이상 • 교실(학습공간)이 전통적임 • 교육내용이 개념과 원리 학습 • 새로운 지식 습득에 초점	설명적 접근, 강의법, 팀티칭
• 학습 집단이 30~40명 • 학습 공간이 융통성 있음 • 교육내용이 운동기능, 심체적 영역 • 새로운 지식 습득 및 숙달에 초점	시범, 실습, 동료교수(학습)
• 학습 집단이 30~40명, 소집단 구성 가능 • 학습공간이 융통성 있음 • 교육내용이 인지적 영역 • 새로운 지식의 창출, 탐구, 문제해결	소집단학습, 협동학습, 문제중심학습, 사례연구, 프로젝트기반학습

• 학습 집단이 20명 이하 • 학습공간이 전통적임 • 교육 영역이 태도, 정의적 영역 • 기존 지식의 이해/적용 강화	모의실험(시뮬레이션), 게임, 역할극, 토론
• 학습 집단이 20명 이하 • 학습공간이 융통성 있음 • 교육내용이 개념과 원리 학습 • 새로운 지식 습득, 문제해결	발견적 접근, 탐구학습
• 개별화 학습이 가능 • 학습공간이 융통성 있음 • 교육내용이 개념, 원리, 절차학습 • 새로운 지식습득에 초점	개인교수, 컴퓨터보조수업, 웹기반수업

CHAPTER 2

교수-학습 관련변인

1. 교사

1) 교사의 중요성

(1) 인간을 교육

교사는 인간을 대상으로 그 직무를 수행한다. 물론 다른 직업도 인간을 대상으로 할 수도 있지만, 그들은 인간 그 자체를 대상으로 한다기보다는 신체적인 혹은 정신적인 기능의 일부나 법률을 대상으로 삼는다. 그러나 교사는 인간의 부분적인 기능을 대상으로 하는 것이 아니라 전인(全人)으로서의 인간 자체를 대상으로 한다.

(2) 가소성의 교육

교사는 인간 중에서도 미성숙자, 즉 아직 성숙하지 못한 아동과 청소년을 대상으로 한다. 여기에서 미성숙(未成熟)의 '미(未)'는 Dewey가 언급한 것처럼 부족함이나 불충분함을 의미한다기보다는 가소성(可塑性 ; plasticity)으로서의 가능성을 나타내는 것이라고 할 수 있다. 교사는 현재의 미성숙한, 그렇지만 무한한 가능성을 지닌 청소년이 성장하고 발달할 수 있도록 도와줌으로써 개인의 삶을 변화시킬 수 있는 위치에 있게 된다.

(3) 문화전달과 창조 교육

교사가 수행하는 역할은 사회 발전과 국가 발전에 중대한 영향을 미친다. 교사는 인류가 축적해온 문화유산을 다음 세대에 전달하는 동시에 보다 나은 문화를 창조하고 미래를 건설하는 중요한 역할을 수행하고 있다. 또한 교사는 개인적으로는 청소년의 성장과 발달에 도움을 주지만, 국가적인 면에서 보면 국가의 장래에 영향을 미치는 공적인 역할을 수행하고 있다. 따라서 각 나라에서는 막대한 예산을 세워 교육에 투자하고 교육개혁을 추진하고 있다.

2) 교사의 자질

훌륭한 교사는 외적·제도적 조건보다는 내적·정신적 조건이 선행되어야 하며, 아동·학생의 마음속 깊이 파고드는 영향력이 있어야 한다. 이를 다음과 같이 정리해 보았다.

(1) 교사의 교직에 대한 적성

교직은 다른 직업과는 달리 인간을 그 대상으로 하면서 희생과 봉사정신의 사명감으로 직무를 수행해야 하는 특징을 가지고 있다. 교직은 다른 직업들에 비하여 높은 수준의 보수를 받는 것도 아니며, 특히 현대에는 과거와 같이 성직으로 여기는 정신적·사회적 대우가 보장되는 것도 아니기 때문에, 끈기와 인내와 강렬한 사명의식을 더욱 필요로 하는 직업이다.

이러한 경우에 필요한 것은 교직에 대한 흥미나 교직적성이다. 교직에 대한 흥미나 교직적성이 높으면 높을수록 그렇지 않은 경우에 비하여 훨씬 직업에 대한 애착과 사명의식을 가질 수 있을 것이라고 보며, 어려운 교육여건의 극복을 위한 적응능력 발휘가 용이할 것으로 생각된다.

교사가 어린이나 학생들의 교육을 담당함에 있어서 교직적성이 미약하다면 교사로서의 적응이나 직무수행이 어려울 뿐만 아니라 교육자로서의 성공의 가능성을 예측하기는 더욱 어려울 것이다. 적성이 지닌 하나의 속성은 어떤 특수한 분야의 활동을 해나가는 데 필요한 인간의 특수능력을 말한다. 그러므로 교육활동에 있어서 교육자의 교직적성 여부는 교직자로서의 자질을 결정하는 데 중요한 요인이 된다고 할 수 있다. 그러므로 교육자는 우선 교직적성을 갖춘 자가 되어야 할 것이다.

(2) 학문적인 자질

교사는 어린이나 학생을 가르치는 일이 그 무엇보다도 으뜸인 직무이다. 그러나 이들을 올바르게 교육한다는 것은 그렇게 쉬운 일은 아니다. 교육에 있어서 가장 중요한 일은 교사로 하여금 어린이나 학생들을 교육할 수 있는 고도의 지식을 갖추게 하는 일이다. 이 고도의 지식은 곧 학습지도의 능력에 관련되는 일이므로, 교사의 학문적 자질이야말로 학교교육에 있어서 대단히 중요하다.

교사는 학문적 자질이 부족하거나 미약할 때, 교육에 대한 사명감을 유지하기가 어려울 것이며, 동시에 학습지도에 대한 문제해결력이나 새로운 지도방법에 대한 착안과 창의적인 활동이 소홀해 질 수밖에 없을 것이므로, 교사는 학문적 자질을 높이지 않으면, 교육자로서 교사로서의 자질을 구유한 자로 인정받기가 어려울 것이다. 그러므로 교직에 있어서 무엇보다도 중요한 일은 교직을 희망하는 학생들의 높은 학문적 자질과 능력을 기르는 일이다. 일반적으로 높은 수준의 성적을 요하는 이유는 교직에 있어서 고도의 정신적 기능을 필요로 하기 때문이다.

(3) 교사의 자질로 요구되는 인성적 특징

성공적인 교사의 자질로서 요구되는 인성적 특징을 간단히 제시하기는 어려우나, 좋은 교사가 되기 위해서는 일반적으로 인간적인 정이 있어야 하며 정서적으로 안정되어 있어야 한다. 성공적인 교사는 다음과 같은 일반적인 인성적 자질을 갖추고 있다.

① 인간존중 : 훌륭한 교사는 타인이 있는 그대로 받아들이고 그의 잠재적 가능성과 자유를 존중한다.

② 공민성 : 훌륭한 교사는 지역 사회인과 원만한 인간관계를 맺는다.

③ 합리적 행동 : 훌륭한 교사는 높은 지적 능력을 갖추고 이를 토대로 여러 문제를

합리적으로 해결한다.

④ **협동성** : 훌륭한 교사는 사회적 배경 속에서 협동에 의해 그의 직무를 수행한다.

⑤ **지식의 습득** : 훌륭한 교사는 새로운 지식을 부단히 습득해 간다. 광범위한 일반 교양과 전공교과에 대한 지식은 교사의 가장 중요한 자질이다.

⑥ **지식의 전달기술** : 훌륭한 교사는 자신의 지식을 이용하여 학생의 학습을 촉진시킨다.

⑦ **학생에 대한 친밀감** : 훌륭한 교사는 학생을 인격적으로 대하며 학생에 대해 따뜻한 애정을 지니고 있다.

⑧ **학생에 대한 이해** : 훌륭한 교사는 학생의 발달단계와 학습준비성에 대한 올바른 지식을 가지고 있다.

⑨ **사회에 대한 이해** : 훌륭한 교사는 사회 제반 문제를 의식하고 이해함으로써 사회개선을 위해 노력한다.

⑩ **학교사회에서의 공민성** : 훌륭한 교사는 학교라는 조직사회에서도 원만한 관계를 유지한다.

⑪ **평가기술** : 훌륭한 교사는 교육목적 달성을 알아보기 위해 평가를 실시하고 이를 통해 학생을 돕는다.

⑫ **교직에 대한 신념** : 훌륭한 교사는 교직에 보람을 느끼고 가르치는 일의 가치에 대한 신념을 가지고 있다.

3) 교사의 역할

(1) 학교에서의 교사의 역할

학교사회에 있어서 교사의 역할은 먼저 두 가지 측면에서 생각해 볼 수 있다. 그 하나는 규범적 측면에서의 역할로 학생들을 인도하고 통제하며 교육적 환경을 마련해 주는 일이고, 다른 하나는 방법적 측면에서의 역할로서 가르치는 일, 사회화하는 일, 평가하는 일, 그리고 생활지도를 하는 일 등이다. 이러한 교사의 역할들은 서로 분리・독립적으로 이루어지기도 하고, 상황에 따라서 동시에 수행되기도 한다.

교사의 규범적 역할은 아동이나 학생들로 하여금 학교생활에서 지켜져야 할 제반 규칙을 충분히 이해, 주지시켜 올바른 학교생활이 가능하도록 조성하는 역할이라 할 수 있다. 이를테면 '결석 없는 성실한 어린이가 됩시다', '복도에서 뛰지 말고 우측통행을 합시다', '약속을 지킵시다', '인사를 잘하자', '화장실 이용은 청결하게 하자'와 같은 지도는 시간과 장소를 가리지 않고 시시각각으로 이루어진다.

한편 방법적 측면에서의 교사의 역할은 1차적으로 교과를 가르치는 일이다. 담당된 교과를 가장 이상적인 방법으로 지도함으로써 교육적 실효를 거두게 되는데, 이러한 제반 활동이 바로 여기에 해당된다. 그리고 학습지도의 결과 확인을 위한 평가활동만이 아니라 생활지도활동, 교육연구 및 교육연수활동 등이 교사의 역할로 간주될 수 있다.

교육활동은 바람직한 인간형성을 위한 활동이다. 때문에 교사의 규범적 역할과 방법적 역할의 조화는 전문직인 교사의 역할 중 가장 중요한 과제라 할 수 있다. 이러한 교사의 자질에 따라 교사의 지도적 영향력이 판이하게 다르게 나타나기도 한다. 이와 관련하여 Waller는 유능한 교사를 '자기 자신을 마치 고무줄처럼 늘이고 줄일 수 있는 사람'으로 비유하고 있다.

이러한 교사의 역할에 있어서 학생은 교사와 학생이 심리적으로 결합하는 것이다. 그리고 교사에게 있어서도 훌륭한 교사의 역할관은 보인 외의 관점에 따라 달리 규정될 수도 있다. 그러므로 여기에서 우리들이 인지할 것은 교사의 지도 유형은 결코 어떤 특정한 원칙이 있다기보다는 상황에 따라 여러 형태로 그 지도 유형이나 내용이 달라질 수 있다는 사실이다. 특히, 학교에서의 교사의 역할은 그 범위가 광범위하다고 할 수 있다.

(2) 학급에서의 교사의 역할

교사가 교육을 역할을 수행하는 데 있어서 가장 기본적이고 핵심적인 단위는 교사와 학생의 만남의 현장인 학급이다. 그렇기 때문에 교사의 역할은 학급사회를 중심으로 가장 집중적으로 이루어진다고 보아야 할 것이며, 교사는 학급 내에서 자유와 자율성을 비교적 많이 누릴 수 있다.

학급사회를 통해서 이루어지는 교사의 역할을 몇 가지의 문제에 한정시키는 것은 그렇게 쉬운 일은 아니다. 그러나 일반적으로 생각해 볼 수 있는 교사의 역할에는 학습지도, 학습환경조성, 생활지도, 특별활동(특활)지도, 학급회의지도 등이 있다.

교사는 학습지도를 통하여 교과 성적을 향상시키고 올바른 학습 분위기를 가지게 하며, 교과평가활동을 수행하게 한다. 그리고 실내외 환경을 정비하여 생동감 있는 교실 분위기를 갖도록 하는 데 주도적 역할을 하며, 생활지도를 통하여 문제 발생을 사전에 예방하고 치료하는 역할자로서 뿐만 아니라 특별활동과 학급회의지도를 통하여 생활방식을 익히게 하는 것 등이 구체적으로 교사의 역할임을 알 수 있다.

이 외에도 교사는 근면성, 책임감, 준법성, 친절 · 예의, 사회성, 지도성과 같은 행동발달상황의 지도에도 상당히 많은 노력을 기울이고 있다는 사실을 간과할 수 없다. 그래서 교사의 역할은 어떤 의미에 있어서는 대단히 광범위하다고 할 수 있다. 이를테면 권위자로서, 사회화의 주체로서, 인도자로서, 평가자로서, 학교 학급의 사무정리를 비롯해서 교실 내에서 바람직한 학생으로 성장할 수 있도록 하는 모든 교육활동이 교사의 역할이므로 교사의 할 일은 그렇게 간단하지 않다.

(3) 교사와 학생

교사는 학생들이 자라는 정신적 묘상으로서 행동형성에 있어서 동일시의 대상이다. 교사는 학생에게 지식을 전달할 뿐만 아니라, 일언일구 일거수일투족의 행동이 학생들에게는 모방과 동일시의 대상인 것이다.

① 세대를 달리하는 인간관계이다. 교사는 성숙자이고 학생은 미성숙자이므로 교사는 일정한 교육이념과 교육기술에 따라 학생의 성장 발육을 돕는다. 따라서 이들의 관계를 특징짓는 결정조건은 교사이며, 교사의 인격에 따라 학생과의 관계가 좌우된다.

② 교사와 학생과의 결합은 자연발생적으로 이루어진 것이 아니라 국가나 사회제도에 의해 공적으로 형성된 것이다. 따라서 그 관계는 우연적이고 일시적이다. 우연적이고 일시적이지만 인격형성과 행동에 주는 영향은 결정적이다.

③ 발달에 따라서 교사와의 관계는 변화한다. 학생의 학년발달에 따라서 교사와의 관계도 그 양상이 변화한다. 따라서 그 관계는 고정적 · 정적 관계가 아니고 변

화수정이 이루어지는 동적인 관계이다.

④ 교사와 학생과의 관계는 교실에서 교사 한 사람에 학생 수십명이라는 다수의 관계이다. 또한 학생을 매개로 가정과 연결되므로, 교사와 학생과의 관계는 필연적으로 부모와 연결되는 삼자 관계이다.

⑤ 교사와 학생이 결합하는 심리적 계기는 교사에 있어서의 교육애와 이성적 권위, 기르고 학생에 있어서는 신뢰와 복종이다. 동시에 결합화는 실제적 계기는 학습지도와 생활지도에 있어서의 교육기술이며, 가르치고 가르침을 받는 관계인 것이다.

이상과 같이 교사와 학생과의 관계는 교육내용을 매개로 한 인간관계이다.

(4) 교사의 심리적 역할

심리적 역할을 Reedle과 Wattenberg가 제시한 바를 예로 하여 제시하면 다음과 같다.

① 사회 대표자로서의 역할
② 판단자로서의 역할
③ 지식 자원으로서의 역할
④ 학력 조력자로서의 역할
⑤ 심판자로서의 역할
⑥ 훈육자로서의 역할
⑦ 동일시 대상자로서의 역할
⑧ 불안 제거자로서의 역할
⑨ 자아 옹호자로서의 역할
⑩ 집단 지도자로서의 역할
⑪ 부모 대행인으로서의 역할
⑫ 적대 감정의 표적으로서의 역할

⑬ 친구로서의 역할

⑭ 애정 상대자로서의 역할

4) 교사의 수업전략

훌륭한 수업은 열정적인 교사의 노력과 더불어 수업전략에 의해 크게 좌우될 것이다. 효과적인 수업을 수행하기 위하여 교사의 수업전략 요인을 살펴보면 다음과 같다.

첫째, 학습자들이 반복을 통해 학습한다. 즉, 학습한 것을 연습하고 새로운 상황에 배운 것을 일반화할 기회를 필요로 한다.

둘째, 언어적 유인은 재료를 탐구하게 하거나 다른 사람들과 상호작용하는 기회를 제공함으로써 활동에 참여하도록 조장하는 것이다. 예를 들어, 아이들에게 “와서 우리가 하는 것을 봐.” 등의 유인은 아이들이 주저 없이 새로운 활동이나 새로운 것을 접하도록 도움을 준다.

셋째, 행동 반영은 학습자들의 행동에 대한 언어적인 묘사다. 이는 아이들이 희미하게 인지하고 있는 경험을 명확하게 이해하게 하며, 그들의 경험을 묘사할만한 단어를 접할 수 있게 한다. 예를 들어, 바깥활동 중에 나뭇잎을 가지고 놀고 있는 유아에게 “빨간 나뭇잎과 갈색 나뭇잎으로 나누고 있네.” 등으로 행동에 대한 설명을 해 줄 수 있다. 교사가 학습자들의 행동에 신속하고 구체적으로 초점을 맞춤으로써 아이들은 자신의 행동을 내면화하게 된다.

넷째, 의역하여 반영하기이다. 학습자들이 말한 것을 교사의 말로 재언급하는 것이다. 이러한 언급으로 학습자들은 언어적인 발전을 이루게 되며 실제적인 듣기에 도움이 된다. 다소 다른 단어를 사용하면서 의역하여 반영하는 것은 아이의 어휘와 문법적인 구조를 넓혀 준다. 역으로 학습자들이 교사의 반영에 응답함으로써 교사는 통찰력을 갖게 되고, 이는 활동을 진행하는 방법뿐만 아니라 미래의 계획의 방향을 설정하는 데도 도움을 준다.

다섯째, 칭찬은 학습자들의 적극적인 행동을 증진하고 작업을 계속하는 것을 격려한다. 그러나 어떤 칭찬은 실제 학습자들의 자신감을 낮추고 그들의 성취를 저해할 가능성을 가지고 있다.

- 비효과적인 칭찬 : 일반적이고 반복적이며 진실하지 않다.
- 효과적인 칭찬 : 구체적으로 아이들의 활동을 인정하고 그들의 진전을 과거 수행과 비교하여야 한다.

여섯째, 질문은 모든 학급에 공통적으로 사용할 수 있는 기본적인 교수기법이다.

- 효과적인 질문 : 목적적이고, 사고를 하게 하고, 분명하며, 간결하다.

질문이 부적절한 시기에 사용되거나 너무 많이 질문하거나 방해가 될 때 아이들은 활동에 주의를 기울이지 못하게 되고 그들의 응답의 질은 떨어지게 된다. 또한 이전의 경험이 전혀 없거나 교육이 이루어지지 않았을 때 아이들의 지식이나 이해가 부족하다는 것을 증명하기 위해 질문이 사용되어서는 절대 안 된다.

2. 학습자

1) 학습자의 특성

학습자의 일반적 배경과 학습과제와 관련된 선수지식으로 나뉜다. 교수-학습에 영향을 미치는 학습자 특성은 생리적 특성, 정의적・사회적 특성, 인지적 특성 등 세 가지로 나누어 살펴볼 수 있다.

2) 학습과 관련된 일반적 특성

학습자를 이해하고 적절한 수업방법과 매체를 선택하는 데 학습자 특성의 분석이 필요하다. 학생들의 수업에 대한 호감도를 높이고 학습동기를 유발시키기 때문이다. 학습자의 일반적 특성은 성별, 나이, 경험, 학력, 출신 지역 등의 일반적인 변인을 말한다.

또한 학습자 집단의 주된 특징을 분석하는 것은 수업의 큰 맥락을 설계하는 데 도움이 된다. 학습양식, 동기수준, 생리적 요인에 대해 알아보자.

첫째, 학습양식은 개인이 학습환경을 지각하고 상호작용하며 정서적으로 반응하는 방식을 결정하는 심리적 특성을 의미하고 또한 학습자의 학습과제 접근방법이나 정보를 처리하는 특성을 의미한다. 학습자마다 선호하는 학습방법이 각기 다르다.

둘째, 동기수준은 사람이 어떠한 목표나 경험 쪽으로 향하거나 혹은 거부하도록 선택하는 내적 상태의 수준을 의미한다. 내적 동기는 도전감, 호기심과 같은 과제 자체나 경험에 의해 생성된다. 외적 동기는 성적, 인성과 같은 과제와 직접 관련되지 않은 요인에 의해 생성된다.

셋째, 생리적 요인은 학습효과성에 가장 분명히 영향을 주는 요인이다. 성차, 건강, 환경조건, 연령 등이다.

3) 학습자의 학습행동에 영향을 주는 요인

(1) 지능

지능의 개념은 명확하지 않다. 학자들만의 다양한 정의가 있다. 지능의 구조에 대해서도 다양한 의견을 갖고 있다. 우선 Spearman의 일반지능요인설이다. 모든 지적인 과제에 넓게 적용되는 일반지능이 있고, 어떤 특수한 영역의 과제를 수행하는 데 고유하게 작용하는 능력으로 특수지능이 있다. 일반직 요인은 생리학적인 특질로서 다양한 형태의 지적수행을 설명할 수 있다고 주장했다. 특수요인 사이에 공통적인 것으로서 언어, 수, 속도, 주의, 상상의 5요인을 추출하여 군요인으로 불렀다. 개인의 전체적인 지능 수준을 결정하는 가장 중요한 요인은 일반요인이라고 주장했다.

Thurston의 기본정신능력설을 살펴보면 지능의 핵심은 하나의 요인에 있는 것이 아니고 7개의 기본적인 정신능력요인들에 있다고 보았다. 지능을 설명하는 중심요인들로는 언어이해, 언어적 유창성, 추론능력, 공간관계, 수리능력, 기억, 지각 속도가 있다.

Guilford는 120개의 요인이 지능을 구성한다고 보고 있다. 내용영역, 사고조작영역,

결과영역의 3차원으로 각기 다른 유형들의 요인들을 제시함으로써 지능의 구성요인을 설명했다.

지능은 표준화 검사로 측정한다. 개인 지능검사, 집단 지능검사로 구분할 수 있고 작업검사, 필답검사로 구분하는 등 다양한 유형이 있다. 검사결과로 지능의 정도를 나타내기 위해서 지능지수를 사용한다. IQ는 비교적 안정성이 있으나 상당한 오차나 변동이 있으므로 지나친 오해와 신뢰를 하면 안 된다.

지능지수에 따라 공부 잘할 학생과 못할 학생으로 구분할 것이 아니라 지능을 분석적으로 보는 것이 보다 교육적일 것이다. 지능의 구성요소인 언어능력, 수리능력, 지각속도, 기억력, 추리력, 공간지각 등이 학업적성이다. 지능지수보다는 학생들의 이런 적성을 이해하는 것이 학생지도에 중요하다.

(2) 학습부진 요인

학습부진아는 정상적인 능력을 갖고 있음에도 불구하고 그 능력만큼 학업을 성취하지 못하고 있는 아동으로 지능이 낮아 부진한 것과는 구별되어야 한다. 인지적・정서적 실패의 경험 등이 복합되어 생기는 발달현상이다. 어렸을 때의 학습결손은 계속 누적이 되어 고학년에 이르면 더욱 그 정도가 심해진다. 지능이 높은 아동에서도 학습부진아가 생길 수 있다. 이는 세심한 교육계획에 의하여 수정될 수 있다. 학습과제를 상세하게 분석하여 하위기능별로 지도하는 방법, 학습부진요인을 교정해 주는 방법, 학습의 기초적 기능을 길러주는 방법 등에 의해 개인차에 맞게 지도해야 할 것이다.

(3) 자아개념

자아개념이란 일반적으로 사람들이 자신에 대하여 가지는 관념, 감정, 태도의 복합이다. 자신에 대한 지각은 인지적 발달과 연관되어 많은 변화를 가져온다. 자아개념의 발달은 많은 요인에 의해 영향을 받는다. 유아기에는 부모에 의해, 학교를 가게 되면 친구와 교사에 영향을 받는다. 긍정적인 자아개념을 가진 학생은 학교에서 긍정적인 태도를 갖게 되고, 학급에서 보다 적극적인 행동을 하게 된다. 학업적 자아개념과 학업성적은 서로가 영향을 주는 상관성을 지닌다.

3. 교육내용

1) 교육내용의 의미

교육내용은 지식, 기능, 가치로 구성되며, 이들이 모여서 단원, 과목, 교과, 전체 교육과정을 이룬다. Hyman(1973)이 제안한 것으로 교육내용은 지식영역(사실, 설명, 원리, 정의 등), 기능영역(읽기, 쓰기, 셈하기, 비판적으로 생각하기, 의사결정하기, 의사소통하기 등), 가치영역(선악, 참거짓, 아름다움과 추함 등) 등으로 구성된다.

교육내용을 가리키는 말로는 교과, 단원, 과 등의 이름이 있다. 교과와 교과 속에 담긴 단원이나 과의 이름들이며, 앞서 말한 지식, 기능, 태도를 담고 있는 그릇들이다. 이와 같이 교육내용에 관한 두 가지 정의, 즉 교육내용을 지식, 기능, 가치 등 그 속에 포함되는 요소로 규정하는 관점과 교과, 단원, 과의 이름과 같이 요소들을 담고 있는 그릇으로 보는 관점의 관계이다.

교육내용은 국가 수준의 교육과정 문서에 제시되어 있는 내용을 가리키며 교과서의 내용과 교사의 수업내용과는 구별된다.

교과는 각급 학교의 교육과정에서 수업과 학습을 위하여 구분하는 기본 단위를 가리킨다. 많은 교과들은 하나의 학문이나 여러 학문들을 구성요소로 하여 만들어진다.

(1) 지식

학문은 지식의 분류체계이며, 탐구방법이고, 이와 같은 직업에 종사하는 사람들이 공유하게 되는 가치관이다. 학문은 명제적 지식들과 방법적 지식들로 구성된다.

(2) 내용

우리나라 교육과정 현실을 파악하는 직접도움을 주는 방식으로 교육내용의 의미를 생각해 보면, 국가 수준 문서에 제시된 교육내용과 교사가 선정하는 도구적 수업내용으로 구분할 수 있다.

① 교육부가 법률에 의거해서 고시한 교육과정 문서에 제시되어 있으며 매우 추상적이고 거시적 수준의 요강으로서 전국 공통적인 대강의 기준이 된다. 이러한 교육내용은 교과별로 조직되어 있으며, 지식, 기능, 가치 등으로 구성되어 있다.

② 교사가 학생들의 학습을 돕기 위하여 제공하는 수업내용이다.
수업내용에는 교과서에 제시된 내용과 교과서에 실리지 않았지만 학생들에게 전달하는 내용이 있다. 교과서 내용은 교육부 고시 교육과정에 의거해서 편찬하고 보급하는 내용으로 교과서 편찬자가 일반적 지역, 일반적 학교, 일반적 학생을 사용자로 가정하여 내용을 선정한다. 따라서 지역, 학교 학생들의 개별적인 특성을 고려하지 못한다는 한계를 지니지만, 교사가 학생들을 가르칠 때 가장 쉽게 사용할 수 있는 자료라는 점에서 효용성이 높다.

③ 교과서에 실리지는 않았지만 교사가 학생들에게 제시하는 내용은 교사들이 자신이 가르치는 학생들의 학습 능력과 흥미, 교사의 교육적 배경과 능력, 수업 교재와 교구의 구비와 활용 가능성 등에 바탕을 두고 선택하고 구성하는 내용이다. 교과서 위주의 교육은 교과서 내용을 교육내용을 구현하는 수단이 아니라 그 자체로 목적시하여 강요하는 폐단을 낳고, 전국적으로 적용되는 일반성으로 인해 현장의 구체적인 여건에 맞지 않은 문제점이 있다.

현재 교육과정 문서에는 수업을 통하여 가르치기에는 너무 많은 지식, 기능, 가치가 담겨 있다. 교과서도 이에 따라 한정된 지면에 많은 교육내용을 담게 되어 결국 교사가 교육내용을 학생들이 이해할 수 있는 수준으로 가르치기 어렵게 되어 학습결손이 유발되기 쉽다. 따라서 교육내용은 최소화하고 교과서와 수업내용을 풍부하게 하여 교사는 가르치기 쉽고 학생들은 학습하기 쉽도록 하는 것이 좋다.

(3) 교과, 학문, 지식

① 교과 : 각급 학교의 교육과정에서 수업과 학습을 위하여 구분하는 기본 단위를 가르친다. 대개 교과의 내용은 학문들로 채워진다.

Ex) 중학교에서 가르치는 수학 교과는 수학이라는 하나의 학문으로 구성되며, 고등학교에서 가르치는 과학은 물리학, 생물학, 화학, 지구과학을 기초로 하고, 대학의 지구과학 교과는 천문학, 지질학, 해양학 등의 학문을 구성요소로 한다.

② 학문 : 가장 단순한 규정은 지식들의 분류체계로 보는 것이다.

수학이라는 학문은 수학적 지식들로 구성되며, 물리학이라는 학문은 물리학적 지식들의 체계로 간주된다.

학문을 구성하는 지식체를 분석하면 여러 수준의 지식이 있는데, 가장 초보적인 수준의 지식은 사실적 정보이며, 이들이 모여 개념을 이루고, 개념이 모여 원리나 법칙을 만들며, 이들이 결합하여 이론을 구성한다. 학문은 이와 같은 사실적 정보, 개념, 원리(법칙), 이론들의 결합물이다.

하지만 학문에 대한 폭 넓은 규정은 이러한 지식체계를 탐구하는 기능(방법론)과 동일한 학문 활동에 종사하면서 공유하게 되는 가치(정서적 유대감 등)를 포함시킨다.

King과 Brownell(1966)이 학문을 지식들의 분류체계이며 탐구방법이고 공통의 문화의식으로 정의한 것은 이와 같은 의미에서이다. 1960년대 선진국들을 중심으로 전개된 학문 중심 교육과정 운동은 이러한 학문을 학생들이 배우도록 의도한 것으로, 즉 학문들을 구성하는 요소와 그들의 관계(이를 학문 구조라고 함), 학문의 구조를 파악하는 데 요구되는 탐구방법과 학자들이 학문을 하는 과정에서 보여 주는 열정 등을 학생들이 배우도록 한다는 것이다.

③ 지식 : 학문을 구성하는 요소이며, 교과를 구성하는 바탕이 된다.

지식은 크게 명제적 지식과 방법적 지식으로 나뉜다. 명제적 지식은 우리들이 갖는 경험을 이해하는 방식들이며, 사실("대한민국 수도는 서울이다"), 개념("시간, 속도"), 원리("운동하고 있는 물체는 외부에서 힘을 가하지 않는 한 등속 운동을 한다") 등을 들 수 있으며, 논리적 지식, 경험적 지식, 윤리적 지식으로 나눌 수 있다. 그리고 교과나 학문들 중에는 이들을 지식 중 어느 한 가지만을 취급하는 것도 있으며 이들을 모두 포함하는 것도 있다.

Hirst(1974)는 명제적 지식을 연구한 대표적 인물로 명제적 지식을 진(眞)으로 밝혀진

명제라고 하고 주요개념, 개념들의 논리적 구조, 검증 방법 등의 세 가지 준거에 의하여 여러 가지로 분류하였는데, 지식의 형식들로 알려진 이 명제적 지식에는 형식 논리학과 수학, 자연과학, 우리 자신과 탐닉의 마음 상태에 관한 지식, 도덕적 지식, 문학과 예술, 종교, 철학 등이 속한다.

그는 보통교육은 이들 지식의 형식을 습득하는 데 목적이 있으며 교과는 이들 지식의 형식들이 단독 또는 결합되어 구성되는 것이라고 보았다.

2) 교육내용의 선정

교육내용의 선택은 불가피하다. 교육내용을 선택할 때는 교육과정의 관점에 따라 차이가 있지만 대개 타당성의 원리, 확실성의 원리, 중요성의 원리, 사회적 유용성의 원리, 인간다운 발달의 원리, 흥미의 원리, 학습 가능성의 원리를 따르는 것이 좋다.

① 타당성의 원리 : 교육내용은 교육의 일반 목표달성에 도움을 주는 것이어야 한다.

② 확실성의 원리 : 지식으로 구성되는 교육내용은 가능한 참이어야 한다.
학문을 토대로 교과(교육내용의 외적 표현)를 구성할 때는 학문을 구성하는 가장 본질적인 것들로 교육내용을 삼아야 한다.

③ 사회적 유용성의 원리 : 사회 적응·재건주의 관점에서 볼 때 교육내용은 사회의 유지와 변혁에 도움을 주는 것이어야 한다.

④ 인간다운 발달의 원리 : 인본주의 관점에서 교육내용은 학생의 성장과 자아실현에 도움을 주는 것이어야 한다.

⑤ 흥미의 원리 : 학생들이 흥미를 갖지 않을 때 학습될 가능성은 그만큼 줄어든다.

⑥ 학습 가능성의 원리 : 학생들이 학습할 수 있는 교육내용을 선정해야 한다.

3) 교육내용의 조직

교육내용을 조직한다는 것은 교육내용의 구성요소들을 효과적으로 배치하는 것을 말한다. 교육내용을 조직할 때는 조직요소, 조직구조, 조직중심, 조직원칙, 조직원리 등을 명확히 해야 한다.

(1) 조직요소

교육내용을 구성하는 기본 요소로서 지식, 기능, 가치 등을 말한다. 조직요소는 교육의 일반목표와 구체적 목표에 비추어 선정되는데 일반목표가 직업 교육에 있다면 조직요소는 기능이 강조되며, 예절 교육에 있다면 가치가 조직요소로서 선택된다. 또 교육의 구체적 목표가 일차 방정식의 풀이에 있다면 조직요소로 지식이 선호될 것이고, 지도제작에 있다면 기능에 강조될 것이다.

(2) 조직구조

조직구조는 교육과정을 편성하고 조직하는 기본적인 틀을 가리킨다. 최고 수준의 조직구조는 학교 전체의 교육과정 구조와 개별 교과 또는 과목의 구조를 말한다. 국민 공통기본 교육과정은 교과, 재량활동, 특별활동으로 편성되고, 선택 중심 교육과정은 교과와 특별활동으로 편성되는 구조를 갖고 있다. 중간수준의 조직구조는 단원이나 대주제의 조직구조이다. 단원이나 대주제는 과나 소주제들로 구성된다. 최저 수준의 조직구조는 과나 소주제의 조직구조이고 조직요소와 조직중심의 결합으로 만들어진다. 조직구조는 최고 수준, 중간 수준, 최저 수준에 관계없이 교육의 일반목표에 의해 달라진다.

교육의 일반목표가 학문적 합리주의 입장의 바탕을 두고 선정되었다면 학교 전체의 교육과정 조직구조는 서로 간에 경계선이 뚜렷한 교과들의 구성체계로 나타나기 쉬우며, 각 교과별 조직구조는 해당 교과를 구성하는 기저 학문들의 개념, 원리, 이론, 탐구방법 등을 중심으로 하여 편성되며, 반면 교육의 일반목표가 인본주의 관점을 바탕으로 설정되면 학교 전체의 교육과정 조직구조는 교과목들을 서로 관련짓거나 통합하고, 때로는 교과의 구별을 완전히 배제하는 학습자 중심의 교육과정 성격을 띠며, 각 교과별 조직구조도 지식, 기능, 가치 문제를 통합하는 형태로 나타난다.

따라서 이들 목표의 효과적인 달성을 위해서는 국가 수준 교육과정에서 문제 중심이나 학습자 중심 교육과정 구조를 장려할 필요가 있다.

(3) 조직중심

조직중심은 조직요소들을 전달하는 수단이다. 조직중심은 최고 수준 조직구조의 영향을 많이 받는다. 만일 최고 수준 조직구조가 학문적 합리주의 입장에서 교과별로 되어 있으면 교과를 구성하는 주요 개념, 법칙, 탐구방법 등이 조직중심으로 선택될 가능성이 높으며, 최고 수준 조직구조가 사회문제를 해결하기 위한 주제중심의 구조를 가지면 조직중심으로 주요한 사회 문제들이 등장할 확률이 커진다. 이에 미루어 조직중심은 교육과정보다는 수업의 계획과 더욱 깊은 관련성을 가진다고 할 수 있다.

(4) 조직원칙

조직원칙은 교육내용을 조직할 때 염두에 두어야 할 사항으로 교과의 논리와 학습자의 심리를 고려한다. 교과의 논리란 교과를 구성하는 요소들 간의 논리적 관계를 가리키는데, 교과를 구성하는 사실, 개념, 원리(법칙)들이 논리적으로 연관되어 있다는 것으로 사실들은 개념들을 형성하는 바탕이 되고, 개념들은 원리를 형성하는 기초가 된다는 것이다.

학습자의 심리란 교육내용을 조직할 때 고려해야 할 학습자의 흥미, 관심, 지적 능력 등을 가리킨다. 교육이 학습자의 경험을 통해 완성된다는 점에서 교육내용이 학습자의 수준에 맞추어 조직되어야 한다는 것이다. 학습자가 흥미나 관심을 갖지 않는 내용을 전달하려는 시도는 실패하기 쉬우며, 학습자의 능력에 맞지 않는 내용을 가르치려고 하는 것은 무모하다. 그러나 학습자의 심리란 교육내용을 조직할 때 고려해야 할 요소이기는 하지만 그것으로 교육내용 조직이 완성되는 것은 아니다. 학습자의 흥미와 관심에 영합하여 교육내용을 조직하는 것은 교육적으로 중요한 교육내용을 계속 뒤로 미루게 하며, 학습자의 능력에 맞추어 교육내용을 조직하는 것은 학습자들이 성숙할 때까지 기다려야 하는 부담을 안게 된다.

이와 같이 교육내용을 조직할 때는 교과의 논리적 원칙과 학습자의 심리적 원칙을 모두 존중해야 한다는 것이 여러 학자의 공통된 의견이다.

(5) 조직원리

조직원리는 교육내용들을 배치할 때 사용되는 원리로서 수평적 조직과 수직적 조직으로 나누어 고찰하는데 스코프(scope)와 통합성은 수평적 조직을 만들 때 고려하는 원리로 수평적 조직은 같은 시간대에 교육내용들을 배치하는 것을 의미하며 시퀀스와 수직적 연계성은 수직적 조직을 구성할 때 사용되는 원리로 수직적 조직은 시간의 연속성을 통대로 교육내용을 배치하는 것을 말한다.

① 계열성

교육내용을 배우는 순서를 말한다. 계열성은 학습자가 어떤 내용을 먼저 배우고 어떤 내용을 뒤에 배우는가를 결정하는 것이다.

일반적으로 교육내용을 계열화하기 위하여 자주 사용되는 것으로는 연대순 방법, 주제별 방법, 단순에서 복잡으로의 방법, 전체에서 부분으로의 방법, 논리적 선행요건 방법, 추상성의 증가에 의한 방법, 학생들의 발달에 의한 방법이 있다.

㉮ 연대순 방법 : 다루게 될 교과의 내용이 시간의 흐름과 관련 있을 때 의의가 있는 것으로 순서는 과거에서 현재 혹은 그 반대로 조직될 수 있으며 역시 교과서, 국어 교과서, 예술 교과서에서 사용된다.

㉯ 주제별 방법 : 내용을 여러 단원들로 묶지만 단원들이 상호 독립적이어서 학습자가 새로운 단원을 학습하기 전에 이전 단원에서 배운 정보를 활용할 필요가 없을 때 사용된다.

㉰ 단순에서 복잡으로의 방법 : 기초적인 내용이나 보다 복잡한 내용의 앞에 오도록 순서짓는 것을 말하는 것으로 이런 배열은 영어 교과의 구성에서 사용되는데 과거나 완료 시제를 배우기 전에 현재 시제를 먼저 배운다. 이 방법은 영어 교과에 한정짓는 것이 아닌 복잡한 내용을 하위 부분으로 나눌 수 있는 모든 교과에서 사용된다.

㉱ 전체에서 부분으로의 방법 : 전체에 대한 이해가 부분들을 이해하는 데 필수적일 때 사용되는 것으로 전체에서 부분으로의 설계는 학습자에게 배울 내용의 개요

를 소개하고, 학습자가 이 개요를 학습한 후 전체의 더 작은 부분인 구체적인 정보를 배우게 된다.

㈒ 논지적 선행요건 방법 : 어떤 내용을 학습하기 위해서 반드시 배워야 할 내용이 있을 때 사용된다.

㈓ 추상성의 증가에 의한 방법 : 학습자가 친숙한 교육내용으로부터 시작하여 점차 낯선 교육내용으로 안내되도록 배치한다.

㈔ 학생들의 발달에 의한 방법 : 학생들은 인지, 정서, 신체 등에서 일정한 단계를 거쳐 발달한다고 생각하고 이 단계에 맞추어 교육내용을 배열한다.

② 수직적 연계성

이전에 배운 내용과 앞으로 배울 내용의 관계에 초점을 둔 것으로 특정한 학습의 종결점이 다음 학습의 출발점과 잘 맞물리도록 교육내용을 조직하는 것을 말한다.

㉮ 수직적 연계성은 학교급 간의 교육내용을 연결하는 데 중요한 역할을 하는데 예를 들어 초등학교 교육과정은 중학교 교육과정과 중학교 교육과정은 고등학교 교육과정과 자연스럽게 이어지도록 조직되어야 한다.

㉯ 수직적 연계성은 학년이나 단원의 교육내용을 연결하는 데도 중요한 역할을 하는데, 예를 들어 초등학교 3년까지 전 과목에의 성취도가 90% 이상이던 학생들이 4학년에 들어 와서 여러 과목에서 학습성취도가 급격하게 떨어진다면 그 과목들의 수직적 연계성 상태를 점검할 필요가 있으며, 또한 단원의 내용 간에도 수직적 연계성이 이어지지 않으면 학습자는 학습에 어려움을 느끼게 된다.

㉰ 수직적 연계성은 교육과정 개발의 여러 단계에서 강조되는데 국가수준의 교육과정에서는 학교급, 학년, 학기, 단원 간에 수직적 연계성이 유지되도록 노력하고 지방 교육청 또는 학교는 지역이나 학교의 특수성에 비추어 교육내용의 수직적 연계성을 유지하도록 노력한다. 그리고 대부분의 교사는 국가, 지방교육청, 학교가 계속성을 어떻게 결정하였는가와 상관없이 학생들이 배울 내용을 이전 단원이나 또는 같은 단원의 앞에 제시된 내용과 연계 지으려 한다는 점에서 수직 연

결성을 결정한다.

③ 통합성

교육내용들의 관련성을 바탕으로 같거나 관련 있는 교육내용들을 하나의 교과나 단원으로 묶는 것 또는 수업의 효과를 높이기 위하여 관련 있는 내용들을 동시에 혹은 비슷한 시간대에 배열하는 것을 말한다.

교육내용을 통합하는 이유는 학년 구분과 교과의 구분을 인위적으로 보기 때문이나 현실세계는 이런 식으로 나뉘지 않으므로 교육과정 전문가는 교육내용들이 반드시 학년이나 교과로 조직되어야만 된다는 생각을 학생들이 갖지 않도록 하는 데 주의를 기울인다.

국가 수준에서는 교육내용의 통합적 구성이 교육내용의 논리적 관련성, 사회적 접합성, 개인적 유의미성을 높인다는 점 때문에 일부 교과를 통합 교육과정으로 편성하고 학교 단위의 통합적 교과 운영을 강조한다.

지역교육청과 학교에서도 강조되는데, 특히 학교 차원에서는 학년별 또는 교과별 교사들이 참여하여 교육내용들을 단원별, 주제별로 상호 연관시키려는 노력을 한다.

CHAPTER 3

학습이론의 유형

1. 행동주의 학습이론

1) Pavlov의 고전적 조건형성

러시아의 의사인 Pavlov(1849~1936)에 의해 실시된 일련의 실험으로 고전적 조건화(또는 조건형성, classical conditioning)에 대한 연구가 시작되었다. 그는 개의 소화활동에 관한 업적으로 1904년에 노벨상을 수상하였다. Pavlov는 초기의 소화의 생리에 큰 관심을 가지고 개를 대상으로 일련의 실험을 하였다. 개의 소화기관에 관한 연구를 하던 중 음식이 입에 들어가기도 전에 개가 침을 흘리는 것을 관찰하고, 그러한 현상을 체계적으로 연구하기 시작하였다. 실험은 먼저 종소리를 울리고 몇 초 뒤에 고기를 개가 먹도록 하는 것으로부터 시작했다. 처음에 개는 고기를 보고 입 속에 고기가 들어갈 때는 침을 흘렸으나, 나중에는 종소리만 울려도 침을 흘린다는 사실을 관찰하고 타액분비에 정신적 과정(psychic process)의 간섭이 있다는 점에 호기심을 갖게 되었다.

Pavlov는 자율신경계의 통제하의 반사, 특히 타액반사, 동공반사, 무릎반사 등과 같은 것도 자극에 의하여 도출되며, 이러한 특수자극과 반응 간의 결합은 유전적으로 결정되고 그것은 자동적이고 학습되지 않은 것으로 생각했으며, 일부는 환경에 순응하기 위하여 자극에 따라서는 변화될 수 있는 것으로 보았다. 그리하여 자극과 그것이 야기한 반사 사이의 관계에서 조건반사설의 주장을 도출하게 된 것이다.

Pavlov는 다음의 [그림 3-1]과 같은 장치를 이용하여 개에게 벨소리를 약 30초 동안 들려준 후 음식물을 주었는데, 이런 과정을 5분 또는 10분 간격으로 6~10회씩 매일 혹은 격일로 계속해서 반복하였다. 이러한 과정을 거친 후에는 음식을 주지 않고 벨소리만 들려주어도 개는 침을 흘리는 반응을 하게 되었는데, 이 현상을 조건형성(conditioning)이라고 한다.

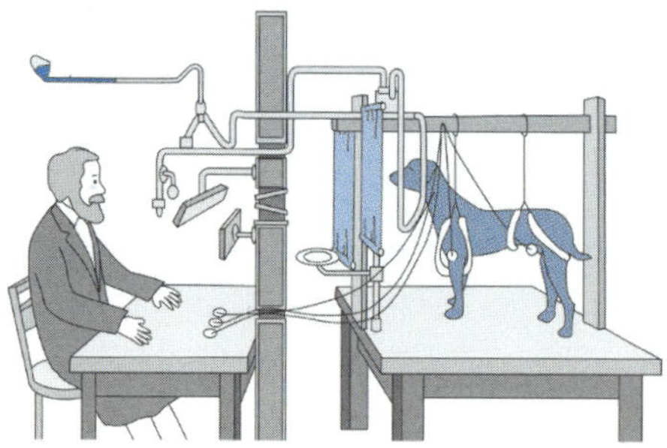

Pavlov의 동물 실험

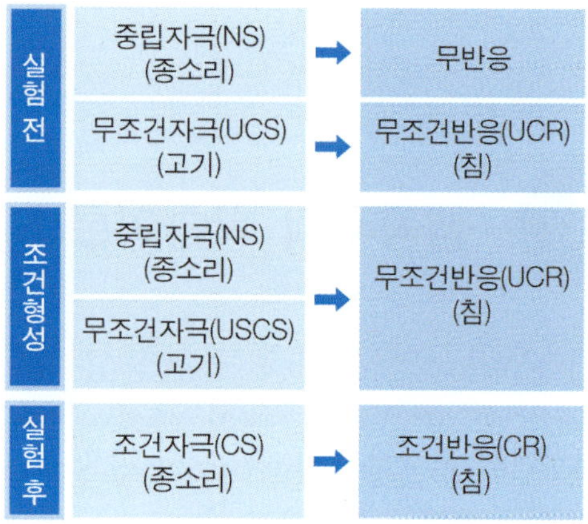

고전적 조건형성 단계

[그림 3-1] 고전적 조건형성 기구

이것이 Pavlov의 유명한 조건반사 실험인데, 그는 처음에는 이것을 '정신분비'라고 했으나 곧 조건반사로 명명하였다. 이때 음식물과 같이 생리적으로 반사(타액분비)를 일으키는 자극을 무조건 반사(Unconditioned Stimulus : UCS) 또는 자연자극이라 하고, 그에 의해 타액이 나오는 반사를 무조건 자극(Unconditioned Reflex : UCR)이라 하고, 벨소리를 조건자극(Conditioned Stimulus : CS)이라 하며, 이 조건자극에 의해 타액이 나오는 현상을 조건반사(Conditioned Reflex : CR)라고 하였다. Pavlov는 개의 타액분비를 연구하였다. 비교적 간단한 장치를 해 놓고 개에게 음식을 주기 전에 벨소리를 들려 주는 일을 반복(40~60회)하였더니 나중에는 음식을 주지 않고 벨소리만 들려 주어도 타액을 분비하게 되었다.

〈표 3-1〉 고전적 조건형성과정

<table>
<tr><td rowspan="2">학습 이전의 상황</td><td>US
무조건 자극
(예: 쇠고기 분말)</td><td>학습에 의하지 않음 →</td><td>UR
무조건 반응
(예: 침흘리기)</td></tr>
<tr><td>CS
조건 자극
(예: 메트로놈 소리)</td><td>→</td><td>무반응
또는 소리에
대한 우연한 주목</td></tr>
<tr><td rowspan="2">학습 이후의 상황</td><td>US</td><td>학습에 의하지 않음 →</td><td>UR</td></tr>
<tr><td>CS</td><td>학습된 것 →</td><td>CR
무조건 반응과
조건 반응이 같아짐</td></tr>
</table>

위와 같은 실험은 비록 그것이 동물에 관한 생리실험이라고 하더라도 결과적으로 행동의 변화를 가져온다는 점에서 하나의 훌륭한 학습실험의 의의를 가졌다고 볼 수 있으며, 인간의 일상생활에 있어서도 이와 같은 과정을 거쳐 행동의 변화를 가져오는 사례는 흔히 볼 수 있다. 조건반사를 형성하는 데 필요한 원리로는 다음과 같다.

첫째, 시간의 원리로 조건자극을 무조건자극보다 먼저 제시하고 그 시간 간격은 0.5초 이내로 즉시 제공되어야 조건형성이 잘 이루어진다는 원리이다.

둘째, 강도의 원리는 조건형성이 이루어지려면 첫 번째 자극보다 그 다음번 자극이 더 강력해야 바람직한 결과를 얻게 된다는 것으로 이는 자극의 강도가 일정하거나 또는 먼저 제시한 자극보다 더 강할수록 효과가 크다는 것을 의미한다.

셋째, 일관성의 원리는 조건형성은 자극일반화와 변별의 과정을 거친다. 조건화 과정의 조건자극과 유사한 자극에 대해 조건반응이 일어나는 현상을 말한다.

넷째, 계속성의 원리는 자극과 반응과의 결합이 반복되는 횟수가 많으면 많을수록 효과적이라는 것이다.

Pavlov의 실험 이후 고전적 조건화에 포함되어 있는 여러 가지 현상과 관계에 대하여 다음과 같은 사실이 밝혀졌다. 조건반응은 서서히 형성되어 가며 일반적으로 그 과정은 소극적 가속도 곡선 혹은 S자형의 곡선으로 나타난다. 이러한 경우 다른 자극이 도입되면 조건화의 과정은 간섭을 받고 중단된다. 이와 같이 다른 자극에 의한 조건반응의 간섭을 외적 제지라고 한다. Pavlov의 실험에서도 이와 같은 외적 제지를 피하기 위하여 개를 방음실에 넣고 실험실 옆방에서 자동적으로 자극을 부여하였다. 고전적 조건화를 특징짓는 몇 가지 법칙은 다음과 같다.

첫째, 조건반응의 형성이 되려면, 무조건자극과 조건자극이 짝지어지는 횟수와 두 자극 간의 시간 간격이 매우 중요하다. 조건자극과 무조건자극은 짝짓는 횟수가 증가하면 할수록 일정한 수준까지는 조건반응의 강도가 급속도로 증가하나 반응강도의 증가속도가 점차 줄어들면서 어느 수준에 이르면 증가를 멈추게 된다.

둘째, 자극의 일반화란 어떤 특징의 조건자극에 대한 조건반응은 이 조건자극과 유사한 다른 자극에 의해서도 유발되는데, 이러한 현상을 자극의 일반화라고 한다. 일반적으로 보아 두 번째 제시되는 자극이 원래의 조건자극과 비슷할수록 일반화가 잘 일어나고, 다를수록 일반화가 일어나지 않는다.

셋째, 변별은 조건화가 완전하게 이루어지면 처음부터 주어졌던 조건자극에 대해서만 조선반응이 일어나고, 유사한 자극에는 조건반응이 일어나지 않는다. 이러한 변별은 선택적 강화와 조건을 통해서 생긴다.

넷째, 소거는 조건반응이 형성된 후라도 무조건자극은 주지 않고 조건자극만을 계속해서 제시하면 조건반응은 점차 약해지고, 마침내 반응 자체가 일어나지 않게 되는데 이를 일시적인 억압현상으로 본다.

다섯째, 자발적 회복은 소거현상에 의하여 조건반응이 일어나지 않게 된 후, 조건자극도 무조건자극도 전혀 제시하지 않다가 조건자극을 다시 제시하면 소거되었던 것으로 보이던 조건반응이 원래의 강도를 다시 회복하는 경향이고, 재조건형성은 자발적 회복이 생긴 이후 계속해서 조건자극과 무조건자극을 짝지어 제시할 때 조건반응이 원래의 강도를 되찾는 현상이다.

여섯째, 고차적 조건형성은 어떤 조건자극이 일단 조건반응을 일으키는 힘을 얻고 난 다음에 다른 제2의 자극과 짝지어졌을 때, 제2의 자극에 대한 무조건자극이 되어 새로운 조건반응을 일으키는 자극이 될 수 있다. 이것을 2차적 조건형성이라고 하며, 이러한 방식으로 제3, 제4의 조건자극을 만들어낼 때 이것을 고차적 조건형성이라고 한다.

2) Thorndike의 결합설(시행착오설)

Thorndike가 쥐와 고양이의 학습과정을 실험하는 가운데 발견한 학습원리로서 자극반응 결합설이라고 한다. 원래의 시행착오는 동물학습의 실험을 통해서 얻은 개념이지만 나중에는 인간의 학습을 설명하는 중요한 원리가 되었다. 이 이론의 정립을 위해서 쥐의 미로실험과 고양이 문제상자(problem box)라고 하는 실험장치 [그림 3-2]를 사용하여 고양이가 어떻게 하면 자신을 가두어 놓은 상자에서 탈출할 수 있는가를 밝히고자 하였다.

문제상자에서 고양이가 탈출할 수 있는 방법은 줄을 당기거나 지렛대를 누르는 것이다. 그 외의 어떤 행동도 그 상자를 탈출하는 데 도움을 주지 못한다. 고양이가 상자에 갇힌 후, 수분 이내에 우연히 줄을 낚아채거나 발판을 눌러 상자 문을 열고 탈출하게 되면 그 고양이는 약간의 음식물을 보상받고 다시 상자 속에 갇히게 된다.

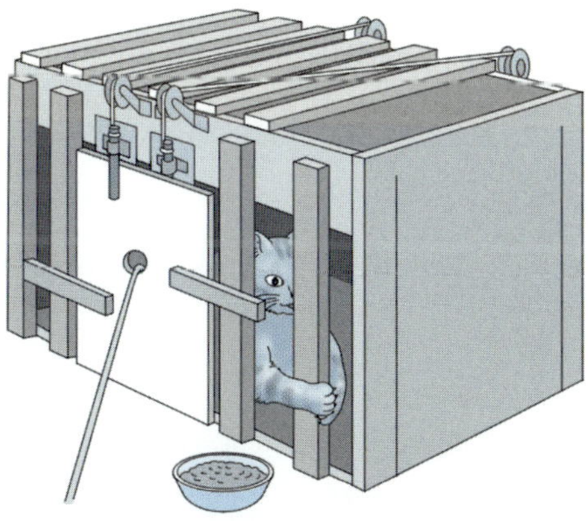

[그림 3-2] Thorndike의 문제상자

처음에는 160초 이상 걸리던 것이 나중에는 단 10초 내에 되며 진보의 경로도 처음에는 불규칙적이던 것이 나중에는 비교적 규칙적으로 되었다. 상자의 문을 열게 하는 행동이 무엇인지는 잘 모르지만 문제상자 속에서 우연한 기회로 페달을 밟는 것과 문이 열리는 것이 연합되어 행동이 일어났다.

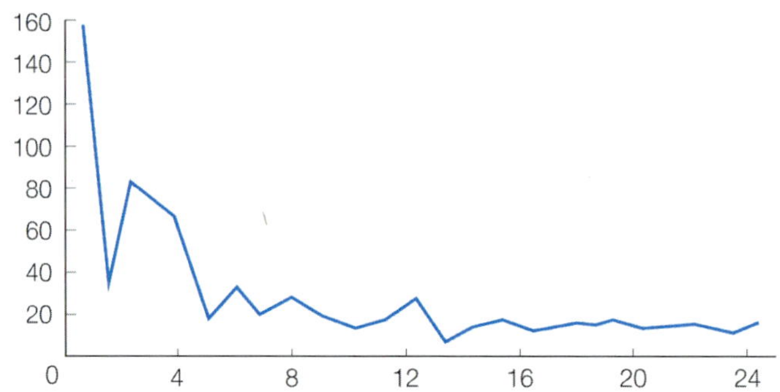

[그림 3-3] 고양이의 학습곡선

따라서 Thorndike는 이러한 과정을 시행착오(trial and error)라고 하고 시행착오설이라 했다. 생활체는 시행착오적 반응을 반복하는 가운데 실패의 반응은 줄어들고 성공적 반응은 강화되어 학습이 성립된다. 시행착오설의 기본법칙은 다음과 같다.

(1) 연습의 법칙

연습의 횟수나 사용빈도가 증가할수록 자극-반응 결합이 강화되고(사용의 법칙) 연습의 횟수나 사용빈도가 감소할수록 결합이 약화된다(불사용의 법칙)는 법칙이다. 여기서 결합이 강화된다는 것은 자극이 존재할 때 반응확률이 증가한다는 것을 의미한다.

(2) 효과의 법칙

Thorndike의 효과의 법칙은 만족스러운 결과(보상)를 가져온 반응은 나타날 확률이 증가하고 불만족스러운 결과(처벌)를 가져온 반응은 나타날 확률이 감소한다는 법칙이다. 즉, 자극-반응 결합이 강화되는가나 약화되는가는 반응에 수반되는 결과에 따라 결정된다. 좀 더 현대적인 의미로 표현하면 자극에 대해 반응했을 때 강화가 뒤따르면 결합이 강해진다는 것이다. 그래서 칭찬, 미소, 특권 등이 뒤따르는 행동은 반복될 가능성이 높고, 꾸중이나 특권철회 등이 뒤따르는 행동은 억압된다. 효과의 법칙은 행동의 결과를 강조한다.

(3) 준비성의 법칙

어떤 행동을 하기 위한 강한 욕구와 같은 준비가 되어 있을 때 그 행동을 하게 되면 만족하고, 어떤 행동에 대한 준비가 안 되었을 때 그 행동을 강요당하면 불쾌하게 느낀다. 이것을 준비성의 법칙이라 한다. 만약에 고양이가 피곤해서 움직이기 싫어한다면 페달을 밟는 행동이 나타나지 않았을지도 모른다. 이러한 준비성의 법칙은 오늘날 성숙의 개념과 함께 교육, 특히 조기교육에 많은 시사를 주고 있다.

3) Skinner의 작동적 조건형성

Skinner는 20세기의 가장 영향력 있는 미국의 심리학자로 선택되었다. Skinner는 작동적 조건형성이란 용어를 사용하고 있는데, 이는 유기체가 실험상황에서 먹이를 얻기 위한 행동을 수동적인 것이 아니라 능동적인 것으로 보며, 실험자가 바라는 유기체의 반응이 나타나지 않거나 혹은 나타날 때까지 유기체는 보상을 받지 못하거나 벌을 받아야 한다는 의미에서 '조작적'이라고 하였다.

Skinner는 스스로 'Skinner 박스'라고 명명한 조그만 실험상자를 만들어 실험하였다[그림 3-4]. 먹이를 강화요인으로 사용하기 위하여 실험 전 며칠간 23시간 동안 흰 쥐에게 먹이를 박탈하고 1일 1회만 먹도록 순응시키며 먹이의 양도 조절하여 보통 체중의 80%를 유지시켰다. 실험이 시작되면, 흰 쥐는 상자 안에서 쉬지 않고 계속 움직이면서 새로운 환경을 탐색하다가 우연히 지렛대를 눌러 먹이가 먹이통에 떨어지는 것을 보고 이를 먹고는 다시 지렛대를 누르는 행동을 계속하게 되었다.

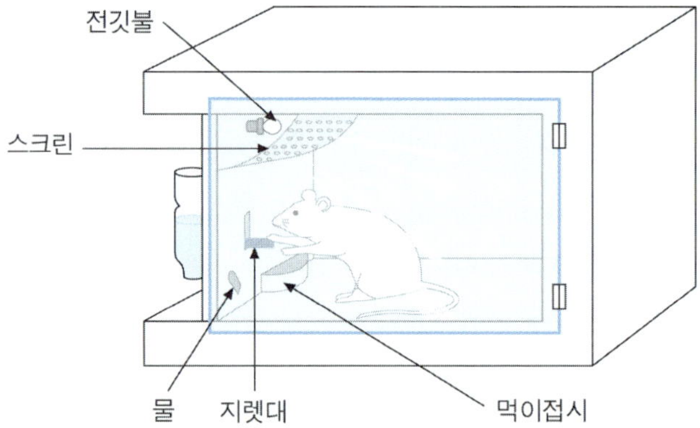

[그림 3-4] Skinner 상자

즉, 지렛대를 누르는 반응은 먹이라는 강화를 받았기 때문에 반복된 것이며, 다시 누르면 또다시 강화를 받기 때문에 지렛대 누르는 반응은 증가하게 되었다. 이러한 절차가 반복됨에 따라 흰 쥐는 지렛대 누르는 반응을 학습하게 된다. Skinner는 흰 쥐가 이러한 행동을 통하여 환경에 스스로 작용함으로써 어떤 결과를 생성해내는 것을 작동이라고 하고, 이와 같은 절차로 학습되는 과정을 작동조건형성이라 하였고, 주요원리는 다음과 같다.

첫째, 강화는 어떤 특수한 반응이 일어날 확률을 증가시키는 모든 것이다. 즉 흰 쥐에 주어지는 먹이, 어린이에게 하는 칭찬, 학생에게 주어지는 상장 등이다. 강화의 종류는 정적강화와 부적강화가 있다. 정적강화는 행동이 일어난 직후에 주어졌을 때 또는 그 상황에 가해졌을 때 그 행동이 일어날 확률을 높이는 자극이고, 부적강화는 어떤 행동이 일어난 직후에 제거했을 때 또는 그 상황에서 감해졌을 때 그 행동이 일어날 확률을 높이는 자극이다.

둘째, 벌은 사람에게 그가 원하는 어떤 것을 빼앗아가거나 또는 원하지 않는 어떤 것을 줌으로써 반응을 약화시키는 것이다. 벌의 종류 중에서 가하는 벌(제1종의 벌)이란 부적강화물을 가하는 것, 불쾌자극의 제시이고, 감하는 벌(제2종의 벌)이란 정적강화물을 박탈하는 것, 쾌자극의 제거이다.

셋째, 강화에는 일관성 있게 강화하는 계속적 강화와 부분적으로 강화하는 간헐적 강화가 있다. 계속적 강화는 각 행동마다 강화물을 주어 행동을 빨리 변화시키기 때문에 학습 초기 단계에서는 가장 효과적이다. 그 다음으로 간헐적 강화는 가끔씩 강화를 하여 행동의 소거에 대한 저항이 강해지기 때문에 학습된 행동을 유지하는 데에 보다 유용하다(Skinner가 자주 이용).

강화계획은 크게 계속적 강화계획과 간헐적 강화계획으로 분류할 수 있다. 계속적 강화는 반응이 나타날 때마다 그 반응을 강화하는 상황을 말한다. 예를 들면 어린이가 울 때마다 안아 준다든지, 어린이가 채소를 먹을 때마다 칭찬을 한다든지 하는 경우이다. 강화계획에는 시간 간격을 고려하여 강화하는 방법과 반응의 횟수를 고려하여 강화하는 방법이 있다.

① 고정간격 강화계획(fixed interval schedule) : 일정한 시간을 경과하지 않으면 지렛대를 누르는 반응을 해도 먹이가 나오지 않도록 하는 것이다.

② 고정비율 강화계획(fixed ratio schedule) : 고정비율계획은 일정한 수의 반응을 한 뒤 주어지는 강화계획이다. 예를 들면, 학생들이 자발적으로 2번 질문할 때마다 가산점을 부여한다.

③ 변동간격 강화계획(variable interval schedule) : 지난 강화로부터 일정한 시간이 경과한 뒤에 나타난 반응에 강화가 주어지도록 강화한 시간이 평균점을 중심으로 변동하는 강화계획이다. 예를 들면, 1분의 강화 간의 시간 간격이 0초에서 120초까지의 어느 것일 수도 있다. 따라서 강화 간 평균 시간은 1분이지만, 한 강화 간 시간은 0~120초의 어느 시간일 수도 있다.

④ 변동비율 강화계획(variable ratio schedule) : 고정비율계획에서와 같이 일정한 수의 반응을 한 뒤에 강화가 주어지지만, 강화와 강화 간의 반응수가 어떤 평균수에 따라서 변동하는 강화계획이다.

소거는 강화물을 계속 주지 않을 때 반응의 강도가 감소되는 것이고, 자발적 회복은 소거가 일어난 다음에 실험동물을 잠시 동안 옛날의 거처로 옮겼다가 다시 실험장면에

데리고 왔을 때 추가훈련이 없어도 얼마 동안 다시 학습된 행동을 하는 것이다.

이상의 네 가지 강화계획 중 고정강화보다는 변동강화를 주었을 때 행동의 일관성과 함께 반응이 증가되었다[그림 3-5].

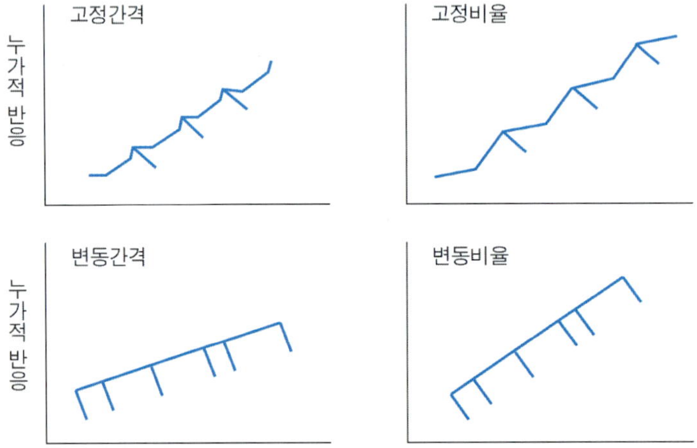

[그림 3-5] 네 종류의 강화에 따른 반응

4) Bandura의 관찰학습(사회적 학습)

Bandura의 이론은 행동주의적 관점과 인지론적 관점이 가미된 복합적인 의미를 지니고 있다. 학습은 직접 경험을 통해 이루어지기도 하지만 거의 모든 학습 현상은 타인의 행동과 그 결과를 관찰함으로써 대리적으로 일어날 수 있다고 보았기 때문에 그의 학습 이론을 모방 혹은 모델학습, 사회학습이론으로 칭한다.

Bandura는 아동이 다른 사람의 행동을 보고 그러한 행동을 학습하는 것을 관찰하였다. 고양이를 쓰다듬어 본 적이 없는 2세의 아이가 고양이를 쓰다듬는 오빠를 보고서 자신도 그 행동을 따라한다. 선생님께 질문을 해 본 적이 없는 7세의 아동이 같은 반 친구가 질문하고 칭찬받는 것을 본 후에 자신도 질문을 한다. 이러한 결과는 모두 아동이 타인을 관찰함으로써 획득된 행동이다. 따라서 그의 이론을 관찰학습이라고도 부른다. 모델학습이 생기는 과정은 주의집중 과정, 파지 과정, 운동재생 과정, 동기화 과정의 네 단계로 구성된다고 하였다. 그는 대리강화, 대리처벌의 중요성뿐 아니라 자기 스스로 강화 혹은 처벌하는 기준도 중요하다고 인식하였고 강화가 학습을 위한 변인이기보다는 수행을 위한 변인임을 강조하였다. 즉, 동기유발이 운동재생 과정 후에 생겨나며, 강화가 없는 관찰만으로도 학습은 일어나지만 강화받고 효과가 보장이 된다고 판단되면 이미 학습된 내용을 수행으로서 나타내는 확률이 증가되는 것이라고 설명하였다(최진승 외, 2000).

Bandura는 많은 실험 연구 과정을 통하여 학습이론을 제안하였다. 실험내용은 주로 모델의 공격 행동과 관련된 것이었다. 전형적인 연구 장면을 요약하면 다음과 같다(정현숙, 2001).

첫 번째 집단의 아동들에게 모델이 인형에게 공격적인 행동을 하고 난 뒤에 보상을 받는 내용의 필름을 보여주었다. 두 번째 집단의 아동들은 모델이 공격성을 나타낸 뒤 벌을 받는 내용을 보았다. 세 번째 집단의 아동들에게는 모델의 공격성에 대하여 중립적인 내용을 보여주었다. 즉, 공격적인 모델에게 강화나 벌이 주어지지 않았다. 그리고 나서 각 집단의 아동들에게 필름과 똑같은 상황을 만들어 주고서 공격성의 정도를 측정하였다.

그 결과 공격성에 대해 보상을 받은 모델을 관찰한 아동들이 가장 공격적이었으며 모델이 벌을 받는 것을 관찰한 아동들이 가장 덜 공격적이었다. 중립적인 상황의 모델을 관찰한 아동들의 공격성은 중간 정도였다. 각 집단의 아동들은 모델의 관찰을 통하여 대리경험을 한 것이다. 즉 첫 번째 집단의 아동들은 대리강화(vicarious reinforcement)를 통하여, 두 번째 집단은 대리처벌(vicarious punishment)을 통하여 학습이 일어난 것이다. 이렇게 Bandura는 관찰을 통한 대리경험으로서 관찰학습 개념을 주장하였다.

관찰학습의 과정은 보통 주의집중 과정, 파지 과정, 운동재생 과정, 동기화 과정의 네 단계로 구성된다.

주의집중 과정→	파지 과정 →	운동재생 과정 →	동기화 과정
모델의 행동에 집중하고, 정확하게 지각한다.	이전에 관찰된 모델의 행동을 기억한다. (장기간 보유)	모델의 행동을 상징적으로 부호화해서 기억한 것을 새로운 반응 유형으로 번역한다.	만약 정적강화(외적, 대리적, 자기 강화)가 주어지게 되면 모델의 행동을 수행한다.

(1) 주의집중 과정

관찰학습이 가능하기 위해서는 모델행동의 중요한 특징을 주목하고 정확히 지각해야 하며, 노출된 모델을 선택적으로 관찰하고 주목할 내용을 결정하게 된다. 관찰의 양과 유형에 영향을 주는 요인은 다양하며, 특히 관찰자의 특징, 모델의 속성, 인간 관계의 양상에 관련된 요인들이 포함된다. 기능적 가치(functional value)(보상과 처벌을 주는 사람)는 어느 모델이 관찰되고, 모방되고, 어느 모델이 무시되는 가를 결정짓는 데 중요한 영향을 준다. 생활 방식이나 목표 등에 있어서 우리와 비슷한 모델로부터 보다 강하게 영향받는 경향이 있다.

(2) 파지 과정 : 모델을 기억하는 것

관찰학습의 두 번째 과정으로 관찰한 내용을 파지하는 과정이다. 모델의 행동을 상징적인 형태로 기억 속에 표상해 두지 않는다면 관찰의 의미가 줄어든다. 파지는 심상(imagery)과 언어적 부호화(words)라는 두 가지 표상체제에 의존한다. 모델의 행동이 심상이나 언어적 부호로 변화되면 이들 기억 부호가 다음 수행을 위한 지침의 역할을 하게 된다.

상징적 부호화는 관찰된 정보를 기억해내기 쉬운 체제로 분류, 통합하는 형태로 구조화한 것이므로 학습에 효과가 크다. 즉, 모델의 행동을 단어나 간결한 명명 또는 심상으로 부호화한 관찰자자 그저 관찰만 했던 사람에 비해 훨씬 학습을 잘한 것으로 알려지고 있다.

(3) 운동재생 과정 : 기억을 행동으로 전환하는 것

관찰학습의 세 번째 단계는 상징적 표상을 적절한 행위로 변환시키는 과정이다. 관찰자는 모델의 시범 양식에 따라 자신의 반응을 성공적으로 조직함으로써 행동으로 재현하게 된다. 이러한 행동적 수행은 반응의 인지적 조직, 반응의 시발 및 피드백에 의한 정교화로 세분화할 수 있다.

(4) 동기화 과정 : 관찰에서 행동으로 전환하는 것

모델의 행동을 습득하고, 기억하고, 능숙하게 수행할 수 있는 능력을 가지고 있다고 해도 그 행동이 바람직하게 받아들여지지 않는다면 행동으로 드러나지 않을 것이다. 사회학습이론에서는 조작적 조건형성과는 달리 행동의 결과는 학습을 유발하는 변인이 아니고 수행을 동기화한다고 보는 것이다.

일반적으로 정적강화가 주어지면 빠르게 행동으로 전환될 뿐만 아니라 주의집중 과정이나 파지 과정에도 영향을 미친다. 또 다른 사람이 어떤 행동으로 정적강화를 받는 것을 관찰하기만 해도 그 행동에 주의를 기울이게 되고, 적극적으로 파지하며, 나중에 빠르게 행동으로 수행되도록 동기화된다. 즉, 강화가 대리적으로 경험되어 자신의 비슷한 행동도 비슷한 결과를 가져올 것이라고 예상할 수 있게 된다는 것이다.

2. 인지주의 이론

1) Kohler의 통찰학습이론

통찰학습(insight learning)이란 형태주의 심리학자 Kohler의 통찰이론을 학습법에 적용한 학습이론으로 학습자의 통찰과정을 통한 인지구조의 변화로서 학습한다는 개념이다. 여기서 통찰이론은 통찰과정을 거쳐 문제를 해결하게 되는 학습 또는 학습의 형태를 지칭하며, 자극반응이론(stimulus-response theory)과는 달리 학습을 반응의 변화가 아니라 지식의 변화로, 목적, 통찰력, 이해와 같은 정신적 과정을 강조하고, 수행은 과거의 경험보다도 현재 상황 속의 관계를 이해하는 데 더 밀접한 연관성이 있다고 보는 이론이다.

통찰학습에서 학습자는 문제해결에 대한 모든 요소를 생각해 보고 문제가 해결될 때까지 여러 가지 방법을 생각하게 되는데, 이 과정에서 학습자는 문제해결에 대한 통찰력을 얻게 되며, 통찰력을 통해 문제를 해결하고, 그 방법을 학습하게 되는 것이다.

학습 이론(learning theory)에서 통찰은 경험적 장의 재조직을 촉진해서 새로운 아이디어를 창출하거나 문제해결을 발견하려는 지식의 한 유형이다. 즉 문제 사태를 전체적으로 이해하고, 그것을 분석하여 인지함으로써 자신의 목표달성을 위한 행동과 결부시켜 재구성 또는 재구조화하여, 결국 전체 속의 한 요소를 전체와 관련시켜 목표달성을 위한 도구로서 사용하여 문제를 해결하고자 하는 것이다. Davidson과 Sternberg에 따르면 통찰에는 세 종류가 있으며, 각각의 과정을 갖는다고 한다. 통찰의 종류와 과정은 다음과 같다.

- **선별적인 부호화 통찰(selective-encoding insight)** : 목적에 필요한 중요한 정보를 인지하고, 선별해야 하며, 중요하지 않거나 관련이 없는 정보는 걸러내야 한다. 선별적인 부호화는 이러한 여과가 일어나는 과정이다.
- **선별적인 비교 통찰(selective-comparison insight)** : 새로운 정보가 이전 정보와 어떻게 연결되는지를 새롭게 지각하는 과정이 필요하다. 사전 지식과 현재 직면한 문제의 새로운 지식과 비교할 필요가 있으며, 선별적인 비교 통찰은 이러한 연결 짓기의 기초가 된다. 즉 새로운 지식을 접했을 때, 이것이 기존의 알고 있던 지식인지 비교하여, 지식을 추가하거나 알던 지식을 확장하는 것과 같다.
- **선별적인 통합 통찰(selective-combination insight)** : 정보를 선별적으로 부호화하고, 비교하고, 새롭게 생산적인 방식으로 통합하는 과정이 있어야만 한다. 즉, 정보를 어떻게 조합할지 생각해야 한다. 즉, 새로운 지식과 기존의 지식이 합쳐져 확장되는 것과 같다.

위와 같은 통찰을 통해 학습이 이루어지는 것을 통찰학습이라 하며, 문제나 해결책에 대한 새로운 관점을 얻기 위해 적절한 이전 정보와 새 정보를 파악하고 통합하는 것을 포함한다. 통찰은 많은 사고와 노력의 결과이며, 이런 것이 없이는 결코 나타나지 않는다.

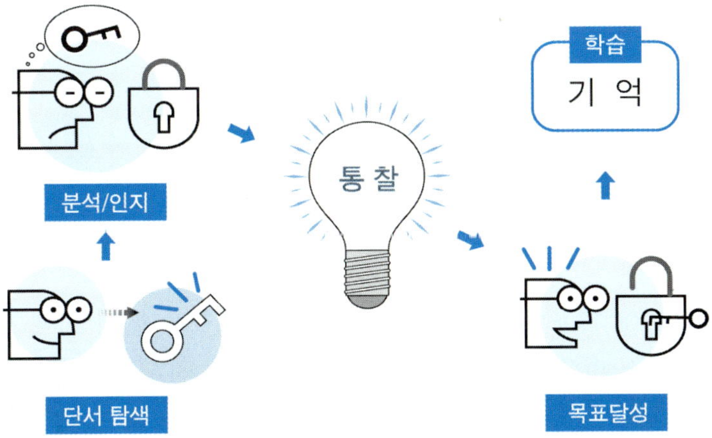

[그림 3-6] 통찰학습의 예

[그림 3-6] 통찰학습의 간단한 예이다. 통찰학습은 행동주의 강화학습이론과는 달리 형태주의 심리학에 근거한 인지주의 학습이론으로, 상황을 구성하는 요소 간의 관계를 파악하는 것이며, 이 과정에서 학습이 이루어진다.

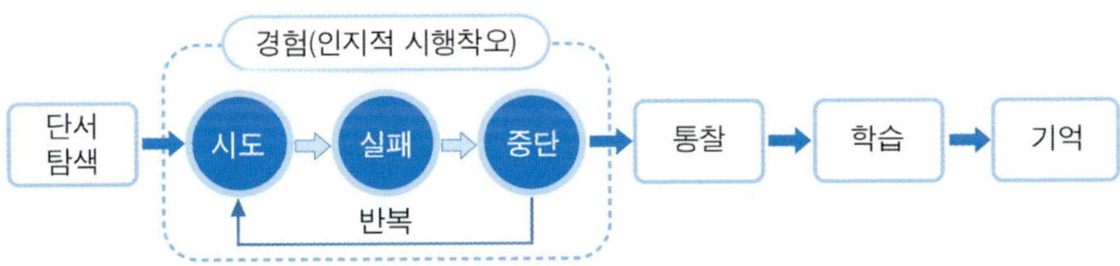

[그림 3-7] 통찰학습의 패턴

[그림 3-7]과 같이 통찰학습은 일정한 패턴을 가지며, 통찰이 일어나기 전에 단서에 대한 경험을 쌓는 상태를 인지적 시행착오(cognitive trial and error)라고 한다. 이는 인지적 재구성이 일어나기 위해 방법을 모색하는 정신적 시연(mental rehearsal) 단계이

다. 헝가리의 수학자인 Polya의 〈How to Solve It〉이란 저서에서, 수학적 문제해결방법에 대하여 형태주의적 방법에 착안하였을 때, 이러한 인지적 재구성 단계를 포함하는 통찰학습의 단계로 나타나게 되며, [그림 3-8]과 같이 네 단계로 구분할 수 있다.

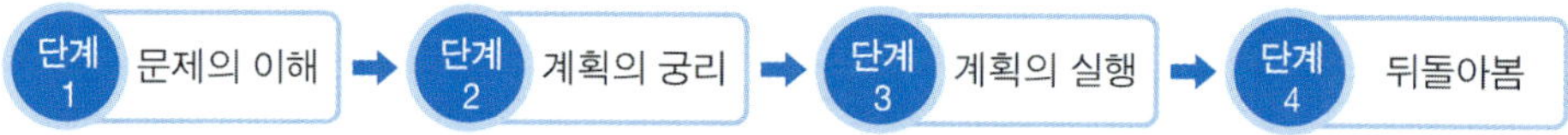

[그림 3-8] 통찰학습 단계

- 문제의 이해(understand the problem) : 주어진 문제에 대한 정보를 수집하고, 그리고 "알고 싶어 하는 것은 무엇인가(또는 미지항은 무엇인가), 가지고 있는 것은 무엇인가(또는 자료와 조건은 무엇 인가)" 등의 질문을 통해 자료를 선별하고 이해한다. 통찰 종류 중 선별적인 부호화 통찰에 해당하며, 통찰학습 패턴의 단서 탐색 단계이다.
- 계획의 궁리(devise a plan) : 해결방법을 발견하기 위하여 과거의 경험을 사용하려고 해 보거나, 주어진 것을 과거의 경험과 관련하여 새로운 방법으로 사용할 수 있는지 고려해야 한다.

이 단계에서는 인지적 시행착오를 경험할 수 있으며, 통찰 종류 중 선별적인 비교통찰과 선별적인 통합통찰에 해당하고, 통찰학습 패턴의 경험과 통찰 단계이다.

- 계획의 실행(carry out the plan) : 해결 계획을 시험해 보며, 실행의 각 단계를 체크하는 과정이 필요하다. 이 단계는 통찰학습 패턴의 실행 단계에 해당한다.
- 뒤돌아봄(look back) : 실행 결과에 따라서 다른 방법을 사용해 보거나, 결과를 체크하여 분석하여, 다른 문제에도 사용할 수 있는지 판단한다. 이 단계는 통찰학습 패턴의 평가 및 학습 단계에 해당한다.

2) Lewin의 장이론

(1) 개념

Lewin은 동기의 개념을 도입하여 행동결정요인은 개인의 심리적 생활공간으로 설명한다. 행동은 인간과 환경의 상호작용에 의해 나타나는 것으로 인간과 환경의 조건은 상황으로 나타나게 된다. 즉, 다음과 같은 식이 성립한다.

$$B = f(P \cdot E) = f(S)$$

$$B: Behavior,\ \ P: Person,\ \ E: Environment,\ \ S: Situation$$

Lewin의 장이론에 따르면, 인간행동(B)은 심리적 환경(E)과 인간 객체(P)에 대한 함수이다. 또한, 심리적 환경(E)과 인간 객체(P)는 심리적 사태(S)를 불러일으키며 이는 인간행동(B)에 직접적인 영향을 끼친다고 본다.

Lewin의 장이론은 인간의 행동을 개인의 현재의 상황, 즉 장(場)과의 관계로 설명하려는 이론으로 Lewin과 그의 추종자들이 발전시킨 이론이다. 이 이론은 세 가지 원리에 관련된 사고를 반영하고 있다. 즉 상황의 여러 가지 상이한 측면 사이에 이루어지는 상호의존성, 행동과 현재의 장의 조직과의 관계, 장을 개인의 경험 속에서 추상적이고 체계적으로 해석하고 설명할 필요성 등을 포함하고 있다.

Lewin은 물리학의 「힘의 장(field of force)」이라는 개념을 적용하여 개인의 어넌 순간의 행동이란 개인의 심리적 장 안에서 동시에 작용하고 있는 힘의 합성에 의해서 결정된다고 보고 있다. 태도 · 기대 · 감정 · 욕구 등은 내면적 힘을 이루고 있으며, 이 내면적 힘은 외적 힘과 상호작용하는 것이다. 따라서 개인의 심리적 장은 내면적 힘을 지닌 개인이 지각한 환경으로 이루어진다. 이는 형태심리학의 발전과 연합하여 개인의 행동의 전체성과 지각의 대상, 즉 환경의 구조를 이해하는 데에 큰 기여를 하였다.

(2) 심리적 생활공간

심리적 생활공간은 개인이 움직이는 이차원 공간으로 표상된다. 여기에는 개인 자신, 긍정적 · 부정적 목표, 장애물, 원하는 것을 얻기 위해 따라야 할 통로 등이 포함된다. 의식하지 못하는 요인에도 영향을 받을 수 있고, 물리적 · 비물리적인 것들이 포함될 수 있다. 물리적 환경이 가까이 있어도 개체가 의식하지 않으면 심리적 생활공간으로 들어오지 못한다. 물리적 환경은 없지만 상상이나 무의식의 세계도 행동에 영향을 주기 때문에 심리적 생활공간에 포함된다. 즉, 심리적 생활공간은 개인이 인식하고 개인이 느끼며 인지할 수 있는 개인의 행동에 영향을 주는 세계로써 개인의 행동을 통해 파악할 수 있다.

장이론에서는 개인과 개인 사이의 갈등문제와 집단에 대한 관심을 가짐으로써 사회나 집단 문제 등에 많은 시사점을 준다. 또한 교육에 있어서 학생의 능동적 활동을 강조함으로써 교사는 학생의 심리적 생활공간에 속해야 학생의 행동변화의 유도가 가능하다는 주장을 펼침으로써 학습자 중심의 교육이 많은 시사점을 주고 있다. 또한 삶의 공간은 끊임없는 변화를 내포하고 있으며 심리적 생활공간의 끊임없는 변화는 불가피하다. 즉, 행동을 사전에 예언하는 것은 어렵다는 것이다.

3) 기호형태론

Tolman은 형태심리학과 장이론의 영향을 받아 기호 - 형대론(sign-gestalt theory)을 발전시켰다. 행동은 객관적으로 관찰되고 이해되어야 하며 목적에 따라 조절되고 있다고 함으로써 행동은 목적지향적인 것으로 보았다. 따라서 목적에 따라서 전체적 행동으로 기술되어야 한다고 주장한다.

학습은 목표(유의미체)와 수단(기호)의 관계를 사전에 그려봄으로써 획득되는 기대의 형성이라고 본다. 이러한 기대의 형성이 바로 인지의 성립(기호와 형태의 성립)인 것이다. 그리고 유기체의 학습은 그가 지닌 능력에 의존하며(능력의 법칙), 자료의 성질과 제시방법에 관련된다.

3. 인본주의 학습이론

인본주의 이론은 산업화로 인한 인간소외 상황에서 인간의 존엄성과 자율성을 주장하면서 인간의 전인적 발달과 자아실현을 목표로 한다. 행동주의가 인간이 특정한 환경의 자극에 의해 반응하거나 조건화된다고 함으로써 요소주의로 흐르는 것을 비판하고, 정신분석학이 본능과 어릴 때의 사건으로 프로그램화되어 일생을 지배한다고 주장하는 것 등을 비판하였다.

인간의 존재는 독자적이며 무한히 발전할 수 있으므로 인간은 자신의 운명을 스스로 결정해야 하며 환경을 형성함으로써 상황에 능동적으로 개입해야 한다고 주장한다. 궁극적으로 인간은 자신이 지향하는 가치를 실현함으로써 자아실현에 도달할 수 있다고 본다.

그러므로 아동에게 자발적 선택 기회를 주어 스스로 성장할 수 있도록 도와주고, 자신의 느낌을 진단하고 타인의 느낌도 느껴 보게 하여 감정을 순화하도록 하는 것을 중시한다. 그리고 교사의 일방적 수업에서 탈피하여 학습자 중심의 교육을 주장하며, 교사는 촉진자로서 학생이 적극적인 자아 개념을 갖도록 해 주어야 한다.

인본주의 학습이론의 교육적 의미는 학생의 자발성을 유도하여 스스로 치유하며 적극적인 자아 개념을 통해 자아실현에 도달하는 것을 교육의 목적으로 하는 것이다.

4. 구성주의 이론

1) 구성주의 이론의 개념

5.31 교육개혁이 지향하는 새로운 교육체제는 수요자 중심의 열린 교육체제이다. "열린교육"이라는 말은 몇몇 관심 있는 교육학자나 일부 교사들이 쓰는 전문용어쯤으로 여

겨졌다. 하지만 이제는 초·중등학교에서 가장 빈번히 사용되는 용어의 하나가 되고 있다. 열린교육은 종래의 규격화된 일제식 수업과 경직된 교육 운영의 틀을 깨고 학습 과정에서 학습자의 능동성과 자기주도성을 강조하는 교육운동이다. 특히 한국교육은 창의성과 문제해결력을 길러주는 데 실패하고 있다는 비판과 각성이 사회 전반적으로 확산되고 있던 터에 교육 현장으로부터 열린교육운동이 일어난 것은 어쩌면 당연한 일인지도 모른다.

이처럼 학습자 중심의 학습환경을 구축해야 한다는 주장은 구성주의(constructivism) 이론에 근거를 두고 있다. 구성주의란 지식이 어떻게 형성되는 것이며, 학습은 어떻게 이루어지는가에 대한 이론이다(Duffy & Jonassen, 1993; Fosnot, 1996). 구성주의는 인지심리학자들 중, 특히 Piaget와 Vygotsky와 같은 발달심리학자들의 이론, 철학, 인류학 등에 바탕을 두는 인식론적 입장으로, 이전의 객관주의적 관점에서 지식을 객관적·보편적·초월적으로 보는 것과는 달리 지식을 상대적·주관적·사회문화적으로 구성되는 것으로 본다. 그러므로 구성주의적 관점에서 학습은 교수자에 의해 주어진 보편 타당한 지식을 획득하는 것이 아니라 자신의 경험에 비추어 의미를 부여하고 해석하는 과정에서 종래에 가지고 있던 특정 경험에 대한 이해나 의미와의 갈등 내지 충돌이 발생하게 되면, 자기규율적(self-regulated) 기제에 의해 다시 인지적 평형 상태를 되찾게 되는 과정이다(Brooks & Brooks, 1993; Fosnot, 1996).

수업방법론으로서의 수업이론이 아닌 교육적 패러다임으로서의 구성주의 학습이론은 우선 지식을 보는 관점이 기존의 객관주의와 다르다. 즉, 지식은 인간의 개별적 인지작용의 결과로서 학습자들에게 매우 '개별적이며, 지속적으로' 구성과 재구성을 반복하면서 변화한다는 전제에서 출발한다. 따라서 구성주의에서의 학습은 자기 규율적(self-regulated)이고 자기 조직적(self-organized)이며, 자율적(autonomous)인 학습환경에서 학습자 스스로 지식을 형성해 나가는 것이다. 학습의 과정에서 이루어지는 인지적 사고(reflective thinking)와 그룹 간 대화(collaborative discourse)를 학습자가 주도적으로 행함으로써 자신에 맞는 실재(realities)의 학습결과를 갖게 되는 것이다.

결국 구성주의적인 학교교육이 되기 위해서는 우선 학습자의 위치를 '객체/대상'에서

'주체'로 바꾸고, 교사에게 집중되어 있는 교실 수업에서의 절대적 권위를 학습자에게 이양하는 '탈중심적' 개념이 실현되어야 한다. 이러한 학습자 중심적 학습환경의 구현을 위한 구성주의의 주장은 궁극적으로는 학습자들의 개별적 목소리, 생각, 경험, 지식을 존중하고 가치부여하며, 나아가 그들을 진심으로 신뢰하고 믿어주는 지극히 인본주의적 태도로 요약될 수 있다(강인애, 1997).

이렇게 학습자 중심의 교육환경을 구현하는 것을 내용으로 하는 구성주의는 기존의 객관주의 패러다임에서 벗어나 현재 우리 시대를 대표하는 담론으로서의 포스트모더니즘과 정보화가 지니는 탈중심화(decentralization)의 시대적 경향성을 교육에서 구체적으로 실천할 수 있는 이론적 근거가 되는 학습이론이라 할 수 있다. 포스트모더니즘은 보편성과 동질성의 추구라는 세계관에서 벗어나 지금까지 결과적으로 소외되어 왔던 것들에게 관심을 부여함으로써 보편성과 다양성을 추구하고, 확실성에서 불확실성으로, 집단주의에서 개인주의로, 권위와 집중에서 자율과 분산으로, 중심화에서 탈중심화로 가치를 이동시킨다. 이러한 경향성은 지금의 정보화 시대와 상호 상승효과를 갖는다. 즉, 정보화 시대에는 전자적 커뮤니케이션으로 인해 쌍방향적 네트워크가 가능하다. 이 전자 공간에서는 주체와 객체의 경계가 없어지고 수평적이고 다원적인 관계로 전환되면서 포스트모더니즘의 가치인 '개방성', '탈중심성', '경계 허물기', '역할 바꾸기' 등이 구체적 실천성을 지니게 되는 것이다.

2) 구성주의적 교수-학습이론

교수-학습이론 분야에서 가장 영향력 있는 패러다임은 행동주의로 대표되는 객관주의 접근이라 할 수 있다. 객관주의 접근에서 학습은 외현적 행동의 변화이며, 학습결과는 관찰 가능한 행동에 의해 측정되어야 함을 강조한다. 즉 수업의 역할은 실제 세계를 구조화한 지식을 전달하는 것이며, 학습은 능동적인 과정이라기보다는 정보의 수동적인 획득이므로 학습자는 전달된 정보를 얼마나 잘 반영하느냐에 의해 평가된다. 그러므로 수업의 목적이나 목표, 수업에서 가르칠 개념의 계열이 수업설계자나 수업자에 의해 미리 결정될 필요가 있다. 전형적인 행동주의적 수업설계 모형의 주 요소들로는 행동목표의 확인, 출발점 행동, 과제분석, 과제분석에 따라 계열화된 수업, 준거지향 검사 등이다(Dick & Carey, 1978).

이러한 객관주의적 패러다임은 교수-학습의 과정에 대하여 체계적으로 접근하여 처방적인 모형을 제시한 점에서 그 공헌이 지대하지만 근래에 와서 일부 학자들은 객관주의 접근에 의문을 제기하고 있다(Duffy & Jonassen, 1991; Jonassen, 1991). 행동주의, 인지주의, 그리고 절충주의에 이어 구성주의가 관심을 끌기 시작할 무렵인 1980년대 후반경 Glaserfeld(1989)가 '급진적 구성주의(radical constructivism)'이라는 표현을 썼던 것을 보아도 알 수 있듯이 구성주의 학습이론의 인식론적 전제는 기존의 학습이론과 많이 다르다. 이에 객관주의와 구성주의 간의 인식론적·철학적 입장, 그리고 각각의 교수-학습원칙에 대한 토론이 활발하게 진행되었다. 이러한 논쟁은 Duffy와 Jonassen의 〈구성주의와 교수공학 : 대화; Constructivism and the Technology of Instruction〉에 잘 나타나 있다. 이들 두 이론 간의 차이점에 대한 내용을 요약하면 〈표 3-2〉와 같다.

〈표 3-2〉 객관주의와 구성주의 비교

구 분	객관주의	구성주의
지식의 정의	고정되어 있고 확인될 수 있는 현상, 개체	개인의 사회적 경험에 바탕한 개별적 의미와 형성
최종목표	진리추구	적합성/타당성(viability)
교육목표	진리와 일치되는 지식 습득	개인에 의한 개별적 의미형성의 사회적 적합성과 융화성
주요 용어	발견	창조와 구성
지식의 특성	초역사적, 우주적, 초공간적	상황적, 사회적, 문화적, 역사적
현실의 특성	규칙과 방법으로 규명될 수 있고 통제와 예언이 가능	불확실성, 복잡성, 독특성, 가치들 간의 충돌

구성주의는 지식이 무엇이며 어떻게 구성되는지에 대한 인식론이다. 하지만 구성주의도 다양한 스펙트럼을 형성하고 있다. 급진적 구성주의와 사회적 구성주의, 인지적 구성주의와 사회문화적 구성주의 등으로 다양하게 대별될 수 있다.

여기서는 인지적 구성주의와 사회적 구성주의 관점을 간단히 살펴보고자 한다. 구성주의적 인식론에 따르면, 지식의 구성과 습득은 개인의 인지적 작용이란 측면과 그 개인이 속한 사회의 구성원들 간의 상호작용이란 측면의 상호관계를 통해 이루어진다고 본다. 그런데 이 두 측면에 의한 지식습득과 구성에 있어 어느 측면에 더 무게를 두느냐에 따라 인지적 구성주의와 사회적 구성주의로 구분된다. Piaget의 인지발달이론을 근거로 하는 인지적 구성주의의 경우 이 두 측면 중 개인의 인지적 작용에 중점을 두고 사회적 측면은 인지적 측면의 활성화와 객관적인 타당성을 위한 단계로 보고 있다. 반면에 Vygotsky의 인지적 발달이론을 근거로 하는 사회적 구성주의는 우선 이 두 측면의 상호 밀접한 관계에 더 중점을 두면서, 개인이 속한 그 사회의 문화적·역사적·사회적 배경을 바탕으로 한 지식의 습득과 구성이란 측면을 좀 더 강조하고 있다.

〈표 3-3〉 객관주의 교수-학습원리와 구성주의 교수-학습원리

객관주의 교수-학습원리	구성주의 교수-학습원리
지식의 추상화와 탈상황화 : 학습 전 과제분석	지식의 상황성 강조 : 과제풀이 과정에서 학습자에 의해 도출되는 학습목표의 설정 및 평가
단순화되고 구조화된 현실을 제시 : 학습 전 학습목표와 평가기준 설정	현실의 복잡함 제시 : 문화적 동화와 협력학습
지식의 연계화와 구조화 : 완전학습	학습환경의 조성 : 학습자의 주인의식과 권위부여(ownership & empowerment) 및 같은 학습자 혹은 코치로서의 선생님이 역할

사회적 구성주의자들(Cole, 1992; Lave, 1988; Rogoff, 1990; Vygotsky, 1978; Wertsch, 1991)에 따르면, 인간은 사회라는 것으로 인해 동물과 구분되는데, 사회라는 곳은 인간이 태어나 자라면서 그들이 속한 세계만의 독특한 문화적·행동적 양식을 습득하는 곳이다. 따라서 그가 속한 사회와 그 구성원과의 상호작용을 통해서 한 개인의 성장(인지적 발달을 포함한)이 이루어진다는 것이다.

〈표 3-4〉 인지적 구성주의와 사회적 구성주의의 비교

구 분	인지적 구성주의	사회적 구성주의
인지적 발달 기원	머리 속에	사회관계에 참여하는 개인
학습이란	적극적인 인지적 구조의 재편성	관련 공동체에서의 문화적 동화
최종목표	개인 경험의 사회-문화적 타당성 검증	개인들간의 활발한 상호작용에 의한 사회-문화적 관습 습득
이론적 관심	개인의 인지적 발달과정	사회-문화적 동화과정
분석 내용	사회적 상황에 의거한 인지적 재구성 과정	관련 공동체에 참여를 통한 사회-문화적 행동양식 습득 및 동화과정
수업환경	교사와 학생 간의 문화조사	공동체의 문화를 반영하는 학습 교육의 실태 조사
그룹간의 환경	상이성 강조	동질성 강조

Vygotsky(1978)는 사회적 참여를 통한 지식의 구성과 습득의 이론적 근거로서 근접발달의 영역(Zone of Proximal Development)을 제시하고 있다. Vygotsky의 이론에 따르면, 학습할 영역에 대해 전문적 지식과 기술을 지닌 사람(동료학습자, 교사, 부모)이 학습자의 학습을 도와 준 경우 학습자 개인이 혼자 도달할 수 있는 인지적 발달수준보다 더 나은 수준에 이를 수 있다고 한다. 이때 학습자의 학습을 도와 주는 사람이 어느 경우에는 부모(Rogoff, 1990)가 될 수 있고 대부분의 경우처럼 교사나 동료학생일 수도 있다. 그리고 이들에 의한 학습적 도움은 기존의 지식이나 기술의 전달방식처럼 일방적으로, 직접적으로 지식을 전달하는 형태와는 달리 안내자/조언자(guidance/scaffolder)의 형태를 띤다. 따라서 학습자 스스로 완전히 문제해결의 전 과정을 다룰 수 있는 단계에 이르기까지 점차 안내자/조언자의 참여/간섭을 줄여가고 종국에는 완전히 사라지는(fading) 것을 말한다.

이상과 같은 구성주의적 교수 – 학습원리를 요약하면 다음과 같다.

첫째, 체험학습(learning by doing)이다. 이것은 사회 구성원으로서의 학습자의 개별적 인지작용에 의한 지식 구성이라는 측면은 학습자의 학습에 있어서의 역할을 규명해

준다. 즉, 기존 학습환경에서 주어진 지식을 흡수하는 수동적 입장의 학습자에서 적극적이며 자율적인 지식을 형성하는 학습자로의 변화를 의미한다.

둘째, 자아성찰적 사고(learning by reflection)이다. 이것은 자신의 모든 개인적 경험이나 일상적인 사건이나 현상에 대하여 아무런 생각없이 무심코 지나쳐 버리지 않고 그 하나하나의 사건과 경험의 의미와 중요성에 항상 질문을 해 보고 분석을 하는 인지적 습관을 말한다. 당연하게 받아들이던 모든 것에 대하여 질문을 던지고, 분석을 해 보고 그 대안을 구해 보는 것이다.

셋째, 협동학습(learning by collaboration)이다. 구성주의에서 말하는 지식구성은 사회적 요소와 개인의 인지적 요소 간의 통합을 통해 이루어지는 것을 의미한다. 따라서 구성주의적 학습환경은 반드시 학습자가 속해 있는 사회 구성원 간의 협동학습적 환경을 전제로 이루어져야 한다는 것을 의미한다.

넷째, 실제적 성격의 과제 중심의 학습(learning by authentic task)이다. 구성주의는 교육과 성과(혹은 수행), 혹은 교육과 실생활과의 연계성을 매우 강조한다. 그리고 이러한 연계가 이루어지려면 과제의 성격이 실제 생활과 밀접하게 연결되어 있어야 하고 그 과제를 풀어가는 학습의 장은 반드시 구체적 '상황성'이 전제되어야 한다.

다섯째, 학습자의 조력자(facilitator)이며 동료-학습자(co-learner)로서의 교사의 역할이 있다. 전통적으로 교사에게 부여되었던 역할(지식의 전달자이며 학습의 최종적 평가자)을 학습자에게 이양한다는 것이다. 구성주의에서 강조하는 것은 교사 역할이나 존재의 부정이 아니라 역할의 변화를 의미한다.

이상과 같은 교수-학습원리의 구현을 위해 구성주의는 전통적인 교사의 역할에 대한 변화를 요구하고 있다. 이제 교사는 더 이상 지식과 정보의 전달자, 수업의 일방적인 관리자, 감독자가 아니라 학습과정의 촉진자, 조언자, 자문인, 코치, 나아가 동료 학습자로서의 역할을 수행해야 한다.

5. 사회학습이론

1) 개념

Bandura의 사회학습과정을 통해 자기조절, 자기효능감, 모델링과 모델의 주요개념들과 함께 학습된다. Bandura는 다른 행동주의 학습이론과 달리 개인의 인지적 작용과 사회적 상황의 영향에 대한 학습과정을 설명하면서 설득력을 더 하고 있다. 그에 따른 내용과 학습과정의 단계별 개념을 살펴보고 주요개념들을 살펴보면서 Bandura의 사회학습이론은 다음과 같다.

Bandura에 의해 제안된 학습이론으로, 사회적 상황에서 이루어지는 학습은 전통적인 학습이론(고전적 조건형성과 조작적 조건형선)에서 강조하는 것과 달리, 학습자의 인지를 포함하는 개인적 측면(개인변인)들과 행동, 그리고 환경 등 세 가지 요소들 간의 상호작용의 결과라고 설명한다. 구체적으로, 이 이론에서는 학습자가 환경의 영향을 받는 직접적인 경험을 통해 학습이 이루어지는 것으로 설명하는 고전적 조건형성이나 조작적 조건형성과는 달리, 학습자가 사회적 상황에서 다른 사람(모델이라고도 함)의 행동을 관찰하는 과정이나 경험을 통해 모델이 행동 후에 보상(또는 강화)을 받는지, 반대로 처벌을 받는지, 아니면 보상도 처벌도 없이 무시되고 있는지 등의 결과를 간접적으로 경험할 수 있다는 점을 강조하면서 이러한 과정을 통해 특정 행동을 학습할 수 있다고 본다.

이 이론에 따르면, 관찰자가 모델이 특정 행동을 한 후에 보상을 받는 것을 관찰했다면, 그 이후에 유사한 상황에서 모델이 했던 것처럼 행동하게 될 가능성이 증가되고, 반대로 모델이 특정 행동을 한 후에 처벌을 받는 것을 관찰했다면, 그 이후에 유사한 상황에서 모델이 했던 행동을 하지 않거나 그 행동과 다르게 행동하게 될 가능성이 증가된다. 이처럼 사회학습이론은 고전적 조건형성과 조작적 조건형성과 달리 학습자의 인지를 포함하는 학습과정으로 개인적 측면들과 행동, 환경의 상호작용에 의한 학습과정의 특징이 있다. 간접 적인 강화의 결과로 대리적 강화와 대리적 처벌의 학습작용을 통해 행동주의 이론을 설명할 수 있는 것이다. 그렇다면 주요한 개념들의 세부내용을 예를 들어 이해해 보자.

행동주의 이론에서는 직접적인 강화와 벌에 의해서만 학습이 일어난다고 하였다. 그러나 강화와 벌이 없이도 관찰을 통해 모델의 행동을 모방하는 모델링과 대리적 조건형성(vicarious conditioning)을 통해서도 학습은 이루어질 수 있다. 예를 들면 시험성적이 좋은 같은 반 친구의 시험공부 방법을 따라 하거나, 교사의 행동을 그대로 모방하면서 학습이 일어날 수 있다. 또한 수업시간에 수업태도가 좋지 않은 다른 학생이 벌 받는 것을 보고 자신의 행동을 감소시키는 경우도 이에 해당된다. 이러한 학습현상을 관찰학습(observational learning)이라고 한다. 사람들은 다른 사람의 행동을 관찰하고 모방하거나 혹은 다른 사람이 수행한 행동의 결과에 제공되는 강화와 벌을 관찰하면서 다음 행동에 대한 기대와 신념을 가질 수 있다.

대리적 조건형성을 통해 간접적인 강화와 처벌에 따라 학습되는 작용을 살펴보았다. 그리고 이러한 강화와 처벌을 관찰하면서 동기화 과정을 경험하면서 다시 학습 하고자 하는 기대와 신념을 얻을 수 있는 것이다. 이러한 과정에 대해 Bandura는 학습과정의 모형을 제시하여 설명하고 있다. 관찰을 통해서 자신의 행동을 결정하고 조절하는 과정과 사회환경과의 상호작용을 설명하고 있다. 또한 타인의 행동을 관찰하고 이를 모방하는 쌍방향적인 절차와 과정의 내용을 학습과정에 따라 설득력 있게 체계화시켜 설명하였다.

Bandura는 사회학습이론이란 인간이 어떤 모델(동일시)의 행동을 보는 것만으로도 학습이 이루어진다는 입장이며, 이를 관찰학습이론, 모델링 또는 모방학습이라고 하였다. 즉, 사회학습이란 사회적 맥락 안에서 타인의 행동을 모방하고 관찰함으로써 행동을 습득하게 되는 것을 의미하며, 그 영향은 쌍방향적인 것이다. 쌍방향적인 절차는 ① '모델행동(SD)'이 제시되면 학습자가 보게 되고, ② 학습자가 의도적 또는 무의식적으로 모델행동과 간이 반응(R)하게 되면, ③ 후속적으로 모델행동과 같이 반응한 행동에 강화(SR)가 이루어지면서 모방학습이 일어난다는 것이다. 물론 이 같은 일회적인 'SD-R-SR'과정으로 모방학습이 일어날 수도 있지만, 일관성 있게 반복적으로 일어날 때 모방학습이 일어날 확률은 더 높아진다.

2) Bandura의 사회학습모형

(1) 관찰학습

Bandura의 사회학습과정은 관찰을 통한 상호작용과 자기조절, 자기효능감에 따라 학습의 완성도가 달라질 수 있다. 학습자에게 사회적인 영향과 개인의 인지적 학습은 주의집중과정에서 관찰되는 작용과 그것에 대한 보상과 처벌에 의한 동기화 과정들이 결합한 작용인 것이다. 다음과 같이 관찰을 통한 학습의 특징과 그 내용을 살펴보자.

관찰학습의 전형의 종류로는 직접모방, 동일시, 무시행 학습, 동시학습, 그리고 고전적 대리조건 형성이 있다. 직접모방 전형은 관찰자는 모델이 한 행동을 그대로 시행함으로써 보상을 받는 것을 기본전제로 하며, 행동에 있어서 연습을 필요로 하지 않을 때 가장 효과적인 방법이다. 예를 들어 교사가 누구처럼 행동하라고 지시하고, 그대로 하면 보상을 한다. 동일시 전형은 관찰자가 모델의 비도구적인 독특한 행동 유형을 습득하는 것을 뜻한다. 즉, 관찰자의 행동 중 어떤 특수한 반응보다는 모델의 일반적 행동 스타일을 모방하는 것이 동일시 학습의 행동이다.

예를 들어, 아동이 부모의 종교관, 가치관을 내면화하는 과정이 이에 속한다. 무시행 학습 전형은 행동을 예행해 볼 기회가 없거나 모방에 대한 강화가 없음에도 관찰자가 학습하는 것이다. 무시행 학습과 동일시 학습의 차이점은 모방된 행동이 도구적 반응이라는 것과 모델 자신이 보상을 받는다는 것이다. 동시학습 전형은 모델과 관찰자가 동시에 동일한 과제의 학습을 하는 상태에서 관찰자는 모델의 행동을 보고 그대로 행동하는 기회를 가지게 된다.

이처럼 환경에 대해 유기체의 직접적인 반응이 있고, 그것이 어느 정도 환경의 통제를 이끌어 간다. 개체는 그 환경에 대한 반응을 통하여 어떤 의미에서 환경을 직접적으로 통제한다. 관찰학습의 종류를 통해 효과적인 상황에 맞는 학습과정을 이해할 수 있고 무시행 학습과 동일시 학습의 차이점에서 고전적 대리조건 형성까지 알아보았다. 그리고 관찰을 통한 동기요인에 대한 종류와 그 내용을 살펴보면서 스스로 학습의 활동을 조절하게 되는 평가적 반응까지 설명할 수 있다.

관찰에 의해 학습한 행동은 세 가지의 주요한 유형의 긍정적인 동기요인, 즉 직접적 · 대리적 · 자기 생산적 동기요인에 의해 영향을 받는다. 관찰한 모방적 행동이 보상을 얻지 못하거나 처벌 효과를 지닐 때보다는 가치 있는 결과를 가져올 때 모방행동이 더욱 증가하게 된다. 다른 사람의 경험을 관찰함을 통해 손실과 이익을 따져봄으로써, 직접 경험을 했을 때만큼 모방을 통해 획득한 학습을 수행할지를 결정하게 된다.

사회학습이론에서는 획득과 수행을 구분한다. 왜냐하면 사람들이 학습한 것을 모두 수행하지는 않기 때문이다. 또한 행동의 개인적 기준은 보다 유인적인 동기와 관련한 더 많은 정보를 제공한다. 사람들이 자신의 행동에 대해 가지게 되는 평가적 반응은 자신들이 추구하는 것과 같은 관찰된 학습의 활동을 조절하게 된다. 즉 관찰자는 자신에게 만족을 주고, 가치감을 주며, 개인적으로 승인되지 않는 것은 거부하는 방식으로 활동을 추구하게 된다.

이상에서 살펴본 것과 같이 Bandura의 사회학습이론은 관찰을 통해서 직접적인 학습을 하지 않더라도 간접적으로 대리적 동기요인들을 통하여 학습이 될 수 있는 특징을 보인다. 관찰되는 모델은 유사성에 의해 강한 교육적 효과를 얻을 수 있으며 감정이입과 정서적인 학습까지도 기대해 볼 수 있다. 예행해 볼 기회가 없는 학습상황에서 적절한 학습효과를 기대해 볼 수 있는 것이다. 또한 Bandura의 관찰학습을 통한 사회학습이론은 주변에 교사나 친구 등과 같은 인물이 아닌 TV나 인터넷에서 볼 수 있는 상징적 모델에서 접할 수 있기 때문에 학습과정을 계획할 때 매체의 다양한 학습의 방법을 제시할 수 있다.

(2) 학습과정 모형

Bandura는 학습과정을 실제 교육현장에 도입할 수 있는 수업의 모형을 주의집중 과정, 파지 과정, 운동재생 과정, 동기화 과정과 같이 4단계로 설명하고 있다.

다음은 Bandura의 학습과정을 참고하여 미술수업을 예를 들어 이해를 돕고자 하였다.

① 주의집중 과정

주의집중 과정(attention process)에서는 모델을 관찰하는 단계이다. 이 과정에서는 관찰하는 모델에게 주의를 기울이게 된다. 그리고 자신과 비슷한 연락, 성, 문화적인 유사성이 있거나 사회적으로 지위가 높고 존경을 받고 있는 모델일 경우 더욱 주의집중이 강해지는 경향이 있다. 예를 들어, 미술수업 중 유능한 교사가 보여주는 소묘 시범에 학생들이 집중하는 상황이 이 단계에 해당된다.

② 파지 과정

파지 과정(retention process)은 모델의 행동을 주의를 기울인 시각적・언어적으로 기억에 전이되는 과정이다. 예를 들어, 주의집중단계에서 보여 준 미술교사의 소묘 시범에 연필을 잡는 법, 자세, 선을 사용하는 방법 등을 말로 설명해 주고 예시 작을 보여주는 것이 이에 해당된다. 이 단계의 기억은 일정기간 동안 저장되고 시연이나 연습으로 기간이 연장될 수 있다.

③ 운동재생 과정

운동재생 과정(reproduction process)은 모델의 행동을 기억한 후 학습자가 재생하는 단계이다. 예를 들어, 미술교사가 보여준 소묘시범을 기억하고 자세와 미술도구를 사용하는 방법, 완성의 과정을 연습하면서 오류를 통해 교정하고 미술시범작과 비교하면서 수행한다. 이때 재생을 하려면 기술과 신체적 능력이 있어야 하며 주의집중 과정과 파지 과정으로 학습자의 운동재생 과정이 완벽하게 모방되는 것은 아니므로 교사는 적절한 피드백과 도움이 필요하다.

④ 동기화 과정

동기화 과정(motivation process)은 모델의 행동을 재생하면서 강화를 통해 동기화되는 단계이다. 이 단계에서 강화는 직접강화, 대리강화, 자기강화로 구분하여 영향을 받기도 하고 모델을 모방하면서 강화될 것을 기대하며 동기가 이루어질 수도 있다. 예를 들어, 미술교사의 소묘수업을 보고 완성도 있는 작품을 그릴 수 있을 것이라는 기대를 할 수 있고 주위에서 긍정적인 피드백이 올 것을 기대하게 된다. 그리고 연습을 통해 소묘기법과 표현능력이 향상된 후 자신의 작품에 만족을 느끼고 인정을 받게 되면 주의집중과 파지, 운동재생에 동기가 생기게 될 것이다.

이상에서 살펴 본 것과 같이 주의집중 과정에서 모델에게 관심을 갖고 지각하기 위해 노력하게 되며 중요하지 않는 행동은 주의집중이 약해지기도 한다. 파지 과정에서는 학습자가 내면에 지속적으로 기억하고 있는 것을 말하며 행동적 재현과정으로 이어지며 적절한 행동으로 전환된다. 또한 사회학습과정은 주변 상황과 개인의 관계를 이해하고 간접적 접근을 통하여 표현을 확장할 수 있으며, 동기화 과정은 적절하게 운동재생을 위해 동기유발되고 강화되거나 통제되는 과정이다.

CHAPTER 4

교수이론의 유형

1. Glaser의 수업모형

Glaser(1962)는 수업의 과정을 하나의 체계적이고 조직적인 체계로 보고 수업의 개념적인 모형을 처음으로 체계적으로 개발하였다. 그는 수업의 단계를 4단계로 구분하여 설명하였는데, 이것을 도식화하면 [그림 4-1]과 같다.

1) 수업목표의 설정

수업의 과정은 학생들에게 무엇을 가르칠 것인가를 결정하여 수업의 목표를 설정하는 일부터 시작된다. 이때 수업의 목표에는 학습자들이 무엇을 학습하기를 원하는가를 파악하는 일과 교과의 내용을 분석하는 일 등이 포함되어야 한다. 이 같은 일들은 그 뒤의 출발행동을 진단하고 수업을 진행하며 학습성과를 평가하는 일련의 수업계획을 결정하는 출발점이 된다는 데 중요한 의의가 있다. 따라서 수업목표의 명확한 설정이라는 의미는 전체 수업과정의 진행과 결과에 관련된다.

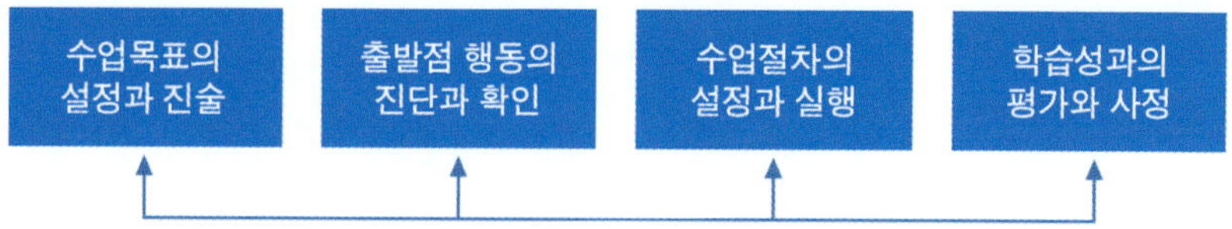

[그림 4-1] Glaser의 수업모형

2) 출발점 행동의 진단

두 번째 단계는 설정된 수업목표를 달성하기 위해 학습자의 현재의 수준을 진단하는 일이다. Glaser는 이것을 출발점 행동의 진단이라 하였다.

출발점 행동이란 Glaser가 처음 사용한 말로서 새로운 수업이 시작되는 단계에서 학생들이 가지는 선행학습의 정도를 말한다. 예를 들어, 소수점을 이해하기 위해서는 분수에 대하여 알고 있어야 한다. 이때 분수에 대한 이해를 선행학습이라고 한다.

이처럼 다음의 새로운 내용을 학습시키기 위해서는 그 내용에 대해 이미 습득하고 있는 학습자의 수준을 기초로 삼아야 한다. 이때 학습자의 수준정도는 학습자의 지식과 능력에 관련된 지각적 · 인지적 · 운동기능적 개념만을 의미하는 것이 아니라 학습자의 흥미, 학습방법 등도 파악하여야 함을 의미한다.

Bloom(1976)은 출발점 행동을 지적 출발점 행동과 정의적 출발점 행동으로 나누었다. 지적 출발점 행동에는 지능, 적성, 선행학습을 그리고 정의적 출발점 행동에는 흥미, 태도, 자아개념을 포함시켰으며, 이들 지적 · 정의적 출발점 행동이 학생들의 학업성취 수준의 65%를 결정짓는다고 하였다.

3) 수업절차

수업절차란 교사가 실제로 수업을 전개하는 활동으로 수업목표로 향하는 실천작업을 말한다. 즉, 현재의 학습할 내용에 대한 학습지도 활동이 펼쳐지는 단계이다. 수업절차라는 측면에서 이 단계는 크게 학습지도와 형성평가의 단계를 포함한다. 학습지도 단계는 도입 → 전개 → 정리의 단계를 포함하고, 형성평가의 단계는 형성평가 결과에 따른 심화 및 보충학습의 단계를 포함한다.

형성평가란 학습지도의 성과를 학습활동 진행 도중에 점검해 봄으로써 학생들이 이미 무엇을 충분히 이해했고 무엇을 충분히 이해하지 못하고 있는지를 밝혀냄으로써 어떤 부분을 수정해야 하는지에 관한 정보를 수집하려는 목적에서 이루어지기 때문에 학습지도 활동이 끝난 후 최종적으로 하는 평가와는 구분이 된다.

4) 학습성과의 평가

수업모형의 첫 단계에서 설정된 수업목표가 얼마나 달성되었는지를 평가해 보는 마지막 단계는 수업절차 진행 중에 이루어지는 형성적 평가와 구별되는 총괄평가이다. 총괄평가는 일정기간의 수업이 끝났을 때 하게 되는 평가로 학기말 또는 학년말 고사의 형태로 시행된다.

2. Bruner의 수업이론

Bruner는 미국의 인지심리학의 대표적인 인물로서, 특히 인지발달 및 인지학습이론을 발달시키는 데 많은 영향을 미쳤나. Bruner는 발달이론이 교육과 연결되어야 함을 강조하면서 어린이의 지적발달이 어떻게 학습과 수업에 관련되어져야 하는가에 관심을 가졌다.

Bruner의 인지학습이론은 개념화이론 또는 유목화이론이라고도 불리는데 개념을 파악하거나 변형시키는 것을 의미한다. 어린이는 성장하면서 주변의 세계를 이해하는 능력이 확대되어 가는데 이들에게 학습시키는 방법은 어린이 스스로가 주위에 있는 대상을 관찰하여 거기서 공통되는 유목을 발견하도록 하는 발견학습의 형태이어야 함을 주장하였다. 따라서 Bruner의 수업이론은 각 영역의 인지발달, 표상양식, 학습형태를 포함하는데, 수업이론과 직접 관계되는 것은 학습의 형태이다.

Bruner는 학습의 형태를 두 가지로 구분하였다. 그 하나는 훈련의 특수전이로 한 가지 학습한 결과가 여러 가지 유사한 과제에 적용될 수 있는 특수한 기능을 습득하는 것이고, 또 다른 하나는 일반적인 아이디어를 습득하는 것으로 이것은 새로운 문제 속에서 이미 학습한 바가 있는 문제의 변용이라는 것을 인식하는 비특수전이로서 원리의 전이 또는 태도의 전이라고 한다.

수업이론은 지식이나 기능을 학습자에게 학습시키는 가장 효과적인 방법에 관한 여러 원리와 법칙을 제시해 준다는 의미에서 규범적인 성격을 지닌다. 따라서 수업이론은 교수-학습과정을 비판 · 평가할 수 있는 근거 내지는 척도를 제공해 줄 수 있는 것이어야 한다. Bruner의 수업이론의 네 가지 특성은 교수이론에 대한 기본명제라고 볼 수 있으며, 다음과 같다.

첫째, 수업이론은 학습자 개인에게 학습을 하는 데 있어 선행경향성을 가장 효과적으로 심어줄 수 있는 경험들을 명백히 해 줄 수 있어야 한다.

학습경향성은 학습준비성, 출발점 행동과 유사한 개념으로 학습이나 문제를 해결하고자 하는 경향이나 의욕을 뜻하며 문화의 특징이나 동기체제, 개인적 요인들이 학습의 경향성을 결정하는 데 크게 작용한다. 수업이론에서는 이러한 여러 요인들을 어떻게 이용하여 설정된 목표달성에 적합한 학습경향성을 학습자가 습득할 수 있는지에 관심을 가진다.

둘째, 수업이론은 학습자가 가장 쉽게 파악할 수 있도록 지식체계를 구조화하는 방법을 분명히 해 주어야 한다.

지식의 구조는 정보를 단순화시켜 주는 힘, 새로운 원리를 생성시키는 힘, 그 지식의 조작 가능성을 증대시켜 주는 힘이 있다. 지식의 구조를 파악할 수 있다는 것은 학문 그 자체를 가르칠 수 있다는 것과 같으며, 어떤 교과도 지적으로 적절히 표현하면 어떤 발달단계의 어린이에게도 효과적으로 가르칠 수 있다고 한다. 유아기에는 동작활동으로 표현하고, 아동기에는 영상적 활동으로, 그 이후에는 상징적으로 표현할 수 있다.

셋째, 수업이론은 학습자료를 제시하여 가장 효과적인 인지의 계열을 명백히 해 주어야 한다.

학습자의 경험배경, 발달단계, 학습자료의 성격 등 개인차에 따라 가장 좋은 인지계열은 달라진다. 그리고 지식의 구조를 개념적으로 파악하고 여러 상황에 쉽게 적용할 수 있게 하기 위해서는 특수한 사실들을 기초로 한 귀납적 방법을 적용하는 것이 좋다. 그러나 계열 속의 단계 간 간격의 크기는 달성하고자 하는 교육목표의 성격과 학습자의 현재 능력수준에 따라 달라질 수 있다.

넷째, 수업이론은 교수학습 과정에서의 상벌의 성격과 그 적용방법을 명백히 밝혀줄 수 있어야 한다.

상이나 벌이 외부에 의해서 통제되는 정도만큼 성취로부터 받는 보상은 감소를 가져온다. 그러나 학습에 실패한다는 것은 다음 성취, 향상을 위한 정보가 되고, 성공에 따르는 강한 보상은 성공한 그 행동을 다음에 다시 하게 할 가능성이 크다. 그리고 외재적인 벌에 따르는 오류는 행동을 와해시킬 가능성이 높으며 시정이 되기는 힘들다. 그래서 교사의 임무 중 하나는 내재적 · 외재적 상벌의 균형을 정하는 일이다.

3. Bloom의 완전학습이론

Bloom의 완전학습을 위한 수업전략의 기본입장은 학습에 사용한 시간의 연장과 학습에 필요한 시간의 단축이다. 예를 들면, 한 학급 내의 95% 이상의 학습자들이 주어진 학습과제의 90% 이상을 완전히 학습해낼 수 있을 것이라는 가정이다. 일반적으로 학교학습에서 학습자의 학습성취분포가 한 집단의 1/3은 완전학습을, 다른 1/3은 보통학습자이고, 나머지 1/3은 겨우 통과하거나 실패할 것이라고 보는 것이다. 완전학습이 이루어지는 데 있어서 전제가 되는 문제가 적성 인과설과 정상분포의 굴레에서 벗어나는 일이다.

전자는 학습자의 학습능력이나 학습적성에 큰 개인차가 있기 때문에 학습성과에도 큰 개인차가 있을 것이라는 이론이다. 후자는 학습자들의 개인차가 상당한 크기의 한

집단 안에서 정상적으로 분포된 것이므로 학력평가의 기준도 점수분포의 정상성에서 벗어날 수 없다는 논리이다. 그런데 완전학습이론의 주장은 이와 같은 정상분포는 우연성의 분포로서 교육은 우연성에 의존하기보다는 이러한 우연성을 깨뜨리고 인공적인 분포가 되게 할 수 있다는 주장이다. 이와 같은 우연성을 깨뜨리기 위하여 Bloom은 Carroll의 학교학습 모형을 활용하였다. Carroll은 학습자가 어떤 과제를 학습하는 데 필요한 시간을 얼마나 사용하느냐의 정도에 따라 그 학습정도가 결정된다는 것을 제시하였다.

$$\text{학습의 정도} = \frac{\text{학습에 사용한 시간}}{\text{학습에 필요한 시간}}$$

이 방정식에서 학습의 정도를 백분율로 나타내고 그것을 결정하는 것은 학습자가 주어진 과제를 기준점까지 학습하는 데 필요로 하는 시간에 비하여 실제로 학습에 사용한 시간의 함수관계이다. 학습에 필요로 하는 시간은 학습자 적성, 수업 이해력, 수업의 질이라는 세 가지 변인에 의하여 결정되며 학습에 사용한 시간은 학습자에게 주어진 학습기회와 학습자의 지구력 등에 따라 결정된다. 학습자 변인으로는 적성, 수업 이해력, 지구력과 같은 개인차에 따라 결정되는 변인으로 수업의 질과 학습을 하는 데 허용된 시간에 의한 변인이다.

1) 학습자의 적성

학습자의 적성이란 완전학습을 하는 데 필요한 시간량을 결정해 준다. 이 개념은 전통적인 적성, 성적 인과설의 대표적인 개념이다. 적성이란 개념을 고정적인 것으로 보지 않고 최적한 학습조건하에서 주어진 학습과제를 일정한 수준으로 성취하는 데 필요로 하는 시간으로 본다. 그러므로 적성이란 언제나 특정학급 과제와 관련되는 개념으로 보았기 때문에 학습시간을 단축하기 위하여 학습자의 적성수준을 높여주고 학습조건을 개선해 주어야 한다.

2) 학습자의 수업 이해력

수업 이해력이란 학습자가 수업내용이나 교사의 설명, 제시된 과제를 이해하는 정도이다. 이것은 수업의 질과 학습자의 적성과의 상호작용적 맥락에서 파악되어야 한다. 즉, 학습자의 일반지능과 언어능력에 따라 좌우된다. 따라서 능력적 차원에서 보면 수업이해력은 일반적 능력이고 학습자의 적성은 특수능력이 될 것이다.

3) 학습자의 지구력

지구력은 학습동기와 흥미에 많은 영향을 받는다. 물론 학습습관에도 많은 영향을 받으며 학습자의 특정학습 과제에 대한 흥미와 집중력 등에 의해서도 영향을 받는다.

4) 수업의 질

수업의 질을 높일 수 있는 최적의 방법은 개별화 수업인데 개별화 수업이 되게 하기 위해서는 교사가 학생 개개인에 관한 모든 정보를 수집해야 한다. 예를 들어 학생의 적성, 선행학습정도, 학습습관, 성격, 흥미, 동기, 학습환경 등에 대해 알고 있어야 한다.

5) 학습의 기회

Carroll의 모형에서 학습기회는 완전학습에 이르는 가장 중요한 개념으로 학습자에게 실제로 주어지는 시간을 의미한다. 그러나 Bloom은 단순히 투입된 시간의 양이 학습결과에 중요한 것이 아니라 그 시간을 얼마나 유효적절하게 활용했느냐가 더욱 중요하다는 것이다.

4. Ausubel의 유의미 학습모형

Ausubel은 학습이란 거의 기억작용에 의해 이루어진다고 하면서 파지와 망각에 관한 포섭이론이라는 독창적인 이론을 제시하였다. 포섭이론은 인지론자들의 가정처럼 인간의 의식 속에 인지구조라는 조직이 존재하는데, 인지구조란 어느 한 시점에서 학습자가 유용하게 사용할 수 있는 현재의 지식체계를 의미한다고 하였다.

인지구조는 하나의 위계를 형성하고 있는데, 이것의 장점은 가장 포괄적이며 일반적이고 추상적인 개념들이 차지하고 그 개념은 다시 하위의 덜 포괄적이며 덜 일반적인 개념들을 흡수하게 되는데, 여기서 포섭이란 용어를 사용하여 접근하였다. 그의 이론에서 포섭이란 하위의 개념을 포함하는 것뿐 아니라 기존의 인지구조 개념에 새로운 개념이나 아이디어로 접근하여 그것들을 흡수하는 관계, 즉 학습을 의미한다.

포섭이론에서 학습은 학습되어야 할 새로운 개념, 아이디어, 지식 등의 학습과제와 학습자의 인지구조와 관련된다. 즉 새로운 학습과제가 이미 가지고 있는 기존의 인지구조와 관련될 때 학습자에게 새로운 의미를 부여하게 되며, 학습은 유의미하게 된다. 이것이 학습에서 의미를 강조하는 Ausubel 이론이다.

Ausubel의 유의미학습에서 핵심적인 부분은 학습자의 언어이다. 학습자는 언어라는 기호를 사용하여 외부의 자극들에 대한 영향을 저장하게 되는데, 이것이 곧 학습자의 인지구조의 일부가 된다. 그리고 새로운 개념이나 아이디어가 그의 인지구조에 포섭되기 위해서는 그 학습자의 인지구조에 의미 있게 관련되어 있어야 한다는 것이다. 그렇게 되면 학습해야 할 개념이나 아이디어는 구성력이 높아져서 논리적 의미성에 따라 정리된다는 것이다.

5. Gagnĕ의 학습이론

Gagnĕ(1916~2002)는 미국의 교육심리학자로 그의 이론은 목표에 따라 학습조건이 달라진다고 하여 목표별 수업이론 또는 학습 조건적 수업이론이라고 부른다. 학습자의 학습목표에 따라 학습조건이 다름을 주장하고 학습결과에 따라서 교수 방법이 달라야 한다고 본다. 즉, 학습 결과를 분류한 다음 거기에 맞추어 교수법을 계획하는 것이다.

1) 학습의 영역

학습의 영역에서 언어정보, 지적기능, 인지전략, 운동기능, 태도로 나누었다. 다섯 가지 영역의 학습된 능력은 서로 다른 학습의 조건을 요구하며 서로 다른 방법으로 학습되어지기 때문에 학습형태의 이러한 영역으로 분류할 수 있다.

(1) 언어정보

언어정보(verbal information)는 교과의 지식이나 학습된 내용을 말이나 글, 즉 언어로 표현할 수 있는 능력을 말한다. 학습활동의 많은 부분을 차지하며, 계속적인 학습을 위해서 중요한 영역이다. 이 지식은 한 교과 내에서 계속적인 학습뿐만 아니라 일반적 사고의 발달을 위해 필요하다.

(2) 지적기능

지적기능(intellectual skills)이란 학습자가 학습한 내용을 단순히 이해하고 암기만 하는 것이 아니라 그 사실이나 정보를 실제로 사용하고 적용할 수 있도록 하는 것이다. 이를 위해서는 학습자 내적 조건의 준비가 더 필요하다.

(3) 인지전략

인지전략(cognitive strategy)이란 학습자 내부의 조직전략으로 개념과 규칙의 사용을 조절해 주고 검열해 주는 기능이다. 학습자가 주어진 문제에 대한 새로운 해결을 하거나 정보를 기억하거나 어떤 과제에 집중하기 위한 구조를 학습자가 고안해낼 수 있을 때 인지전략을 학습한 것이라 할 수 있다. 인지전략의 능력은 어떠한 수업에서 갑자기 학습되기 어려우며 오랜 기간에 걸쳐 학습된다고 보았다.

(4) 운동기능

운동기능(motor skills)의 학습은 근육활동을 통해 얻게 되는 기능으로, 신체적으로 실행하도록 하는 것이다. 이 기능은 단기간이 아닌 꾸준하게 반복적인 연습을 통해 잘 학습된다. 근육운동과 함께 정신적·인지적 활동을 포함하며 단순한 기능에서 복잡한 기능으로 발달한다.

(5) 태도

태도(attitudes)는 개인이 긍정적인 또는 부정적인 기질을 나타내는 것으로 어떤 것을 선택하는 데 영향을 주는 능력이다. 학습자가 어떠한 행위를 선정하도록 하는 내적인 상태로 개인의 행동을 일관성 있게 유지해 주는 경향이 있다.

2) 학습의 조건

효과적인 학습이 되려면 학습을 위한 외적 조건과 내적 조건이 잘 맞아야 한다. 즉, 학습자 자신이 갖는 내적 조건이 준비되어야 하고 그 다음에는 교수자가 제공하는 외적 조건이 잘 조직되어야 한다.

(1) 학습의 내적 조건

내적 조건은 학습의 성과 또는 목표를 달성하기 위해서 학습자의 내부에서 일어나는 심리적 과정이라고 볼 수 있다. 이 조건에는 선행학습, 학습동기, 자아개념, 주의력이 필요하다. 선행학습은 학습 전에 준비가 필요하다는 것이고, 학습동기는 효과적인 학습을 위해 학습하려는 적극적인 자세를 가져야 한다는 것이다. 자아개념은 학습에 대한 자신감, 주의력은 학습과제에 대한 집중력이다.

(2) 학습의 외적 조건

외적 조건이란 학습자 외부에서 제공되는 수업이 학습의 내적 인지과정을 자극하고 돕게 되는 다양한 방법이다. 즉, 내적 조건이 촉진되도록 하여 효과적인 학습결과를 이끌어 내도록 하는 요소이다. Gagně는 다양한 학습상황에서 학습의 외적 조건을 공급하는 일련의 절차를 수업사태(Event of Instruction)라고 지칭하였다.

(3) 수업사태(instructional event)

Gagně는 "수업이란 복잡하고도 특수한 사태의 여러 가지 제약을 받기 때문에 수업운영을 할 때에는 교사는 매 순간마다 적절한 결정을 내릴 수 있어야 한다"고 했다. 수업시간에 당연히 학습자의 상황과 태도 내적 조건을 교사가 잘 파악해야 하는 것은 당연하다. 이 뜻은 수업에 대한 일정한 틀이나 계획 없이 학습자를 가르친다는 말은 아니다. Gagně가 제시한 9가지 수업사태는 교사들의 실제 수업에서나 교수설계자들의 교육·훈련 프로그램 계획에 실질적인 안내를 해 준다. 순서에 따라 제시되는 9가지 사태는 다음과 같다.

① 주의집중시키기(주의 획득)

수업을 시작하기 위해 우선적으로 이루어져야 하는 일은 학습자들의 주의를 집중시키는 것이다. 교사는 행동이나 목소리에 변화를 줌으로써 주의집중할 수 있고, PPT, 동영상, 음악 감상 등 여러 자료를 활용할 수 있다. 주의집중은 학습자의 흥미를 유발함으로써 학습에 집중하고 학습이 수월하게 이루어지도록 하는 것이다.

② 학습자에게 목표 알려주기(학습목표 제시)

이 단계는 무엇을 목적으로 학습하게 되는지와 학습을 통해 무엇을 할 수 있게 되는지를 미리 제시함으로써 기대감을 주는 단계이다. 학습목표 제시는 단순히 기대감을 형성하는 것 외에 그 후 일어나는 학습에 대한 동기를 불러올 수 있다. 또한 학습자들이 학습목표를 듣게 되면 학습과정 중에 어떤 것을 성취해야 학습이 잘 이루어진 것인지와 성취감을 예상할 수 있게 된다. 그러므로 목표는 가능한 한 구체적이고 명확하게 진술해 주는 것이 좋다. 따라서 학습자에게는 수업에 대한 기대와 학습 진행에 대한 기대와 노력을 하게 하며, 교수자에게는 수업의 방향성을 제시함과 동시에 평가의 기준이 된다.

③ 선수학습의 재생 자극하기(선수학습 상기)

세 번째 단계는 이미 학습한 지식이나 전 시간에 배운 내용을 상기시켜 해당 학습 내용과 연관시키는 것이다. 즉, 새로운 학습에 도움이 되거나 필요한 사항들을 상기시키는 단계이다.

선수학습의 상기는 새로운 학습하기 전에 본학습을 이해하는 데 많은 도움이 된다. 새로운 학습은 선수학습을 기반으로 한다. 선수학습 내용을 알맞게 상기하도록 하는 것은 새로운 학습을 촉진해 주게 된다. 만약 학습자들이 선수학습을 제대로 기억하지 못한다면 새로운 것을 배우기 전에 이전의 학습내용을 다시 가르쳐야 할 필요가 있다.

④ 학습과제에 내재한 자극 제시하기(자극 제시)

본 학습이 시작되는 단계로 학습자에게 학습할 내용을 단순히 제시하는 것이 아니라 다양한 자극을 통해 제시하는 단계이다. 새로운 자극 제시는 학습자에게 새로운 정보의 특징이 무엇인지를 지시할 수도 있고, 하나의 정의나 규칙을 볼 수도 있으며, 어떤 문제해결에 관한 방법에 대한 지식일 수도 있다.

교수자는 새로운 학습에 대한 특별한 특징을 제시하거나 쉬운 예, PPT 등의 자료를 통하여 학습자들이 기억하기 쉽도록 도와줄 수 있다. 이를 위하여 알려 주고자 하는 학습해야 할 개념의 정의나 방법을 제시할 때 다양한 예와 자료를 사용해 제시해 주면 개념이나 규칙이 적용되는 상황을 구별할 수 있다.

⑤ 학습을 안내하기(학습안내 제시)

이 단계는 학습자의 학습이 활발히 이루어질 수 있도록 돕기 위한 소개나 안내를 제공하는 단계이다. 학습할 과제의 요소를 통합시키는 데 필요한 방법을 제시한다. 학습자들은 이전의 학습한 내용과 새롭게 학습할 정보를 적절히 통합시키고, 그 결과를 오래 기억할 수 있도록 중점을 두어야 한다.

교수자는 학습안내를 제공할 때 학습자를 고려하여 여러 가지 구체적이고 친밀한 예를 제시하거나 사고와 탐구를 자극하기 위한 질문 등을 구성해야 학습자들이 보다 적극적으로 학습에 참여하게 된다. 학습자들의 과제 수행을 위해서 그동안 배운 것을 어떻게 활용해야 하는지를 교수자가 하위개념이나 법칙, 암시 등을 적절하게 결합시켜 간접적으로 제시하여 학습자들이 직접 수행하도록 할 수 있다.

⑥ 성취행동 유도하기(수행유도)

이 단계는 그동안 배운 학습의 종합적인 요소들을 실제로 학습자들이 실행하는 단계이다. 즉, 학습자들이 새로운 내용을 학습하였는지 교수자와 학습자가 확인해 보는 단계이다. 학습자들이 학습지도를 잘 받았다면 지적기능을 갖게 된다.

이때 학습자들은 학습된 것에 대한 수행이나 표현하고자 하는 욕구가 생기게 되는데, 이러한 기대를 충족시켜 줌으로써 스스로의 성취결과를 확신하게 된다. 수행은 학습자들이 실행은 학습자들이 문제풀이를 작성하거나, 과제를 해결하거나, 교수자의 질의에 답변하거나, 실험을 완성하거나, 그들이 학습한 것을 실습할 기회를 줌으로써 유발될 수 있다.

⑦ 피드백 제공하기(피드백 제공)

이 단계에서는 학습에 대한 실행이 얼마나 성취하고 분명했는지 확인하는 단계이다. 학습은 수행에 뒤이어 반드시 피드백이 제공되어야 한다. 학습자들의 성취행동은 교수자의 질의에 대한 응답의 정확성 여부와 피드백이 뒤따를 때 강화된다.

교수자는 학습 내용과 관련하여 설명적 피드백, 교정적 피드백, 정답 여부 피드백 등을 할 수 있으며, 또한 제시방식으로는 문자 또는 도형 PPT 등의 피드백이나 음성적 피드백도 사용할 수 있다. 학습자의 학습에 대한 올바른 수행에는 과제의 수행에 대한 강화의 기능을 하는 긍정적인 피드백이 제공되어야 한다. 또한 학습에 대한 이해가 낮은 학습자는 더 많은 연습이 필요하다.

⑧ 성취행동 평가하기(수행평가)

이 단계에서는 다음 단계의 학습의 여부를 가늠하고 평가하는 단계이다. 수업을 통하여 학습자들이 성취한 학습결과를 평가하고 시정함으로써 학습자가 학습목표에 만족스럽게 도달하였는지를 판단하여 학습에서의 부족한 부분을 확인하고 보완해 준다. 즉, 학습자에게 학습이 잘되었는지 또한 다음 학습의 가능 여부를 결정하며 이 단계에서 평가는 주로 형성평가의 목적으로 실행한다.

수업의 마무리 되는 시점에 학습자들에게 문제를 내고 풀어보도록 하거나 질문에 대한 대답을 하게 함으로써 점수를 주도록 하는 것이 그 예이다.

⑨ 파지(把持) 및 전이 높이기

마지막 단계에서는 학습수행을 하고 피드백을 제공하고 평가한 후 반드시 학습한 것의 파지와 전이가 이루어지도록 해야 한다. 파지 및 전이는 성취한 학습이 다른 학습에 적용하거나 실전에 일반화될 수 있도록 제공하는 것이다.

그러므로 마지막 단계는 학습자들이 학습을 통해 성취한 내용을 장기기억하고, 다른 문제상황에 활용할 수 있도록 반복과 적용시키는 것이다. 학습자료를 점검하여 확실히 기억하고 오랫동안 기억되도록 도와주고 다른 상황에서도 활용할 수 있도록 하여 학습된 개념을 사용할 수 있도록 알려주는 것이다.

문제를 통해 적용하는 방법을 가르쳐주는 것도 좋다. 파지와 전이를 높이기 위해서는 학습자에게 복습을 시키거나 학습한 개념이나 원리를 검토해 보도록 예시자료를 제시해 주거나, 잘못한 과제나 응답에 대해 다시 해결하도록 하는 방법 등이 있다.

6. Carroll의 학교학습 모형

Carroll(1963)이 개발한 학교학습 모형(model of school learning)은 전체 교육과정에 관심을 둔 완전학습을 위한 모형으로서 학교학습의 여러 형태 중 지적 학습에 작용하는 중요한 변인들을 추출하고 그 변인들 간의 상호관계를 기초로 하여 체계화한 것이다.

1) 학교학습 모형

Carroll은 학습자가 주어진 학습과정을 학습하기 위해 실제로 사용한 시간에 따라 학습의 성취 정도가 결정된다고 보았다. 다시 말하면, 학습자가 성취한 학습의 정도는 주어진 과제를 학습하는 데 필요한 시간의 양에 대한 학습자가 실제로 학습에 사용한 시간의 양의 비율로 결정된다는 것이다. 이를 공식으로 나타내면 다음과 같다.

$$\text{학습의 정도} = f\frac{\text{학습에 사용한 시간}}{\text{학습에 필요한 시간}}$$

여기서 학습의 정도란 수업목표에 진술된 도달 기준에 비추어 실제로 학습과제를 성취한 정도를 말하고, 학습에 필요한 시간의 양이란 학습과제를 완전히 학습하여 수업목표로 진술된 수준까지 도달하는 데 필요로 하는 시간의 양을 의미하며, 학습에 사용한 시간의 양이란 학습자가 능동적으로 학습과제에 주의를 집중시키며 학습에 열중한 시간을 의미한다.

이 공식이 시사하는 바는 학습의 성취 정도가 학습자가 주어진 과제를 학습하는 데 필요한 시간에 비해서, 실제로 얼마만큼의 시간을 주의를 집중하여 학습했느냐에 의해 결정된다는 것이다. 학습에 필요한 시간과 실제로 사용한 시간이 같을 때, 즉 학습자가 학습에 필요한 시간을 실제 학습에 모두 사용하면 100% 완전학습이 이루어질 것이고, 학습자가 학습에 주의를 집중하고 몰두한 실제 시간이 학습에 필요한 시간보다 적을 때는 학습의 정도가 낮아질 것이다.

2) 학습시간의 결정 변인

Carroll은 학습에 필요한 시간과 학습에 사용한 시간을 결정하는 변인을 개인자 변인과 수업 변인으로 분류한 다음 이를 다시 다섯 가지 하위변인으로 분류하였다.

즉, 개인차 변인을 다시 적성, 수업이해력, 학습지속력으로, 수업 변인은 수업의 질과 학습기회로 나누고 있다.

(1) 개인차 변인

① 적성

적성(aptitude)이란 최적의 학습조건하에서 주어진 학습과제를 목표수준으로 완전히 성취하는 데 필요로 하는 시간을 의미한다. 다시 말하면, Carroll은 학습자 각자가 주어진 학습과제를 완전히 습득하는 데 필요로 하는 시간의 차이를 적성으로 규정하였다. 학습자의 적성은 학습에 필요한 시간을 결정하며 학업성취를 결정하는 데는 간접적으로 작용한다. 적성이 높으면 주어진 과제를 좀 더 빨리 학습해 낼 수 있는 반면에 적성이 낮으면 학습에 소요되는 시간도 길어진다는 것이다.

따라서 여기서 말하는 적성의 의미는 교육학과 심리학에서 어떤 일에 대한 적응능력이나 소질 등을 적성으로 보는 것과는 상당한 차이가 있다. 이처럼 적성은 개인차가 있을 뿐만 아니라 특정한 학습과제의 종류와 성질에 따라 달라질 수 있기 때문에 개인 내에서도 차이(예: 수학과 영어의 적성 차이)가 있고, 또한 선행학습의 정도에 의해서도 차이가 나타날 수 있는 특수한 변인이다.

② 수업이해력

수업이해력은 학습자가 수업의 내용이나 교사의 설명을 이해하는 학습능력을 말한다. 수업이해력은 학습자의 일반지능과 학생의 언어능력에 의해 결정된다. 적성이 과제의 종류와 성질에 따라 변화하는 특수한 능력임에 반해, 수업이해력은 여러 과제에 거의 공통적으로 적용되는 일반적인 능력이다.

③ 학습지속력

학습지속력(perseverance)은 학습자가 특정한 과제를 학습하는 데 실제로 사용한 시간을 말한다. 학습지속력은 학습자의 학습동기, 인내력, 흥미, 태도, 보상 등에 크게 영향을 받는다. 학습목표를 달성하는 데는 학습자가 학습과제에 주의를 집중하며 몰두하는 학습시간, 즉 학습지속력에 의해서 결정된다고 해도 과언이 아니다.

(2) 수업 변인

① 수업의 질

수업의 질(quality of instruction)이란 학습과제를 개개 학습자에게 효과적으로 구성하여 제시하는 정도를 의미한다. 즉, 수업내용과 방법이 학생의 학습을 용이하게 해 줄 수 있도록 정비되어 있느냐 하는 것이다.

수업의 질을 높이기 위해서는 학습목표와 방법을 미리 학습자에게 이해하기 쉽게 설명하여 학습과제의 가치를 인식하게 함으로써 학습동기를 유발시키고, 학습과제를 적절하게 계열화하여 효율적인 학습이 이루어질 수 있도록 해야 한다.

또한 학습자의 능동적인 참여를 유도하기 위하여 가능하면 개개 학습자의 흥미와 욕구를 충족시킬 수 있도록 수업을 계획하고 실행해야 하며, 수업 결과에 대하여 적절한 피드백이 제공되는 것 등이 필요하다.

② 학습기회

학습기회(time allowed for learning)란 일정한 학습과제를 학습할 수 있도록 학습자들에게 허용된 시간을 의미한다. 지구력이 학습자 스스로의 의지에 따라 학습에 투입하는 시간의 양을 의미하는 반면에, 학습기회는 학습자의 의사와는 관계없이 외부로부터 학습자에 부여되는 학습시간을 말한다.

이 변인은 Carroll의 학교학습 모형에서 완전학습을 성취하는 데 가장 핵심적인 변인으로 볼 수 있다. 그 이유는 학습기회, 즉 실제 학습시간이 적으면 적을수록 학습의 정도는 그만큼 낮아지기 때문이다. 만약 학습기회가 전혀 없다면 학습의 정도는 0에 가까워질 것이다. 또한 학습 적성에는 개인차가 있기 때문에 각 학습자에게 주어지는 학습기회는 달라져야 할 것이다. Carroll은 학습자 각 개인에게 실제 필요한 학습시간을 부여해 준다면 완전학습에 도달할 수 있다고 보았다.

Carroll은 앞에서 살펴본 다섯 개의 변인 중에서 학습에 필요한 시간을 결정하는 변인이 학습 적성, 수업이해력, 수업의 질이고, 학습에 사용한 시간을 결정하는 변인은 학습지속력과 학습기회라고 하였다. 이들 다섯 개의 변인을 학습의 정도 함수식에 대입하면 다음과 같다.

$$\text{학습의 정도} = f\frac{(\text{학습지속력})(\text{학습기회})}{(\text{학습 적성})(\text{수업이해력})(\text{수업의 질})}$$

Carroll은 이러한 다섯 가지 변인들 사이의 상호관계를 잘 조절함으로써 학교학습의 효과를 극대화할 수 있다고 주장한다. 수업의 질이 좋으면 수업에 대한 이해력이 높아지고, 또한 학습지속력을 높일 수도 있기 때문에 학습의 정도를 높일 수 있다. 또한 학습기회와 지속력이 다소 낮더라도 적성이 높으면 학습과제를 일정한 시간 내에 달성할 수 있다. 그러나 적성이 낮은 학습자가 다른 학습자와 동일한 시간 내에 주어진 학습과제를 달성하려면 수업의 질을 적절히 재구성하여 수업의 이해력을 높여 주고, 학습지속력과 학습기회도 증대시켜야 할 것이다.

Carroll의 학교학습 모형은 학교학습을 촉진하고 개선하는 데 필요한 실질적이고 구체적인 전략을 제공했을 뿐만 아니라 완전학습의 가능성을 뒷받침하는 이론적 토대를 제공하였다.

한편, Bloom(1968)은 Carroll의 학교학습 모형에 영향을 많이 받아 완전학습(mastery learning) 이론을 제시하였다. 즉, Bloom은 Carroll이 제안한 학교학습 모형을 학교 현장에 적용하기 위하여 다양한 수업전략을 구상하고 재조직하여 완전학습에 관한 이론을 발표하였다.

Bloom은 학생들의 대부분(약 95%)이 주어진 학습과제의 약 90% 이상 학습하는 것을 완전학습이라고 보고, 이를 달성할 수 있는 학습전략을 찾고자 했다. Bloom은 학교의 교육 실태를 볼 때 약 1/3은 학교에서 학습과제를 충분히 학습하고, 1/3은 실패하거나 겨우 실패를 모면하는 수준이며, 1/3은 중간 수준을 유지한다고 지적하고, 이것이 오늘날의 교육에서 가장 낭비적이고 파괴적인 현상이라고 주장하고 있다.

그는 학습을 하는 데 극복할 수 없는 신체 또는 능력 면에서의 결함을 가진 극소수의 학생(약 5%)을 제외한 대부분의 학생들이 학습자의 적성, 수업이해력, 또는 학습지속력에 알맞은 최상의 수업조건과 적절한 도움이 주어진다면 자신의 학습을 충분히 완성해 낼 수 있을 것이라고 하였다. 즉 적성과 수업이해력, 수업의 질을 높여 학습에 필요한 시간을 줄이고, 보충학습을 포함한 학습기회를 충분히 제공하여 학습에 사용된 시간을 늘리면 완전학습을 이를 수 있다는 것이다. 이를 위해서는 철저한 개별화 수업이 이루어져야 한다고 그는 주장한다.

CHAPTER 5

교수-학습방법의 제 유형

교수-학습, 즉 수업의 방법에는 그 분류방법에 따라서 매우 다양한 유형의 방법들이 있다. 예를 들면 다음과 같다. 교사-학생 간에 주도권의 분배 또는 지시하는 정도를 기준으로 하여 누가 중심이 되느냐에 따라서 교사 중심의 타율학습과 지도학습 그리고 학생중심의 자율학습 등으로 구분할 수 있다. 그리고 학습을 어떻게 조직하느냐에 따라서 개별학습, 일제학습, 분단학습, 공동학습 등으로 나눌 수 있다.

학습의 목적에 따라서 문제해결학습, 구안학습, 연습학습, 감상학습 등으로 분류할 수 있다. 학습활동에 따라서 나누어 보면 독서학습, 청취학습, 문제학습, 토의학습, 보고학습, 관찰학습, 실험학습, 조사학습, 창작학습 등이 있다. 이들 중 강의법이라고 하는 설명학습법이나 탐구학습법이라 하는 토의법 등과 같이 교육현장에서 자주 사용하는 것들 중에서 중요한 것을 살펴보기로 하자.

1. 강의법

1) 강의법의 개념

수업을 목적으로 학생이나 청중들 앞에서 이야기하는 가장 오래 사용되고 있는 교육방법 중의 하나다. 강의법이란 해설에 의한 교수의 일반적이며, 문제형식으로 제기되는 어떤 사항 또는 개념을 학습자에게 이해시키기 위하여 설명하는 교수상의 절차를 말한다. 그 구체적 수단으로 서술 또는 기술 및 설화를 사용한다.

강의법은 고대 희랍의 웅변술에서부터 그 기원을 찾을 수 있으며, Herbart의 이론을 토대로 구체화되고, 그 후에는 미국에서 이를 기본으로 다섯 가지의 단계, 즉 ① 수업 전의 학습자 준비 단계, ② 학습 내용 제시 단계, ③ 새로운 개념과 기존의 개념과의 결합 단계, ④ 결합된 개념을 조직하고 분류하는 체계화 단계, ⑤ 학습한 내용의 적용과 전이 단계의 강의법이 널리 활용되기 시작하였다(이성호, 1999).

변영계 등(2000)은 강의식 수업 모형으로, Andrew의 교사 주도의 설명식 수업 모형과 Ausubel의 유의미 수용 학습(Meaningful reception learning) 이론을 근간으로 하는 선행조직자(Advance organizer) 수업 모형을 제시하고 있다.

강의법의 특색은 어떤 것을 설명하기 위하여 사용되는 해설의 기술이다. 따라서 사실 간의 관계 및 그 논리적 구조를 추구하는 것이다. 강의법은 어떤 유형의 교육방법이 사용되든지 항상 사용되는 방법이므로, 가장 근원적인 교육방법인 것이다. 강의법은 교수자의 주도하에 일방적으로 학습자에게 학습 정보를 전달하고 이해시키는 형태를 말한다. 이 방법은 주로 교수자의 설명으로 학습 내용이 전달된다. 즉, 교수자가 제시하는 글과 언어를 통하여 교수자와 학습자 간의 의사소통이 이루어진다. 이 상황에서 학습자는 수동적인 학습 자세를 가질 수 있다.

강의법은 여러 가지 교수 방법 중에서도 가장 오래된 방법일 뿐만 아니라, 가장 많이 보편화되어 있는 것이지만, 학습자의 능동적인 참여와 실생활과 동떨어진 학습 진행방법으로 적지 않은 비판을 받고 있어, 이를 보완하기 위한 다양한 시도가 이루어지고 있다. 더욱이 강의의 효율성과 효과성을 높이기 위한 정보통신 기술의 활용은 컴퓨터 교육과 연관되어 많은 교과 교육에서 관심의 대상이 되고 있다.

2) 강의법의 장점과 단점

교수자가 주도하는 강의법은 다음과 같은 장점을 가진다.

① 일반적으로 한 명의 교수자가 정해진 시간에 대다수의 학습자에게 많은 정보를 동시에 전달할 수 있어 경제적이다. 따라서, 다른 방법에 비하여 강의법은 40~50명 이상의 대집단 수업에서 효과적으로 이용할 수 있다.

② 언어 정보와 인지적 지식 전달 및 학습에 효과적으로 이용될 수 있다. 이 방법은 주로 교수자의 설명으로 진행되어 단순한 정보와 지식의 전달과 습득에 용이하다.

③ 교수자의 의도에 따라 학습 내용의 보충, 첨가, 삭제가 가능하며, 학습의 분량, 시간, 학습환경을 융통성 있게 조절할 수 있다. 강의법은 다른 교수 방법과 달리 교수자 중심으로 학습을 진행하는 것으로 상황에 따라 학습 과정을 적절하게 조절할 수 있다.

④ 비교적 학습자의 특성에 국한되지 않고 광범위하게 활용될 수 있으며, 많은 사람이 친근하게 느끼는 기본적인 방법이다(나일주 · 정인성, 1996).

반면에 강의법은 다음과 같은 단점을 가진다.

① 학습자의 개인적인 특성을 개별적으로 모두 고려하기 어렵다. 학습자는 각기 다른 다양한 특성을 가지고 있지만, 교수자 주도의 교수 학습 상황하에서 한 교수자가 다수 학습자의 특성을 모두 고려하여 수업을 진행한다는 것은 어려운 일이므로, 일반적으로 중간 수준의 학습자의 이해 정도 및 학습 속도에 맞추어진다. 따라서, 상위 수준의 학습자는 지루함을, 하위 수준의 학습자는 학습 내용을 제대로 이해하지 못해 의욕 상실감을 접할 수도 있다.

② 학습자는 수동적이고 비참여적인 학습태도를 형성하기 쉽다. 강의법은 교수자의 일방적인 진행으로 인하여 학습자의 능동적인 참여가 이루어지기 어려워, 학습자는 수동적인 자세를 가지게 된다.

③ 교수자의 자질과 능력에 따라 학습의 성패가 좌우되기도 한다. 교수자 중심의 방법이므로, 교수자의 교육관, 교육적 지식 및 태도가 전달되는 학습 내용에 영향을 미치고 학습 분위기에 영향을 미치므로, 교수자의 자질과 능력에 따라 학습자의 학습성취에는 많은 차이가 생길 수 있다.

3) 강의법의 지도과정

학습자의 특성, 교육내용의 특성, 교육 환경을 고려하여 강의법이 선택되면, 강의를 실시하기에 앞서 철저한 준비가 필요하다. 우선, 강의의 목적과 목적에 적합한 전달 내용을 선정한다. 선정된 학습 내용을 제시할 방법은 지식의 구조 및 강의를 듣는 청중의 특성을 고려하여 선정하고, 이에 필요한 보조 자료를 개발한다. 보조 자료를 개발할 때에는 강의실의 물리적 · 심리적 환경의 특성을 고려하고 준비가 끝나면 실제 강의를 수행하기 전에 강의 시간을 적절하게 조직하고 연습을 실시한다.

강의 준비와 연습이 끝나면 실제 강의를 수행한다. 강의는 일반적으로 학습문제와 내용을 파악하는 도입, 학습 내용을 설명하는 전개, 학습한 내용을 일반화하고 종합하는 정리의 3단계로 진행될 수 있다.

(1) 도입 단계

강의의 시작인 도입 단계에서는 교수자와 학습자 간의 우호적인 관계를 형성하고, 학습자들이 본 학습으로 자연스럽게 옮겨갈 수 있도록 주의를 집중시킨다. 주의집중과 학습동기를 유발하기 위하여 학습 내용과 관련된 사례나 선수학습 지식을 자극하는 발문을 제공하고, 전체적인 학습 흐름을 알 수 있도록 선행 조직자나 학습 개요를 제시한다. 도입 단계는 총 학습 시간의 5~10%를 차지하는 것이 적절하다(김신자, 2000).

(2) 전개 단계

전개 단계에서는 도입 단계에서 형성된 학습 분위기를 바탕으로 구체적인 학습 내용을 제공하는 단계이다. 강의법은 학습 내용을 교수자의 설명이나 해설에 의하여 학습자에게 전달하는 방법이고, 설명은 개념이나 지식 획득의 중요한 수단이 된다. 변영계 등(2000)은 효과적인 설명 방법을 다음과 같이 제시하고 있다.

- 정의 또는 일반적인 서술을 사용한다.
- 비교 혹은 유추 형식을 사용하여 설명한다.
- 실례나 사실을 제시하면서 설명한다.

- 증명 혹은 통계를 사용하여 설명한다.
- 학습자의 시청각에 호소하여 설명한다.
- 반복해서 설명한다.
- 학습자의 특성에 알맞은 사례, 유머 등을 섞어가면서 설명한다.

개념과 원리를 설명하기 위하여 학습 내용의 제시 형태인 일반화와 사례를 적절히 혼합할 수 있다. 일반적으로 학습 내용을 설명할 때, 먼저 예를 제시하고 그 속에서 원리나 법칙을 찾아가는 귀납적 설명과 원리나 법칙을 먼저 제시하고, 그 원리에 관련된 사례를 제시하는 연역적 설명 방법이 있다.

강의식 수업 과정에서 설명과 동시에 가장 많이 활용되는 것이 판서이다. 판서는 칠판이나 화이트보드를 이용하여 강의 내용을 요약하고 종합한 흔적으로, 많은 학습자들은 판서의 내용을 주의 깊게 보고 기록한다. 판서는 대부분의 많은 교수자들이 손쉽게 접할 수 있는 방법이며, 가장 많이 활용되는 것이다. 판서는 설명 방식으로 전달되는 학습 내용을 좀 더 분명하게 제시할 수 있을 뿐만 아니라, 중요한 내용을 시각적으로 반복하여 제시할 수 있다. 청각을 자극하는 교수자의 설명에 시각적인 자극인 판서의 통합은 학습자의 이해를 위하여 효과적으로 활용될 수 있다. 이러한 판서의 일반적인 기법을 살펴보면 다음과 같다(변영계 · 김영환 · 손미, 2000).

- 사전에 철저한 계획을 세워 판서한다.
- 판서 내용은 강의 설명을 잘 이해할 수 있도록 조직하고 간략하게 제시한다.
- 글자는 학습자가 알아볼 수 있도록 크고 바르게 적고, 색분필을 이용하여 강조한다.
- 학습자가 기록할 수 있는 시간을 충분히 제공한다.
- 교수자가 판서를 하는 동안에 학습자의 주의가 산만해지지 않도록 유의한다.

한편, 일방적인 내용 전달에 국한하지 않고 학습자의 참여를 유도하기 위하여 교재의 내용이나 판서한 내용을 학습자로 하여금 낭독하게 하거나, 학습자의 생각을 자극하는 발문을 던지기도 한다.

(3) 정리 단계

정리 단계는 강의한 내용을 정리하고 종합하는 단계로서, 전개 단계에서 설명된 내용을 요약하고, 중요한 내용은 강조하며, 학습한 내용을 다양한 상황으로 전이할 수 있는 기회를 제공한다. 다음 학습 내용의 예고와 과제의 제시는 학습 내용과의 연결성을 제공한다. 정리 단계는 총 학습 시간의 5~10%를 차지하는 것이 적절하다(김신자, 2000).

4) 강의법의 지도상 유의점

강의법을 지도할 시 유의점은 다음과 같다..

① 완전한 결론을 제시하지 말고 문제와 그 문제를 해결하는 데 필요한 법칙이나 암시를 주어야 한다.
② 논쟁의 여지가 있는 주제를 제시하여 이를 검토하게 하여 적당한 단계에 그의 견해를 밝힌다.
③ 학습자의 성장발달을 고려하여 언어를 선택하고 사용하도록 한다.
④ 강의시간에 도표 이해 및 기타 시청각 보조교구를 병행하여 사용한다.
⑤ 강의에 있어서 언어는 직관적이며 정확하고 명랑하게 표현하도록 해야 한다.
⑥ 강의의 속도, 정도 및 진도에 주의하고 학습자가 생각할 여유를 가질 수 있도록 진행한다.
⑦ 강의에 열성을 다해 흥미 있는 대화로 진행하며 수시로 토의를 삽입하고 유머감을 표출하도록 한다.
⑧ 학습자들이 질문할 수 있는 기회를 주고 요점을 추려주는 등 그들의 이해 정도를 살피면서 진행한다.

2. 토의법

1) 토의법의 개념

토의라는 용어는 학자에 따라 다양하게 정의되고 있다. 토의를 단지 대화로 보는 사람이 있는가 하면, 어떠한 사람은 보다 형식적이고 진지한 대화로 보는 사람도 있다. 집단 토의란, 집단의 공동 목적을 달성하기 위하여 대면한 상태에서 이사를 전달하는 과정으로 정의하고 있다. 여기에서의 집단은 일시적으로 조직된 집단이 아니라 어느 정도 지속적인 집단을 의미한다. 그리고 이사람 저사람을 모아놓은 집단이 아니라 공통된 목적을 갖고 모인 집단이다. 이 집단은 제멋대로 대화를 나누는 것이 아니라 집단 지도자의 지도를 받아 신중한 대화를 전개해 나가는 집단이다. 이 정의에서 특징적인 것은 협동적인 문제해결이다. 집단의 목적을 달성하기 위해서는 집단 구성원의 협동이 요구된다. 일반적으로 집단 구성원이 공통으로 문제를 해결해야 할 경우는 다음과 같다.

① 어느 정도 문제해결방법이 어려운 경우

② 그들이 당면한 문제를 인지한 경우

③ 문제해결방법을 찾기 위하여 타인과 기꺼이 협조하고자 하는 경우

생산적인 토의란 생각나는 대로 말하는 것이 아니라 반성적 사고를 거친 대화인 것이다. 반성적 사고란 결론에 도달하기에 앞서 조사하고, 탐구하고, 평가하는 사고를 말한다. 결국 반성적 사고를 통하여 결론을 얻으려면 어떤 선입관이나 편견을 버리고, 관찰하고 연구한 사실을 토대로 해야만 한다.

결국 반성적 사고란 충동적인 사고가 아니라 보다 신중하고 진지한 사고를 의미하는 것이다. 그 사고는 주관적이거나 편견이 있어서는 안 되고 객관적이어야 하며, 논쟁적인 것이 아니라 탐구적인 것이 되어야 한다. 그러나 Wagner와 Anold는 지도자에 대하여 구체적인 언급이 없다. 어느 한 개인을 임명하여 그 개인이 계속 지도자의 역할을 하는 것인지 아니면, 집단 구성원 모두가 지도자가 되는지에 대하여 구체적으로 밝히지

않고 있으며, 집단 구성원들의 문제해결에만 관심이 있고 구성원들의 집단을 위한 결속, 사기 진작을 위한 구체적인 언급이 없다. 이와 같은 점을 보완하여 비교적 종합적인 정의를 내리고 있는 학자로서 Port와 Anderson이 있다.

일반적으로 교사는 학생들로 하여금 교과 내용을 읽도록 하거나, 아니면 교과 내용을 검토하도록 한다. 이러한 활동은 통상 토의가 시작되기 이전에 이루어져야 한다. 토의가 전개되는 동안 교사는 학생들이 고차적인 인지 목표에 도달할 수 있도록 지도하여야 한다.

Hill의 교과 학업 성취를 위한 토의 학습 모형에 따르면, 우선 학생들에게 주어진 교과 내용을 읽도록 한다. 그런 다음에 다음과 같은 내용을 대상으로 하여 토의를 전개해 나간다. 즉 용어, 개념, 저자의 의도, 주제, 하위 주제, 교과 내용과 다른 지식 내용과의 통합, 자료의 응용, 평가, 이러한 형태의 토의에서 교사는 이해, 분석, 종합, 평가에 관한 질문을 던진다.

태도 변화를 의도한 토의 형태를 Gage와 Berliner는 문제 중심 토의 방법이라고 부른다. G. Stanford와 B. D. Stanford는 문제 중심의 토의 방법은 학생들로 하여금 자신의 견해 및 생각을 보다 잘 알 수 있도록 하는 데 있다고 한다. 즉 타인의 신념, 감정, 행위의 이해는 물론 자신과 타인의 태도를 평가하고, 나아가 태도를 수정하며 궁극적으로 집단이 달성하고자 하는 방향으로 자신의 태도를 바꾸어 나가게 한다. 자신과 타인의 태도를 비판적으로 분석하고 평가하는 것이다.

토의 방법의 목적 중 하나는 문세해결능력을 기르는 데 있다. 여기에서 중요한 점은 토의 집단이 해결하여야 할 문제와 집단이 노력해서 얻어야 할 해결책이다. 따라서, 문제해결을 위한 토의의 효과는 해결책의 독창성과 집단 구성원들의 문제해결에의 공헌도로 나타난다. 토의의 또 다른 목적은 토의 기술을 기르는 데 있다. 일반적으로 학교 현장에서는 토의법을 거의 사용하고 있지 않다. 그 이유는 여러 가지가 있겠지만 대체로 토의 기술의 부족, 학생 통제의 어려움, 토의를 통한 학습 결과에 대한 불신이 도사리고 있기 때문이다.

토의 방법의 또 다른 목적은 학생들의 학습동기를 유발시키는 데 있다. 토의 방법은 학생들에게 말하고 싶어 하는 욕구를 충족시켜 줄 뿐 아니라, 다른 동료들과 상호작용할 기회를 제공함으로써 학습동기를 유발시킬 수 있다. 이러한 토의 방법의 동기적 특성은 학생들로 하여금 보상이 되고 수업에 대한 긍정적 태도를 갖게 한다. 토의의 또 다른 목적 중 하나는 민주적인 기능을 길러 주는 것이다.

토의 방법에서는 학생들 모두의 참여를 강조한다. 비민주적인 학교나 국가에서는 합리적인 사고 능력이란 별로 중요하지 않다. 그러나 민주적인 상황에서는 아이디어에 대한 개방적이고 합리적인 탐구 능력이 필요하다. 이러한 능력은 일방적인 지식 전달을 일삼는 강의보다는 집단 모두가 참여하는 토의에 의하여 보다 더 잘 길러진다. 토의가 효과적으로 이루어지려면 다른 사람의 말을 경청할 수 있는 능력, 타인의 주장을 평가할 수 있는 능력, 자신의 견해를 설정할 수 있는 능력 등이 요구되는데, 이러한 특성이야말로 민주 시민이 갖추어야 할 특성인 것이다.

끝으로, 토의는 발표력을 기르는 데 효과적이다. 토의 방법에서는 집단 구성원 모두가 자신의 의사를 표현할 기회를 갖게 된다. 이러한 기회를 통하여 자기 표현에 필요한 기능, 즉 올바른 어휘의 사용, 언어 구사력, 문법에 맞는 문자의 사용, 논리적인 표현력 등을 배울 수 있다. 또한 자신의 의사를 표현하는 것 이외에, 타인의 말을 귀담아 듣고 타인의 말을 존중하는 기술도 터득하게 된다.

2) 토의법에서의 지도성

교사가 토의를 효과적으로 이끌어 가기 위해서는 자기 자신의 지도성이 어떠하며, 학생들에게 미치는 효과는 어떠한지를 잘 알고 있어야 한다. 지도성이란 한마디로 집단의 목표를 달성하기 위하여 집단을 이끌어 가는 행위라고 볼 수 있다. 일반적으로 토의에서는 한 명을 지도자로 고정시키는 것은 바람직하지 않고 집단 구성원 모두가 지도자가 되는 것이 바람직하다고 본다.

Gibb은 토의법 집단이 갖는 세 가지 형태의 목적을 제시하고 있다. 즉 과제 목적, 집단 유지 목적, 개인 목적이 그것이다. 개인 목적이 토의 집단 구성원들의 행동에 영향을 미칠 수 있지만, 여기서는 집단 목적만을 고려하고자 한다. 왜냐하면, 지도성이라는 개념이 어느 한 개인에 국한되어 논의되는 것이 아니고 집단 구성원 모두에 해당되는 개념이기 때문이다.

전형적인 토의 집단에서 집단 유지 목적은 대인 간의 과정에 관련되지만, 과제 목적이란 교사가 토의를 통하여 달성하고자 하는 토의 목표와 관련이 있다. 그러나 집단 구성원들은 목적이 무엇이고 무슨 의미가 있고, 목표달성을 위해서 어떻게 행동하여야 하는지에 대하여 구성원들마다 다른 생각을 갖고 있다. 그러므로 목적을 분명히 하여 집단으로 하여금 목적을 달성하도록 하기 위해서는 지도성이 요구된다.

3) 지도자로서의 교사의 역할

Mekeachie는 토의법에서의 교사의 역할을 다음과 같이 제시하고 있다.

① 토의 시작 선언 및 토의 주제 제시

② 토의 진행 도중 목표의 명료화

③ 요약

④ 의견 차이의 조정 및 명료화

⑤ 의제 설정

⑥ 집단 과정 평가하기

의제가 이미 전 모임에서 설정된다면 토의 준비는 더 잘 될 수 있다. 그러나 의제 설정은 집단 구성원 모두가 함께 결정하는 것이 좋으며, 집단이 원하면 의제를 변경할 수 있도록 융통성이 있어야 한다.

Maier와 Solem은 집단 문제해결을 위한 지도자의 역할을 다음과 같이 제시하고 있다.

① 토의 주제 결정

② 집단으로 하여금 문제를 진술토록 하기

③ 되도록 적극적이고 탐구적인 질문을 제기하기

④ 집단 사고의 기능을 개발하기 위하여 소수의 의견을 활용하기

이러한 역할들은 Mekeachie가 제시한 지도자의 역할과 비슷하다. 그러나 Maier와 Solem은 상기의 역할을 민주적인 지도자의 역할로 본 것이다.

4) 지도자 없는 집단 토의

효과적인 토의를 위해서는 교사 또는 저명한 지도자가 필수적이라는 말을 하였다. 그러나 토의 시작 시 교사나 지정된 지도자가 없더라도 자연히 지도성이 요구되는 상황에서는 한두 명의 지도자가 출현하기 마련이다.

그럼에도 불구하고 지도자가 없는 토의 집단에서 자연히 출현된 지도자의 행동과 토의 결과, 그리고 지정된 지도자의 행동과 토의 결과 간에는 분명한 차이가 있다. 본래 지도자 없는 집단 토의는 토의 지도자 후보의 지도 능력을 측정하기 위한 한 방법으로 개발되었다. 이 방법은 집단으로 하여금 일정 기간 동안 논쟁이 되는 주제에 대한 토의를 하도록 하며, 토의를 진행하는 동안 관찰자가 시도한 지도성 행위와 각 참여자의 지도성 행동 효과를 기록해 나가는 방법이다. 지명된 지도자가 진행하는 토의 중에서 분명하지 않았던 현상이 지도자 없는 토의 집단 속에서 분명하게 나타날 때도 있다. 그러나 대체로 지도자가 있는 집단 토의가 지도자 없는 집단 토의보다 문제해결능력이 더 뛰어났다.

5) 토의법의 유형

일반적으로 토의 학습의 형태라는 말을 즐겨 쓰고 있는데, 여기에서는 앞에서도 이미 언급한 바와 마찬가지로 학습이라는 말 자체가 교사가 전제될 수도, 전제되지 않을 수도 있기에 교사가 지도한다는 의미에서 토의법 형태라는 용어를 사용한다. 토의법 모형도 마찬가지 이유에서 여기서는 토의 학습 모형이라는 용어 대신에 토의법 모형이라는 용어를 사용하기로 한다.

토의법은 집단 성원 간에 자기의 의견을 발표함과 동시에 타인의 의견을 경청하고 존중하면서 의사의 교환을 통해 문제를 해결하도록 지도하는 방법이라고 할 수 있다. 이러한 토의법은 민주적인 방식에 의하여 이루어져야 한다. 토의법의 유형은 개방성 여부, 교사와 학생의 주도적 활동 정도, 사전의 계획, 참여자의 인원, 주제, 토의 방법 등에 따라 다양하게 나뉜다. 토의 형태를 자유 토의, 반통제된 토의, 통제된 토의 등으로 구분하기도 하고, 자유 토의, 정보 교환을 위한 토의, 기능 개발을 위한 토의 등으로 구분하기도 한다.

토의법의 유형을 개방성에 따른 분류, 운영 방식에 따른 분류, 집단의 크기에 따른 분류를 중심으로 살펴본다.

(1) 개방성에 따른 토의법 유형

개방성에 따라 토의법은 교사 중심 토의와 학생 집단 중심 토의로 나누어 볼 수 있다. 교사 중심 토의법은 교사가 회의 진행에 주도권을 갖고 토의를 전개해 나간다. 그러나 학생 중심 토의는 교사의 역할이 축소되며, 교사도 토의 집단의 학생과 똑같은 하나의 구성원으로 생각된다. 대체로 토의법은 교사 중심 토의법보다는 학생 집단 중심 토의법을 활용함이 본래의 토의법의 목적에 비추어 볼 때 바람직하다.

학생 집단 중심 토의법은 집단 중심적인 형태를 취하므로, 학생 상호 간의 상호작용을 증대시키고 학생들이 토의 선개의 모든 책임과 지도성을 발휘하도록 한다. 집단 토의는 수많은 문제를 제시하고, 수많은 사람들이 사실을 통합하고, 가설을 세우고, 관련된 증거를 수집하고, 결론을 평가하는 경험을 갖도록 한다. 교사는 일종의 자원 인사 또는 중재자로서 역할을 한다.

(2) 토의 운영 방식에 따른 토의법 유형

① 일제 문답식

교사가 학습 전원을 대상으로 문답을 통하여 토의를 전개해 나가는 방법으로 교사 중심의 통제된 토의 형태를 취하는 경우가 많다. 학생들은 기존의 지식을 회상하여 문제를 분석하며, 단순한 판단하에 자기 입장을 취한다. 학생들이 잘못 말한 것을 교사가 고쳐줌으로써 암기식 대화 토의가 되기 쉽다. 아동의 좌석은 교사를 향해 교정되어 있어서 융통성이 없다. 대체로 대화 토의법의 쓰기 단계에서 흔히 볼 수 있는 수업 형태이다.

② 공개식

어떤 주제에 대하여 1~2명의 발표자(학생)가 규정된 시간(5~10분) 내에 발표하고, 발표한 내용을 중심으로 발표자와 나머지 학생 사이에 질의·응답으로 토론이 진행된다. 교사가 사전에 과제를 주고 조사해 온 내용을 발표, 토의하게 하는 학습에 적용할 수 있다.

③ 대좌식

주어진 주제에 대하여 학생들을 서로 상반된 의견을 가진 두 집단으로 나누어, 각 집단의 견해를 주장하게 하면서 토의를 전개하는 방식이다. 남·여 평등, 성 역할의 차이, 강력범의 극형, 노사 분규 사례, 기타 가치 갈등 등에 관한 토의는 좋은 예가 될 수 있다. 이때 교사는 사회자이면서 토의 조정자 역할을 할 수 있다.

④ 원탁식

10명 내외의 인원이 원탁에 둘러 앉아 자유롭게 토론하는 방식이다. 원탁식은 모든 참가 인원이 자유로이 발언할 수 있다는 점에 특색이 있으므로, 개방적인 분위기를 조성하여 누구나 균등하게 발언할 수 있도록 하는 것이 중요하다. 토의 문제는 학생들의 주변 생활에 관한 것으로서 모든 학생이 관심을 가지고 있는 문제일수록 좋다.

⑤ 워크숍

교실의 강의식 방식을 벗어나 학생들을 몇 개의 그룹으로 나누어, 자주적으로 특정한 작업과 토론을 전개하는 방식이다. 실과나 미술의 공동 작업, 모형 만들기, 계획서 꾸미기, 보고서 작성하기 등의 학습에 유용하게 활용할 수 있다. 이 토의에서는 구성원 각자의 역할 수행과 상호 협력하는 자세를 바르게 가지도록 유의해야 할 것이다.

⑥ 자유 토의

학급 학생 전체가 관심 있는 주제를 가지고 자유롭게 토의하는 형태이다. 학생들은 토의에 적극적으로 참여하며, 다양한 의문과 의견 등을 제시하여 쟁점을 결정한다. 교사는 학생들이 자유롭게 토론하도록 조정적 역할을 한다. 학생들의 좌석도 토의 주제에 맞도록 융통성 있게 배치한다. 사회자와 기록자를 정하고 사회자에 의하여 토의를 전개하도록 하는 것이 좋을 것이다.

⑦ 버즈법

학생들을 4~6명씩 소집단으로 구성하고 학습해 가는 도중에, 6~10분 정도로 학습 주제에 대하여 집단별로 자유롭게 토의를 전개하는 방식이다. 집단별 토의 결과를 전체 앞에서 발표시킨 후, 전체적인 토의를 통해서 학습 내용을 정리할 수 있다.

⑧ 브레인 스토밍(머리 짜내기)

학생들을 6~8명 정도로 집단을 형성하게 하고, 집단별로 새로운 아이디어를 찾아내게 한다. 집단별 토의 시에는 각 집단의 사회자를 정하고 사회자에 의하여 토의를 전개한다. 오늘날의 사회에 맞는 효도 방식, 어버이날 학예회의 재미있는 프로그램 짜기 등 집중적으로 머리 짜내기를 위한 토의이다. 준비된 카드(작은 쪽지)에 집단 구성원 각자가 생각한 아이디어를 되도록 많이 쓰게 한 후, 그 내용을 종합하는 방식을 취할 수 있다. 요소를 종합, 변경, 첨가하면서 새로운 아이디어를 찾아내게 하는 데 적합한 방식이다.

⑨ 대화법

어떤 주제에 대한 권위자나 전문가를 초청하거나 방문하여 면접을 통해 질의・응답하는 방식이다. 여기에서는 가능한 한 자연스러운 대화의 형식을 취하며 지나친 형식에 구애받지 않는다. 교사가 전문가적 역할을 할 수도 있다. 대화 도중 학생들은 필요한 사항을 메모한다.

(3) 집단의 크기에 따른 토의법 유형

집단의 크기에 따라 대집단 토의와 소집단 토의로 구분해 볼 수 있다.

① 대집단 토의 : 패널과 디베이트(Panels & Debate)

패널, 심포지엄, 디베이트는 소집단 토의에서 사용될 수 없는 것으로 대집단 활동에 사용된다. 이러한 대집단 활동을 대상으로 하는 토의 형태에는 다음과 같은 것들이 포함된다.

- 라운드 테이블(The round table) : 이 토의 방법은 5명 이하의 참석자들이 테이블 주위에 앉아 그들끼리 또는 청중과 대화를 나누는 비형식적 토의 형태
- 패널(The Panel) : 한 명의 의장과 4~6명의 참석자들이 주어진 주제를 그들끼리 토의하고 난 후, 나머지 학급 전원과 대화를 주고받는 아주 비형식적인 토의 형태
- 포럼(The forum) : 배심원들이 청중과 의견을 주고받는 일종의 패널 토론 방법
- 심포지엄(The symposium) : 참석자들이 상이한 입장을 대표하는 연설을 하고 의석으로부터 질문을 받는 토의 형태
- 브리티쉬 디베이트(The British Debate) : 각 측의 연사로부터 주제 발표가 있고, 이어 각 측의 참석자로부터 각각 질문을 받는 토의 형태
- 배심원 재판 토의(The jury trial) : 학습에서 모의 재판을 하는 방법 일반적으로 상기 토의 방법을 실시하는 절차는 거의 똑같다. 어느 토의 방법에서나 배심원 이외의 학급 구성원들로부터 질문과 토의가 실시된다. 따라서 어떠한 토의 방법에서든 일반 토의나 질문을 위한 시간을 계획해 두는 것이 좋다. 배심원 재판 토의 패널, 심포지엄, 라운드 테이블, 포럼의 실시하는 방법에 대하여 구체적으로 알아본다.

어떠한 토의든 중요한 것은 토의 집단 구성원들에게 의미 있고 중요한 문제를 토의하는 것이다. 이러한 이유 때문에 배심원을 선정하고 토의할 주제를 선정하는 데 모든 학생들을 참여시키는 것이 좋다. 교사는 배심원들이 내용을 발표하기 위한 계획을 발표 전 하루, 이틀 전에 제시하도록 하는 것이 좋다.

패널이나 심포지엄, 포럼과 같은 토의 형태의 실시 절차는 프로젝트, 연구 보고서에서의 절차와 거의 똑같다. 패널이나 심포지엄이 시작되기에 앞서 설명해 주어야 한다. 이와 함께 발표 순서와 시간의 제한도 알려 주어야 한다. 토의에 관한 준비가 끝나면 모든 사람이 참여하게 될 공개 토론이나 질의, 응답 시간이 주어진다. 그러고 나서 의장의 발표 요지에 대한 내용 요약이 뒤따른다. 만일에 시간이 모자라면 이 부분은 다음 시간으로 미룰 수 있다.

배심원 이외의 학생들의 참여를 끌어내기 위해서 교사는 다음 사항에 유의하여야 한다.

첫째, 학생들로 하여금 발표 내용과 토의 내용을 노트에 적도록 한다.
둘째, 학생들로 하여금 주요 요점이나 상반된 입장을 요약하게 한다.
셋째, 학생들로 하여금 배심원들의 주장의 논리나 정확성을 평가하도록 한다.

의장 여하에 따라 토의 효과는 달라진다. 처음에는 의장 스스로 토의를 진행하지만, 나머지 학생들이 어느 정도 토의에 익숙해지면 나머지 학생들로 하여금 의장을 맡도록 한다. 의장이 수행하여야 할 임무는 다음과 같다.

첫째, 토의를 안내하기. 의장은 논의할 주제를 알리고, 토의의 절차를 설명한다. 분위기를 조성하고 목적을 설명한다.
둘째, 패널 토의 진행을 맡는다. 참석자들을 소개하고 발표 시간을 조절한다. 패널 토의를 중재하며 필요한 경우, 토의 내용을 요약하고 토의가 완벽히 진행되도록 한다.
셋째, 질의, 응답, 토의 시간을 조절한다. 청중의 참여를 위하여 이따금 질문을 한다. 학생들에게는 숙제를 부과할 수도 있다.
넷째, 토의를 종결짓는다. 토의를 끝맺을 때는 지금까지 논의된 내용을 요약해 주고, 특히 발표자와 참석자들에게 감사의 말을 전한다.

② 소집단 토의

학급에서는 통상 소집단 토의를 사용한다. 소집단 토의가 많이 사용되는 이유는 다음과 같다.

㉮ 소집난 토의에서는 개별 수업이 가능하고 개인차가 고려된다.
㉯ 소집단 토의는 다음과 같은 효과적인 학습을 촉진한다.

첫째, 소집단 학습은 개별 학습보다 문제해결 학습에 더 효과적이다.
둘째, 소집단 토의 기법은 중요한 변별 능력을 기르는 데 좋다.
셋째, 소집단 토의에서는 폭넓은 정도가 오고 간다.
넷째, 소집단 토의에서는 주제를 좀 더 깊고 폭넓게 연구할 수 있다.
다섯째, 소집단 토의에서는 연구 기능과 공부 기능을 길러 준다.

소집단 토의에서는 학생들에게 사회적 기능을 길러 주고, 정보를 주고받음으로써 좋은 사회적 태도를 길러 준다.

소집단 토의에서는 집단 지도 능력을 길러 준다.

㉮ 소집단 토의에서는 자신감과 자기 방향감을 갖도록 해 준다.

㉯ 소집단 토의에는 다음과 같은 다양성이 있다.

첫째, 방법과 목적을 일치시킨다.

둘째, 학습 속도를 변화시킨다.

셋째, 일상 수업에서 비롯되는 지루함을 제거시켜 주고, 적극적 참여를 통하여 학습에 활기를 불어넣어 준다.

3. 탐구학습법

1) 탐구학습법의 개념

탐구학습법(inquiry learning method)은 일반적인 교육학에서 흔히 사용되어 왔던 방법이다. 수학이나 과학, 사회과 등에서 흔히 언급되는 방법이다. 먼저 용어 문제부터 살펴보면, 여기에서 말하는 탐구학습법과 유사한 용어가 많이 있다. 문제해결 학습법이 대표적이고, 이 외에도 귀납적 방법, 발견 학습법 등이 있다. 이들 방법에 대해 논의하는 사람마다 다소 의견의 차이가 있으나, 학생들의 문제해결 행위 또는 탐구 행위를 강조한다는 점에서는 공통된다.

일반적인 교육학에서 탐구학습법이 부각된 것은 학문 중심 교육과정이 대두된 이후라 할 수 있다. 종래의 주입식 교육에 대한 비판이 강하게 제기되면서 학생들의 자발적인 탐구활동을 강조해야 한다는 주장이 설득력을 얻게 되었다. 그런데 교육학에서 탐구라는 말은 처음에는 주로 과학 문제의 해결 장면에서 사용되었다. 과학 문제에 대한 가설을 설정하고 검증하고 결과를 해석하는 과정에 적용되었다. 그러다가 점차적으로 사회과학적인 문제에 대해서도 탐구가 강조되고 이들 장면에서도 탐구학습법을 권장하게 되었다.

탐구학습법은 문제 상황을 설정하고 최대한 학생들 스스로 문제해결을 위한 계획을 세우고 문제를 풀어나가는 과정에서 어떤 사실이나 개념, 문제해결방법 등을 발견해 나가는 방법을 말한다. 이렇게 볼 때, 탐구학습법은 연역적인 방법이라기보다는 귀납적인 방법이며, 지시적인 방법이라기보다는 비지시적인 방법이며, 교사 중심적이라기보다는 학생 중심적이다.

탐구 학습법은 다음과 같은 점에서 교수－학습 모형으로 의미가 있다.

첫째, 탐구의 과정을 통해 지식을 발견할 뿐만 아니라 직접 '체험'을 통해 지식을 만들어 가는 과정을 배우게 된다. 이는 개개의 지식을 가르치는 것이 아니라 학습자가 스스로 찾아내는, 또는 만들어 내는 방법을 가르치는 것을 뜻한다. 이것은 지식 자체가 안고 있는 성격에 부합된다(김광해, 1997).

둘째, 탐구학습법은 학습 내용(지식이나 개념)을 깊이 있게 이해하는 데 도움이 된다. 표면적으로 익히는 것이 아니라 그 속에 숨겨진 의미, 그리고 그것의 확장된 의미까지도 익힐 수 있게 된다.

셋째, 탐구를 하는 과정에서 해당 학습 내용을 배울 뿐만 아니라 일반적인 의미의 사고력이나 문제해결 능력, 탐구력, 고등 정신 기능을 기를 수 있다.

넷째, 학생들의 선택 여지가 많고 이로 인해 학생들의 참여가 높아진다. 탐구의 과정을 강조하면 교사가 주입식으로 설명할 때보다는 학생들이 선택할 수 있는 여지가 많아지고, 그만큼 학습 활동에 역동적으로 참여할 가능성이 많아진다. 이런 점에서 탐구학습법은 직접 교수법이나 현시적 교수법 등과 비교했을 때 학생 중심의 방법이라고 말할 수 있다.

다섯째, 다른 상황에서 적용할 가능성이 높아진다. 탐구학습을 통해 '체험'을 해 보게 되고, 한편으로 그 문제를 좀 더 깊이 있게 이해했기 때문에 다른 상황에 전이시킬 수 있는 여지가 높아진다.

그러나 탐구학습법은 시간과 노력이 많이 든다. 이 점을 고려해 보면, 한정된 시간과 공간에서 탐구학습법을 적용하기가 곤란한 상황이 종종 있다. 그리고 어느 정도 이 방법에 익숙한 학생들에게 적합하며 비교적 학습 능력이 우수한 학생들에게 적합하다.

한편 이 방법을 적용하다 보면 특정한 지식이나 기능을 명시적으로 가르치는 데 어려움을 겪을 수 있다. 탐구학습법은 여러모로 가치가 있는 것이지만 제한점 또한 있음을 직시해야 한다. 실제 수업에서는 이러한 제한점을 고려하면서 탐구학습법의 장점을 최대한 살려야 한다.

2) 탐구학습법의 적용 원리

탐구학습법의 적용 범위를 생각한다. 탐구학습법은 언어 사용 기능 영역, 국어 지식 영역, 문학 영역으로 나눌 때 국어 지식 영역에서 많이 활용할 수 있다. 국어 지식 영역 중에서 교사가 명시적으로 설명해 주는 것보다는 학생들이 탐구해 가는 과정을 강조할 필요가 있을 때 적합하다. 언어 사용 기능 영역이나 문학 영역의 경우에는 특정한 지식이나 개념이 학습의 주안점이 될 때 부분적으로 활용할 수 있다.

학습자 측면에서 보면 대체로 학습 능력이 어느 정도 갖추어진 경우에 적용될 수 있을 것이다. 그리고 탐구학습법은 시간과 노력이 많이 들기 때문에 가르치는 내용(또는 목표)이 그만큼 투자를 할 가치가 있을 때 사용하는 것이 좋다. 탐구학습법의 적용 시 중요사항은 다음과 같다.

첫째, 탐구의 결과 얻게 된 지식이나 개념에만 집중하지 않도록 한다. 지식을 만들어 낼 수 있는 능력을 갖게 하는 데 초점을 둔다. 그리고 탐구의 과정에서 탐구방법을 터득할 수 있게 해서 그것과 유사한 장면에서 스스로 탐구해 낼 수 있는 능력을 갖추게 하는 것이 중요하다.

둘째, 교사와 학생 모두 탐구를 위한 준비가 필요하다. 우선 탐구를 하는 데 필요한 기본적인 지식이나 개념을 충분히 파악하게 해야 한다. 탐구는 어느 날 문득 일어나는 것이 아니다. 탐구를 하는 데 필요한 기본 지식이나 개념은 사전에 충분히 터득하도록 하고, 부족하다면 탐구의 과정에서도 간간이 가르쳐 주어야 할 것이다.

셋째, 탐구학습을 할 때 점진적인 것이 중요하다. 고차적인 탐구가 금방 이루어지지는 않는다. 작은 부분에서부터 점차적으로 큰 부분으로 나아가면서 높은 수준의 탐구가 이루어지도록 하는 것이 중요하다. 탐구학습에서는 특히 교사의 질문이 중요한 역할을 한다. 높은 수준의 탐구 문제를 곧바로 던지게 되면 학생들은 쉽게 흥미를 잃게 되고 쉽게 포기해 버릴 수 있다.

넷째, 탐구학습을 한다고 해서 인지적인 측면만을 강조하지는 않는다. 탐구학습을 잘해 나가려면 호기심이 필요하고 객관적인 입장에 서려고 하는 자세도 필요하며, 문제를 해결할 때까지 끈기를 가지고 일에 집착하는 것도 필요하다. 이렇게 정의적인 또는 태도적인 면에도 관심을 가져야 한다.

다섯째, 다른 교수법을 적용할 때에도 마찬가지지만 탐구학습법을 적용한다고 해서 탐구학습만 강조하는 것은 바람직하지 않다. 예를 들어 탐구학습을 강조하되, 부분적으로는 주입식으로 가르쳐야 하는 부분도 있게 마련이다. 일련의 탐구 과정에서 교사가 세심하게 배려해야 한다. 학생들에게 그냥 열심히 탐구하라고 해서는 안 되고, 탐구 행위가 왕성해질 수 있는 조건을 만들어 주는 것이 중요하다.

여섯째, 탐구학습은 개별적으로 할 수도 있지만 집단적으로 하는 것이 유용할 때가 많다. 여기에서 집단적이라고 하는 것은 학급 전체일 수도 있고 소집단별로 하는 것도 포함했는데, 주로 소집단별로 하면 될 것이다. 이렇게 본다면 여기에서 말하는 탐구학습법은 '집단 탐구학습법'이라고 할 수 있다. 학생들 간의 상호작용을 강조하게 되면 탐구가 좀 더 왕성하게 이루어질 수 있다.

일곱째, 교과서의 단원 구성 방식이 탐구 학습법보다는 주입식, 설명식 수업을 하기에 적합하도록 구성된 것이 많아 교과서의 재구성이 필요한 경우가 많다. 이 경우에 탐구 학습을 유도할 수 있는 쪽으로 수정해서 운영해야 할 것이다.

3) 탐구학습법의 절차

탐구학습법은 귀납적인 문제해결 행위를 강조한다. 탐구학습의 절차로는 크게 두 가지 방식을 생각해 볼 수 있다.

한 방법은 여러 가지 자료를 제시한 다음 이들을 분석하여 하나의 일반화된 사실을 이끌어 내는 방식이다. 이 방법은 다양한 사례를 제시하고 그 속에서 일반적인 규칙을 발견해 내게 하는 것이다. 이때는 예와 예가 아닌 것을 많이 제시해서 그 속에서 일반화된 규칙을 이끌어 내게 하는 것이 중요하다. 이런 식의 방법을 교육학 일반에서는 흔히 개념 획득 학습 모형이라고 부른다. 국어 지식 영역의 학습에서는 이 방법을 많이 활용하는 것이 좋다.

한 가지 방법은 비교적 엄격하게 가설을 설정하고 검증하고 일반화하는 것이다. 물론 과학과의 경우처럼 엄격하지는 않다. 이 방법은 앞의 방법과 비교해서는 좀 더 어렵다고 할 수 있으나, 좀 더 높은 수준의 탐구 행위를 유도할 수 있다는 장점을 지니고 있다.

물론 실제 수업 상황에서 이들 두 방법은 엄격하게 구별되지 않지만 어느 방식에 입각하느냐에 따라 실제 수업 활동의 모습은 달라질 것이다. 사람들마다 용어를 다소 달리 사용하고 있을 뿐 탐구학습법 또는 문제해결 학습법의 절차에 대해서는 대동소이하다. 대체로 문제 규정 → 가설 형성 → 탐색 활동 → 가설 증명 → 결론 도출 → 일반화의 절차를 제시하고 있다. 이를 바탕으로 탐구 학습법의 일반적인 절차를 제시하면 다음과 같다.

첫째, 문제 확인하기 단계에서는 우선 문제를 정확하게 확인하는 것이 중요하다. 문제를 교사가 명시적으로 제시할 수도 있고, 학생들이 발견할 수 있도록 할 수도 있다. 물론 후자의 방식을 많이 활용하는 것이 좋다. 우선 탐구 분위기를 조성하는 것이 중요하다. 그리고 학생들이 탐구학습법에 익숙하지 않을 수 있기 때문에 학습 절차를 간단하게 설명해 주는 것이 좋다. 칠판에 학습 절차를 명기해 두는 것도 좋다. 그런 다음 해당 시간의 학습 과제를 간단하게 설명해 준다. 선수학습 확인 차원에서 그 시간의 학습 과제를 해결하는 데 필요한 지식이나 개념이 필요하면 이때 학습을 한다. 그런 다음 본격적으로 문제를 확인하는 활동으로 문제 상황을 제시하고, 이 문제 상황을 면밀히 분석하여 그 시간에 학습해야 할 문제가 무엇인지를 분명히 파악한다. 탐구 문제는 너무 포괄적이지 않은 것이 좋다. 너무 포괄적인 것이면 몇 부분으로 나누는 것이 좋다.

둘째, 문제 탐구 단계에서는 문제해결을 위해 문제를 집중적으로 탐구하게 된다. 문제를 다각도로 분석한 후에 가설을 설정한다. 가설은 명확해야 한다. 무슨 뜻인지 알 수 있어야 하고, 엄격한 것은 아니라 하더라도 검증 가능한 것이어야 한다. 가설 설정에 앞서 관련 개념이나 지식, 그리고 자료를 훑어보는 일이 필요할 수 있다. 가설은 문장으로 진술하게 하는 것이 좋다. 그래야만 좀 더 분명하게 가설을 인식할 수 있기 때문이다.

셋째, 문제해결 단계는 본격적으로 가설을 검증해 나가는 활동이다. 가설을 검증하는 절차는 일반적으로 증거 자료를 수합하고 증거 자료를 분석, 평가한 다음 정리하는 순서가 된다. 가설을 검증하기 위해서는 우선 어떤 방식으로 가설을 검증할 수 있는지를 생각하고 계획을 세우는 것이 중요하다. 그런 다음 가설 검증을 위한 자료를 수집하고, 이들 자료를 면밀히 분석, 평가한다. 이 과정에서 가설이 검증된다. 국어 지식 학습의 경우에는 일정한 규칙성을 발견하게 된다. 경우에 따라 가설의 일부를 수정할 수 있다. 가설이 검증되었으면 좀 더 분명하게 이해하고, 결과를 공유하기 위해 지금까지 가설 검정의 과정 및 결과에 대해 설명해 보게 한다. 필요하면 토의를 한다.

넷째, 적용 단계에서는 검증된 가설을 유사한 상황에 적용해 보는 활동을 한다. 만약 그 상황에서 적용이 되지 않는다면 가설이 잘못된 것인지, 아니면 그 상황을 잘못 설정했거나 그 상황에서 잘못 적용했는지를 살펴보고 적절히 대처한다. 적용을 해 본 다음에는 이를 일반화할 수 있는지를 탐색하는데, 국어 지식 학습의 경우에는 특히 여기에서 포함될 수 있는 예외 사항을 조사한다. 예외를 인정하되, 일반화할 수 있는 여지가 있는지를 파악한 후에 일반화한다. 일반화를 할 때에는 그것을 한두 문장으로 써보는 활동을 하는 것이 좋다. 끝으로 일반화를 이끌어 내기 전에 소집단별로 탐구를 했으면 학급 전체가 탐구의 과정과 결과를 나누어 보게 하는 것이 좋다.

4. 협동학습법

1) 협동학습법의 개념

협동학습(cooperative learning)은 한 마디로 일정한 구성원들이 공동의 학습목표를 설정하고 그 목표에 도달하기 위해 동등한 입장에서 책무를 가지고 문제를 해결해 나감으로써 구성원 모두에게 유익한 결과를 산출해 내고 결과에 대해 공동의 평가를 강조하는 학습 형태이다. 이렇게 협동학습은 공동의 목표를 갖는다는 점, 구성원 모두가 동등한 입장이라는 점, 개인의 책무성이 강조된다는 점, 모두에게 유익한 결과를 산출하고자 한다는 점, 결과에 대해 공동으로 책임을 진다는 점 등에서 일반적인 학습 형태와는 구별된다.

흔히 협동학습과 협력학습을 혼용하는 경우가 있는데, 이 둘의 개념을 구별할 필요가 있다. 협동학습은 구성원들이 수평적인 관계를 가지지만, 협력학습은 수직적인 관계를 가진다. 즉 협동학습에서는 구성원들이 대등한 지위를 가지지만, 협력학습에서는 지시자가 있다. 다른 측면에서 보면, 협동학습에서는 구성원들이 힘을 합해 공동의 작품을 만들어 가는 경우가 많은데 비해, 협력학습은 각자 다른 목표를 추구해 가는 과정에서 서로 도와준다는 측면이 강하다. 이렇게 이 두 개념을 구분한다면, 여기에서는 협력학습보다는 협동학습에 초점을 두어 설명하고자 한다.

협동학습은 마치 단체 경기에서 구성원들이 힘을 합해 소기의 목표를 달성하는 것과 같다. 예를 들어, 축구를 할 때 특정 한두 사람이 잘 한다고 해서 반드시 그 팀이 이길 수는 없다. 서로가 힘을 합할 때 좋은 성과를 얻을 수 있다. 마찬가지로 협동학습은 구성원들이 서로 도움을 주고받을 때 좀 더 쉽고 높은 수준의 목표에 도달할 수 있다는 것을 전제하고 있다.

협동학습은 다음과 같은 특징을 지니고 있다. 이 점은 일반적인 소집단 학습이나 학교에서 흔히 말하는 협동학습의 개념과는 구별된다.

첫째, 집단의 구성원들은 동등한 지위를 갖는다. 이 점에서 일반 소집단 학습에서 한두 명이 좌지우지하는 학습과는 구별된다.

둘째, 집단의 구성원들은 학습 활동에 동등한 책임을 갖는다. 한두 사람이 주도하고 나머지는 무임승차하는 것과는 구별된다.

셋째, 협동학습에서는 대체로 능력이나 관심 등에서 이질적인 집단 구성을 강조한다. 이 점에서 주로 동질적인 집단을 구성해서 이루어지는 학습과는 구별된다. 협동학습에서 이질 집단을 구성하는 이유는 서로 간의 상호작용을 촉진하고 소집단 간의 격차를 줄이기 위해서이다.

넷째, 협동학습에서는 과제 해결 때만이 아니라 지속적인 협력 관계를 강조한다. 이 점에서 해당 과제를 해결할 때만 협력 또는 협동을 강조하는 것과는 구별된다.

다섯째, 협동학습에서는 일련의 학습 과정을 관찰, 분석, 조정, 피드백하는 교사의 역할을 강조한다. 이 점에서 학생들에게 거의 전적으로 학습 활동을 맡기는 학습 구조와는 구별된다.

여섯째, 협동학습에서는 학습활동을 하는 과정에서 리더십, 협동심, 의사소통능력, 상호 신뢰 등을 '직접적으로' 배우지만 일반적인 협동학습에서는 이러한 것은 그 과정에서 자연스럽게 형성되는 것으로 본다.

일곱째, 학생들 서로 간의 경쟁 개념이 거의 없다. 하나의 소집단 내에서 개별 학습자에 대한 차별 평가는 없으며, 한편으로 소집단 간의 상대 평가도 거의 없다. 이 점에서 협동학습은 경쟁 학습 방식과는 구별된다.

여덟째, 기본적으로 해당 집단에서는 함께 노력하고 같은 결과(점수)를 얻는다.

2) 협동학습의 중요성

Johnson(1984)의 소박한 은유는 협동학습의 필요성을 단적으로 말해 주고 있다. 경쟁하기를 좋아했던 부족과 혼자서 살아가기를 좋아했던 부족들은 모두 망하고 서로 협동하며 일하는 것을 좋아했던 부족이 오늘날 우리 조상이 되었다는 이야기는 인간의 삶 전체에서 협동이 중요함을 일깨워 주고 있다.

언어는 사람 간의 상호작용을 전제로 하는 것으로 인간은 사람 간의 상호작용을 통해 의미를 구성해 나간다. 협동학습은 언어 사용자의 의미 구성 행위를 촉진한다. 협동학습은 곧 언어란 사회적 상호작용의 과정이라는 점을 부각시키고 있다. 근접발달이론에서 볼 수 있듯이, 학생들은 사회적 상호작용이라는 행위를 통해 새로운 것을 좀 더 쉽게 배워 나간다. 이런 점에서 언어 학습에서 협동은 선택의 문제가 아니라 필수라 할 수 있다.

언어의 획득과 의미 구성의 측면을 개인적인 측면과 사회적 측면으로 나누어 볼 수 있다. 여기에서 개인적 측면이라 함은 언어를 구성하는 과정에서 개인의 내적인 면을 강조한 것으로 머릿속에서 의미를 구성하는 행위에 관심을 갖는 것을 말한다. 이에 비해 사회적 측면에서는 개인 간의 상호작용이 어떻게 언어 구성에 영향을 끼치는지에 관심을 가진다. 한편으로 사회적 측면에서는 언어를 습득하는 것은 담화 공동체의 양식에 익숙해지는 것이라는 관점을 취한다.

협동학습을 하는 데에는 자료와 시간이 많이 필요하다. 그만큼 교사 입장에서는 부담이 되는 수업 형태라고 할 수 있다. 또한 협동학습은 잘못 하면 시간과 노력만 많이 투입되고 학습의 효과는 뚜렷하게 보지 못할 수 있다. 그러므로 교사는 치밀하게 계획하고 준비해야 한다. 그리고 협동학습은 협동 능력이 부족하거나 개인의 책무를 제대로 수행하지 못하는 학생들이 많을 경우에는 적용하기 어렵다는 단점을 지니고 있다.

3) 협동학습법의 적용 원리

협동학습법의 적용 범위를 생각한다. 협동학습법은 특정한 개념이나 지식을 깊이 있게 이해하기 위한 수업에서 활용할 수도 있다. 하지만 동료 간의 협동을 통해 학습활동을 풍부히 할 수 있는 단원에서 적용하는 것이 좋다. 또한 개별 학습으로서는 학습문제를 해결하기에 어려운 곳에서 실시하는 것이 바람직하다. 동등한 입장에서 서로 도움을 주고받는 분위기 형성이 중요하다. 서로 간의 신뢰와 존중이 전제되어야 한다. 경쟁적인 분위기나 우월 의식 같은 것이 있는 상태에서는 협동학습이 제대로 이루어지기 어렵다.

협동학습에는 여러 가지 형태가 있다. 해당 학습목표나 내용, 그리고 학생들의 특성 등을 고려하여 최적의 것을 선택하는 것이 중요하다. 학생들은 협동학습에 익숙하지 않기 때문에 시간을 두고 찬찬히 운영한다. 처음에는 협동학습을 하는데 필요한 토론 기술이나 과제 해결방법, 협동학습에서 지켜야 할 규칙 등에 대해 충분히 알고 있어야 한다. 협동학습의 방법과 그 속에 담을 내용의 비중을 생각해 보면, 초기에는 방법 면을 강조해서 방법 자체에 익숙할 수 있게 하고 점차적으로 그 방법을 통해 얻게 되는 내용에 강조점을 둔다.

협동학습이 성공을 거두려면 교사가 협동학습의 전체 과정을 파악하고 적절한 곳에서 학습 활동을 안내하고 촉진해 줄 수 있어야 한다. 단순히 과제를 부여한 다음 방관하다시피 해서는 소기의 효과를 거두기 어렵다. 집단 구성에 많은 관심을 갖는다. 경우에 따라 다르겠지만 비슷한 능력과 관심을 가진 집단을 구성해야 하고, 집단 간의 차이는 없어야 하며, 집단 구성원들이 화합할 수 있어야 한다.

한두 명이 학습활동을 좌지우지하지 않도록 하고, 학습의 책임도 한두 명에게 전가해서는 안 된다. 협동학습이 성공을 거두려면 각자에게 주어진 책임을 완수해야 한다. 개인이 책임을 지고 해당 과제를 완수하여 다른 사람들에게 피해를 주지 않아야 한다는 점을 강조한다. 토의, 토론, 논쟁, 질의, 설명 등의 활동이 왕성하게 이루어질 수 있도록 해야 한다. 협동학습에서 핵심은 학생들 각자가 대등한 지위를 갖고 상호작용이 풍부하게 이루어지게 하는 것이다. 시간 운영에 융통성을 기한다. 한 차시 내에서 끝날 수도 있지만 두 차시 연속 차시를 운영해야 할 경우도 있고, 경우에 따라서는 며칠에 걸쳐 서너 차시를 운영해야 하는 경우도 있을 수 있다.

4) 협동학습법의 종류

협동학습법은 말 그대로 협동학습을 촉진하는 교수-학습방법을 말한다. 그동안 다양한 형태의 협동학습법이 제안되었다. 여기에서는 교육학 일반에서 나온 것이든 다른 교과에서 나온 것이든 국어과 수업 장면에서 유용하게 활용할 수 있는 것을 중심으로 몇 가지만 간단하게 살펴보고자 한다.

(1) 성취도 배분 학습법(student achievement division : STAD)

이 방법은 Slavin(1999)이 개발한 것으로 가장 널리 사용되며 적용하기 쉬운 방법이다. 이 방법은 기본 기능의 습득이나 사실, 개념 등의 지식을 학습할 때 주로 활용할 수 있다.

우선 능력이 서로 다른 학생들로 소집단을 구성한다. 소집단의 구성원들은 대주제를 하위 주제로 나누어 각자 역할을 분담한다. 이때 각자가 해야 할 일을 안내해 준 학습지를 제공하는 것이 좋다. 개인별로 제공할 수도 있지만, 집단별로 한 장씩만 제공해서 집단별로 완성하게 할 수도 있다. 구성원 모두가 학습을 완전히 이해할 수 있을 때까지 서로 가르치며 배운다. 그런 다음 시험을 위한 준비도 함께 한다.

끝으로 각자 시험을 치르는데 소집단별로 점수를 합산하여 소집단별로 평균을 낸다. 점수를 계산할 때 소집단 활동을 하기 전에 개별 학습자의 점수(기본 점수)를 산정하고 소집단 활동을 한 후의 향상된 점수(향상 점수) 차가 개별 점수가 되고 이것을 합산, 평균하여 소집단 점수를 산출한다. 그리고 점수에 대해 적절한 보상을 한다.

(2) 토너먼트 게임식 학습법(teams games tournaments : TGT)

이 방법은 지식이나 개념, 또는 기능을 익히는 학습에서 적용할 만한 것으로 여러 모로 성취도 배분 학습법과 유사하다. 그런데 여기에서는 이질 집단이 아니라 자신의 성취 수준에 적합한 집단에 가서 공부를 하고 시험을 본다는 점이 다르다. 그리고 시험 점수도 향상 점수가 아니라 시험에서 얻은 점수로 합산, 평균하여 집단 점수를 얻게 된다. 이 방법에서는 일반적인 시험보다는 토너먼트식의 게임이나 퀴즈를 통한 시험을 강조한다.

우선 소집단(모집단)을 구성한 다음 소집단에서 성적 순으로 순위를 매긴다. 소집단별로 같은 등위에 있는 학생들끼리 모여(수준별 집단), 역할을 분담하고 공부를 한 후에 게임이나 퀴즈를 통해 시험을 본다. 게임(시험)을 하는 방식은 수준별 집단끼리 모인 다음, 첫 번째 학생(가위바위보나 제비뽑기)이 자기 앞에 놓인 카드(문제)를 뽑아 문제를 낭독하고 답을 말한다. 낭독자 옆에 있는 학생은 그 답이 맞다고 생각하면 '통과'를 하고 틀렸다고 생각하면 새로운 답을 말한다.

또한, 제기한 답이 맞으면 벌점이 없지만 틀리면 벌점을 받는다. 그 다음 앉아 있는 학생도 그 문제에 대해 답을 말한다. 정답은 마지막 학생이 말한다. 그 다음 시계 방향으로 다음 학생이 낭독자가 되어 낭독을 하고 다른 학생들은 답을 해 나간다. 끝으로 각자 얻는 점수를 가지고 모집단으로 돌아와서, 소집단별로 합산한다. 결과에 대해 적절한 보상을 한다.

(3) 집단 탐구학습법

학교에서 가장 흔히 사용하는 협동학습방법이다. 학급 전체는 학습 주제를 몇 개의 하위 주제로 나눈다. 각 하위 주제별로 소집단을 구성한다. 각 소집단은 자기 집단이 맡은 주제를 계획을 세워 탐구한다. 탐구한 것을 다른 학급 친구들에게 제시할 준비를 한다. 그런 다음, 학급 전체 앞에서 소집단별로 학습한 것을 제시한다. 이때 교사와 동료들이 소집단별로 평가를 한다.

(4) 자율적 협동 탐구학습법(코코 모형, co-op co-op)

Kagan이나 Amalya에 의해 고안된 것으로, 원래 고차적인 인지학습을 위해 사용되었으나, 기초 기능 학습이나 지식, 개념을 학습하는 경우에도 사용할 수 있다.

우선 학급 전체가 학습문제를 확인하고 소집단을 구성한다. 소집단에서는 학습 주제를 정한다. 그런 다음 몇 개의 소주제로 나누고 각자 소주제를 선택한다. 각 소집단 내에서 주제를 맡은 학생들은 개인적으로 탐구 활동을 하고 개인 보고서를 작성한다. 그 다음 소집단별로 모여서 각자 공부한 것을 소집단 내 다른 친구들에게 말해 주고 필요하면 토론을 한 후 개인 보고서를 중심으로 집단 보고서를 작성한다. 각 소집단은 학급 전체 앞에서 보고회를 갖고 질의 응답 시간을 갖는다. 평가는 소집단 내에서 동료에 대한 평가, 교사의 개인 보고서 평가, 학급 모든 학생들의 소집단 보고서에 대한 평가를 종합해서 한다.

(5) 전문가 상호 교수법

전문가 상호 교수법(jigsaw method)은 각자가 하위 주제에 대해 집중 탐구해서 그 문제에 대한 전문가가 되어 서로를 가르치는 방법을 말한다. '직소 학습법, 과제 분담 학습법, 전문가 협력학습법, 상호 교수법' 등으로 불리는 것으로, 마치 조각 그림을 끼워 맞추듯이 모집단에서 전문가 집단으로, 다시 모집단으로 이동하면서 학습을 해 나가는 방법이다.

우선 모집단에서 대주제를 몇 개의 하위 부분으로 나눈 다음(소주제), 각 소집단에서 소주제 중에서 하나씩 맡는다. 그 다음에는 각 소집단에서 같은 소주제를 맡은 학생들끼리 모여 전문가 집단을 구성하여 그 주제에 대해 집중 탐구를 한다. 전문가 집단에서 다시 모집단으로 돌아와서 각자 탐구한 것을 다른 친구들에게 가르쳐 준다. 원래의 Jigsaw 학습법에 이어 Jigsaw Ⅱ와 Jigsaw Ⅲ가 개발되었다.

Jigsaw Ⅰ이 기본 모형으로 모집단에서 전문가 집단끼리 모여 탐구한 후 다시 모집단으로 모여 학습하는 것인데 비해, Jigsaw Ⅱ는 끝 부분에 가서 학생들 각자에 대한 평가를 한 다음 집단 보상을 해서 학습동기유발을 강조하고 있다. 그리고 Jigsaw Ⅲ는 Jigsaw Ⅱ가 곧바로 평가하는 것을 보완하여, 일정한 시간이 경과한 뒤에 모집단을 재소집해 복습을 하게 한 다음, 학생들 각자를 평가한 후 집단 보상을 실시하는 방법이다. Jigsaw Ⅱ에서 평가를 할 때에는 단원의 학습 내용 전체에 대해 평가한다. 그리고 사전에 시험을 쳐서 기본 점수를 정할 수 있으면, 기본 점수에서 향상된 점수를 매겨서 그 차이를 가지고 개인 점수를 내고 그것을 평균하여 집단 점수를 낸 후 적절한 보상을 한다. 이렇게 볼 때, Jigsaw Ⅱ는 Jigsaw Ⅰ에 비해 개인 상호 간의 의존성을 다소 낮추고, 경쟁 의식을 갖게 한다. Jigsaw Ⅱ에서는 팀의 주도자를 선정하고 훈련시키는 활동을 하지 않으며 본격적인 학습 활동에 들어가기 전에 팀의 의사소통 기능 등을 훈련시키지도 않는다. Jigsaw Ⅲ은 곧바로 시험을 치르지 않고 일정 기간이 흐른 다음, 시험 준비를 하는 시간을 별도로 준 후에 평가를 한다는 점에서 Jigsaw Ⅱ와는 구별된다.

전문가 상호 교수법(jigsaw method)은 학생들 각자의 역할이 뚜렷이 구분되고 그 역할의 성공 여부가 전체 학습의 성패에 결정적인 영향을 미친다는 특징을 지니고 있다.

그리고 이 방법은 세부 주제에 대해 집중 탐구하는 기회를 가질 수 있고, 전문가 의식을 가지면서 자신감과 긍지를 가질 수 있다는 장점을 지니고 있다. 또한 서로를 가르치는 경험을 가짐으로써, 책임을 가지고 학습을 해 나가게 하는 장점이 있다. 하지만 부진 학생의 경우에는 많은 부담을 가질 수 있고 자칫하면 상처를 받을 수 있으며, 소집단 전체가 제대로 학습하지 못할 가능성이 높다. 그리고 소주제를 분할할 때나 이리저리 이동하는 과정에서 시간을 소모하는 단점이 있다.

(6) 공동 학습법(learning together : LT)

구성원들이 함께 관련된 자료를 읽고, 서로의 생각이나 느낌을 교환하는 것을 강조하는 학습법이다. 다른 학습법에 비해 간단하고 학생들 간의 언어적 상호작용이 활발하게 이루어진다는 점에서 국어과에서 많이 활용해 볼 수 있다.

이 방법은 모든 학습 행위를 집단별로 한다. 학습 과제도 집단별로 부여하고 보상도 집단별로 하며 평가도 집단별로 받는다. 시험은 개별적으로 보나 최종의 성적은 소속된 집단의 평균 점수를 받는다. 그렇기 때문에 구성원 간의 신뢰와 상호 협력이 무엇보다 중요하다.

(7) 구조 중심 협동학습법

Kagan이 개발한 것으로, 앞서 살펴본 협동학습 모형과 같은 단일 구조의 협동학습 모형을 보완하기 위해 다양한 하위 구조의 조합으로 이루어진 복합 구조 협동학습모형을 말한다. 120여 가지의 하위 구조(방법)들을 제시하고 있는데 이러한 하위 구조들을 상황에 맞게 적절히 조합하여 복합 구조의 협동학습을 함으로써 학습의 효과를 높이고자 한다. 여기에서는 이들 하위 구조(방법) 중에서 몇 가지만 간단히 살펴보겠다.

① **같은 번호끼리** : 학습을 정리할 때 활용할 수 있다. 소집단별로 번호를 정한다. 문제를 제시하면 소집단 내에서 답을 하기 위한 준비를 한다. 교사가 특정 번호를 부르면 각 소집단에서 그 학생이 소집단에서 모아진 답을 말한다.

② **짝 활동** : 소집단 내에서 하위 주제로 나눈다. 하나의 주제에 대해 짝을 이루어 탐구를 한다. 다른 소집단에서 같은 하위 주제를 가진 짝과 함께 탐구를 할 수도

있다. 모집단에 와서 짝과 함께 탐구한 것을 다른 친구들과 나눈다.

③ 돌아가며 말하기(round robin) : 문제가 주어지면 소집단에서 말할 차례가 된 학생이 답할 준비를 한다. 이때 다른 구성원들은 발언권을 가진 학습자를 도와준다.

④ 돌아가며 쓰기(roundtable) : 앞의 돌아가며 말하기와 유사한데, 교사가 문제를 제시하면 종이 한 장에 자기의 생각을 쓴다. 다음 학생이 순서대로 자기 생각을 써내려 간다.

⑤ 의미망 만들기 : 큰 종이에 중심 화제를 쓴다. 팀의 구성원들이 각자 하위 화제를 쓰고 차례로 의미망(semantic map)을 완성해 나간다.

⑥ 인터뷰하기 : 학습문제를 인터뷰 형식을 취해 해결해 나가는 것이다. 각자 대답할 준비를 하고, 짝이나 소집단별, 학급 전체별로 인터뷰를 하고 대답을 한다.

⑦ 짝과 함께 읽기 : 책에 대해 간단히 소개를 해 준다. 짝끼리 교대로 책의 일부분을 읽고 토론을 하기도 하고 서로 질문과 대답을 한다.

⑧ 극화하기 : 소집단별로 극으로 꾸밀 이야기를 읽는다. 각자 역할을 맡아 극을 연출한다.

이들 방법 이 외에도 국어과 학생들의 협동을 강조하는 학습 유형에는 여러 가지가 있다. 역할 놀이 학습법도 있고 쓰기 워크숍, 독서 동아리, 토론 중심 학습법 등도 국어과에서 많이 활용해 볼 수 있는 협동학습법이다.

5) 협동학습법의 절차

협동학습법의 유형별로 교수 학습 유형은 다소 다르겠지만 전체적으로 다음과 같은 절차로 운영하면 무난할 것이다.

준비하기 단계에서는 우선 협동학습을 할 때 가장 중요한 요소로 집단을 적절하게 구성한다. 협동학습에서는 기본적으로 이질 집단으로 구성하는데, 여기에서 이질 집단은 서로 다른 능력과 흥미를 가진 집단을 말하는 것으로 서로를 도와줄 수 있는 집단을 말한다. 그리고 집단으로서의 공동체 의식을 갖는 것이 중요하다. 이를 위해 자기 소개하기, 모둠 구호 만들기, 별명 짓기, 구호, 노래, 이름 달기, 마스코트, 친밀감을 갖기 위한 게임 등의 활동을 통해 소속감이나 자긍심을 갖게 하는 것이 좋다.

과제분석 및 분담하기 단계에서는 과제가 무엇인지를 분명히 인식할 수 있게 하는 것이 중요하다. 즉 무엇을 해야 하는지를 분명히 알지 못하면 학생들은 혼란에 빠지게 되고, 자칫 하면 엉뚱한 것을 하는 데 시간과 노력을 허비하게 된다. 그리고 과제 수행을 위한 계획을 한다. 어떤 방법을 동원하여 어떤 순서로 이 과제를 수행할 것인지, 시간을 어떻게 운영하고 자료를 어떻게 수합할 것인지 등에 대해 계획을 세우게 한다. 어떤 협동학습법을 적용하느냐에 따라 다르겠지만, 과제를 여러 하위 부분으로 나눈다. 이때 구성원의 수나 능력 등을 고려하여 각자의 역할을 분담한다. 이때의 역할 분담은 과제를 수행하는 데 직접적으로 필요한 것을 선택하는 것을 말한다.

과제 해결하기 단계에서는 각자 필요한 자료를 수합하고 각자 맡은 임무를 수행해 나간다. 이때 동료들이나 교사와 최대한 협의를 한다. 자기가 한 것에 대해 스스로 평가를 해 본다. 자기가 해결한 과제를 다른 사람들과 함께 나누기 위해 정리를 하고 발표 준비를 한다.

정리하기 단계에서는 각자 정리한 것을 소집단에서 발표한다. 소집단별로 학습 활동을 정리한다. 전체가 모여 학습활동을 정리하는 기회를 가질 수도 있다. 교사는 적절한 보상을 한다.

앞서 여러 가지 협동학습법의 유형을 제시했다. 이들 각 유형들마다 교수-학습의 절차는 다르게 마련이다. 여기에서는 이들 중에서 전문가 상호 교수법(jigsaw method)의 절차만 살펴보겠다.

첫째, 계획하기 단계에서는 우선 4~6명 정도의 이질 집단으로 모집단을 구성한다. 한 집단의 구성원 수는 동일하게 하는 것이 좋다. 한두 명이 남을 경우에는 다른 역할(사회자, 조정자 등)을 맡기거나 아니면 하나의 소주제를 두 사람이 맡게 할 수 있다. 필요하면 이때 사회자 또는 대표자를 선정할 수도 있다. 모집단을 구성했으면, 자기 집단에 소속감을 갖게 하기 위한 활동(팀 이름, 팀 노래 등)을 할 수 있다. 모집단 간에는 능력 차가 발생하지 않도록 주의한다. 가장 중요한 것은 과제를 적절히 분석해서 하위

주제로 나누고 각 하위 주제를 분담하는 것이다. 우선 학습목표를 분명히 인식하게 하는 것이 중요하다. 하위 주제는 학생들이 결정할 수도 있지만, 많은 경우에는 교사가 사전에 나누어 제공하는 것이 좋다. 이때 학습 활동이 적힌 학습지를 제공하여 해야 할 학습 내용을 좀 더 분명히 인식하게 할 수도 있다.

둘째, 집중 탐구하기 단계에서는 전문가 집단에서 관련 자료를 충분히 모은다. 교사는 자료를 제공하거나 학생들에게 자료를 찾는 방법을 안내해 준다. 전문가 집단의 구성원 각각에게 학습 활동을 안내하는 학습지를 제공해 줄 수도 있다. 이것은 학습 활동을 정리하고 평가하며, 나중에 모집단에 돌아가서 다른 친구들에게 가르쳐 주는 데 활용한다. 전문가 집단에서 학습 활동을 마무리할 때에는 모집단에 가서 무엇을, 어떻게 가르칠 것인지를 정리하게 한다. 차트나 그림 같은 것이 필요하면 이때 준비한다.

셋째, 상호 교수하기 단계에서는 시간을 충분히 주어서 각자가 전문적으로 탐구한 것을 나눌 수 있게 하는 것이 중요하다. 물론 이때 필요하면 질문을 하거나 토론을 할 수도 있다. 상호 교수 활동을 끝낼 때에는 제대로 학습을 했는지 점검하고 평가를 하는 것이 좋다. 그리고 학급 전체를 대상으로 발표를 한다면 그 준비를 한다. 이때 한 명이 발표를 하면 될 것이다. 또는 각 전문가 집단별로 한 명씩 발표하게 할 수도 있다.

넷째, 정리하기 단계에서는 학급 전체가 모여 각 집단에서 공부한 내용을 나눌 수 있는 기회를 갖는다. 물론 이 과정은 없어도 큰 문제는 없다. 수업을 끝내면서 소집단별 또는 학급 전체가 학습 활동을 정리하고 평가하는 활동을 하면 좋겠다.

5. 문답법

문답법은 교사와 학습자 간의 질의응답의 과정을 통하여 수업내용을 전개시키는 것이다. 이 문답법은 교사와 학습자 사이의 상호작용을 전제로 하여 교사의 질문에 학습자가 답변하고 학습자의 질문에 교사가 답변하는 지도과정을 통해 학습에 대한 주의를 집중시킬 수 있는 방법이다.

질문은 개념이나 원리 등의 상기, 비교, 가치판단, 선택, 설명, 비판 등에 대한 논술을 요구할 때 사용할 수 있으며, 학습자로부터 생생한 보고를 도출하는 것이 주안점이다.

1) 문답법의 종류

질문은 일반적으로 기억을 재생시켜 응답하게 하는 것과 사고활동을 중심으로 응답을 구성하게 하는 것으로 구분할 수 있다.

(1) 기억질문

기억질문은 학습자가 기억하고 있는 어의, 쓰기, 외국어, 수학, 자연과학의 단순한 사실들을 확인하는 질문이다. 질문을 받게 되면 기억된 사실을 학습자가 즉시 응답하는 질문을 의미한다.

(2) 사고질문

사고질문은 반성적 사고에 의하여 응답할 수 있도록 하는 질문을 의미한다. 사고질문은 문제해결력을 기르는 좋은 방법이며, 학습자가 스스로 생각함으로써 학습능력을 기르는 데 효과적인 방법이다.

2) 문답법의 지도상 유의점

① 학급 학생 전원에게 응답의 기회를 골고루 준다.
② 학습내용에서 이탈된 질문을 하지 않도록 한다.
③ 학습자가 당황하거나 공포심을 갖지 않도록 한다.
④ 질문의 요지가 명백하고 간결해야 한다.
⑤ 단편적인 질문이 아니고 연속성을 지닌 사고의 정리가 이루어지도록 해야 한다.
⑥ 학습자가 상호 간의 질의응답을 억제하지 않는다.
⑦ 질문은 학습자의 경험이나 지식의 범위 내에서 한다.

⑧ 정답일 경우는 칭찬하고 오답일 경우라도 무시하는 태도를 취하지 말아야 한다.
⑨ 학습자의 질문을 언제나 환영해야 한다.

6. 시범

시범은 수업내용의 모범을 보여주거나 운동기능적인 수업에 있어서 교사가 모델이 되어 학습자에게 본보기를 제시해 주는 방법이다. 시범은 다른 방법과 병행하여 사용되는 것으로 교사의 시범이나 강의와 학습자들의 실제 경험적 활동이 수반된다. 학습자가 학습과정에 관심을 가지도록 하고 실제 학습자가 동작을 해야 할 필요가 있는 것에 유용한 방법이다.

1) 시범의 종류

(1) 시범 방법에 의한 구분

- 강의식 시범
- 실험기구를 이용한 시범
- 시청각기구(그림극, 슬라이드, 영화, 라디오, 녹음기)를 이용한 시범

(2) 대상과 구성에 따른 구분

- 교사의 시범
- 교사 대신 학습자의 시범
- 학습자의 집단별 시범

2) 시범의 지도상 유의점

① 시범자는 시범의 목적과 내용을 분명히 인식해야 한다.

② 시범은 학습자 전체가 잘 관찰할 수 있어야 한다.

③ 시범은 자세한 설명을 계획한 내용의 순서에 따라 진행하며 필요에 따라 반복한다.

④ 시범에 필요한 교재는 미리 준비한다.

⑤ 시범 후에 학습자들도 연습할 기회를 갖게 한다.

⑥ 시범에 앞서 지도방법을 모색한다.

⑦ 시범 후에는 평가를 실시한다.

7. 문제해결법

문제해결법(problem solving method)은 진보주의 교육사상에서 강조하는 교육방법으로서 '현재의 생활'상의 문제를 해결하는 데 필요한 지식이나 기능 및 태도를 갖도록 하는 데 필요하다.

즉, 인간이 직면하고 있는 삶의 여러 가지 문제를 효과적으로 해결하는 데 있어서 합리적인 사고력을 키운다는 것은 중요하다는 것이다. 이런 문제해결법은 Dewey의 〈우리는 어떻게 사고하는가(How We Think)〉라는 저서의 '반성적 사고'에서 체계화시켰다. 문제의 내용에 따라서 그 해결방법이 다소 다르지만 대체적으로 다음과 같은 단계를 거쳐 학습을 시도하고 있다.

1) 제1단계 : 문제의 결정단계

교사 또는 학생 자신들이 선정한 문제는 먼저 철저하게 이해하는 것이 중요하다.

2) 제2단계 : 문제해결의 계획단계

문제의 종류나 성질별로 분류하고 과제담당을 개인별로 분단별로, 또는 학급 전체로 할 것인가를 결정하고, 자료수집 방법을 계획한다.

3) 제3단계 : 자료수집 및 조사단계

문제해결과 관계 있는 자료, 즉 참고문헌 · 실험자료 · 사물 관찰자료 등을 분담별로 수집한다.

4) 제4단계 : 문제해결의 단계

문제해결은 학생의 창의력으로 하지만, 교사는 필요한 만큼 학습자들에게 암시를 주고 질문에 답하며 장애가 있으면 이를 제거해 주고 분위기를 조성해 준다.

5) 제5단계 : 결과의 점토단계

해결 결과를 확인하고 반성한다.

8. 구안법

구안법(project method)이라는 것은 학생이 심중에 있는 구상을 실현하기 위하여 학생 스스로 계획을 세우게 하는 것을 통하여 배우게 하는 교육방법이다. 1918년 진보주의 학자인 Kilpatrick은 「구안법」이란 논문을 발표한 이래 널리 보급되어 지금도 프로젝트 수업방식으로 일선학교에서 자주 활용하고 있다.

구안법은 문제해결법에서 발전하여 탄생하였는데, 그래서 구안법은 좀 더 구체적인 결과를 만들어 내는 실천적인 데에 치중하고 있다. 구안법의 학습과정은 다음과 같이 4단계로 이루어지는데 이를 간략하게 소개하면 다음과 같다.

1) 제1단계 : 목적의 단계

학습문제를 선택하여 그 선택에 맞추어 학습목적을 설정하는 단계이다. 여기에서 그 선택은 학생이 하도록 하여 흥미를 유발하게 하고, 교사는 개인 각자의 능력에 맞는 프로젝트를 선정하도록 유도해 주어야 한다.

2) 제2단계 : 계획의 단계

여기에서 계획은 합리적이고 체계적인 계획이어야 하기 때문에 그렇게 쉽지 않다. 또 목적을 달성하는 데 필요한 방법은 많기 때문에 그 중에서 어떤 방법이 가장 적절한 것인지를 결정하는 것도 어렵다. 그래서 교사는 학생의 토론과 해결해 나가는 과정과 그것을 통하여 학습하게 되는 순서를 잘 알 수 있도록 계획을 세우기 위하여 면밀한 지도가 필요하다.

3) 제3단계 : 실행의 단계

계획된 내용을 실천하는 수행의 단계이다. 이때 유의해야 할 것은 이때가 학생들이 가장 활발하게 활동해야 할 때이므로 학생들의 흥미를 유지하기 위하여 교사의 격려와 분위기 조성에 관심을 써야 한다는 것이다.

4) 제4단계 : 평가의 단계

결과에 대한 평가 내지 비판의 단계이다. 교사는 암시만 하고 평가는 하지 말아야 한다. 오히려 학생들끼리 스스로 하게 하는데 객관적으로 평가할 수 있도록 사전에 그 능력을 갖게 해야 한다.

이상과 같은 구안법은 ① 학생으로 하여금 동기가 유발되도록 도와주고, ② 학생의 책임감과 주도적 태도를 갖게 하며, ③ 창의적이며 계획적인 태도를 키우고, ④ 자발적이고 능동적인 학습활동을 촉구하는 동시에, ⑤ 협동심과 봉사정신 및 지도력을 키우는 데 적절한 교육방법이다. 그러나 교육과정의 계획이 잘못되면 능력이 뒤지는 학생에게는 시간과 노력의 낭비가 될 위험이 많고, 따라서 우수한 학생이 학습을 독점하기 쉽다. 그리고 필요한 학습자료를 얻기가 어려우며, 수업의 질서가 깨어지기 쉬워서 교재의 논리적 체계가 학습에 반영되지 못하는 단점이 있다.

9. 한국교육개발원(KEDI)의 수업모형

1) 계획단계

수업의 목표를 설정, 준비하고 계획하는 단계이며 구체적으로 학습과제 분석, 수업목표 진술, 수업계획 작성, 학습집단 조직, 학습자료 준비 등이 포함된다.

2) 진단단계

출발점 행동을 진단하는 단계로, 학습자가 수업에 필요한 준비가 갖춰져 있는지 진단하고 교정할 수 있게 하는 진단평가를 실시하고 보충수업 대상자를 결정한다.

3) 지도단계

학습자가 수업목표에 도달할 수 있도록 수업을 하는 단계이며 도입, 전개, 정리의 과정을 통해 이루어진다.

4) 발전단계

형성평가를 실시하여 목표달성 정도를 평가하고 결과에 따라 심화·보충학습의 기회를 제공하는 등 학습 촉진과 심화에 중점을 두는 단계이다.

5) 평가단계

학습결과를 종합적으로 평가하는 총합평가를 실시하여 내신자료로 활용하거나 결과를 다음 수업에 활용하는 단계이다.

KEDI 수업모형은 교과의 특징에 따라 지도단계를 다양하게 변경시킬 수 있으며, Glaser의 수업모형에서처럼 개인차를 고려한 수업을 할 수 있다. 수업을 계속적인 과정으로 연결하여 각 수업단계에 융통성이 있다.

CHAPTER 6

교수-학습활동

1. 교수-학습의 원리

학습지도의 원리는 학습지도를 바람직한 방향으로 이끌어 가기 위한 교육방법의 기준이 된다. 즉, 학습지도에서 전개되는 교사의 여러 가지 활동을 규제하는 원칙적인 기준을 말한다. 학습지도의 원리는 학자에 따라서 내용이 약간씩 다르지만 기본적인 내용은 다음과 같다.

1) 자발성의 원리

교육이나 지도라는 말의 어감은 학습자의 활동이 소극적이고 교육자의 활동이 적극적인 것 같이 생각되기 쉽다. 특히 전통적인 교육에서는 모든 교사 활동이 교사 중심이었다. 그러나 현대의 교육 사조는 경험적인 입장과 학습자 중심의 입장을 강조하고 있다. 따라서 교사의 책임은 자발성에 의해서 자라나며 발달해 가는 학습자를 옆에서 도와주는 학습의 보조자가 되어야 한다. 이와 같이 학습자 중심에 서게 될 때 학습자 그 자체가 갖고 있는 본래의 특성을 발견하게 되며, 그 특성이 최대한으로 발달할 수 있도록 지도해 나갈 수 있는 것이다.

자발성이란 인간 내부에서부터 모든 방면으로 자라나려는 능력 충동 또는 가능성임을 교육자는 이해하고 최대한으로 발전시킬 수 있도록 도와주는 것이 가장 중요하다. 인간의 성장 발달은 자발성에 의해서 성장하는 것이며 이것이 외부적인 환경의 영향을 받아서 인격이 완성되는 것이다. 학습지도는 학습자 스스로가 배우고자 하는 자발적인 의욕을 가지고 있을 때 이루어진다. 이러한 자발성의 원리는 단편적이기는 하지만 Rousseau나 Pestalozzi 등에 의해서 주장되었다. Rousseau는 학습지도에 대하여 '과학은 가르치는 것이 아니고 발견하는 것'라고 하였고, Pestalozzi는 '교사가 청소년들에게 줄 수 있는 오직 하나의 일은 그들의 자발적인 활동을 도와주는 것'이라고 하였다.

자발성의 원리는 자기 활동, 자기 구성, 자기 발전, 또는 자기 생산이라는 점에서 학습의 모든 가능성이 의존하고 있는 최후의 중심 관계가 '자아', 즉 생명이라는 원리에 입각한 것이다. Pestalozzi가 '나의 존재하는 모든 것과 내가 원하는 모든 것, 또 내가 해야 할 모든 것이 모두 나로부터 출발한다. 나의 인식, 즉 학습도 또한 나로부터 출발해야 할 것이다'라고 한 것도 자발성의 원리를 시사하는 것이라고 볼 수 있다. 학습에서의 자발성이란 생명에 뿌리를 내리고 있는 것으로서 자발성을 존중한다는 것은 곧 생명을 존중하는 것이다. 자발성은 생명의 본질이고, 창조 활동의 근원이며, 또 모든 사고나 행동의 원동력이라고 할 수 있다.

이러한 자발성을 극내화시키는 자기활동의 원리는 학습지도에서 가장 우선되는 원리로서 모든 교육방법의 기초라고 할 수 있다. 따라서 학습지도에서 자발성을 존중한다는 것은 개인의 내적 생명인 자기 발전을 조장할 뿐 아니라, 그 생명이 직면하고 있는 문제해결의 방향을 올바르게 하고 그 해결을 조장하는 것을 의미한다. 이런 관점에서 자발성에 대한 현대적이며 본질적인 개념을 찾을 수 있다. 그리고 흥미, 경험, 노력, 직관, 활동의 원리 등은 모두가 자발성의 원리에서 파생된 지도방법의 원리라고 할 수 있다. 즉, 학생이 학습 활동에 높은 동기를 가지고 적극적으로 참여하도록 하는 원리를 말하고, 이는 학생의 내발적인 동기유발과 학습의 지속력을 유지시키는 데 효과적이며, 구안법, 문제해결 학습, 발견 학습, 프로그램 학습 등에 잘 나타나 있다.

2) 개별화의 원리

자발성의 원리와 마찬가지로 학습 활동에서 개체를 존중하고 생명을 살리는 교육의 방법을 모색하려는 또 하나의 원리는 학습의 개별화(individualization)이다. 교육이 개별화되어야 한다는 원리는 목적적인 원리인 동시에 방법적인 원리인 것이다. 목적적인 원리라 함은 민주주의적인 인간관에서 나온 것이다. 민주주의는 무엇보다도 개인을 존중하는 사회 개념이다. 그러므로 집단을 형성하고 있는 것은 개개인이므로 개인을 존중하는 교육이어야 한다. 또한 개별화의 원리가 방법적인 원리가 된다는 것은 민주 교육의 기본 이념인 개성에 따른 교육을 통해서만 개성적인 자기 실현이 가능하기 때문이다.

일반적으로 학습지도의 개별화는 학습자의 개성 또는 개인차에 따른 지도방법이나 학습 내용의 구성으로 개인적인 지도를 하는 것이다. 그런데 학급을 단위로 하는 학습지도에서는 학생 개개인들의 학습 능력에 차이가 매우 큼에도 불구하고, 모든 학생을 동일한 조건에서 같은 학습 내용을 같은 방법, 같은 속도로 가르치는 획일적 · 일률적인 집단 지도가 반성이나 개선의 의지도 없이 전개되고 있다. 이러한 모순과 단점을 수정, 보완하고 학습지도의 새로운 방향과 내용, 방법을 찾고자 19세기 말부터 현재에 이르기까지 개인차에 따른 학급을 조직하려는 여러 가지의 대안들이 연구되고 있는데, 그 중에서 대표적인 것은 Burk의 개별 교수법, 1920년의 Winnetka System, Dalton Plan 등이 있다.

개별화 원리를 요약하면, 학생 각자에게는, 학습자가 지니고 있는 각자의 요구와 능력에 알맞은 학습 활동의 기회를 마련해 주어야 한다는 원리이다. 예를 들면 학습 활동 중에는 여러 가지 이질적인 작업이 포함되어 있으므로, 학급 집단의 공동 책임하에 수행되는 학습 활동을, 학습자의 관심과 교사의 지시에 따라 학습 내용을 분담하여 진행시키는 것이 가장 효과적이라는 것이다.

3) 사회화의 원리

현대 교육에서는 개성을 존중해서 최대한으로 이를 발전시키는 것과 아울러 사회적 발달을 최대한으로 신장시키지 않으면 안 된다. 사회적인 틀 속에서 학습지도를 함으로써 학습자를 사회적 존재로, 사회적인 인격을 형성시키고자 하는 것이 사회화의 원리이다. 이것은 모든 학습 활동이 공통적 목표를 향해, 학습 활동의 계획과 실행을 공동으로 행하는 공동적 학습을 통해 사회적 인간을 형성할 것을 목표로 한다.

현대의 교육은 학습자가 경험한 사실을 구체화하고 적절하게 재구성함으로써, 자기가 속하는 사회에 참가하여 사회적 활동을 할 수 있게 지도할 것을 요구하는데, 이 지도 원리는 최근에 강조되는 지역성의 원리와도 상통한다. 앞에서 설명한 개별화의 원리는 사회화의 원리와 상호 모순되는 것 같으나, 개별화의 방향이 사회적인 공헌을 전제로 하는 것이기 때문에 모순이 아니고 상보적인 관계를 이루고 있는 것이다. 즉, 개개인의 사회적 공헌은 자기의 개성을 통하여 이루게 되며 개성의 가치 또한 사회화의 과정에서 인정받게 되는 불가분의 관계가 있는 것이다.

Natorp는 '교육은 사회 생활에 의해서만 행해지고 또 사회 생활은 교육에 의해서만 향상된다'고 하여 개인의 도야는 어떠한 점에 있어서도 사회에 의하여 조건 지어지며, 역으로, 사회의 형성은 그 사회에 참여하는 개인에 적합한 도야에 의하여 기술되고 있다. 그는 이상주의 철학에 입각하여 개인과 사회는 함께 무한히 발전을 이룩하는 것이라고 보고, 이상(理想)으로서의 개인을 이상(理想)으로서의 사회에 관련시켜 개인과 사회의 일원적 견지를 제창하고, 교육은 사회에 의하여 개인을 사회에까지 도야해야 한다고 강조하였다.

Dewey는 그의 저서 〈민주주의와 교육〉의 제2장 사회 기능으로서의 교육에서 교육을 사회의 존속과 발전이란 견지에서 고찰하였고, 또 그는 〈학교와 사회〉라는 저서에서도 학교를 사회의 척도로 보고 거기에서 행해지는 일체의 일을 사회적 의의에서 개선하려고 하였다. 각 개인으로 하여금 사회 생활에 대한 관심을 갖게 하고, 올바르게 평가하는 태도를 기르며, 사회 생활에 참여시키고 공헌하는 실천적 능력을 함양하는 것이 민주주의 교육에서의 임무라고 하였다.

4) 통합화의 원리

과거의 교과 형식에 의한 학습 내용은 지나칠 정도로 분과적인 구조 형식을 취해 왔었다. 교과의 수가 많아서 학습자들이 감당해 낼 수 없을 정도로 분과적인 경향이 심했다. 이처럼 교과의 수가 많아 1주일에 1시간밖에 배당할 수 없는 교과도 있으므로, 전시 학습과 연계성이 모호해지는 분산적인 학습 경향까지 낳게 되었다. 그리고 그들 교과는 단편적인 지식을 축적하는 데 그치는 학습 결과를 초래하였다. 이렇듯 학습 내용의 편성, 지도방법 등도 분과적 · 분산적인 성격을 띠고 있었다.

현대의 학습은 학습 내용의 구성이나 학습 경험의 전개에서 포괄적으로 다루는 학습 활동의 통합성을 요구하고 있는 것이다. 왜냐하면 학습지도의 대상인 개개의 학습자는 분할할 수 없는 하나의 전체적 인격으로 다루어야 할 것이기 때문이다. 즉 지적인 훈련도, 의지나 정서의 도야도 학습자의 전체적인 인격을 대상으로 해야 한다. 학습 활동이 생활과 거리가 멀고, 횡적으로는 교과, 교재 사이에 유기적인 연결이 없으며, 종적으로는 계통적인 연결이 없는 지식의 주입식 교수에 대하여는 호기심도 흥미도 없고, 생활에 필요한 능력을 육성할 수도 없다.

그러므로 통합의 원리는 지 · 덕 · 체와 같은 학생의 행동을 골고루 발전시켜야 한다는 원리이며, 여기에는 교재의 통합, 지도방법의 통합, 지도 방향(목적)의 통합 등이 포함된다. 즉 교과 및 교재를 통합하고, 학습지도를 종합적으로 실시하며, 생활 지도를 효과적으로 실시하여 전인(全人)을 육성하려는 것이다.

5) 직관화의 원리

구체적인 사물을 직접 제시하거나 경험시킴으로써 큰 효과를 볼 수 있다는 원리이다. 이 원리는 교사의 설명식 교수 방법을 지양하고 학생이 직접 구체적 경험을 통해 학습 내용을 파악하고 이해할 수 있도록 이끄는 것을 의미한다. 이는 시청각적 교육방법을 채택하는 경우와 같다. Comenius의 「세계도회」가 그 시초이고, 수 · 형 · 어의 교수를 주장한 Pestalozzi에서 찾아 볼 수 있다.

2. 수업의 개념

가르치고 배우는 일에 대한 관심은 인류역사와 더불어 있어 왔으나, 이에 대한 과학적 접근은 20세기에 들어와서 심리학의 학습을 연구의 한 중심적 과제로 삼으면서부터 비롯되었다. 심리학자들은 학습의 과정을 설명하는 여러 이론을 제시하였으나, 그것이 학교학습을 설명하는 데는 아직도 불충분하다. 그 이유는 학습이론을 도출하기 위하여 연구한 대상의 대부분이 인간이 아닌 동물이었고, 학습의 과제나 상황이 학교학습과는 상당히 거리가 있었기 때문이다. 또한 이들 심리학자들은 학습에만 관심을 가졌을 뿐 수업에 대한 연구는 별로 하지 않았다.

이 장에서는 수업, 학습지도, 교수학습 이라는 용어와 구별하지 않고 혼용하는 경우가 대부분이다. 이것은 가르치는 데 중점을 두느냐, 아니면 배우는 데 중점을 두느냐, 또는 가르치고 배우는 양자의 과정 모두에 중점을 두느냐에 따라 명칭을 다양하게 사용하여 왔다고 생각된다.

교육과정 속에서 가르침과 배움의 과정과 관련하여 사용되는 '수업'은 학습지도, 교수학습과 개념상 다소 차이가 있으나 시대나 상황에 따라 달리 사용하든지 아니면 혼용하기 있기 때문에 수업이론을 탐색하기 위해서는 먼저 이들의 개념들을 구별해야 한다.

1) 학습 학습지도

학습지도란 학습과 지도의 두 의미를 합친 뜻으로 학생이 일상생활에서 겪는 여러 경험이나 행동양식이 보다 바람직하고 유효한 방향으로 이끌려 가도록 개조하고 발전시켜 가는 행위라고 볼 수 있으며 개념상 교사가 주체적인 역할을 하는 것으로 되어 있다.

바람직한 학습지도라면 어떤 교과 내용이나 지식을 학생에게 전달하고 습득시키는 것이 목적이 아니라 학생 자신이 자주적이고 창의적인 자기활동에 의해서 자기 실현과 자기 보존을 위한 구체적인 생활의 힘이나 문제해결의 능력을 기르는 데 목적을 두어야 하며 과거의 낡은 학습지도관에 대한 반성이 있어야 할 것이다.

2) 교수 학습

교사가 어떤 목표를 세운 뒤 학습자로 하여금 이에 도달시키게끔 작용하는 것은 교수활동이 학습자가 경험을 통하여 일어나는 새로운 행동변용은 학습이다. 교사의 능동적 작용인 교사와 학생의 능동적 작용인 교수와 학습활동을 통일적으로 이해하고자 하는 것이 교수학습이다.

교사가 교정이나 교실에서 수업시간에 학습자가 학습활동을 효율적으로 할 수 있도록 가르치는 것이 교수이며, 이는 학습자가 학습활동을 통해 학습목표를 성취할 수 있도록 도와주고 지도하는 방법이나 기술을 총칭하는 것으로 포괄적인 교수 활동 가운데 일부분에 해당되며 학습과 깊은 관계를 맺고 있다.

3) 수업의 정의

수업이란 학습자에게 학습동기를 유발시키고 활성화시키며 지원하기 위해 설계된 여러 가지 활동의 집합체, 학습자의 학습과정을 도와주는 활동이다. 따라서 수업의 과정은 학습자의 학습과정과 긴밀한 관련을 가져야 한다. 학습자의 학습과정을 돕는 교사의 수업행동이 학습에 미치는 영향은 아무리 강조해도 지나치지 않는다. "학생의 학업은 교사의 능력만큼 성취된다"는 것은 교사의 중요성, 즉 수업의 중요성을 지적하는 말이다. 교사의 수업은 학생들의 학습목표달성을 도와주는 데 있지만, 경우에 따라서는 학습과정을 오히려 방해하는 수도 있다. 그리므로 수업이 부정직인 결과를 초래하지 않고 긍정적 결과를 가져 오도록 하려면, 수업의 개념을 정확히 이해하여야 한다. 이에 수업에 대한 정확한 개념화를 위해 몇 사람의 정의를 검토해 본다.

Gagnĕ(1977)는 학습의 내적 과정을 활성화하고 도우는 데 역점을 두고 수업을 다음과 같이 정의하였다. "수업이란 학습자 외부에서 학습의 내적 과정을 지원하기 위해 고안된 일련의 사상이다." 즉, 수업이란 학습자의 내적 학습과정을 뒷받침하기 위해 마련되는 외적 활동의 집합체라는 것이다. 학습의 내적 과정을 요약하면, 외부 자극에 대한 선택적 지각, 즉 주의의 과정을 거쳐 감각적 기명속에 등록된 정보를 단기기억 속으로 일시 저장하고, 이들의 부호화를 통해 장기기억 속에 저장한다. 이 정보들을 필요에 따라 인출하여 수행을 하고, 이 수행에 대한 송환결과를 참고하여 다음 학습을 수행한다. 수업은 이런 내적 과정이 촉진될 수 있도록, 교사나 수업목표에 대해 주의를 집중시키고, 학습과제를 의미 있게 부호화하여 학습자의 기존 인지구조와 잘 관련지어 저장하도록 도와주고, 필요할 때 이를 쉽게 인출하여 효과적으로 수행을 함으로써 긍정적 송환효과를 갖도록 도와주는 활동이다.

Corey(1971)는 수업의 구체성과 계획성을 강조하면서 수업을 다음과 같이 정의하였다. 개인으로 하여금 명시된 조건하에서 명시된 행동을 나타나게 하거나 일정한 상황, 장면에 대한 반응으로써 그와 같은 행동을 할 줄 알게 하기 위하여 그의 환경을 의도적으로 조작하는 과정이다.

수업에 대한 Corey의 정의는 수업을 보다 과학화하려는 시도이다. 즉 수업과 학습을 독립변인과 종속변인의 관계로 설정하고, 수업을 면밀한 계획하에 처방하여 수업목표를 최대한 달성하려는 것이다. 이 정의에 내포된 중요한 개념은 두 가지이다. 첫째, 수업은 수업목표가 달성되는 조건을 구체적으로 설정하여야 한다는 것이다. 이것이 수업이 갖는 첫 번째 특징인 구체성이다. 둘째, 이 구체적 수업목표를 달성할 수 있도록 학습자의 환경을 면밀히 계획하고 조정하여야 한다는 것이다. 이것이 수업의 두 번째 특징인 계획성이다. 예를 들면, 수업목표를 "한 편의 논설문을 주면(특정한 조건), 학생은 그 글의 주제를 한 구절로 기술할 수 있다(목표의 구체성)"로 설정하였다면, 교사는 이 목표를 달성할 수 있는 계획을 세워 학생에게 구체적 학습경험을 시켜야 한다는 것이다. Corey의 정의는 수업설계 모형의 개발과 발전에 크게 기여하였다.

Gagně와 Berliner(1992)는 수업보다 수업방법에 초점을 두고 수업방법을 다음과 같이 정의하였다. "수업방법이란 여러 교과에 적응할 수 있고, 여러 교사가 사용할 수 있으며, 학생의 학습에 도움이 되는 순환적인 교사행동의 패턴이다." 이 정의에서 패턴이란 행동이 동시적으로 또는 통일된 순서로 일어나는 일련의 행동을 의미한다. 순환적이란 그 행동의 패턴이 수분 또는 수주의 간격에 걸쳐 반복된다는 것을 의미한다. 여러 교재에 적용할 수 있다는 말은 분수의 덧셈이나 화학 방정식과 같은 특정 교재를 가르치는 따위의 교수기술을 의미하는 것이 아니라, 모든 또는 많은 교재에 적용할 수 있다는 뜻이다.

이들 정의 가운데서 수업에 관한 몇 가지 공통적인 중요한 요소들은 다음과 같다.

첫째, 수업은 목적을 가진 계획적인 활동이다. 즉 수업이란 학습자가 달성하기를 기대하는 행동의 목표를 설정해 놓고, 이를 위해 계획적으로 전개해 가는 활동이다.

둘째, 수업은 학습자의 외적 환경만을 중요하게 다루는 것이 아니라 학습자의 주의집중, 동기형성, 선행학습 등을 고려하는 내적 환경의 조성까지도 중요하게 다루어야 한다.

셋째, 수업은 얻어진 결과라기보다는 결과를 낳는 과정이다. 학생들의 주의를 집중시키고, 선행학습 내용을 상기시키는 등의 일련의 체계적인 학습과정을 조직하는 과정이다.

여러 학자의 수업개념을 요약하면 수업이란 목표를 설정한 행동의 변화, 즉 학습이 학습자에게 일어나도록 그 내적 과정에 맞추어 그의 외적 상황과 조건을 설계, 개발, 관리하는 과정이라 정의할 수 있다.

3. 수업의 계획

수업 계획에서는 학습목표를 성취하기 위하여 학습과제 분석과 학습자의 출발점 행동의 진단이 필요하고, 교사와 학생들이 수행하는 7가지 활동, 즉 동기유발, 목표, 선수요인, 정보와 예, 연습과 피드백, 검사, 심화와 교정이 고려되어야 한다.

1) 학습과제 분석

최종 수업 목표를 달성하기 위해 단계별로 여러 개의 작은 능력이나 기능 · 태도 등을 분석하는 것을 학습 과제 분석이라고 한다(Gagně, 1970). Gagně는 학습 과제를 학습 위계(learning hierarchy)와 유사한 뜻으로 다음과 같이 정의하고 있다. “학습 과제는 하위 수준의 어떤 기능(skills)으로부터 이와 관련된 보다 높은 수준으로, 최대한의 긍정적 전이를 일으킬 수 있는 방법으로 순서화된 지적 능력(intellectual skills)의 한 집합체를 가르친다." 결국 학습 과제란 최종 수업 목표의 획득을 위해 학습자가 단계적으로 학습해 내야 할 비교적 단순한 능력들이라고 할 수 있다.

(1) 학습 과제 분석의 필요성

학습 과제를 분석해야 하는 이유는 첫째, 수업에서 학생들에게 어떠한 행동을 길러야 하는지가 분명해진다. 둘째, 학생들에게 어떠한 활동이나 연습을 시켜야 하는지가 분명하게 나타난다. 셋째, 학습 과제의 제시 순서가 분명하게 나타난다. 넷째, 무엇을 학습시켜야 하고, 무엇을 생략해야 되는지가 어느 정도 분명해진다. 다섯째, 무엇을 언제 평가해야 하는지가 분명해진다. 여섯째, 선수학습 능력이 무엇인가가 밝혀지게 된다.

(2) 학습 과제 분석 절차

한 단원에서 최종 수업 목표가 주어졌을 때, 학습 과제를 어떠한 순서로 분석할 것인가를 살펴보기로 하면 첫째, 최종 수업 목표를 확인하는 것이다. 둘째, 학습자가 그 최종 수업 목표가 요구하는 행동을 하기 위해서는 어떠한 하위의 기능을 학습해 내어야 하는지를 열거해 보는 일이다.

2) 출발점 행동 진단

교사는 학생들로 하여금 주어진 학습목표를 성취하도록 하기 위해서 그 학습목표에 관련된 학습자의 특성을 정확히 파악해야 한다. 학습목표에 관련된 학습자 특성이란 그 수업들을 시작하기 앞서 이미 학습자가 습득한 관련 지식이나, 기능, 태도, 학습방법 등을 뜻하며, 이를 교육 용어로 출발점 행동이라 부른다.

출발점 행동을 보는 관점은 두 가지 견해가 있다. 첫째, 새로운 학습과제로 들어가기 직전의 학습자의 성취에 대한 구체적이고 포괄적인 평가 결과를 출발점 행동으로 보는 관점이 있다. 둘째, 특정 학습목표의 학습을 위한 필요조건으로서의 학습자의 행동특성을 출발점 행동으로 보는 관점이 있으나, 실제의 교육과정에서는 이 두 가지 관점이 모두 필요하며, 또 효과적으로 적용되어야 한다.

교사는 이 출발점 행동을 정확하게 파악함으로써 학습자의 개인별 또는 집단별 수준에 적합한 교수방법을 적용하여 효과적인 수업을 진행할 수 있으며, 수업이 종료한 후 성취 결과를 비교할 수 있는 자료를 제공받을 수 있게 된다.

3) 동기유발

동기유발은 학생들의 주의를 집중하게 하고 흥미를 얻게 하는 데 필요한 모든 활동을 가리키는 말이다. 이를 위하여 수업 전, 수업 중, 수업 후에 취해야 할 활동은 다양하다. 이를테면 학생들의 호기심을 자극하는 일, 수업을 학생들의 흥미에 적응시키는 일 목표의 성취 시 보상을 제공하는 일 등이 수업계획의 동기유발 부분에서 고려되어야 한다.

4) 목표제시

학생들이 수업 종료 후 무엇을 해낼 수 있는가를 학습의 시작단계에서 알려주어야 한다. 그렇게 함으로써 학생들은 학습 중에 자신을 잘 조정해 나갈 수 있다.

5) 선수요인

선수요인이란 학생들이 수업을 받기 위해 이미 갖추고 있어야 할 기능 지식 태도이다. 새로운 지식과 기능의 학습은 이미 획득한 지식이나 기능과 관련시켰을 때 효과적이다. 새로운 학습은 이미 알고 있는 내용을 근거로 해서 이루어지기 때문이다. 따라서 일부의 학생들이 선수 요인이 부족하다면 그들에게 특별한 보조활동이 제공되어야 한다.

6) 정보화

대다수 목표의 경우 학생들에게 전달해야 할 정보가 있고, 학생들이 목표에 언급된 행동을 수행하기 전해 발견해야 할 정보가 존재한다. 이러한 정보를 제공하는 일은 수업과정의 주요 부분이 된다. 그리고 학생들에게 필요한 정보를 제공하는 일 외에, 그 정보를 어떻게 사용할 것인가에 대한 예를 제공하는 것도 또한 중요하다.

7) 연습과 피드백

대부분의 경우 학생들이 특정한 기능, 태도, 지식 등을 학습하기 위해서는 그 행동에 관한 연습을 해야 한다. 그러므로 연습 활동은 목표에 포함된 기능, 지식, 태도와 직접적으로 관련되어야 한다. 그리고 학생들이 특정 행동을 연습한 후에는 피드백을 받는 일이 중요하다.

8) 검사

학생들에게 새로운 기능의 연습기회가 제공된 후, 어느 시점에 가서는 새로운 기능의 수행능력을 측정하는 검사가 실시된다. 여기에서는 수업 계획 속에, 수업이 끝난 후에 실시하게 될 목표의 행동을 측정할 검사가 마련되어야 한다. 그 외에 목표를 향한 진전도를 평가하기 위한 형성평가에 대한 계획도 준비해야 한다.

9) 심화와 교정

단원을 끝마치면 그 단원에서 의도했던 행동을 성취하지 못한 학생을 위해 교정활동이 준비되어야 하고, 이미 성취한 학생들에게 심화활동이 마련되어야 한다. 교정활동은 본래의 수업과정에서 나타난 문제점을 위주로 준비되어야 한다. 심화활동은 특정 주제에 관한 학생들의 지식을 확장하거나 그것을 관심 있는 상황에 적용하도록 하는 데 있다. 이 심화활동은 학생들에게 부담을 주기보다는 다른 주제에 접할 기회를 주거나 그들에게 의미 있는 일을 하도록 하는 데 있다.

4. 수업실행

1) 수업목표의 개념

수업목표란 수업의 결과로서 학생들에게 나타날 행동의 변화를 말한다. 한 단위 수업이 성공적으로 끝났을 경우에 학생들에게 나타나게 되는 외적 행동과 내적 행동의 변화를 가리킨다. 여기서 내・외적 행동의 변화란 학생들이 수업을 통하여 새로이 얻게 되는 지식, 흥미, 태도, 기능 등의 변화를 의미한다. 이렇게 보면, 수업목표란 한 단위 수업을 통하여 학생들이 획득해야만 하는 지식, 태도, 기능 등에 관한 행동 특성을 규정해 놓은 것이다.

2) 수업목표의 기능

수업목표는 그 자체로서 도달해야 할 수준을 제시해 주는 것 외에도 다음과 같은 기능을 발휘한다.

첫째, 수업목표는 수업의 방향을 결정한다. 수업의 방향이란 마치 배가 항해하는 것처럼 표류하지 않고 특정한 목적지로 향해야 한다.

둘째, 수업목표는 그 수업의 내용의 선정준거가 된다. 수업내용이란 결국 목표에 도달하기 위하여 소화시켜야 할 알맹이들이다.

셋째, 수업목표는 학생들의 학습을 촉진시켜 준다. 일반적으로 명확한 수업목표는 학생들의 학습활동을 활발하게 한다.

넷째, 수업목표는 수업평가의 기준이 된다. 수업평가의 준거는 이미 설정된 목표이다.

3) 수업목표의 종류

① **일반목표** : 일반적이고 포괄적인 방향과 원칙을 제시한다.

② **정보목표** : 일반적 목표와 계획목표 중간의 수업계획, 교육과정, 단원 학습계획을 대단원으로 제시한다.

③ **인지적 목표** : 이해력, 문제해결력과 같이 지적인 행동을 발전시키기 위한 것이다.

④ **정의적 목표** : 바람직한 태도나 가치관을 형성하려는 것으로 애국심을 기른다든지 국가와 민족을 사랑하는 것과 같이 태도 및 가치관과 관련된 정의적 행동을 제시한다.

⑤ **최종 수업목표** : 그 단원의 수업을 끝낸 후 학습자가 학습이 이루어졌다는 증거로 나타낼 수 있는 행동을 규정하는 목표를 말한다. 최종 수업목표는 대체로 종합적이고 포괄적 행동을 규정하며 그 목표의 달성은 여러 단계의 학습을 거친 후에야 결과적으로 학습이 가능하거나 학습될 수 있는 것이다.

⑥ **세부 수업목표** : 한 시간 혹은 두 시간의 수업을 통해서 달성시키려고 의도하고 있는 보다 구체적인 수업목표로, 한 개의 최종 수업목표는 몇 개의 세부 수업목표를 포함하고 있다. 한 시간의 수업을 위한 세부 수업목표가 되려면, 그 시간의 수업이 끝난 후에 학습된 결과를 분명히 관찰할 수 있는 행동형으로 진술되어야 한다.

4) 수업목표 설정의 분류

(1) 이념

이념은 문화 속에서 내면화된 가치체계 및 생활양식, 태도, 습관을 통해 표현된다. 즉, 이념은 한 사회의 문화 속에서의 종합적 가치체계이다. 이러한 이념을 문화의 근거와 관계 속에서 재해석하고 구체화해서 목표를 설정해야 한다.

(2) 사회

교육은 사회생활의 필요에 의한 것이며 사회를 존속시키는 수단으로 기능하는 것이다. 개인은 사회의 구성원으로 인정받고 그 사회에 적응해야 하며 그 사회에 적응하기 위해서는 그 사회가 공인하는 언어, 사고, 감정, 태도, 가치관 그리고 행동양식을 학습하여 내면화해야 한다.

(3) 학습자

학습자의 성장과 발달에는 일정한 단계와 법칙이 있으며 이러한 성장과 발달을 설명하는 데는 발달심리학이나 학습심리학의 준비성, 발달과업 등의 개념이 도움이 된다. 학습자는 능력, 흥미, 관심, 취미 등이 다양하고 또한 변화가 많으며, 서로의 환경이나 선행경험들이 다르다.

따라서 수업목표의 설정은 학습자의 제 특성을 기반으로 하여야 한다. 즉 학습자의 성숙이나 성장, 발달의 특징, 필요와 흥미, 성공이나 실패의 경험 등을 연구하여 수업목표 설정을 고려하여야 한다.

(4) 교과

수업목표는 각 교과의 학문체계를 근거로 설정되어야 한다. 그 교과에서 무엇을 가장 중요한 아이디어로 볼 것인가의 분석을 통해 그것이 학습자의 발달에 기여하는 정도나 교과에 전이 정도를 분석하여 수업목표 설정에 근거로 하는 것이다. 따라서 교과목에 관한 관점에 따라서 수업목표의 강조점도 다르게 된다.

5) 수업목표의 필요

수업을 통하여 달성하고자 하는 것이 수업의 목표이다. 그러므로 수업목표가 분명할수록 수업에서는 목표에 더욱 충실한 수업활동이 가능할 것이다. 수업목표의 필요성은 다음과 같다.

① 교사나 학습자가 수업목표를 명확하게 알게 되면 주어진 시간에 무엇을 가르쳐야 하는지가 명확하게 되어 수업시간을 소비하지 않으며 수업의 효율성을 높일 수 있다.

② 학습자가 수업목표를 명확하게 알게 되면 학습자 자신이 자기의 수업계획을 세우게 되어 학습효과를 높일 수 있다.

③ 구체적이고 세분화된 수업목표는 학습평가의 타당도와 신뢰도를 높일 수 있으며, 따라서 수업의 질을 높일 수 있도록 평가의 결과를 재투입한다는 면에서 효과를 낳을 수 있다.

④ 수업목표가 세분화되면 길러야 할 행동이 무엇인지 분명해져서 어떠한 수업매체를 선정해야 하는지가 명확해진다.

6) 수업목표 진술상의 주의점

분명하고 명쾌하게 수업 목표를 진술하는 것은 효과적인 수업을 위해서 매우 중요하기 때문에 수업 목표 진술 방법을 비교적 자세하게 설명하여야 한다. 그러나 교사가 수업 목표를 분명하게 진술하고 평가할 수 있으면 그 수업은 절반 정도는 성공한 것으로 가정할 수 있다. 수업목표가 모호하면 수업활동의 방향이나 전략에 문제가 일어날 수 있을 뿐만 아니라 수업에 대한 준비나 계획이 불충실한 가능성이 높아진다. 여기서 수업 목표에서 흔히 발견할 수 있는 실수나 일반적인 문제점을 몇 가지 지적하면 다음과 같다.

① 교사의 수업행동이나 수업 중에 취해야 할 교사의 활동을 수업목표로 진술하지 않는다.

'소리의 원리를 설명해 준다. 자연보호의 중요성을 이해시킨다.' 이와 같은 진술은 교사의 행동을 설명하는 것으로 이것은 목표가 아니라 학습자 행동의 변화를 위한 절차나 수단인 것이다. 이와 같은 진술은 학습자 행동특성의 방향 제시도 되어 있지 않으며, 평가기준도 없다.

② 학습 결과로 변하게 될 행동이 아닌, 학습의 과정을 수업목표로 진술하지 않는다.

'교통표지판을 배우게 한다.' 이와 같은 진술문은 학습자가 배워야 할 것은 제시되어 있으나, 수업 후에 무엇을 할 수 있어야 하는지의 학습결과인 행동특성은 진술되어 있지 않다.

③ 세부 수업목표 진술에서 흔히 가르칠 교과목의 내용이나 주요 제목을 수업목표로 열거하지 않는다.

공해문제와 자연보호, 식생활과 건강관리와 같은 경우는 단순한 교과의 주제에 불과하다.

④ 세부 수업목표의 한 목표 속에 두 가지 이상의 학습결과를 포함시키지 않는다. '낙하의 법칙을 이해하고 이를 효과적으로 적용한다.' 이와 같은 경우는 이해한다와 적용한다의 두 가지 학습결과를 포함하고 있다.

⑤ 세부 수업목표를 명확하게 진술하면 할수록 좋다는 생각때문에 너무 지나치게 세분화시키지 않는다(한 시간의 세부 수업목표 일반적으로 1~2개 정도가 적당).

7) 수업활동

수업목표가 설정되고 학습자들이 출발점 행동을 진단하게 되면 이에 따른 적절한 조치를 하여 수업활동에 들어가게 된다. 수업목표의 설정과 출발점 행동의 진단은 수업의 효과를 높이기 위한 기초적인 단계이며, 수업이야말로 교육의 핵심적 활동이라고 할 수 있다.

(1) 수업계획의 의미

교육에 있어서 수업은 학습내용을 그대로 학습자에게 전달하는 것이 아니라 무엇을 가르칠 것이며, 어떠한 방법으로 수업을 할 것이며, 그리고 어떻게 평가할 것인가를 치밀하게 계획하여 수업을 전개하는 것이다. 이와 같이 수업을 위한 철저한 준비와 계획은 수업목표를 효과적으로 달성할 수 있게 하는 중요한 수단이 된다. 그러므로 교사는 학습자와 환경에 대한 조사와 학습내용과 방법에 대한 치밀하고 과학적인 계획을 작성하여야 수업의 효과를 기대할 수 있다.

(2) 수업계획의 원리

① 수업목표에 적합한 계획이어야 한다

수업계획은 교육목적이나 수업목표를 효과적으로 달성할 수 있도록 구체적이어야 하며, 교육내용을 흥미 있게 계획하여야 한다. 수업목표는 그 교과목표는 물론 학교목표에 부합되어야 하며, 사회적 · 국가적 교육목적에 직결되어야 한다.

② 수업계획은 학습자의 생활경험을 확대시켜 갈 수 있도록 계획되어야 한다

학습자의 생활은 여러 조건에 따라 확대되어 간다고 할 수 있다. 따라서 어떠한 기회에 어떤 생활경험이 발전되어 가는지를 예상하고 계획하여야 한다. 예를 들면, 계절이나 각종 행사를 고려하여 적절하게 계획을 세우는 것이다.

③ 수업계획은 일관성이 있어야 한다

일관성이란 질서적으로 상호 관련성을 가지고 종 · 횡적인 조직이 잘 되어 있는 것을 의미한다. 학교교육의 횡적인 면은 학급, 학교, 가정, 사회, 국가로 확대되는 것이기 때문에 이들이 관련될 수 있도록 일관성을 가져야 하며, 학교 내에서도 교과 간, 다른 여러 활동 간에 모두 일관성이 있을 때 교육의 목적은 달성될 수 있다. 종적인 면은 학교의 교육목표, 학년의 목표, 교과의 목표, 단원의 목표 그리고 시간의 목표가 모두 일관성이 있어야 한다. 따라서 수업계획은 학교교육의 종 · 횡적인 면에서 일관성을 유지하도록 계획되어야 한다.

④ 수업계획은 역동적이어야 한다

수업효과를 극대화시킬 수 있는 것은 특수한 방법에 의한 것이 아니라 수업상황이나 학습자의 흥미와 능력에 따라서 적절한 방법을 적용하는 것이다. 특히 교사의 일방적인 계획과 열성적 활동만으로는 수업의 성과를 얻을 수 없으며, 또한 수업은 학습활동의 주체인 학습자가 자발적으로 활발하게 활동하여 학습자의 요구나 내노에 따라 변화를 가져올 수 있도록 융통성이 있어야 한다.

(3) 계획단계

수업의 계획단계는 한 시간의 훌륭한 수업을 하기 위한 세밀한 준비과정인 설계단계를 말한다. 튼튼하고 아름다운 집을 짓기 위해서는 먼저 설계도를 잘 만들어야 하는 것처럼 훌륭한 수업을 하기 위해서도 미리 수업설계가 훌륭하게 되어야 한다.

수업이란 본질적으로 수많은 변인들이 상호작용하는 과정이므로 이들 변인들에 대한

사전조작이나 조치를 세밀하게 해 두지 않으면 바람직한 수업은 불가능하게 된다. 그러므로 수업계획 또는 수업설계는 수업의 효과에 영향을 미치는 여러 변인들에 대한 일련의 사전조작이나 조치들이라고 할 수 있다.

① 단원의 일반목표

대단원 전체의 지도목표를 어느 정도의 일반성과 추상성을 지닌 용어(~를 이해한다, ~를 안다, ~를 깨닫는다)를 사용하여 10개 내지 12개 정도를 설정한다. 지식, 이해, 적용 등 행동영역별로 나누어서 진술할 수도 있겠지만 억지로 이런 형식에 맞출 필요는 없다고 본다.

② 과제분석

이는 수업내용의 분석이라고 할 수 있는데, 다른 말로 표현하면 수업목표에 대한 하위목표 또는 하위기능의 탐색과정을 말한다.

③ 출발점 행동의 진단

출발점 행동이란 준비도를 말하는데 신체적·정신적, 지적 영역, 정의적 영역에 따라서 준비도의 내용과 그 진단의 방식은 다르다. 준비도는 IQ, 인지양식, 학습양식, 선수학습력 등이 대표적인 것이다. IQ는 생활기록부를 이용해서 개인별, 학급별 특징을 진단해 볼 수 있고, 인지양식과 학습양식은 표준화된 도구를 활용한다. 그리고 정의적 영역에서의 출발점 행동은 대표적인 것이 학습동기, 자아개념, 흥미, 욕구 등이다. 이들에 대한 진단은 설문지 형식의 교사 자작 검사지에 의해서도 가능하지만 되도록 표준화된 검사지를 이용하는 것이 좋다.

④ 본시수업 목표의 설정

본시수업 목표의 설정은 행동적 목표의 설정을 말한다. 이는 대단원의 일반적 수업목표의 설정과 대조되는 것으로 전자는 어느 정도의 일반성과 추상성을 가지는 것이지만, 후자는 단위 수업시간의 학습목표로서 관찰 가능한 행동적 동사(~를 읽을 수 있다, ~문제를 푼다, ~ 등을 가려낸다)로 진술되는 명세적 목표를 말한다.

⑤ 평가문항의 개발

평가문항은 상대평가, 수행평가, 절대평가(목표지향 평가) 문항을 말하는데, 이는 명세적인 행동적 목표의 달성 여부를 알아보기 위한 것이다. 수업이전의 계획단계에서 평가문항을 미리 작성해 놓으면 수업자가 수업의 방향이나 핵심을 잡는 데 매우 도움이 될 것이다.

⑥ 수업전략의 개발

설정된 학습목표에 효과적으로 도달하기 위하여 필요한 수업자료와 수업방법 등을 개발하는 것이다. 수업전략 또는 수업자 활동, 정보의 제시, 학습자의 참여, 평가 및 추수지도 활동이 포함된다. 수업전략의 개발에서 가장 중요한 내용은 수업형태나 방법이다.

⑦ 수업자료의 개발

개발된 수업전략을 기초로 이에 필요한 수업자료를 선정하거나 고안하여 제작하는 일을 말한다. 여기서 말하는 수업자료란 학습 등 수업에 관련되거나 수업효과에 영향을 주는 일체의 자료들을 지칭하는 것이다.

⑧ 형성평가의 설계

형성평가란 다양한 수업행위들의 능률성과 효율성을 극대화시키기 위하여 수업자가 활용할 피드백 자료의 수집과정이라고 할 수 있다. 다시 말하면 형성평가의 목적은 수업의 질을 향상시키기 위한 정보를 수집하는 것을 말한다.

(4) 수업계획의 종류

수업계획은 장기계획과 단기계획으로 구분할 수 있다. 장기계획은 연간, 월간 단원의 계획을 포함하며, 단기계획은 주간, 일간, 시간의 계획으로 구분된다. 장기계획은 학습의 연간계획 · 월간계획 · 단원계획이 포함되는 것으로서, 모든 학교생활 · 생활지도 · 행사교육과 일과 · 평가 및 진도 등에 관한 세부적인 계획이 배경을 이루고 있는 예정 설계이다.

① **연간계획** : 연간계획은 학교전체의 교육과정, 교과운영계획 등이 포함되며 학교교육에 관한 여러 계획의 근간이 된다. 또한 교과의 시간 배당, 학교행사, 학교환경, 총수업시간과 일수 등을 체계적으로 계획한 것이다.

연간 교과지도계획은 학교의 교육과정 편성의 방침을 확인하고 교과의 학년별 목표를 정하는 것이고, 학교의 교육과정을 계획한 연간 수업시간수 배당과 학교행사, 특별활동 등으로 생길 결과시간을 고려하여 교과의 실제 수업시간수를 산출해 학년별로 작성하는 것이다. 그런 다음 각 교과 영역별의 목표와 지도내용의 일람표를 만들고 학교와 학년의 특성을 고려하여 그 중 중점을 두는 것을 가려서 표시하며, 교과 간의 상호관련이 되도록 조정하여 학년별・교과별 목표와 지도내용 일람표를 만든다. 그리고 학습자의 실태와 학교의 실태를 참고로 지도사항을 명시한다. 이것을 기초로 해서 연간 지도계획을 만드는데 그것은 교과별 단원별의 지도목표와 내용, 지도의 순서와 방법, 교구와 시간배당 등이 명시되어야 한다.

② **월간계획** : 연간 교과지도계획을 기초로 하여 월간 또는 주간 지도계획을 작성하게 된다. 월간계획은 월별의 구체적인 계획으로 학급운영의 계획 등도 포함된 계획을 말한다.

단기계획으로는 주안, 일안, 시안 등을 생각할 수 있는데, 주안은 모든 장기계획을 바탕으로 1주일을 단위로 구체적인 지도계획을 세우는 것이다. 일안은 그날 그날의 학습지도계획이고, 시안은 매시간 학습내용에 따라 효과적인 학습지도를 하기 위한 계획이다.

③ **주간계획** : 연, 월간계획을 기초로 하여 주간을 단위로 구성한 구체적인 수업계획안이다.

④ **일일계획** : 매일의 수업계획을 말하며 주간 시간배정에 따라 결정된다. 일일계획은 교사에 따라 다양하게 계획을 세울 수 있다.

⑤ **시간계획** : 일일계획에서 정한 시간별 수업활동을 구체화하는 계획으로 보통 학습지도안이라고 하는 것이다. 따라서 그 시간의 학습과제를 가장 효과적으로 교수하고 학습할 수 있도록 구체적으로 계획한다.

8) 수업설계의 실제

(1) 수업 목표 설정

최종 수업 목표란 한 단원이나 비교적 큼직한 단위의 수업 활동을 통하여 학생들이 획득하게 될 지식 · 지적 능력 · 흥미 · 태도 등의 학습자 특성을 명확하게 규정해 놓은 문장으로 교육목표와 일관성을 유지하며 진술되어야 한다. 이는 교육과정과 교사용 지도서를 살펴보면 자세히 나타나 있다.

① 단원의 개관

단원 개관은 해당 단원의 취지와 목적에서부터 내용 전반의 흐름을 밝히는 것이다. 다음과 같이 단원 개관을 진술할 수 있다.

예시 1) 표로 세목화하여 진술하는 방법

구분	가. 본 단원과 관계되는 수학과 내용 체계	나. 본 단원의 전개 방안	다. 본 단원 전개 시 유의점
내용	• 2학년 - 입체도형을 도입 • 3학년 - 직육면체의 구성요소(면, 모서리, 꼭짓점) • 4, 5학년 - 평면도형의 넓이 • 5학년 - 직육면체의 성질(면의 수직, 평행), 직육면체 겉넓이, 부피의 단위(cm^2, cm^3) 도입 • 6학년 본 단원 - 기둥의 겉넓이와 부피	• 입체도형의 하나인 기둥을 구체물에서 추상하여 이해하고, 구성요소들의 개수를 세어 규칙적인 관계를 찾게 한다. • 밑면의 모양에 따라 기둥의 이름을 알게 하여 기둥에 대한 이해를 깊게 하며, 기둥의 전개도를 바탕으로 기둥의 겉넓이를 구하게 한다. • 직육면체의 부피를 바탕으로 기둥의 부피를 구하게 한다.	• 실생활 장면에서 문제를 도입하여 수학의 유용성을 느낄 수 있도록 한다. • 다양한 구체물의 조작을 바탕으로 활동중심 교육 전개를 통하여 추상화가 이루어질 수 있도록 한다.

예시 2) 문장으로 진술하는 방법

2학년에서 직육면체로 입체도형을 도입하여, 3학년에서는 직육면체의 면, 모서리, 꼭짓점 등 직육면체의 구성요소를 학습하였고, 4, 5학년에서는 평면도형의 넓이를 구하였고, 5학년에서는 면의 수직, 평행 등을 통하여 직육면체의 성질을 학습하였다. 또, 직육면체 겉넓이를 구해 보고, 부피의 단위로서 1㎤를 도입하여 도입 직육면체의 부피를 구하였다.
입체도형의 하나인 기둥을 구체물에서 추상하여 이해하고, 구성요소들의 개수를 세어 규칙적인 관계를 찾게 한다. 또, 밑면의 모양에 따라 기둥의 이름을 알게 하여 기둥에 대한 이해를 깊게 하며, 기둥의 전개도를 바탕으로 기둥의 겉넓이를 구하게 하고, 직육면체의 부피를 바탕으로 기둥의 부피를 구하게 한다.
실생활 장면에서 문제를 도입하여 수학의 유용성을 느낄 수 있도록 하며 다양한 구체물의 조작을 바탕으로 활동 중심 학습 전개를 통하여 추상화가 이루어질 수 있도록 지도한다.

② 지도 내용 선정

단원의 개관이 설정되면 해당 교육과정 해설서의 학습 요소 체계표와 교과서를 통하여 본 단원의 주요 내용을 추출해낸다. 이를 통해 본 단원의 목표를 설정할 수 있으므로 주요 내용을 추출해 내는 일은 매우 중요하다.

주제	학습 요소	지식	기능	태도
원기둥	• 원기둥의 개념 알기	○		
	• 원기둥의 구성요소 알기	○		
	• 원기둥의 전개도 이해하기	○		
	• 원기둥의 전개도 그리기		○	○
	• 원기둥의 겉넓이 구하기	○	○	
	• 원기둥의 부피 구하기	○	○	
각기둥	• 각기둥의 개념 알기	○		
	• 각기둥의 구성요소 알기	○		
	• 각기둥의 구성요소 사이의 관계 알기	○		
	• 각기둥의 전개도 이해하기	○		
	• 각기둥의 전개도 그리기		○	○
	• 각기둥의 겉넓이 구하기	○	○	
	• 각기둥의 부피 구하기	○	○	

이때, 학습 요소의 누락이나 중복을 막고 필요한 선수학습 능력을 파악하기 위하여 전·후 학년의 지도서와 교과서를 검토하여 학습 계열을 구조화하는 것도 바람직하다.

선수학습	본 단원	후속학습
• 직육면체의 면, 모서리, 꼭짓점 (2-2-3) • 직사각형의 넓이 (4-2-7) • 삼각형의 넓이 (4-2-7) • 사다리꼴의 넓이 (5-1-7) • 직육면체에서의 면의 수직, 평행 (5-2-3) • 직육면체의 겉넓이와 부피 (5-2-6)	• 각기둥과 원기둥 • 각기둥의 구성요소 • 각기둥의 이름 • 각기둥의 전개도 • 각기둥의 겉넓이 • 원기둥의 구성요소 • 원기둥의 전개도 • 원기둥의 겉넓이 • 원기둥의 부피	• 각뿔 (6-2-6) • 각뿔의 구성요소 (6-2-6) • 각뿔의 이름 (6-2-6) • 각뿔의 전개도 (6-2-6) • 원뿔 (6-2-6) • 원뿔의 구성요소 (6-2-6) • 원뿔의 전개도 (6-2-6) • 원뿔의 겉넓이 (6-2-6) • 회전체 (6-2-6) • 회전체 단면 모양 (6-2-6)

③ 단원 목표 도출

단원에서 지도해야 할 내용이 선정되고 학습 계열이 파악되면, 해당 학년의 발달단계를 고려하여 본 단원의 학습목표를 다음과 같이 설정할 수 있다.

〈입체 도형의 겉넓이의 의미를 이해하고, 직육면체의 밑넓이, 옆넓이를 이용하여 겉넓이를 구할 수 있고, 직육면체의 부피를 바탕으로 기둥의 부피를 구할 수 있다.〉

가. 각기둥과 원기둥의 개념을 이해하고 식별할 수 있다.
나. 각기둥의 면, 모서리, 꼭짓점의 수 사이에서 규칙성을 발견할 수 있다.
다. 밑면의 모양에 따라 각기둥의 이름을 말할 수 있다.
라. 각기둥의 전개도를 이해하고, 바르게 그릴 수 있다.
마. 각기둥의 겉넓이를 구하는 공식을 알고 구할 수 있다.
바. 각기둥의 부피를 구하는 공식을 알고 구할 수 있다.
사. 원기둥의 구성요소와 전개도를 이해하고 바르게 그릴 수 있다.
아. 원기둥의 겉넓이를 구하는 공식을 알고 구할 수 있다.
자. 원기둥의 부피를 구하는 공식을 알고 구할 수 있다.

(2) 학습 과제 분석 및 전개 계획 수립

① 학습 과제 분석

학습 과제란 최종 수업목표를 달성하기 위하여 학습자가 단계적으로 학습해 나가야 할 능력이나 기능, 태도를 위계화 해 놓은 것이다.

이러한 활동은 학습자가 길러야 할 목표가 분명해지고 학습 내용의 선정, 필요한 선수학습 능력, 교사의 지도 순서, 학습자의 활동이 명확해지고 평가 근거가 확실히 정립되어진다.

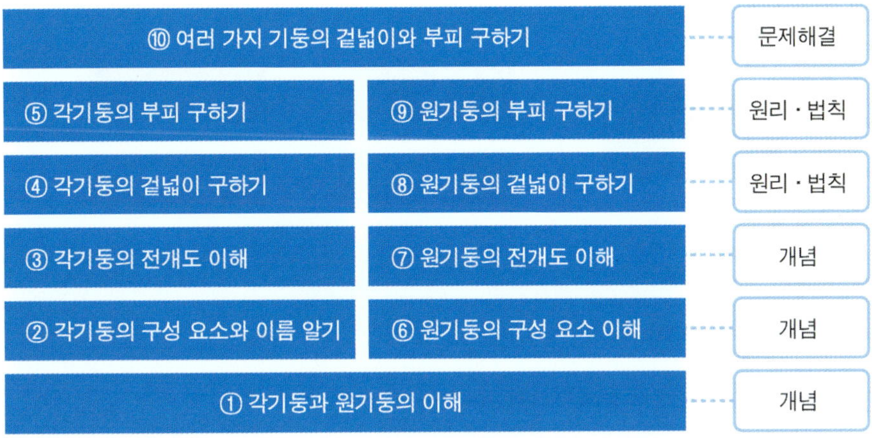

〈직육면체의 이해〉

【참고】 학습 과제 분석 방법

① **학습위계별 분석법** : 학습과제가 지적 영역일 때 사용할 수 있는 방법의 하나로 지식의 내용이 위계적인 관계일 때 대단히 유용하다.

② **학습단계별 분석법** : 주어진 학습과제를 달성하기 위하여 학습과제의 내용적인 측면을 보다 세부적으로 분석하고, 이를 가르치는 순서에 따라 조직하는 방법이다.

③ **시간·기능별 분석법** : 이 방법은 주로 운동기능 학습에 활용할 수 있는 방법으로 주어진 학습 과제를 수행하기 위하여 필요한 일련의 하위 과제들을 작업이 수행되는 과정이나 기능에 따라 관계를 규정하는 것이다.

② 전개 계획 수립

단원 학습 과제를 분석을 하였으면 체계적인 지도를 위하여 학습 내용의 차시별 전개 계획을 수립해야 한다. 이때, 교사용 지도서의 계획을 참고할 수 있으며 교사의 재량에 따라 시간을 증감한다.

(3) 출발점 행동의 진단과 처치

출발점 행동이란 어떤 단원이나 학습 과제의 수업 목표를 달성하기 위하여 수업이 이루어지기 위하여 반드시 갖추고 있어야 할 것으로 판단되는 능력으로 선수학습능력이라고도 말한다.

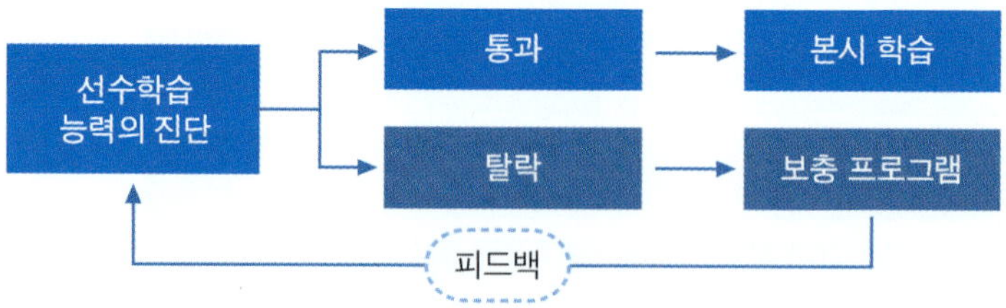

(4) 수업 전략 수립

이와 같은 활동을 토대로 단위 시간의 수업 목표를 가장 효율적으로 달성하기 위하여 어떤 모형을 적용하여 어떤 순서로 지도할 것인지 교수·학습 과정을 수립한다. 이때, 기존의 모형을 적용하거나 교사 나름으로 융통성을 발휘하여 수업 과정을 설정할 수 있다.

① 수업설계의 전략

㉮ 학생들이 배워야 할 것들이 무엇인가를 고려하라

이 질문에 대한 가장 쉽고 빠른 길은 수업목표를 참고하는 것이다. 수업목표, 교육내용, 평가는 병렬적으로 이루어져야 한다. 즉 평가도구는 수업시간에 가르치는 내용을 측정해야 하고, 반드시 그 수업목표와 연관성이 있어야 한다.

㉯ 각 수업목표에 대해 상대적 중요도를 결정하라

한정된 수업을 효율적으로 진행하기 위해서는 수업목표 간의 상대적 중요성을 판단하여야 하며, 이는 평가의 구성항목과 밀접한 관련을 갖는다.

㉰ 수업목표에 기반한 가장 적절한 평가기법을 선택하고 평가항목을 구성하라

수업목표에 언급된 행동이 평가 속에서 조화를 이루는 것은 대단히 중요하다. 수업목

표에 따라 적절한 평가기법을 선정하고 목표에 부합하는 평가항목을 구성할 수 있도록 한다.

㉣ 평가문항이나 지시사항이 평가하고자 하는 내용을 정확히 반영하고 있는지 점검하라

요구한 질문에 대해 학생들이 잘못 이해할 수 있는지의 여부를 충분히 검토하여 확인해야 한다. 그렇지 않을 경우 학생들이 평가의 항목과 다른 형태의 답이나 과제물을 제출할 수도 있다. 그리고 가능하다면 교과내용 전문가나 다른 선생님들로부터 제시된 평가문항이 정확하고 유효하게 구성되었는지 협의하도록 한다.

㉤ 평가가 끝나고 어떤 일이 일어날 것인지 고려하라

평가를 평가하라. 얼마나 학생들을 고려하였는지, 특별한 문제는 없었는지, 이 평가를 다시 하기 위해선 무엇을 수정해야 하는지, 어떻게 이 평가와 관련된 변화를 저장하여 필요할 때 다시 찾을 수 있을지 등에 대하여 고려해야 한다.

5. 수업평가

1) 수업평가의 목적 및 필요성

학교 교육과정의 핵심적 활동은 수업에 있으며, 학교교육의 질을 높이기 위한 노력도 역시 수업의 질 향상 없이는 이루어질 수 없다. 즉 수업이란 학교에서 일어나는 모든 교육활동의 핵심적 과정이며, 수업의 질 향상이 바로 교육의 질 향상으로 연결된다고 할 수 있다.

수업자는 자신이 이끄는 수업의 질 향상을 위해 끊임없이 자신의 수업을 평가해 보고 개선점을 모색하여 체계화된 정보를 다음 수업에 재투입하는 노력을 지속해야 하는 것인데, 이러한 과정을 보다 원활히 달성하기 위한 과정으로서 수업평가가 있다.

(1) 수업평가의 목적

수업평가란 수업 과정에서 전개되는 여러 가지 사태들을 평가하여 그 결과를 교사에게 알려주고 지적된 점들을 개선 · 보완함으로써 수업의 질적 향상을 도모하려는 시도로써 근본적인 목적은 수업에 사용하는 교수법, 발문, 수업매체의 사용 및 교사의 행동변화를 포함한 수업의 개선에 있다고 볼 수 있다.

(2) 수업평가의 필요성

수업평가 과정을 통하여 교사의 수업행동 및 수업기술, 매체의 사용 등에 대한 체계적인 자료를 수집, 이 자료를 토대로 수업과 수업프로그램에 대한 의사결정 및 기타 과학적인 판단을 내릴 수 있고, 질이 떨어지는 수업으로부터 학습자를 보호하고 일정한 수준의 수업의 질을 보장해 준다.

또한 교사들의 전문적인 수업능력을 개발하는 데 많은 도움을 주고, 그 외 교육과정의 개발 및 개선, 교원의 인사행정자료 수집, 수업목표의 달성 정도 파악, 새로운 교육정보의 수집, 학생실태분석, 교원의 평가자료 수집 등의 목적으로도 널리 사용된다.

2) 수업평가의 절차 및 단계별 내용

(1) 수업목표 및 수업내용의 확인

수업 평가자(수업을 참관하는 사람)는 먼저 그 수업의 목표가 무엇이고 어떤 내용의 수업이 전개될 것인지 파악해야 한다. 이를 통해 수업의 방향을 알고 평가자로서의 효과적인 교수-학습방법에 대한 기준 세울 수 있고, 수업목표달성을 위한 소요시간, 필요한 학습매체의 종류, 그 매체의 효과적인 활용방안을 미리 예상하고 계획을 세울 수 있다.

(2) 수업평가준거의 설정

수업의 어떠한 점을 중점적으로 보고, 평가를 할 것인지를 결정하는 일로서 여기에 대한 준거는 학생행동, 교사의 수업행동과 언어적 행동, 수업자료, 수업매체, 학습성과, 학습자의 출발점 행동 등이 있고, 이러한 준거내용은 사전에 설문지나 평정척도표를 작성하거나 교수-학습행동 기준표를 작성하여 수업에 활용하면 매우 유익하다.

(3) 수업참관을 통한 수업평가 자료의 수집

수업평가를 위한 자료의 수집방법으로는 관찰법, 기록물 분석법, 질문지법, 평정법, 면담법 등이 있고, 수업참관자가 실제로 수업에 참관하여 주어진 평가준거를 가지고 증거자료인 평가정보를 수집한다. 수업목표가 성취되고 있는 정도, 수업자료나 매체의 이용상황, 과학적 교수법의 활용수준, 학습자 반응의 유도상황 등 수업이 진행되는 전 과정을 통하여 객관적이고 과학적인 자료가 될 수 있도록 주의해야 한다.

(4) 수업의 평가판단 및 결과의 활용

미리 설정된 수업평가의 준거와 이 준거에 따라 수집된 여러 가지 정보와 기록을 바탕으로 참관한 수업에 대해 종합적인 판단을 내린다. 평가자는 관찰하거나 기타 다른 방법으로 수집된 증거자료들을 평가기준에 맞추어 비교·분석함으로써 전체적인 수업목표의 도달 정도, 학습자들의 적극적인 반응 정도, 교수-학습방법의 숙달 정도, 수업매체의 효과적인 사용 정도 등을 총체적으로 판단하여 수업자에게 전달한다.

수업자는 평가적 판단을 통하여 얻어진 여러 가지 결과들을 다음의 수업의 질 향상을 위하여 활용하고 재투입하여야만 지금까지의 평가활동들이 제대로 의미를 갖게 된다.

3) 수업평가를 위한 교사의 수행기준

Acheson과 Gall이 수업에 대한 교사의 수행기준 11가지를 제시하였다. 이것은 수업의 전문성 신장을 위한 지침으로서 교사가 능률적인 수업을 하기 위한 최소 기준과 수업참관자가 수업을 평가하기 위한 기준으로 많이 활용되고 있다. 다음에 제시된 수행기준은 지역사회와 교육적 특성에 맞게 적절히 조절하여 사용하는 것이 좋다.

(1) 진단단계

기준 1. 교사의 학습자에 대한 자료수집을 위한 과정에 있어서 행동

① 학생 개개인에 대한 진단

② 교사가 수업목표로 잡은 것과 연관되는 진단도구의 사용
③ 다양한 진단도구와 평가방법의 사용
④ 포괄적인 자료가 더 필요할 경우 타인의 도움을 요청

(2) 처방단계

기준 2. 교사가 진단자료를 활용하여 수업목표를 세우고 학습자의 요구와 연관시킬 때의 행동
① 성취되어야 할 수업목표들을 나열
② 진단시 수집된 자료를 바탕으로 수업목표를 분석
③ 학생의 수행 정도에 따른 학습자 개개인의 목표를 설정
④ 수업목표와 관련된 측정 가능한 평가자료를 준비
⑤ 학급을 위한 장·단기 목표를 준비

기준 3. 교사가 개인이나 집단의 요구에 맞는 수업계획을 세울 때의 행동
① 목표와 부합되는 수업계획을 세움
② 개인이나 집단의 요구를 충족시킬 적절한 활동을 수업계획에 넣음
③ 수업목표와 관련된 적절한 교육자료를 활용할 계획을 세움
④ 개별적인 학습자의 요구까지 충족시킬 대안을 세움
⑤ 수업시 학습자의 피드백에 대한 계획까지 세움

(3) 추진단계

기준 4. 교사가 교과내용을 가르칠 때의 행동
① 어휘나 교과내용을 학습자의 능력에 맞게 사용
② 효과적이고 능률적으로 사용할 수 있는 보조자료를 사용
③ 수업목표에 근거한 자료와 매체를 적절히 사용
④ 이어지는 교육과정을 위해서 수업에 필요한 사회기관, 단체, 개인을 알고 활용

기준 5. 교사가 효율적인 수업기법을 운용할 때의 행동

① 학생들을 존중

② 학생들이 공부에 몰두할 수 있는 분위기를 조성

③ 행동에 문제가 있는 학생들을 다룰 때는 일관성 있게

④ 학생들에게 가능한 한 긍정적인 영향을 끼침

기준 6. 교사가 학습이론을 적용할 때의 행동

① 학습자의 흥미와 선행지식의 수준에 맞추어 학습 원리를 활용

② 학습자가 목표를 향해 나아갈 때 피드백을 해 줌

③ 정보의 설명과 학습자의 아이디어의 수용 사이의 균형을 유지

④ 개개인에게 적합한 태도와 견해와 가치관을 기르는 활동을 함

기준 7. 교사가 학습자의 욕구에 맞는 다양한 수업기법을 사용할 때의 행동

① 분명하고 간결한 태도로 지시

② 학생이 적절한 대답을 할 수 있도록 질문을 제시

③ 학습자가 보다 높은 수준의 사고를 하도록 하는 전략을 사용

④ 학습자의 요구에 맞게 학습진도를 조절한다.

(4) 학생수행 평가단계

기준 8. 교사가 학습자의 수행 정도를 사정하는 계획을 수립할 때의 행동

① 목표에 적절한 평가방법을 선정

② 목적달성을 위한 구체적 평가과정을 계획

③ 학습자 개인의 성취 정도에 따른 피드백의 과정을 활용

④ 평가에 대한 정보를 학습자에게 알려줌

기준 9. 교사가 학습자의 사정결과를 해석하고 활용할 때의 행동

① 학습자가 수업목표를 성취했거나 성취하지 못한 이유를 확인

② 도달해야 할 목표와 학습자가 성취한 정도를 학부형에게 알려줌

③ 학습자에게 학습목표 성취를 촉진할 수 있는 피드백을 제공

④ 평가의 결과를 바탕으로 교수전략의 전환을 계획

4) 수업평가를 위한 자료수집방법

(1) 수업관찰법

가장 널리 사용되는 정보수집방법으로 관찰법의 종류로 체계적인 관찰법, 평정척도법, 비체계적인 관찰법, 녹음법 및 녹화법 등이 있다.

① 체계적인 관찰법의 유형

㉮ 기호체계법

한 장면을 스냅 사진 찍듯이 수업장면을 기술하는 방식으로 특정한 행동이나 현상에 주의의 초점을 맞추어 기술한다.

㉯ 범주체계법

한정된 수의 행동을 다루는 방식으로 행동에 대한 동적인 기록을 만들어 내기 위해서 행동이 일어나는 대로 연속적으로 기록을 한다.

※ 학업열중도

학업을 하는 데 학생이 능동적으로 몰두한 시간을 전체 시간에 대한 백분율로 나타낸 것이다.

$$\frac{\text{학업 중 행동의 수}}{\text{전체 행동의 수}} \times 100$$

② 평정척도법

정해진 척도에 따라서 주관적으로 평가하는 방법으로 관찰한 행동을 비연속적 용어로 쉽게 기록할 수 없어 수량화가 어려운 경우에 유용하다.

③ 질문지법

응답자가 자유로이 대답하도록 하는 개방형의 방식과 제시된 답들 중에서 고르도록

하는 선다형 방식이 있는데, 비용이 적게 들고, 실시하기 편리하고, 익명으로 할 수 있다는 장점이 있다. 또한 표준화시킬 수 있으며 외부인의 관찰이 불필요하여, 교사에게 유용하다.

④ 자기평가법

자기평가법에서 사용되는 측정도구로, 교사의 자기평가 검목표, 학생의 자기보고 검목표, 교수-학습자료의 분석을 위한 질문지 등이 있다. Levin과 Long의 교사의 자기 수업평가를 위한 검목표는 수업 중 교사행동에 관해 43개의 진술문항으로 이루어졌다. 많은 교사들이 수업 후 자신의 수업에 대한 평가를 할 때, Levin과 Long의 검목표를 이용하면 수업방법이나 수업관리를 평가하는 데 도움을 얻을 수 있다.

6. 학습지도안

1) 학습지도안의 의의

일반적으로 교수-학습과정에서 단원계획이 작성된 후에는 교수-학습지도를 위한 학습지도안을 작성해야 한다. 학습지도안을 종전에는 교수안, 교안 등으로 불렀으나 현재는 학습지도안, 학습보도안, 학습개선안, 생활보도안 또는 생활안 등 여러 가지 명칭으로 부르고 있으며, 군사교육기관에서는 아직도 교안이라고 부르고 있다. 또 일부에서는 필요성 여부에 대해서도 논란이 있긴 하지만 전체적으로 볼 때 그 유용성은 인정되고 있다고 할 수 있을 것이다. 특히 초임 교사의 경우에는 꼭 지도안을 작성하여 활용하는 것이 바람직하다. 그리고 지도안의 구분에는 여러 가지 견해가 있을 수 있으나 대별하여 약안과 세안으로 구분해 볼 때 지나치게 세밀한 지도안을 작성하기 위해 많은 시간과 노력을 투자하기보다는 학습지도에 꼭 필요한 제 요점만을 충실하게 구비하고 있으면 완전하다고 할 수 있을 것이다.

교육은 목적적인 활동이기 때문에 목적을 효과적으로 달성하기 위해서는 치밀한 계획이 되어야 한다. 학습지도안은 교사의 교수와 학습자의 학습활동을 효과적으로 진행하기 위한 조직적이고 구체적인 수업 진행 계획을 의미한다. 학습지도안은 한 시간 수업활동의 구체적 계획으로 수업효과를 좌우하는 중요한 계획이다. 그러므로 교사는 학습지도안을 작성함에 있어서 가르칠 교과내용에 먼저 정통해 있어야 하며, 학습자의 능력, 흥미 그리고 요구 등을 명확히 파악하여 지도안을 작성하여야 한다.

학습지도안은 일정한 교재를 정해진 시간안에 학습시키기 위해서는 어떠한 목표를 세워서 어떠한 방법으로 지도해야 할 것인가를 제시해 준다는 점에서 그 유용성은 매우 크다고 할 수 있다. 학습지도안의 필요성을 살펴보면 다음과 같다.

첫째, 그때 그때의 지도목표와 그 달성을 위한 구체적인 절차나 방법, 수단 등을 제시해 준다.

둘째, 교재에 바탕을 둔 지도내용을 명료하게 조직하여 제시해 준다.

셋째, 학습지도의 효율성을 높혀 주고 교육의 성과를 극대화시켜 준다.

넷째, 계획적이고 체계적인 학습지도 뿐 아니라 지도를 용이하게 해 준다.

다섯째, 잘 짜여진 학습지도안은 학습의 내용을 풍부하게 해 주고 학습자의 학습을 용이하게 해 주기도 한다.

2) 학습지도안의 요소 및 조건

학습지도안은 수업참관자 등의 제3자에게 보이기 위한 단순한 「안내서」가 아니라, 교사, 학생 및 교재의 상호작용에 의한 구체적인 수업장면이나 전개의 방향을 생각하여 작성되는 「수업전개의 청사진」이다. 그래서 끊임없는 수업실천을 통해서 수정되어 나간다. 따라서 지도안에는 교사의 교육관, 학생관, 지도관이라고 하는 사상이 구체적으로 표현되고, 이 입장의 차이에 의해서 지도안도 바뀌게 된다. 좋은 수업을 위해 구비되어야 할 지도안의 조건은 다음과 같다.

첫째, 제3자도 해석할 수 있는 지도안일 것

둘째, 읽을 수 있는 지도안 일 것

셋째, 제3자에게도 풍부한 아이디어나 생각이 떠오를 수 있는 지도안일 것

넷째, 교사의 품성을 느낄 수 있는 것과 같은 지도안일 것

이와 같이 지도안은 구체적인 수업장면을 예측하고 학생의 반응을 상상하면서 작성되는 것이어야 한다. 학습지도안이 갖추어야 할 조건은 다음과 같이 정리할 수 있다.

첫째, 적절하고 구체적인 수업목표를 정한다.

둘째, 학습자의 능력과 흥미 등을 고려해야 한다.

셋째, 수업 전개요령과 유의사항을 명시한다.

넷째, 이용 가능한 다양한 실례를 준비한다.

다섯째, 효율적인 발문을 구상한다.

여섯째, 수업내용을 충분히 연구한다.

일곱째, 전 시간의 수업과 관련을 갖도록 한다.

여덟째, 학습자의 출발점 행동을 조사하여 명시한다.

아홉째, 수업의 계열을 논리적으로 조정한다.

열째, 학습자의 흥미에 따라 변동될 수 있도록 신축성 있게 한다.

열한째, 수업내용에 적합한 수업과정을 선택한다.

열두째, 수업의 각 단계별 시간을 예상하거나 적절한 요약을 한다.

3) 학습지도안의 형식과 내용

학습지도안은 어떠한 내용을 어떠한 교재를 사용하여 어떠한 방법으로 가르치려고 하는가를 구체적으로 제시하는 것이다. 그 양식에 일정한 것이 있는 것이 아니라, 교사가 자기의 교육관에 비추어서 개별적으로 작성해 나가는 것이다.

학습지도안의 형식은 교과나 단원의 특성, 또는 담당교사의 창의성에 따라서 다양하게 될 수 있다. 다시 말하면, 모든 교과나 단원 또는 교사에게 공통적으로 활용될 수 있는 표준적인 학습지도안의 형식은 있을 수 없다.

학습지도안에 포함되어야 할 내용은 교과나 단원의 특성, 교사의 독창성에 따라서 서

로 다르다. 현실적으로는, 학교 나름대로 개발되어 제시되는 학습지도안의 형식과 내용에 교사의 독창성이 가미되어 학습지도안이 작성되는 것이 보통이다. 그러므로 학습지도안이야 말로 교사자신의 독창적인 아이디어가 가장 많이 반영될 수 있고 또 반영되어야 하는 것이기도 한다.

그러나 아무리 학습지도안의 형식과 내용에 정형이 있고 독창성이 강조된다고 해도 학습지도나 학습목적 본연의 궤도에서 이탈해서는 곤란하다. 그러므로 교사는 여러 학자들의 견해를 종합적으로 고찰하여 학습지도안이 갖추어야 할 최소한의 필수적인 내용들을 포함시킨 뒤에 자신의 독창성을 가미해야 한다. 독창성이란 주로 내용상의 것을 말하는 것이고 지도안의 형식은 교과나 단원에 따라서 크게 다를 수는 없는 것이다. 일반적으로 다음과 같은 형식이 쓰여지고 있다.

(1) 교재 및 단원명

단원의 제목을 쓴다. 교재는 일반적으로 교과서인 경우가 대부분이고 단원은 대단원과 본시단원을 함께 적는다.

(2) 단원지도의 기초

여기서는 '단원의 성격'과 '지도의 기초'라는 두 항목으로 나누어서, 단원의 성격에서는 단원 전체를 개관하면서 그 성격이나 중요성, 가치성 등을 진술하고, 지도의 기초에서는 과제분석의 결과를 제시하는 교재관, 학생에 대한 다양한 정보를 제시하는 학생관, 그리고 교재관과 학생관을 기초로 한 지도관을 진술하는 것이 좋다. 여기에는 다양한 그림과 표를 제시하고 이에 대한 적절한 해석이 덧붙여져야 한다.

(3) 단원의 목표(교재관)

교재에 대한 교사의 견해, 수용방법을 쓴다. 단원은 대단원을 말하고 목표는 지식, 이해, 적용 등으로 나누어 진술할 수도 있다. 진술의 형식은 본시단원의 목표와는 다르게 어느 정도의 일반성과 추상성을 가진 용어를 사용하는 것이 좋다. 목표의 수는 대략 10~12개 정도가 적합할 것이다.

(4) 단원의 지도계획

무엇을 가르치고 싶은가에 입각하여 만들어낸 내용의 요소로 구조화하고 시간배당을 한다. 하나의 대단원을 이루고 있는 중·소단원별 지도계획을 말한다. 차시별 주요내용과 수업방법, 주요매체 등을 요약해서 하나의 표로 제시하는 것이 좋다. 이 표에는 본시단원도 함께 제시함으로써 대단원에서 차지하는 본시단원의 위치를 알게 해야 한다.

(5) 본시의 목표

그 시간에 어떻게 해서라도 이해시키고 싶은 것, 이를 위한 수업의 방향성 등에 대하여 쓴다.

(6) 관련 단원

본시수업과 관련된 단원을 페이지까지 구체적으로 표시한다. 관련 단원은 주로 동일교과인 경우가 대부분이겠지만 따라서는 다른 교과의 어느 단원일 수도 있다.

(7) 본시의 지도계획

한 시간의 수업을 전개해 나가는데 있어 그 내용적의 핵심이 되는 것으로 주제별로 쓴다.

(8) 수업에 즈음하여

수업에 즈음하여 학생들이 그 교재에 대하여 어떠한 사전 지식이 있고, 어떠한 관심, 반응을 나타내는가 등 학생 파악이나 지도 시 유의점에 대하여 쓴다.

(9) 수업의 지도계획표

여기서는 먼저 본시수업의 목표로부터 진술해야 하는데, 대단원에서와는 달리 구체적인 행동적 용어를 사용하여 2~3개 명세적 목표를 제시하는 것이 좋다. 그리고 수업활동은 교사의 활동과 학생의 활동으로 나누어서 설명하고 각 단계별 유의점도 제시해 두는 것이 좋다.

① 주된 학습내용 : 수업을 해나갈 경우 그 내용에 핵심이 될 만한 것을 쓴다.

② **교사의 활동** : 내용의 핵심에 학습자들을 끌어내어 집중시키고 접근시키기 위하여 교사가 어떠한 작용을 하는가에 대하여 쓴다. 주요한 질문이나 과제제시의 내용이나 그의 진행방법을 구체적으로 쓴다.

③ **학습자의 예상되는 반응** : 교사의 작용에 대한 학습자의 반응에 대하여 예상이나 그의 가능성에 대하여 쓴다.

④ **예상되는 문제점** : 학습자의 반응을 예상해서, 특히 이런 '실패'나 '문제점'이 나올 것이라는 예상을 쓴다.

(10) 판서계획

판서계획은 본시수업의 전개과정에 포함시킬 수도 있겠지만, 학습의 요점만을 간단하게 구조화시켜 판서하기 위해서는 별도의 항목으로 독립시켜 계획해 두는 것도 바람직하다.

(11) 형성평가 계획

형성평가의 문항도 사전에 학습지도안에 작성해 두는 것이 좋다. 주관식일 수도 있고 객관식일 수도 있겠지만, 어느 경우든 단순한 기억이나 재생을 요구하는 문항은 바람직하지 못하다. 문항수는 적어도 10분 이내에 끝낼 수 있도록 해야 한다.

PART 2

교육공학

CHAPTER 7

교육공학

1. 교육공학의 개념

역사적으로 볼 때 교육공학은 1920년대 미국의 시청각 교육에서 발전한 것으로 라디오, 영화, TV 등과 같은 시청각 매체를 어떻게 교육에 활용할 수 있으며, 그것의 효과성이 어떠한지를 알고자 하는 연구에서 시작하여 하나의 학문분야로 출발하였다는 전제 아래 여기에서는 교육공학의 새로운 패러다임을 그 정의로부터 이론적 배경에 이르기까지 개념적으로 이해하고자 한다.

1) 공학

Technology는 라틴어 'texere'에서 유래, "짠다(to weave)", "건축한다(to construct)"의 뜻이다. 공학이란 기계를 사용한다는 의미보다 과학적 지식을 활용하는 실제적 방법이고, 실제적이고 유용한 목표에 관한 원리들의 체계적인 집합체이며, 기계적 생산품 또는 발명품 이상으로서 체계적 사고의 과정과 방식과 과학적이고 조직화된 지식을 실제적 과제에 체계적으로 적용하는 과정이다.

어떤 특정한 과제를 수행하면서 요구되는 실천적 문제해결기법이며, 기술적 측면은 산물(product)로서의 공학을 의미하며 각종 공학적 기자재, 도구 등이 포함되고, 문화적 측면은 공학의 활용 목적, 인간의 가치, 윤리, 신념 체제 등을 포함한다.

조직적 측면은 공학을 이용한 경제적·산업적·전문적인 활동을 포함한다. 진정한 의미의 공학이란 산물과 과정으로서의 공학을 모두 포함하며, 공학이 산물로서의 공학을 포괄한다는 측면에서 종합적으로 이해하고, 공학은 근본적으로 교육 목적 및 가치를 실현시키기 위해 발전되었던 것이 아니라, 교육적 필요에 의해 채택되고 적용되어 교육과 공학은 상호보완적으로 발전되었다.

공학이 문제해결을 위한 체계적이고 종합적인 과정으로 이해되어야 한다는 점은 공학에 대한 학자들의 다음과 같은 정의들에서도 찾아볼 수 있다.

Finn(1964)은 공학은 '기계적 생산품 또는 발명품 이상으로서 체계적 사고의 과정이며 방식이다'라고 정의하였으며, Galbraith(1972)는 '과학적 지식 또는 기타 조직화된 지식을 실제적 과제에 체계적으로 적용하는 과정이다'라고 정의하였다. 또한 Heinich(1973)는 '공학은 기계류와 관련된 하드웨어나 소프트웨어를 포함할 수도 있고 안 할 수도 있는 것으로서 어떤 특정의 과제를 수행하는 데 요구되는 실천적 문제해결기법을 의미한다'라고 정의하였다.

이외에도 많은 사람들이 공학을 다양하게 정의하고 있으나, 김종량(1992)은 다음과 같이 공학의 특성을 종합하여 제시하고 있다.

① 공학은 기계류 등의 산업 또는 공업분야에만 국한되는 것이 아니다.
② 공학은 합리적 사고과정이며 체계적 문제해결방식으로서 과학적 지식을 적용하는 모든 분야에 해당한다.
③ 공학은 의도하는 목표의 달성을 위해 요구되는 실천적 원리 및 기법을 실제 과정에 유용하게 적용한다.
④ 공학은 개별적이고 부분적인 산물이 아니라 총체적이고 통합적인 과정이다.
⑤ 공학은 과학과 개념상 구분되는 것이다.

2) 수업(교수)공학

수업(교수)공학(Instructional Technology)의 개념 형성에 영향을 준 이론에는 체제접근 이론과 수업개발 이론이다. 체제접근 개념의 도입으로 수업(교수)공학을 매체(media)나 장치(devices)로 보기보다는 과정(process)으로 보게 되는 것이다. 수업(교수)공학은 교수-학습과정을 설계, 수행, 평가에 중점을 두는 체제적인 접근으로 인식하는 것이고, 또 하나는 어떤 특정매체나 고안물 이상을 뜻하며 모든 요소들의 합 이상의 것이다.

학습이론과 통신이론에 기반을 두고, 효과적인 수업을 위해서 인적(human) 자원과 비인적(nonhuman) 자원을 적절히 결합하여 사용하는 체계적인 방법이며, 학습문제를 분석, 실행, 평가처리하기 위한 복합적이고 통합적인 과정이다. 수업(교수)공학이란 학습을 위한 과정과 설계, 개발, 활용, 평가 및 관리하는 이론과 실제이다.

3) 교육공학

교육공학(Educational Technology)의 개념에 관한 연구는 1963년 처음으로 교육공학의 정의가 내려진 이후 다시 1977년에 수정되었다. 교육공학에 대한 정의는 교육공학의 학문영역이 수업지도안 개발 활동에서부터 교육체제 설계에 이르기까지 다양한 것에서 알 수 있듯이 개념 정립 또한 학자에 따라 다양하다.

교육공학의 학문적 발전에 중요한 공헌을 한 Gagnĕ(1987)에 의하면 교육공학은 과학적 연구로부터 도출된 체계적 지식으로 보아야 하며 수업에서 제시할 때 사용되는 기계나 자료, 예를 들면 프로젝트, 필름, 컴퓨터 프로그램과 같은 것은 아니다.

권성호(1998)는 지금까지 제시된 학자들의 정의를 수용하면서 교육공학의 정의를 다음과 같이 제시하였다. 교육공학은 학습자의 창조적 사고와 학습효과의 극대화를 위해 공학의 원리와 기법이 교육/훈련분야에 적용되는 모든 경우를 총칭하며, 문제해결을 위해 학습과정과 자원의 설계, 개발, 활용, 관리, 평가를 학문적 접근을 통해 총체적으로 연구, 개발하는 실천적 응용학문이다.

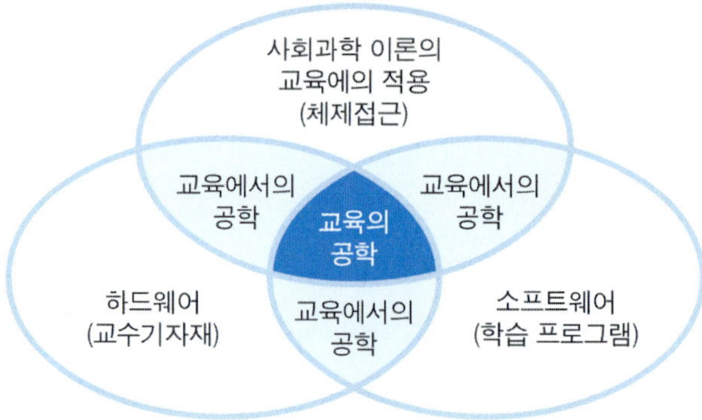

[그림 7-1] 교육공학의 개념적 모형

최근 학계에서 인정받는 개념은 미국교육공학회(AECT)를 정리한 것이다. 이 개념에는 그 동안 연구를 통해 발전을 거듭한 교육공학의 다양한 영역뿐 아니라 현장에서 실무를 통해 교육공학을 발전시킨 전문직의 역할과 위상을 잘 반영하고 있다. 교육공학이란 학습을 위한 과정과 자원을 설계, 개발, 활용, 관리, 평가하는 이론과 실제이다. 이를 부분별로 나누어 설명하면 다음과 같다(권성화, 1990).

① **학습을 위한** : 교육공학의 목적은 학습에 영향을 주고 이를 완성하기 위한 것이다.

② **과정과 자원** : 과정이란 특정 목표를 얻기 위해 이루어지는 일련의 작업과 활동을 말한다. 즉 학습을 위해 필요한 계획을 세우며, 이를 어떻게 하면 효과적으로 전달할 것인가를 연구하고 개발하는 것이다. 교수전략이나 교수법의 연구와 개발이 이에 해당한다고 볼 수 있다. 자원이란 학습을 지원하기 위한 원천을 의미하며 교수자로, 학습환경 그리고 이의 지원체제를 포함한다.

③ **설계, 개발, 활용, 관리, 평가** : 교육공학 분야에 종사하고 있는 전문가들이 연구하고 활동하는 영역을 의미한다. 과정과 자원을 설계하고 개발하며, 이를 현장에 적용하고 활용하며, 이에 필요한 인적 · 물적 · 시간적 자원을 관리하고, 그 과정과 결과를 평가한다.

④ **이론과 실제** : 교육공학은 이론에 머무는 것이 아닌 실제적인 분야이다. 연구와 경험에 의해 축적된 지식체계가 있어야 하며, 이런 지식체계를 문제해결에 적용

하는 분야이다.

지금까지 살펴본 교육공학의 정의는 앞에서 분석한 공학의 정의와 크게 다르지 않다. 즉 교육공학에 대한 여러 학자들의 다양한 정의에도 불구하고 '교육공학은 교육 특히 교수-학습에 관한 문제를 해결하기 위하여 과학적 지식 등을 체계적으로 응용하려는 학문'이라 정의할 수 있다.

4) 교육공학의 영역

교수공학의 영역은 [그림 7-2]에서 볼 수 있듯이 설계, 개발, 활용, 관리, 평가의 다섯 가지로 나눌 수 있고, 각 영역은 몇 개의 하위 구성요소들로 이루어진다. 이들 영역들 사이의 관계는 선형적이라기보다는 서로 보완적이다. 이는 필요에 따라 다른 영역으로부터 이론과 실제를 도출하기도 하고 여러 영역의 기능들을 함께 활용하기도 하므로 다른 영역의 이론을 많이 사용하기 때문이다. 즉, 교육공학의 모든 영역들은 이론을 서로 공유하고 각 영역들은 다른 영역들을 지원하는 상호의존적 관계라고 할 수 있다.

(1) 설계영역

설계영역은 크게 두 가지의 이론적 기초를 가지고 있다. 하나는 교수심리학 운동이고, 다른 하나는 체제이론인데, 먼저 교수심리학은 학습에 관한 심리학적 이론을 '교수'라는 활동에 적용시킬 방법을 탐구하는 분야이며, 교육공학에 있어서 교수실계와 교수전략 분야는 교수심리 연구결과와 방법론을 공학적으로 재구성한 것이다. 여기에 체제이론은 다양한 교수-학습이론이 교육문제해결과정을 어떻게 통합적으로 활용될 것인가를 안내하는 틀을 제공하여 주었다. 설계영역은 교수체제 설계, 메시지 디자인, 교수전략, 학습자의 특성의 하위영역으로 구성되어 있다.

교수체제 설계는 수업의 분석으로부터 설계, 개발, 실행, 평가의 단계로 구성되는 조직적인 과정으로서, 분석은 무엇을 배울 것인가를 결정하는 과정이고, 설계는 이를 어떻게 학습해야 할지를 결정하는 과정이며, 개발은 필요한 수업자료의 제작과 개발을 수행하는 과정이다. 다음으로 실행은 수업상황을 통해 자료와 전략을 실제적으로 활용하는 과정이며, 마지막으로 평가는 수업의 적절성을 결정하는 과정이라고 할 수 있다.

메시지 디자인이란 인간의 주의집중, 지각, 그리고 기억력 등과 관련된 인지과학원리에 기초하여 송신자와 수신자 사이의 의사소통에 직접 관여하는 메시지의 실물화를 위한 계획을 포함한다(Grobowski, 1991). 수업전략이란 수업목표를 달성하기 위해 교수와 학습의 상황에 가장 적절한 학습내용을 선정하고 계열화하는 작업을 말한다. 마지막으로 학습자의 특성이란 학습에 직접적으로 영향을 미치는 학습자가 가지고 있는 능력 및 동기 등과 선수학습경험을 망라하여 설명할 수 있다.

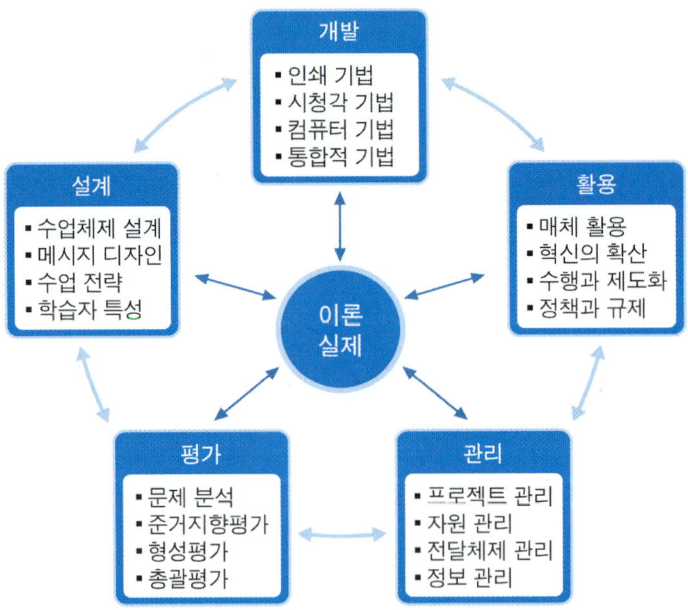

[그림 7-2] 교육공학 영역들 간의 상호관계

(2) 개발영역

개발영역은 교수를 위한 매체의 제작 및 개발에 대한 관심에서 시작되는 연구이다. 개발은 설계과정을 통해 산출된 항목들을 자료(물리적)의 형태로 바꾸는 과정을 말하며, 이 영역에서는 교수에 사용되는 다양한 테크놀로지가 포함되어 있다. 개발영역은 이론과 밀접한 관계가 있고 다른 영역, 특히 활용, 평가, 관리와 관계가 깊다. 즉 개발은 이론과 설계에 기반하고, 형성적 평가과정을 통해 개발이 완성되며, 개발된 매체의 활용실습을 거쳐, 개발된 매체의 관리까지도 신중히 고려되어야 한다. 개발영역은 인쇄 테크놀로지, 시청각 테크놀로지, 컴퓨터 기저 테크놀로지, 통합 테크놀로지의 하위영역으로 구성되어 있다.

인쇄 테크놀로지는 기계를 사용하거나 사진 인화 절차를 사용하여 책이나 정화상 자료를 제작하고 전달하는 방법이다. 이는 가장 기본적이며 널리 보급된 공학적 요소로 크게 문자자료와 시각자료로 나뉜다. 이 두 가지 형태의 자료개발은 시각, 지각, 읽기 및 인간의 정보처리에 관련된 이론과 학습이론에 기반하고 있으며 가장 일반적으로 활용되는 인쇄자료는 문자와 시각정보가 결합된 형태의 교재이다.

시청각 테크놀로지는 음성과 시각 메시지를 제시하기 위하여 기계와 전기를 사용하여 제작하고 전달하는 방법이다. 시청각 기자재는 영상자료를 투시하거나 소리 재생, 대형 시각자료의 전시도 가능하게 한다. 특히, 과거에는 OHP나 TV, 비디오 등의 단방향 제시 형태에서 최근에는 컴퓨터에 기반한 공학의 출현으로 좀 더 상호작용적이고, 학습자 참여적인 환경이 제공되고 있다.

컴퓨터 기저 테크놀로지는 마이크로 프로세서에 기반을 둔 자원을 사용하여 자료를 제작하고 전달하는 방법이다. 즉 컴퓨터를 교수매체로 활용하는 것을 의미한다. 일반적으로 컴퓨터 기저 테크놀로지의 적용방법은 컴퓨터 기반학습(CBI), 컴퓨터 보조수업(CAI), 또는 컴퓨터 관리학습(CMI) 등이 있다. 컴퓨터 기저 테크놀로지는 행동주의뿐만 아니라 인지주의 학습원리 및 구성주의 학습원리에 기반하여 효과적인 프로그램 개발에 노력한다.

통합 테크놀로지는 컴퓨터 제어하에 몇 가지 다른 유형의 매체들을 포함하여 자료를 개발하고 전달하는 방법이다. 첨단화된 고성능 하드웨어, 소프트웨어에 다양한 주변기기들로 구성된 통합시스템은 평면적 자료 제시에서 입체적 자료 제시로, 단편적 자료 제시에서 통합적 자료 제시로 그 수준을 한 단계 더 끌어올리고 있다.

(3) 활용영역

활용영역은 교육공학의 다른 영역보다 오래된 전통을 가지고 있다. 교수매체의 체제적 설계나 제작에 대한 관심이 나타나기 이전부터 제작된 시청각 자료들을 교수에 활용해 왔다. 활용은 하위영역으로 매체 활용과 보급, 수행 및 제도화, 정책과 규제가 있다.

첫째, 매체 활용은 학습을 위한 자원의 체계적인 활용이다. 즉, 교수설계 명세서에 기반을 둔 의사결정 과정이다. 보급은 채택을 목적으로 하여 계획적인 전략을 사용하는 의사소통 과정이다.

둘째, 수행은 교수자료나 전략을 실제 환경에서 사용하는 것이다. 제도화는 한 조직의 문화와 구조 안에서 교육 혁신을 계속적 또는 일상적으로 추진하는 것으로, 이 두 가지는 개인과 조직 모두 변화에 의존한다.

셋째, 정책과 규제는 교육공학의 보급이 사용에 영향을 미치는 사회의 규칙과 행위이다.

(4) 관리영역

관리는 교육공학의 여러 분야와 교육공학자들이 수행하고 있는 역할에서 매우 중요한 부분이다. 관리는 하위영역으로 프로젝트 관리, 자원관리, 전달체제관리 그리고 정보관리로 구성되이 있다. 그 중 프로젝트 관리란 계획, 감사, 그리고 교수 설계 · 개발 프로젝트를 조정하는 등의 일련의 업무를 말한다. 프로젝트 관리자는 교수설계나 기타 프로젝트의 기능을 기획하고, 예정표를 만들고, 조절하는 책임을 지니는 한편, 교섭을 하고, 예산을 짜고, 정보 관리체제를 설치하고 진도를 평가하는 것으로 담당한다.

자원관리란 자원 지원체제와 서비스를 기획하고, 감시하고, 조정하는 업무를 일컫는다. 여기서 자원이란 요원, 예산, 재료, 시간, 시설 그리고 교수 자원을 포함한다. 자원관리에서 간과해서는 안 될 두 개의 주요 요인은 비용 대비 효과와 학습 효과의 정당성이다. 전달체제 관리는 수업자료의 보급이 조직되는 방법을 계획하고 점검하며 통제하는 일을 말한다.

전달 체제관리는 산출물과 관련된 이슈인 하드웨어와 소프트웨어 요구사항, 사용자와 기술자에게 필요한 기술 지원 및 설계자와 교사를 위한 지침 등의 절차적 이슈와 연관

된다. 그리고 정보 관리란 학습자원을 공급하기 위하여 정보를 기획하고 조정하여 적절히 저장하고, 이를 전달하고 처리하는 것을 말한다. 정보의 전달과 처리는 개발 영역에서 밝혀본 기법들을 활용하여 이루어지며, 정보의 처리란 정보를 소정의 목적에 맞게 변화시키는 것을 말한다.

(5) 평가영역

평가는 설계, 개발, 활용, 관리과정과 그 결과물의 가치를 결정할 수 있도록 정보를 제공해 주는 활동으로 다양한 이론적 틀 속에서 실행되어 왔다. 평가에서는 프로그램이나 프로젝트의 과정이나 산출물인 교수자료, 목표나 교육과정의 질과 효과 등에 대한 가치를 결정하게 된다. 평가는 하위 영역으로 문제분석, 준거지향 측정(절대평가), 형성평가, 총괄평가가 있다.

첫째, 문제분석은 정보수집과 의사결정 전략을 사용하여 문제의 성질과 변인을 결정하는 것을 포함한다.

둘째, 준거지향 측정은 사전에 정해진 내용에 대한 학습자의 완성도를 정하는 기술을 포함한다.

셋째, 형성평가는 적절성에 대한 정보를 수집하여 이 정보를 향후 개발을 위한 기반으로 이용하는 것으로 여러 번 할 수 있다.

넷째, 총괄평가는 유용성을 결정하기 위해 정보를 수집하고 이 정보를 사용하는 것이다.

2. 교육공학의 발달과정

1) 개관

교육공학을 역사적으로 고찰함에 있어 Saettler는 그리스 철학자들에게까지 거슬러 올라가고 Finn은 시학교육운동의 본격적인 활동이 시작된 1920년대를 교육공학의 출발

시기로 보고 있다. 그러나 교육공학의 모체적 역할을 하는 시청각교육의 발전과 관련하여 보면 중세사회에서의 인쇄술 발달과 17C의 실학주의교육, 18 · 19C의 아동중심주의 교육사상이 교육공학의 발달에 중요한 역할을 했다고 볼 수 있다.

또한 교육공학이 속해 있는 교육학의 학문적 설립 시기인 17~18C를 기준으로 교육공학의 시초를 가늠해 볼 수도 있다. 이 당시의 주요한 교육선각자인 Comenius, Pestalozzi, Rousseau의 교육사상을 교육공학적 관점의 시작으로 보는 것이다. 이후 Pavlov, Watson, Thorndike와 같은 초기 학습심리학자들의 연구에 교육공학의 기반이 있다거나 Herbart와 Montessori의 실물 및 감각교육과 Dewey의 진보주의 교육철학에서 교육공학의 뿌리를 찾는 시각도 존재한다.

그러나 교육공학의 학문적 발달은 1900년대 미국에서 시작된 시각교육에서 찾아야 한다. 왜냐하면 교육공학의 학문적 시작이라 할 수 있는 학회의 출발이 이 시기이기 때문이다. 이후 시각교육은 시청각교육으로 발전하였으며, 1950년대에 들어서면서 교수-학습자 간의 커뮤니케이션의 아이디어를 반영한 시청각 커뮤니케이션이 등장하게 되고, 1970년대 이후 미국교육공학회의 이론 정립의 노력에 힘입어 보다 체제적이고 통합적인 접근방식으로서의 교수공학 및 교육공학으로 정립되었다. 이러한 학문적인 발달 과정을 간략하게 살펴보면 다음과 같다.

(1) 시각교육

초기 교육공학은 언어 중심의 교육방법에서 탈피하여 구체적 경험을 제공하는 시각교육(visual education)을 중심으로 이루어졌다. 1900년대를 전후하여 다양한 시각적 매체를 공교육에 시도하려는 교육적 모색들이 활발해진다. 예를 들어 공공 도서관을 중심으로 성인교육 프로그램이 개발되거나, 박물관의 시설물을 학교교육에 적극적으로 활용하려고 노력하였다. 이때 슬라이드, 필름, 표본, 수집품 등 다양한 시각적 매체를 활용하였다. 1905년 뉴욕 주는 최초로 시각수업과를 설치하여 각종 슬라이드 자료를 학교에 보급하기 시작함으로써 시각교육을 본격화하는 계기를 마련하였다.

시각교육운동은 교재의 구체성을 확대하고 시각보조물의 발달을 도모하여 교육과정상에서 시각자료의 활용을 촉진하여 학습자의 학습활동을 자극하고 효과적인 학습을 성취할 수 있도록 하는 데 그 목적이 있었다. 그리하여 1923년 미국교육학회(NEA) 안에 교육공학의 첫 번째 공식기구로서 시각교육국(Department of Visual Instruction : DVI)이 조직되었다. 그러나 당시 시각교육은 시각자료들을 단순히 교사의 보조물로 간주하였다는 제한점이 있다.

(2) 시청각교육

1930년 말부터 시각교육에 청각적인 요소가 통합되어 시각교육은 시청각교육(audio-visual education)으로 변모하게 되었다. 시청각교육이 대두되면서 시각교육국(DVI)은 1947년 명칭을 시청각교육국(Department of Audio-Visual Instruction : DAVI)으로 개칭하였다. 시청각교육이란 영화, 슬라이드, 녹음, 라디오, 텔레비전 등의 시청각 교재와 교구를 활용함으로써 학습이 효과적으로 이루어지도록 도모하는 방법이다. 그리하여 학습자에게 시청각적인 자료를 제시하여 학습이해를 보다 용이하도록 하는 것이다. 그러나 시청각 교재 자체, 즉 사물(thing)이나 산물(product)의 효과만을 중시하고 시청각 매체가 활용되는 교수-학습과정을 간과했다는 한계에서 벗어나지 못한다.

시청각교육을 뒷받침하는 이론으로서 Olsen의 이론, Dale의 이론, Kinder의 이론을 들 수 있다. Olsen은 〈학교와 지역사회(School and Community)〉란 책에서 오늘날 학교가 그 구실을 제대로 하지 못하고 있음은 학교가 사회와 너무 동떨어져 있기 때문이라고 지적하면서 학교와 지역사회를 연결 짓는 가교로서 실질상의 경험을 할 수 없을 경우 시청각자료로서 대리경험을 학습하도록 한 것이다. Olscn은 시청각자료의 특성을 다음과 같이 열거하고 있다.

① 시청각교구는 시각과 청각에 직접 호소할 수 있는 교육도구이다.
② 시청각교재는 경험을 생생하게 제공하여 복잡한 상황을 단순화시키고, 과거의 사건을 현실적으로 재현시켜 주며, 먼 곳의 사건을 현실적으로 제공해 줄 수 있다.
③ 시청각자료는 교육 자체를 대체할 수는 없고, 학습지도에 필요한 보조물로서 사용되는 것이 적합하다.
④ 시청각교재의 선택은 교육목적, 학습자의 발달단계 및 흥미, 경험 등을 토대로 해야 하며, 교사는 교재의 활용을 위해서 사전준비를 해 두어야 한다.

Olsen은 이러한 시청각자료의 가치를 구체성－추상성의 기준에 의하여 체계적으로 분류하고 있다.

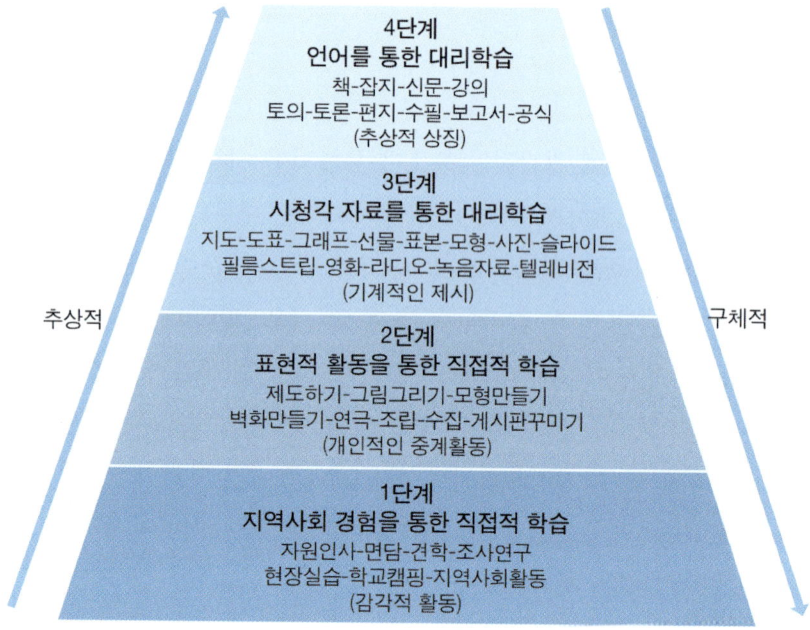

[그림 7-3] Olsen에 의한 How Good Schools Promote Learning

Kinder는 학습의 목적을 개념형성에 두고 아동의 심리적 발달단계와 관련지어 지적 학습의 단계를 [그림 7-4]와 같이 제시하고 있다. 이에 의하면 개념형성은 구체적 · 직접적 이해관계에서 출발하여 상징적 · 간접적 이해관계를 거쳐 달성된다. 즉, 학습자는 구체적 · 직접적인 학습경험을 통해 추상적인 지식을 획득하게 된다. 따라서 교사는 피교육자의 발달단계에 맞추어 시청각자료를 제공해 주는 것이 필요하다. Kinder는 학습과정의 단계를 [그림 7-5]와 같이 보고 있다.

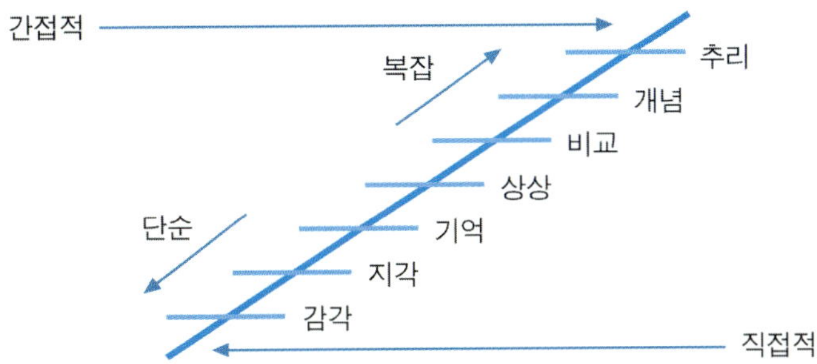

[그림 7-4] Kinder에 의한 아동들의 지적 활동과정

Kinder는 시청각자료의 가치를 다음과 같이 제시하고 있다.

① 학습자의 제한된 지적 경험을 확대시켜 준다.

② 교실의 시간적 · 공간적 한계를 극복해 준다.

③ 학습자가 실제 사회 환경과 관련 맺고 학습하도록 돕는다.

④ 현실적이고 초기적인 개념형성을 도와준다.

⑤ 학습자로 하여금 흥미와 의욕을 불러일으켜주어 학습동기를 진작시킨다.

⑥ 구체적 사상에서 출발하여 추상적 개념에 이르게 되는 다양한 학습경험을 가능하게 해 준다.

⑦ 경제적이고 능률적인 학습효과를 기대할 수 있다.

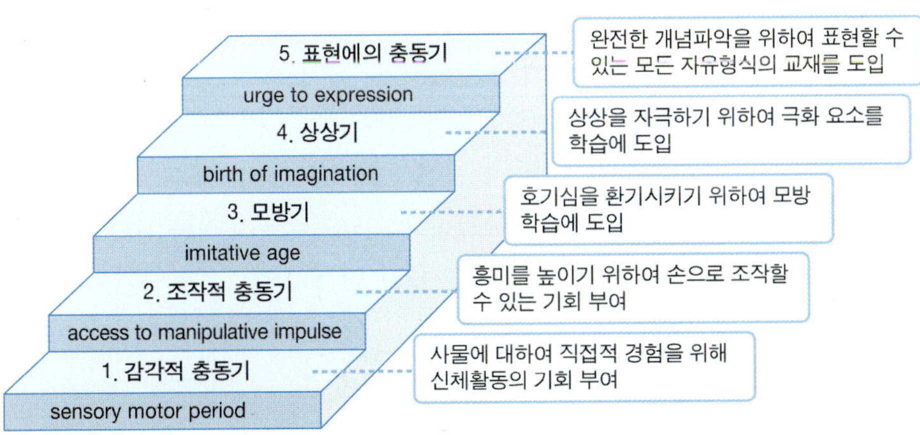

[그림 7-5] Kinder의 학습과정의 5단계

(3) 시청각 커뮤니케이션

제2차 세계대전 이후, 시청각교육은 교육을 양방향적인 커뮤니케이션 과정으로 보는 커뮤니케이션의 개념과 교수-학습과정을 일련의 요소로 구성된 완전한 체제로 간주하는 초기 체제 개념이 도입되어 시청각 커뮤니케이션(audio-visual communication)이라는 분야로 발전하였다.

시청각 커뮤니케이션이란 교수매체를 효과적으로 이용하여 학습자가 지니고 있는 능력을 최대한 개발시킬 수 있는 커뮤니케이션 방법을 의미하는 것이다. 이는 교수-학습 보조물로서 매체를 활용하려는 접근에서 벗어나 커뮤니케이션 혹은 의사소통의 과정에서 매체를 효과적으로 접근하려는 시도다. 그러나 시청각 커뮤니케이션 이론은 모든 교육적 요소를 하나의 체제 안에 모두 포함시키지 못하는 문제점을 가지고 있었다. 내용을 선정하거나 목표의 명세화, 피드백 분석 등의 요소가 시청각 커뮤니케이션 설계체제 밖에 위치하므로 통합적인 체제접근의 개념을 완전하게 적용하기 어려웠던 것이다.

시청각 커뮤니케이션과 교육 커뮤니케이션이 결합된 상기모형에서 나타난 특징은 다음과 같다.

- 시청각 커뮤니케이션 체제는 교수과정에 필수적인 하위요소를 가지고 있다.
- 시청각 커뮤니케이션 체제의 구성요소들은 개별적으로 나열하기보다 형태 및 특성에 따라 분류해야 한다.
- 시청각 커뮤니케이션 설계에 가장 중요한 구성요소는 메시지이다.
- 인적 요소 및 교수매체도 시청각 통신체제의 구성요소로 포함되어져야 한다.
- 교수매체 및 기구는 시청각 커뮤니케이션 체제상의 구성요소로 간주되어야 하며, 이의 효과적인 활용방법이 고려되어야 한다.
- 학습환경도 시청각 커뮤니케이션 체제의 구성요소로 간주되어 효율적인 메시지 제시 및 학습자의 적극적인 반응을 창출해야 한다.

(4) 교수공학

1970년대, 지식과 인구의 폭발적 증가 그리고 과학 및 문화의 획기적인 발달 등으로 인하여 사회 전반에 테크놀로지가 교수과정으로 확장되어야 할 당위성으로 부각되었다. 이러한 변화의 과정에서 Skinner의 행동과학이론과 교수공학(instructional technology)이 새로운 패러다임으로 대두되기 시작했다.

행동주의적 관점이 교수공학의 성립에 영향을 미친 이유는 교수기계의 개발이 공학적 특성을 보여주는 데 성공했기 때문이다. 수업을 준비하고, 설계하고, 개발하는 과정을 일종의 체제로서 파악하려는 교수개발(instructional development)의 개념이 발전하였는데, 이는 매체의 효과적 활용에 관한 지식과 학습현상 및 교수방식에 관한 과학적 지식을 체계적으로 활용하려는 노력이다.

교수개발체제 모형에서는 교수개발과정을 9단계로 구분하여 설명하고 있는데 크게 나누면 4단계로 정리할 수 있다.

- 1단계 : 효율적인 교수를 위해서 학급수준, 인원, 자원 등 제반문제에 대해 진단 분석한다.
- 2단계 : 분석자료를 토대로 교육목표를 설정한다.
- 3단계 : 교수상황에 적합한 교수방법, 자료의 개발을 연구한다.
- 4단계 : 표본자료에 의한 학습결과를 분석하여 교수개발체제를 수정, 보완한다.

시청각교육국(DAVI)은 이러한 미국 교육공학 분야의 발전적 추세에 맞추어 1970년 그 명칭을 미국교육공학회(Association for Educational Communicational Technology : AECT)로 변경하였다. 그러나 이러한 교수공학에 대한 견해는 실제적인 본질에 대한 상세한 설명을 해 주고 있지 못하다는 제한점이 지적되었다.

(5) 교육공학

1977년 미국교육공학회는 교육공학(educational technology) 정의에 대한 방대한 작업을 실시하여 새롭게 교육공학의 정의를 내리게 되었다. 1977년 정의에 의하면 교육공학이란 "인간 학습에 포함된 모든 문제점을 분석하여 이에 대한 해결책을 고안하고 실행하며 평가, 관리하기 위하여 사람, 절차, 이념, 장치 및 조직에 포함한 복합적이고 통합된 과정이다." 이후 교육공학분야에서 연구와 논의가 꾸준히 이어져 1994년 AECT는 새로운 교육공학의 정의를 내린다. "교육공학이란 학습을 위한 과정과 자원의 설계, 개발, 활용, 관리 및 평가에 관한 이론과 실제다." 이 정의는 교육공학 분야의 전문적인 측면과 테크놀로지의 빠른 변화에 부응하려는 노력의 결과다.

2) 우리나라 교육공학의 발전

우리나라 교육공학의 역사적 발달도 원시 고대사회에까지 거슬러 올라가서 삼국시대, 고려와 조선시대를 거쳐 오늘에 이르렀다고 할 수 있다. 그러나 이는 교육공학의 학문적 흐름이 아니라 당시 사용된 교수방법이나 도구를 기준으로 삼은 경우이다. 우리나라에 교육공학적 시각이 도입된 것은 6.25 한국전쟁 이후 시청각교육의 개념이 들어오면서부터다. 다음은 우리나라 교육공학의 발전과정을 시대별로 간략히 살펴본 것이다.

(1) 시청각교육 도입 이전 : 1945년 이전

삼국시대와 고려시대에는 세계 최초의 목판본 「무구정광대다라니경」(706년)과 세계 최초의 금속활자본 「상정예문」(1234년)을 가장 대표적인 교수매체의 발달로 들 수 있으며, 교육이론의 발달은 조선시대 권근의 「입학도설」(1390년)과 최한기(1803~1895년)의 경험주의 교육사상과 이론을 들 수 있다.

개화시대에는 '한성사범학교'(1895년)가 설립되면서 「소학교수법」(1908년)이라는 교과목에서 "교수방법과 교수계획", "교육방법과 교재"라는 내용의 사범교육을 실시하였고 일본강점기에는 최초로 영화(1904년)와 라디오방송(1926년)이 도입된 이후, 도서, 영화, 음반, 가사악보, 방송매체가 1930년대에 교육에 활용된 것이 가장 대표적인 발전이라고 할 수 있다.

(2) 시청각교육 운동의 시작과 계몽 : 1945~1960년

1945년 이후 1950년대에는 미 군정기와 한국전쟁을 거치면서 교사들이 자발적으로 일어선 "영화교실운동"을 중심으로 하는 "시청각교육 운동"이 시작된 시기였다. "한국시청각교육위원회"(1951년)가 발족되고 「시청각교육신문」(1952년)이 발간되었으며, 이화여자대학교 사범대학에 "시청각교육" 강좌(1952년)가 개설됨으로써 1951~1952년은 시청각교육 운동이 시작된 발전적 기점이 되었다. 또한 학교교육 분야뿐만 아니라 한국전쟁 당시 군사훈련 분야에도 영화, 슬라이드, 도표, 모형 등의 시청각교재와 교구가 사용되어 시청각교육을 좀 더 체계적으로 실시하게 되었던 시기다.

(3) 시청각교육의 연구와 보급 : 1961~1970년

1960년대는 문교부에 "시청각교육과"(1961년)가 신설되었고, 시범시청각교육원의 사업이 문교부 "중앙시청각교육원"(1963년)의 사업으로 발전하였으며, 후속사업으로 각 시·도별로 시청각교육 연구학교가 지정되기 시작하였다. 또 시청각교육 관계 서적으로서 단행본과 연구지 및 정기간행물이 발간되기 시작하였고, 시청각교육 관련 석사학위 논문과 학술 논문이 나오기 시작하는 등 좀 더 체계적인 시청각교육의 연구와 보급이 이루어지게 되었다.

(4) 교육공학 개념의 도입과 교육방송의 발전 : 1971~1980년

문교부는 급변하는 국제 정세에 대응하기 위하여 학문 중심의 교육과정 개편을 추진하는 한편, 교육공학 관련 부서의 직제를 과학교육국 '과학교육과'(1970년)로 개편하였고 "시청각교육진흥방안"(1969년)을 계획하였다. 1960년대에는 경험 중심 교육에서 시청각교육이 중요하게 강조되었던 반면에, 1970년대는 지식의 기본구조 탐구학습을 중요하게 생각하는 학문 중심 교육과정에서 교육의 체제적 접근 및 "교육공학"의 개념이 도입(1960년 말)되었다.

한국교육개발원은 1974년 10월 송신소를 완공하고 1975년 방송스튜디오를 갖추면서 교육방송 프로그램 제작을 주요 업무로 추진하였고, 방송통신대학이 개교함으로써 고등교육의 기회를 폭넓게 제공하기 위한 방송통신교육사업이 시작되었다. 따라서 1969~1972년은 우리나라 교육공학 도입과 교육방송의 발전이 시작된 중요한 발전적 기점이 되었다.

(5) 교육공학의 발전과 컴퓨터교육의 도입 : 1981~1990년

정보화·개방화 사회에 대응할 수 있는 인간 중심의 주체적인 개별능력개발에 관심을 두고 교육과정이 개편되었다. 한양대학교 사범대학에 교육공학과(1984년)가 설립되고 "한국교육공학연구회"(1985년)가 창립되었다. 그리고 이화여자대학교 시청각교육과의 명칭이 '교육공학과'(1988년)가 되었다.

한편 한국교육개발원에 "컴퓨터교육연구센터"(1988년)가 설치되면서 컴퓨터교육의 육성발전을 위한 관련이론과 기술을 연구 개발하여 보급하기 시작하였다. 따라서 1984~1988년은 한국교육공학 발전과정에 있어서 교육공학의 연구 보급과 컴퓨터 교육의 발전이 시작될 수 있었던 중요한 발전 기반이 이루어진 시기였다.

(6) 교육공학의 역할 증가와 멀티미디어의 보급 : 1991~2000년

문민정부의 출범 이후 초·중등학교의 교실 환경 시설의 개선과 함께 교육공학적 시설 설비 확충에 많은 노력을 하게 되었다. 초·중등학교 교육방법의 쇄신이 이루어지고 있는 좋은 실례로서 광주직할시(현 광주광역시)교육청의 "교단 선진화 운동"에 이어 서울특별시 교육청의 "교실환경 개선계획(1994~1996년)"이 있다.

정보통신기술의 급속한 발달에 따라 컴퓨터와 여러 가지 시청각교수매체의 기능을 융합시킨 멀티미디어가 출현하였고 그 기능이 계속해서 확장되는 추세에 있다. 더욱이 교육부의 컴퓨터 교육지원계획(1989~1996년)이 추진되면서 학교 컴퓨터 교육이 좀 더 확산되고 보급됨에 따라 우리나라 학교교육은 많은 발전을 이루었다.

(7) 교육공학 외연의 확장과 e-러닝 : 2001~현재

홈페이지리 불리는 World Wide Web(줄여서 웹)의 시작은 비록 1990년대 중반부터지만 우리 교육현장에서 깊숙이 다가온 것은 1996년 교육인적자원부의 교육정보화 추진 계획 입안 이후 21세기에 들어서다.

웹 초기에는 텍스트와 작은 크기의 그림들로 구성된 내용만을 제공할 수 있었던 것이 현재는 각종 음악파일, 동영상파일 등으로 거의 모든 형태의 컴퓨터 기술이 웹으로 구현 가능하게 되었다. 이는 현재 다시 빠르게 e-러닝으로 통합되어 발전되고 있다. e-러닝은 전통적인 면대면 수업의 시간적·공간적 제약을 넘어서는 새로운 교육과 훈련의 대안으로서 학교뿐만 아니라 기업에서도 현재 활발히 실시되고 있는 중이다.

3. 교육방법과 교육공학의 관계

교육방법 및 교육공학이 쌍둥이처럼 붙어 다니는 이유는 우리나라 사범대학 교직과정에 명시되어 있기 때문이다. 학자들에 따라서 교육공학과 교육방법을 굳이 구별하지 않고 설명하는 경우도 있고(나일주 · 정인성, 2000; 김신자 · 이인숙 · 양영선, 1999), 별도로 정의하는 경우도 있다(변영계 · 김영환 · 손미, 2000). 교육방법과 교육공학과의 관계는 다음과 같은 몇 가지 점에서 함께 논의되고 취급된다(변영계 · 김영환 · 손미, 2000 재인용).

첫째, 교육공학이 실제적으로 가장 역동적이고 긴밀하게 적용될 수 있는 분야는 교육방법과 관련된 영역이므로 이 둘은 아주 긴밀한 관계를 가지고 있다. 방법이 이론과 실행으로 구성되었듯이 공학 역시 과학적 지식과 그의 적용(실행)을 중심으로 하기 때문이다.

둘째, 교육공학은 첨단정보공학을 교육에 도입하여 보다 다양한 교육방법의 가능성을 열어주고 있다. 멀티미디어, 인터넷, 위성방송과 인터넷 방송 및 각종 첨단정보공학을 이용한 원격교육 및 개별화 교육은 그 좋은 예가 된다.

셋째, 교육공학의 과학적인 접근법은 수업현장 및 교육현장에서의 교육방법의 질적 개선을 위한 구체적이고 실무적인 지침을 제공해 준다. 예를 들어 수업을 설계하기 위한 학습자의 분석, 목표의 분석, 필요한 매체의 분석 등을 통한 정확한 자료의 수집과 이해는 수업방법의 개선을 위한 자료를 제공한다.

넷째, 교육공학의 체제적 접근법은 교육방법이 가지고 있는 각종 교육환경과 관련된 제반 체제적 문제의 해결을 위한 구체적이고 실무적인 지침을 제공해 준다. 교육방법에 대한 개선은 비단 학습자에 대한 분석 등 수업현장에 관련된 분석만을 통해 이루어지는 것은 아니다. 환경적인 특성, 교사와 학습자 간에 형성된 관계, 사용할 수 있는 매체, 그리고 수업방법에 영향을 주는 기타 제반 환경 등과의 복합적이며 체제적인 변인들에 대한 이해와 적응도 필요하다. 교육공학의 체제적 접근법은 이러한 문제의 해결을 위한 안목과 방법을 제공하고 있다.

학생을 대상으로 어떤 교과의 어떤 과제에 어떤 수업매체(授業媒體)를 사용할 것인가를 미리 고려해야 한다. Heinich의 수업경영 체제에 대한 새 패러다임을 세 유형으로 구분하여 살펴보면 다음과 같다.

첫째, 교실에서 사용하는 매체를 교사가 완전히 통제하는 유형은 전통적 의미의 학교수업에 해당한다.

둘째, 교사와 매체의 공동 책임 하에 수업경영을 하는 유형은 수업시간의 일부분은 교사로부터 배우고, 다른 부분은 영화나 녹음테이프 등을 통한 매체로부터 배우게 되는 경우이다.

셋째, 매체에 의해서만 수업이 이루어지는 유형은 완전히 프로그램화된 자료에 의해서 자율학습을 하는 경우이다.

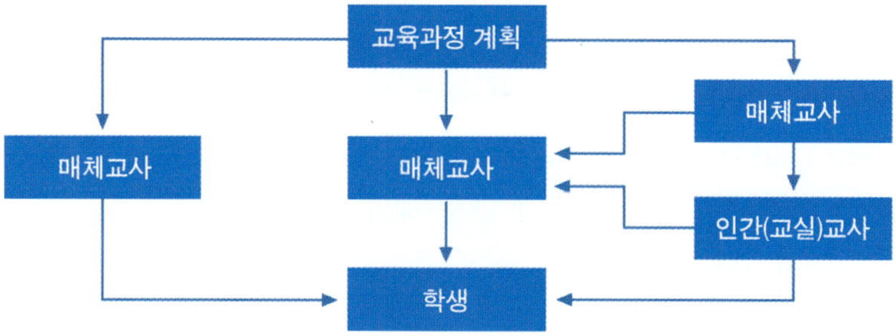

[그림 7-6] Heinich의 수업경영 체제 패러다임

CHAPTER

8 교수매체의 유형과 활용

1. 교수매체의 개념 및 기능

1) 교수매체의 개념

교수매체는 커뮤니케이션의 학문적인 대두와 함께 교사와 학습자 사이에 메시지를 전달하는 방법의 하나이다. 교수매체는 교수-학습과정에서 학습에 자극을 부여할 수 있는 사물이나 구성요소를 의미한다. 즉, 교수-학습과정에서 학업성취를 도모해 주는 인적자원 및 물적자원을 의미한다. 교수매체는 교재와 교구로 구성된다. 교재는 교육자료라고도 불리며 교수 학습을 위한 자료로서 교구의 개념과 비교하면 상대적인 개념이 된다. 예를 들면, 영화가 교수매체로 사용될 경우 필름은 교재가 되고 영사기는 교구가 된다. 교재를 광의로 사용할 때는 교구를 포함하여 모든 교육자료를 의미할 수도 있다. 즉, 시청각 교재라 할 때 시청각 교구와 구분하지 않고 시청각 교구를 모두 포함하여 사용되기도 한다.

교수매체의 개념들은 크게 협의의 개념과 광의의 개념으로 나누어 볼 수 있다.

(1) 협의의 개념

학습을 하는 데 있어서 내용을 구체화하거나 보충하여 학습자가 명확히 이해할 수 있도록 도와주기 위하여 사용되는 모든 기계나 자료를 의미한다. 그리고 시청각적 또는 언어적 정보를 전달하는 데 사용되는 시청각 기재(audiovisual equipment)나 시청각 교재(audiovisual material)를 의미한다. 한편, TV, 영사기, 라디오, VTR, 컴퓨터 등의 하드웨어와 필름, 녹음테이프, 컴퓨터 프로그램 등의 소프트웨어도 포함된다.

(2) 광의의 개념

학습에 있어서 내용을 보충하는 보조자료의 의미를 넘어서 교수-학습 과정에서 교사와 학습자 사이에 교수목표달성을 위해 사용되는 어떠한 수단도 다 교수매체가 될 수 있다는 것으로 인적자원, 학습내용, 학습환경, 시설, 시청각 기자재 등을 포함한 종합적이고 포괄적인 개념이다.

매체는 분리된 보조물이 아니라, 체제 속의 구성요소로서 매체 그 자체보다 매체를 활용하는 방법 내지 환경까지를 고려하는 것으로 정의되고 있다. 수업설계에서는 수업체제 접근의 한 단계로서 매체의 선택과 활용이 학습목표달성을 크게 좌우하는 광의의 개념으로 받아들여지고 있다. 즉 교수매체의 개념은 수업목표달성을 위해 필요한 모든 인적·물적 자원을 포함한 이들의 계획, 활용의 방법론적인 것까지를 포함한 수업자원의 의미로 정의할 수 있다. 여기서 수업자원은 학습을 촉진시키기 위해서 사용되는 모든 자원을 의미하는 것으로 학습내용, 요원, 교재 교구, 기술 및 환경시설 등을 포함하고 있다.

수업자원의 좀 더 포괄적 개념으로서는 수업자원의 구성요소인 인적·물적 자원의 인간적 교류에서부터 기자재, 공간이용 등의 물리적 교류 등을 통한 커뮤니케이션 네트워크를 마련하는 것까지를 다 포함한다고 볼 수 있다.

이상과 같은 견해를 종합해 볼 때 교수매체의 개념은 시각보조물(visual adides) → 시청각 기자재(AV materials & equipments) → 시청각 매체(AV media) → 교수매체(ins. media) → 수업자원(ins. resources)으로 발전하여 왔음을 알 수 있다.

2) 교수매체의 기능

매체의 종류에 관계없이 모든 매체가 보편적으로 갖고 있는 교육적 기능은 크게 매개적 보조기능, 정보전달기능, 경험구성기능, 교수기능 등 네 가지로 나누어 볼 수 있다.

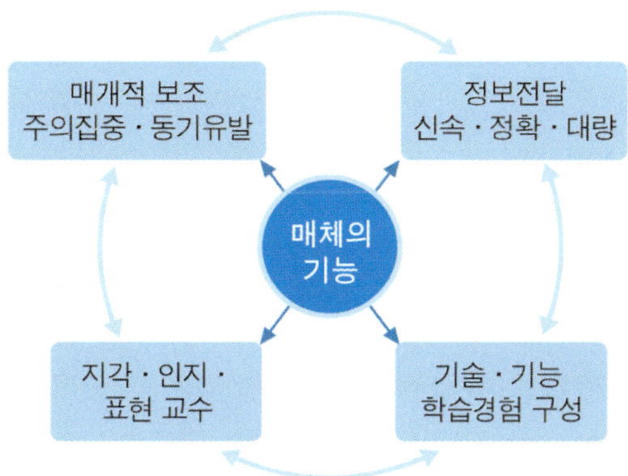

[그림 8-1] 교수매체의 기능

(1) 매개적 보조기능

수업 매체의 매개적 보조기능(mediated aid function)은 가장 보편적이면서도 잘 알려진 기능이라고 할 수 있다. 교사가 학습자를 가르칠 때 보조 수단으로 매체를 사용하는 것이 매체를 사용하지 않을 때보다 학습의 효과를 높일 수 있음이 일반적으로 증명되고 있다. 수업 매체를 사용하면 교사와 학습자가 의사소통을 보다 원활히 할 수 있고, 가르치는 데 소요되는 시간을 줄여 줄 수 있어서 수업을 좀 더 능률적으로 수행하게 된다. 어떤 일을 할 때 도구를 사용하면 그 일을 빠른 시간에 편리하게 할 수 있는 것처럼 수업에서도 수업 매체라는 도구를 사용하면 학습을 촉진시켜 줄 수 있다.

예를 들어, 망치를 사용하여 못을 박으면 손을 사용하는 것보다 훨씬 더 능률적으로 해낼 수 있다. 유사한 예로, 세계지도를 교사가 칠판에 직접 그려서 설명하기보다는 세계지도가 그려진 괘도를 이용한다면 시간적으로나 정확도면에서 훨씬 유용할 수 있다. 수업 매체의 매개적 보조기능은 매체를 사용하는 사람의 기술이나 상황에 따라 크게 좌우될 수 있기 때문에 매체의 활용 방법에 따라 학습 효과가 다르게 나타날 수 있다. 그리고 수업매체는 주의력을 끄는 특성이 있기 때문에 학습자가 즐겁게 학습할 수 있도록 도와준다. 또한 명료한 메시지, 변화 있는 영상의 전개, 각 매체마다의 특수한 효과 등의 사용은 학습자의 동기를 유발시켜 적극적인 태도를 형성시켜 준다.

(2) 정보 전달 기능

교육의 가장 기본적인 형태는 가르치는 사람과 배우는 사람이 1 : 1의 직접적인 관계에서 주로 언어 및 표정을 통하여 의사를 표현하거나 정보를 전달하고 전달받는다. 이러한 1 : 1의 기본적인 관계에서 한 사람의 교사가 동시에 많은 학습자를 대상으로 가르쳐야 하는 상황일 때에는 교사와 학습자 모두 어려움을 겪게 된다. 이러한 문제를 해결하여 교육을 보편화하는 데 크게 공헌했던 것이 인쇄매체였다.

인쇄매체는 인쇄술의 발달로 폭넓게 사용될 수 있게 되었고, 많은 정보를 담을 수 있으며 사용하기에 편리하기 때문에 현재까지도 중요한 매개수단으로 인식되고 있다. 또한 라디오, TV와 같은 대중 통신 매체(masscomm media)가 보급된 후에는 한 교사가 많은 학습자를 가르칠 수 있고 더 많은 정보를 신속하게 전달할 수 있는 가능성이 커지게 되었다. 이렇게 매체가 개발되고 보급됨으로써 교사와 학습자 간에 또는 학습자들 간에 지식이나 정보를 원활하게 전달할 수 있는 환경이 조성되었다. 지식이나 정보 전달을 위해 매체를 사용하는 이유를 두 가지로 들었다.

첫째, 매체가 시공간을 초월해서 지식이나 정보를 전달할 수 있고, 학습자가 여러 가지 감각 채널을 통해서 받아들일 수 있도록 다감각적인 정보를 전달하기 때문에 사용한다. 매체는 사물, 사상, 개념, 사고과정 등을 기록하여 보존하고, 필요에 따라 재생할 수도 있어서 시간에 제약성이 없으며, 동시에 많은 삶에 정보를 전달할 수 있는 공간적 제약도 극복될 수 있다. 교실에서 매체를 사용할 때는 매체의 효과가 해당 교실만으로 제한되지만 TV나 라디오와 같은 방송 매체를 사용하면 정보의 전파 확대성이 상당히 증가되어 많은 사람들에게 일시에 많은 양의 정보를 쉽게 전달할 수 있다. 교사들은 때때로 매체의 이러한 속보성과 대량적인 전달기능 때문에 수업 상황에서 매체를 사용하곤 한다.

둘째, 매체의 독특한 상징체계(언어, 영상, 음향, 기호 등)는 매체마다 유일하게 제시할 수 있는 영역으로 존재하여 지식이나 정보를 전달할 수 있기 때문에 사용한다. 이러한 입장은 하나의 매체는 특정 상황에서 다른 매체보다 더 적절하게 정보를 전달해 준다는 가정하에서 이루어진다.

즉, 특정한 매체는 특정 종류의 정보를 전달하는 데 적절하며, 뿐만 아니라 학습할 과제와 학습자의 독특한 유형, 그리고 학습자의 능력과 적절하게 관련시켜서 사용해야 한다는 의미가 내포되어 있다. 예를 들면, 내부적으로 결합되어 있는 엔진의 작동 방법을 가르치고자 한다면 슬로우 모션 필름을 사용할 것이다. 왜냐하면 슬로우 모션은 연속적으로 발생하는 작동들은 자세하게 보여줄 수 있기 때문이다. 여기서 필름을 사용하는 이유는 필름의 상징체계, 즉 필름의 언어가 이러한 유형의 정보를 다루는 데 매우 적합하기 때문이다.

시각매체는 특히 구체적인 정보를 제공해 줄 수 있다. 학습자가 추상적인 정보를 이해하기 위해서는 선행 사건이나 과정에 대한 이미지를 창출해 낼 수 있는 지적 처리 과정이 일어나야만 한다. 만일 이러한 이미지가 없다면, 학습자는 추상적인 정보를 이해하기가 힘들 것이다. 그러나 그 이미지를 지닌 매체를 통해서 정보를 제시한다면, 학습자는 별 어려움 없이 새로운 이미지를 형성할 수 있어 학습에 도움을 받을 수 있다.

이와 같은 처리 과정의 예를 들면, 정부의 다양한 기능 간의 관계를 공부할 때 흐름도를 사용하면 정부 기능들 간의 상관관계에 대한 공간적이고 시각적인 제시를 할 수 있어 학습을 촉진시킬 수 있다. 도시나 지방 간의 기후를 비교하여 가르칠 때 막대그래프를 사용하면 가르치고자 하는 내용을 쉽게 파악할 수 있다.

결국, 매체의 정보 전달 기능은 매체가 지닌 여러 가지 장점－시공간을 초월하고 다감각적으로 정보를 전달할 수 있는 능력 등－을 수업 상황에서 학습 내용과 학습자의 특성에 맞게 효과적으로 이용하는 것이라 하겠다.

(3) 학습 경험 구성기능

수업 매체는 단순히 매개적 보조 수단이나 정보를 전달해 주는 기능만이 아니라 매체 그 자체가 학습 경험을 구성하는 기능을 한다. 매체가 이러한 기능을 하는 사례는 기능교육을 위해 타자기, 피아노, 사진기, 혹은 기기 등을 사용하는 것을 말한다. 이때 매체는 그 자체가 학습 내용을 포함하고 있으며, 또한 기능을 획득하기 위한 대상물이 된다.

학습자는 수업 매체를 통해서 학습할 수도 있지만, 매체 자체를 학습 대상으로 삼아 기능적인 경험을 습득할 수도 있다. 즉, 매체는 학습할 내용인 동시에 경험을 구성하는 기능을 갖고 있다는 것이다.

(4) 교수 기능

교수 기능(teaching function)이란 매체를 효과적으로 구성, 활용하여 학습자의 지적 기능을 개발시키는 것이다. 이러한 교수 기능을 발휘하기 위한 매체에는 컴퓨터, 교육 TV, 교육영화, 혹은 다매체에 의한 교수 프로그램 등을 들 수 있다. 그 외에도 매체의 구성과 활용 여하에 따라서 학습자의 지적 기능을 개발시켜 줌으로써 훌륭하게 교수 기능을 발휘하는 경우도 많다. 교육의 목표가 지식의 전달만이 아니라 학습자의 지적 기능을 개발시키는 것이라 볼 때 매체의 교수 기능은 매우 중요하다.

학습자의 지적 기능(mental skill)이란 매체를 통해 입수한 정보를 학습자가 재부호(recoding)하는 것과 같은 의미로 사용할 수 있다. 즉, 제시된 정보를 학습자가 받아들여 이미 자신의 내부에 형성된 인지구조(쉐마)에 맞게 정보를 해독하고 처리함으로써 자신이 이해할 수 있는 상태로 전환하는 기술이라 하겠다.

매체가 교수 기능을 할 수 있는 것은 그 매체가 포함하고 있는 의사소통의 부호와 학습자가 정신적으로 처리하는 부호화 요소가 어느 정도 유사하기 때문이다. 만일 양자가 아무런 관련성이 없다면 매체의 사용은 아무런 의미가 없게 된다. 일반적으로 매체가 교수-학습 상황에서 교수 기능을 할 수 있는 이유는 세 가지가 있다.

첫째, 매체는 일반적으로 주의집중할 수 있도록 동기유발을 일으키게 한다. 인간이 효과적으로 의사소통할 수 있는 것은 인간이 집중하고자 하는 동기가 있고, 제시된 학습 자료로부터 이미 학습된 것을 확고하게 하며, 또한 의미 없고 보잘것없는 자극을 의미 있고 효과적인 자극(effective stimulus)으로 전환시키는 내재적 매개활동(covert mediating activities)을 할 수 있기 때문이다. 매체는 여러 가지 상징체계를 통하여 인간의 이러한 내적반응을 촉진시켜 주기 때문에 정보에 집중할 수 있도록 해 주는 기능을 한다.

둘째, 매체는 학습을 촉진시켜 주고 지적 활동을 원활하게 해 준다. 언어나 영상, 음성으로 수록된 메시지를 교수-학습 과정에 적용할 때 학습자의 연령이나 특성에 맞게 체계적으로 필요한 부분만을 선택하여 재편집하기도 하고 정보의 종류나 분량, 이해 정도 및 재생 순서 등을 문제해결학습, 탐구학습, 발견학습 등 학습방법에 따라 적절하게 구성해서 사용할 수 있다. 따라서 매체가 학습을 효과적으로 이끄는 역할을 수행할 수 있다.

셋째, 매체는 시각, 인시, 표현 능력에 영향을 미친다. Salomon & Cohen(1977)과 Rovet(1974)은 독특한 상징체계를 가지고 있는 매체가 인지구조와 자각, 표상 능력(representation ability)에 영향을 미칠 것인지에 의문을 가지고 이것을 검증하려고 시도했다. 슬로우 모션, 줌-인(zoom-in), 분할 스크린 등을 필름과 TV의 독특한 '문법적 형태(grammertical forms)'로 보고, 이러한 문법적 형태들은 모델화될 수 있으며 학습자에게 정보를 처리할 수 있도록 하는 지적 활동과 사고의 쉐마를 제공해 준다고 보았다. 즉, 카메라의 특성 중의 하나인 줌-인을 사용해서 세부적인 사실을 학습해 본 학습자와 어떠한 실험적 처리 없이 단지 식별 훈련만을 받은 학습자를 비교했을 때, 세부적인 것을 식별할 수 있는 지적 처리 능력에서 카메라의 줌-인을 통해서 학습한 학습자가 새로운 정보를 어떻게 처리하며 그리고 수업매체는 이러한 과정에서 어떻게 도움을 줄 수 있는가에 관해서 밝히려는 것이다. 결과적으로 매체는 지각, 인지, 표현 능력을 증진시켜 줄 수 있기 때문에 적절하게 시용만 한다면 훌륭하게 교수 기능을 수행할 수 있게 된다.

이상에서 수업매체의 네 가지 기능을 살펴보았다. 매체의 매개적 보조기능, 정보 전달기능, 학습 경험 구성기능, 교수기능은 실제로 자료의 종류별로 구별할 수는 없다. 동일 자료라 할지라도 그 자료 속에 구성되는 내용이나 표상 체계, 활용 기술, 혹은 학습자의 특성에 따라 특정한 기능이 발휘될 수도 있고 그렇지 않을 수도 있기 때문이다. 또한 복합적으로 여러 기능을 수행할 수도 있기 때문에 특정한 매체를 특정한 기능에서의 유일한 매체라고 단정지을 수는 없는 것이다. 물리적 잡음은 교실에서의 활용 시 매체의 기계적 상태, 좌석 배치, 소음 등으로 커뮤니케이션 효과를 왜곡시키거나 감소시킬 수 있다. 심리적인 잡음에는 메시지를 받아들이는 수신자의 사고 수준이나 지적 수준에 맞지 않는 어휘, 내용 등의 메시지도 포함된다. 잡음을 최소화시켜 주는 것은 결국 커뮤니케이션이 잘 이루어지도록 하는 것이며 학습 효과의 극대화를 의미한다. 교육공학에서는 교수-학습 과정에서 발생하는 잡음을 최소화할 수 있는 방법을 연구한다고 할 수 있다.

3) 교수매체의 선택

교수매체의 선택은 수업설계에 있어서 필수적인 요소이다. 교수매체의 도입으로 교사에 의해 계획된 수업목표가 구체화되고 수업설계가 효과를 거둘 수 있다. 교수매체의 선택기준은 다음과 같다.

- 사고나 개념을 올바르게 전달할 수 있는 것이어야 한다.
- 수업과정에 있어서 내용을 효과적으로 제시할 수 있어야 한다.
- 학습자의 연령, 지능, 경험에 맞출 수 있어야 한다.
- 시청각 교재나 교구의 정비상태가 양호해야 한다.
- 교재활용에 관한 안내서가 준비되어 있어야 한다.
- 사고력과 비판력을 함양할 수 있어야 한다.
- 교재활용에 필요한 시간, 비용, 노동력, 효과 등이 적절해야 한다.

Gerlach는 교수매체의 선택에 고려되는 다섯 가지 기준을 다음과 같이 제시하고 있다.

① 적절성 : 매체가 학습과제에 적합한가에 관한 기준

② 난이도 : 매체가 학습자의의 지적 수준에 적합한가를 고려한 기준

③ 경제성 : 매체활용에 필요한 비용과 학습효과를 비교하는 기준

④ 이용 가능성 : 매체활용이 가능한 시간을 측정하는 기준

⑤ 질적 양호도 : 학습자가 이해하기 쉽도록 매체의 내용과 질이 우수한가의 기준

2. 교수매체의 이론

1) Dale의 경험의 원추 이론

Dale은 〈경험의 원추(Cone of Experience)〉라는 저서를 통해 시각교재의 체계를 한층 더 포괄적으로 분류하고 구체적, 추상성을 기준으로 경험학습 자료를 하나의 도식으로 총괄하였다. 원추에서 위로 올라갈수록 추상성이 높아지고 아래로 내려올수록 구체성이 높아진다고 보았다.

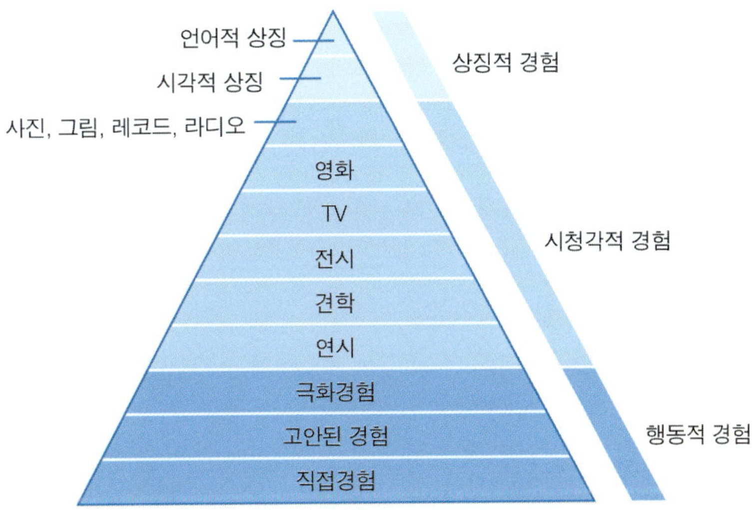

[그림 8-2] Dale의 교육 경험의 원추도

(1) 직접적이고 의도된 경험

경험원추의 제일 아래부분은 구체적이고 직접적이며 감각적인 경험으로 협동학습의 기초를 이룬다. 생활의 실제경험을 통해 의미 있는 정보와 개념을 축적한다.

(2) 고안된 경험

고안된 경험은 직접적인 공간적 한계를 극복할 수 있게 하며, 실물의 복잡성을 단순화시켜 기본적인 요소만을 제시할 수 있다.

(3) 극화된 경험

극화된 경험은 직접 접할 수 없는 사건이나 개념을 경험하도록 한다. 연극을 보거나 직접 출연함으로써 이미 사상을 경험할 수 있다.

(4) 연시(시범)

연시(시범)란 중요한 사실, 생각, 과정의 시각적 설명이다. 즉 사진, 그림, 동작을 활용하여 그 경험을 보여 주는 것이며, 연시경험은 곧 실시로 실행하는 결과를 갖게 된다.

(5) 견학

견학은 그 일이 실제 일어나는 곳이나, 있는 현장을 직접 가서 보고 경험하는 것이다.

(6) 전시

사진 전시, 그림 전시, 책의 전시 등 학습자에게 보여줌으로써 학습자는 전시된 것을 관찰하며 배운다.

(7) TV

TV는 현재 진행되고 있는 사건이나 일어나고 있는 현상을 담아서 편집하고 수록할 수 있는 동시성을 지니고 있으며, 학습자들에게 직접 경험의 감각을 제공하는 것이다. 또한 여러 가지 내용을 동시에 보여줄 수 있으며 그림이나 글씨를 삽입하여 활용할 수 있다.

(8) 영화

영화는 보고 듣는 경험을 제공하며 현실감을 느낄 수 있게 해 줄 뿐만 아니라, 중요 상황이나 인물을 확대하여 다룰 수 있다. 또한 사실이나 상황을 제작하고 극화하므로 학습자들의 흥미를 유발시킬 수 있다.

(9) 사진, 그림, 녹음, 라디오

사진, 그림, 녹음, 라디오 등의 매체들은 앞의 내용들보다 간접적이긴 하나 동기를 유발하는 데 효과적이며, 글을 모르는 학습자들에게는 적절한 매체이다.

(10) 시각 상징

시각 상징은 추상적인 표현을 다루게 되는 것으로 칠판, 지도, 도표, 차트 등을 이용해 실제 물체를 나타내기도 하고 시각적인 기호로 표현하기도 한다. 시각기호는 학습자의 경험과 분명한 연관이 있을 때 기호로서 효과적이다.

(11) 언어 상징

언어 상징은 사물이나 내용이 의미하는 것과 시각적으로 연관을 갖지 못하는 것으로, 시각기호의 의미를 이해하고 있어야 사용할 수 있는 것이다.

2) Olsen의 이론

Olsen은 학습에는 기본적인 세 가지 유형이 있는 것으로 보았다.

① 직접경험의 의한 직접학습

② 대리경험에 의한 대리학습

③ 상징경험에 의한 상징학습

Olsen은 학습유형을 경험학습이 직접적인 것인지 간접적인 것인지 또는 현실 자체인지 시청각 자료인지라는 점에서 분류하여 논리적으로 명확하며 보다 알기 쉽도록 구분하였다. 이러한 유형에서 사용하게 되는 시청각교구의 특징을 다음과 같이 설명하고 있다.

① 시청각교구는 시각과 청각에 직접 호소하는 기계적인 교육의 도구이다.

② 시청각교구의 가치는 다양하다.

- 시청각교구는 산경험을 제공한다.
- 시청각교구는 복잡한 자료를 단순하게 해서 제공한다.

- 지리적으로 먼 상황이나 사진을 인격화한다.
- 과거의 현상을 현실화한다.
- 시간을 경제화한다.

③ 시청각교구의 효과적인 이용을 위해서는 여러 가지 조건이 고려되어야 한다.

- 시청각교구는 학습지도를 위해서 보조로 이용되어야 하며 대용물이 되어서는 안 된다.
- 선택된 시청각교구는 계획한 수업목표를 정확하게 달성하기 위하여 직접적이고 효과적으로 이용될 수 있다는 확신을 가져야 한다.
- 시청각교구나 자료는 수업목표에 비추어 선택되어야 한다.
- 학습자의 흥미나 관심, 그리고 능력과 경험 등 심리적 발달단계에 적절한 교재교구를 사용해야 한다.
- 교사는 교재교구의 활용에 앞서 철저한 계획과 준비를 하여야 한다.
- 너무 많은 교구를 한꺼번에 사용하는 것은 피해야 한다.
- 시청각교구가 오락적으로 될 수 있음을 고려해야 한다.
- 복잡한 사상들을 너무 간략화하지 않도록 배려한다.

3) Kinder의 이론

Kinder는 지적 활동의 과정을 구체적 · 직접적 단계로 옮겨가는데 감각, 지각, 기억, 표상, 비교, 개념, 추리, 사고의 단계를 거쳐서 형성된다고 생각하였다. 그리고 각 단계의 활동은 하부의 활동과정을 기반으로 하고 있어, 복잡한 개념적 사고도 구체적 현실의 세계에서 완전히 이탈할 수 없다고 하였다. [그림 8-3]에서 보면 아래는 과정이 구체적이지만 위로 올라갈수록 추상적으로 되어 있어 결국 개념의 적용 과정으로 볼 수 있다.

단계	학습
5. 표현충동기	표현교재 도입 및 표현기회 확대
4. 상상기	극화활동 이용학습
3. 모방적 연령	모방물 도입학습
2. 조직적 충동기	조직활동 기회제공
1. 감각적 운동기	신체활동 기회제공

[그림 8-3] Kinder의 아동 학습과정의 5단계

Kinder의 시청각자료를 적절히 사용하였을 때의 효과를 다음과 같이 제시하고 있다.

① 개념적 사고의 기초를 제공하며, 학습자의 무의미한 언어반응을 감소시킨다.

② 시청각 자료는 흥미를 유발시킨다.

③ 발전적 학습의 기초를 제공하며 영속적인 학습을 가능케 한다.

④ 학습자의 능동적인 활동을 자극하는 현실적인 경험을 준다.

⑤ 사고의 계속성을 발전시킨다.

⑥ 의미의 습득에 도움을 주며 어휘를 발달시킨다.

⑦ 교재에서 쉽게 얻을 수 없는 경험을 제공해서 수업의 다양성과 효율성을 높인다.

이와 같은 교수매체의 효과를 활용하기 위해 Kinder는 시청각자료 이용의 원칙을 다음과 같이 열거하고 있다.

① 수업계획과 관련하여 종합적으로 이용하도록 한다.

② 치밀한 준비와 사후평가를 해야 한다.

③ 학습자는 준비를 철저히 하여 적극적인 참여를 하도록 계획한다.

④ 전시나 연시는 적극적인 입장에서 사용한다.

⑤ 교사는 학습자의 반응을 유발하도록 한다.

⑥ 오락으로 사용하지 말고 수업목표에 통합시켜야 한다.

3. 교수매체의 제작 및 종류

1) 체계적 제작과정

교수매체를 제작하는 과정은 매체의 종류, 교과내용, 적용대상, 자료의 규모 등에 따라 각기 다를 것이다. 그러나 어떤 매체든 효과적으로 제작하기 위해서는 체계적인 제작과정이 요구된다.

체계적인 제작과정 모형을 중심으로 제작의 기본방향을 제시하고자 한다([그림 8-4]). 각 단계에 대한 설명은 고려되어야 할 요건들이 무엇인가를 질문해 보는 것부터 시작될 수 있다.

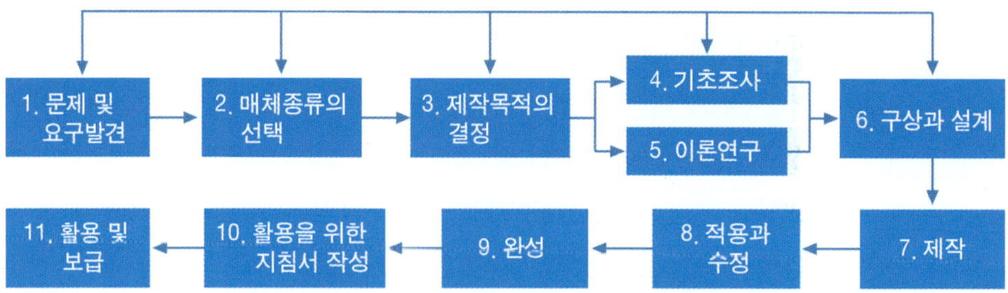

[그림 8-4] 교수매체의 체계적 제작과정

(1) 문제 및 요구의 발견

현실적으로 직면한 문제나 요구를 충족시키기 위해 어떠한 요건들이 매체제작에 반영되어야 하는가? 교수매체에 관련된 문제를 찾아내기 위해서는 학습자 특성 분석, 학습목표 진술 및 학습상황 분석이 이루어져야 한다.

(2) 매체종류의 선택

교수매체는 학습자에게 시각, 청각, 시청각, 촉각 등의 다양한 자극 형태로 제시되거나 환기시키고, 평가하고, 사고를 이끌고, 전이를 유도하는 등의 기능을 한다. 또 개인, 소집단, 대집단의 집단구성에 따라서도 매체의 종류가 결정된다. 제작자의 입장에서는 제작에 필요한 기술, 예산, 시간, 인원 등에 대한 측면도 고려해야 한다.

(3) 제작목적의 결정

매체제작의 직접적인 목적은 무엇이며, 그 목적에 부합된 자료를 설계할 때 고려해야 한다. 매체제작의 목적은 교수-학습과정에 직접적으로 효과를 줄 수 있는 구체적인 기능들로 결정되어야 한다. 교과내용과 연결지어 매체를 학습자의 요구와 발달수준에 어떻게 부합시킬 것인지, 또한 시각, 청각, 촉각 등의 감각통로 중 어느 부분을 강조하여 교재화할 것인지 등을 제작목적에 밝혀야 한다.

제작할 매체의 종류, 제작의 필요성 및 목적, 제작할 매체의 특성이나 기능의 개발 등을 분명히 밝혀야 한다. 매체제작의 목적이 분명할수록 제작절차도 분명해지며 제작된 매체의 평가기준도 명확해진다. 제작목적을 결정하기 위해서는 학습자의 학습활동, 교사의 교수활동, 매체의 기록・보관에 관련된 관리 활동, 그리고 교실 공간들에 대한 환경개선 등이 고려되어야 한다.

(4) 기초 조사

매체제작 목적이 결정되면 다음 단계는 제작에 관련된 정보를 수집하는 기초 조사가 진행된다. 기초 조사에는 다음과 같은 작업이 포함된다.

첫째, 이미 만들어진 기존 매체가 있는지 조사하여야 한다.

둘째, 매체제작에 관련된 참고문헌을 찾거나 필요한 재료 등을 탐색하여 소재와 내용을 검토한다. 또한 제작에 필요한 값이 싸고 견고하며, 안정성이 있으며 온도의 변화에도 강한 재료선택에 대한 조사도 한다.

마지막으로 매체제작에 필요한 자문을 얻을 수 있는 기관이나 사람을 미리 조사해 놓아야 한다.

(5) 이론 연구

이론 연구에서는 논리적 사고의 전개를 통해 제작하고자 하는 매체의 구성방향을 제시해 주고 수록할 내용, 즉 개념요소가 무엇인가를 알려주어 이를 교수-학습과정에 일치시켜 나갈 수 있도록 해 준다. 나아가서는 제작하고자 하는 매체가 얻을 수 있는 학습 성과도 추정할 수 있게 해 준다. 교수-학습과정에서 마련될 수 있는 수업전략을 매체 전략으로 바꾸어 구체적인 제작구성 단계로 넘어가기 위해서도 이론 연구가 필요하다.

(6) 구상과 설계

기초자료와 이론 연구 단계를 거치고 나면 다음은 이 결과를 토대로 매체를 구상·설계하고 동시에 제작 추진계획을 수립한다. 구상과 설계 단계는 처음의 문제와 요구발견에서부터 시작하여 매체 종류의 선택, 제작목적 확인, 기초조사 및 이론 연구 등과 밀접한 관련이 있으며 이를 토대로 이루어져야 한다.

구상과 설계의 첫 번째 단계는 아이디어의 발상에서부터 시작된다. 교수안이나 매체에 대한 아이디어를 구체화하여 학습활동과 연결지어야 하며, 보다 세분화된 목표진술과 함께 학습대상자를 고려하여 설계가 이루어져야 한다. 이를 도식화하면 [그림 8-5]와 같다.

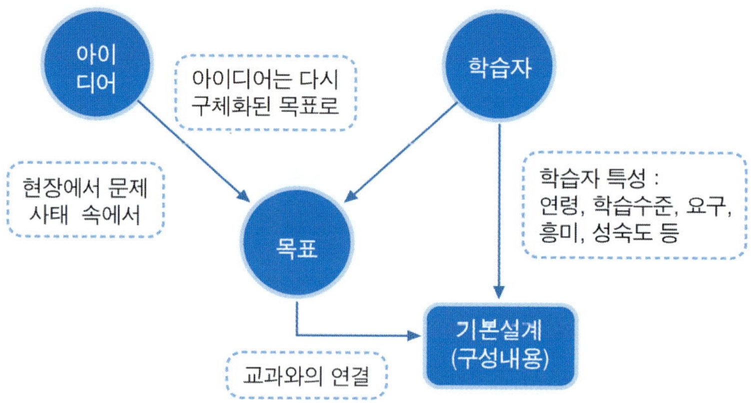

[그림 8-5] 구상과 설계

(7) 제작

매체제작의 설계와 계획서가 작성되면 이에 따라 실제로 제작해 가는 단계이다. 제작에 있어 유의할 점은 설계와 계획서에 따라 최대한으로 충실히 제작하는 일이다.

(8) 적용과 수정

제작된 매체를 현장에 직접 활용하고 토의와 공개수업을 통하여 동료교사 및 전문가의 의견을 듣고, 지적된 점을 수정한다. 중요한 것은 본래의 제작목적에 충실하도록 해야 한다는 것이다.

(9) 지침서 작성

매체가 완성되면 매체의 작품소개와 활용을 위한 지침서를 함께 작성해야 한다. 지침서에는 매체제작일, 제작사 등을 명시하고, 매체의 특성과 활용방법, 사용할 때 주의할 점 등을 자세히 밝혀야 한다. 특히 교수-학습과정에 어떻게 활용될 수 있는지 구체적인 실례를 그림과 함께 제시하며, 보관에 유의하여야 할 사항을 명시한다. 지침서를 작성한 후에 보급·활용하도록 한다.

2) 교수매체의 종류

(1) 칠판

① 칠판의 의미

칠판은 어느 교과목에 있어서나 학습자의 이해를 돕고 전달 목적을 효율적으로 이룰 수 있는 도구이며, 여러 가지 시각적 자료를 간단히 제시해 주는 매체로서 수업활동에서 가장 많이 이용되는 것이다. 칠판은 다양한 기능과 특징을 가지고 있으며, 수업에 이용한 오랜 역사를 가지고 있다. 그러나 중요한 것은 칠판의 특징과 기능을 바로 알고 적절히 활용하는 것이 중요하다. 칠판의 특징과 기능을 정리하면 다음과 같다.

㉮ 중요한 사실이나 원리, 과정, 방법, 정의 등을 제시하여 학습자들의 이해를 돕는다.

㉯ 다이어그램, 그래프, 지도, 그림 등 여러 종류의 시각적 상징의 교재를 여러 방면으로 사용할 수 있다.

㉰ 학습의 계획, 방향 및 문제의 제시, 학습문제의 구체화 등에 유용하다.

㉱ 시범이나 시연에 이용될 수 있고, 학습자들이 그들의 과제나 연구발표를 하는 데 유용하다.

㉮ 집단교육을 용이하게 해 주며, 타 교구에 비해서 적은 훈련이나 연습으로 효과적인 사용을 할 수 있다.
㉯ 다른 교재물의 보조가 될 수 있다.
㉰ 분필의 활용 기술에 따라 학습자들의 주의집중을 효과적으로 유도할 수 있다.
㉱ 비용이 적게 들며 손쉽게 편리하게 장시간 사용할 수 있다.

② 칠판의 구비조건

㉮ 칠판의 색과 글씨가 뚜렷이 대조를 이루어야 한다.
㉯ 칠판 표면은 반사되지 않아야 한다.
㉰ 글씨가 깨끗이 지워져서 얼룩이 남지 않아야 한다.
㉱ 칠판의 색깔은 교실 내부의 전체적인 색조와 조화를 이루어야 한다.
㉲ 칠판은 학습자들의 손이 쉽게 닿을 수 있어야 한다.

③ 칠판의 장점

㉮ 거의 모든 교실에서 쉽게 이용할 수 있다.
㉯ 다른 교구에 비해 쉽게 사용할 수 있다.
㉰ 교사와 학습자에 의해 광범위하게 사용될 수 있다.
㉱ 설치비용이 경제적이다.
㉲ 중요한 요점을 강의하고 요약하는 데 적당하다.

④ 칠판의 단점

㉮ 많은 양의 자료를 취급할 수 없다.
㉯ 세부적이고 복잡한 그림을 그리기 어렵다.
㉰ 영구적 기록이 어렵고 같은 내용을 다시 제시하기 힘들다.
㉱ 분필가루로 인해 건강을 해칠 수 있다.

⑤ 칠판 사용 시의 유의사항

㉮ 칠판은 깨끗이 관리하여 글씨를 선명히 쓸 수 있게 한다.
㉯ 칠판에는 풀이나 압정을 사용하지 않도록 한다.

㉰ 칠판을 닦을 때에는 위로부터 아래 쪽을 향해서 지우도록 한다.

㉱ 색분필을 너무 많이 사용하지 않도록 한다.

㉲ 판서는 요점만을 써서 강한 인상을 주도록 하고, 한꺼번에 너무 많은 양을 쓰지 않도록 한다.

㉳ 판서는 수업지도안과 마찬가지로 미리 계획을 세워 조직적인 판서가 되도록 한다.

㉴ 칠판의 위치는 창으로 들어오는 광선의 반사를 피하도록 한다.

(2) 괘도

① 괘도의 의미와 특성

괘도는 칠판과 같이 교실에 학습보조 자료로서 가장 오래되고 흔히 사용되어 온 것이다. 괘도는 종이칠판, 융판 등의 장점을 아울러 가지고 있다. 괘도는 수업을 용이하게 하기 위하여 연속적인 제시로 이야기나 학습을 발전시키는 데 활용한다.

괘도는 사진, 그림, 도표 중의 어느 것인가를 단독적으로 제시하는 방법에만 그치지 않고, 이들을 효과적으로 편성하여 시각적 서술을 전개할 수 있는 것으로 교사와 학습자가 자각도 용이하다. 따라서 각 교과의 영역에 걸쳐서 유효하게 이용할 수 있는 교재이다.

② 괘도의 분류

㉮ 형식상의 분류

- 책자형으로 되어 있는 괘도
- 분해, 전시가 가능한 괘도
- 실물, 표본과 병용하는 괘도
- 대형 장부형식의 괘도

㉯ 내용상 분류

- 교과서에 준거된 괘도
- 단원과 평행하는 괘도
- 각 교과, 각 영역에 따른 괘도

㉰ 기능상의 분류

- 교수자료로 사용하는 괘도
- 감상용으로 사용하는 괘도
- 수업전개의 도입 및 판서 대용의 종합으로 사용되는 괘도
- 모형이나 교구의 대용으로 사용되는 괘도

③ 괘도의 장점

㉮ 가볍고 작게 접을 수 있어서 이동하기 쉬우며, 거의 모든 장소에 설치할 수 있다.

㉯ 활용하기 쉽고 다루기 쉽다.

㉰ 교사와 학습자가 다양하게 활용할 수 있다.

㉱ 몇몇 개인이나 소집단에서 동시에 괘도에 있는 자료를 분리하여 사용할 수 있다.

㉲ 제작이나 구입비용이 적게 든다.

④ 괘도의 단점

㉮ 많은 자료를 취급할 수 없다.

㉯ 정밀하고 복잡한 그림을 그리기가 어렵고, 많은 시간이 소요된다.

㉰ 괘도의 크기가 한정되어 있기 때문에 대집단 제시에는 어렵다.

⑤ 괘도의 사용방법

㉮ 매직펜과 유성펜을 사용하여 색상조절의 효과와 글씨 두께의 차이를 높여야 한다.

㉯ 글자와 그림은 충분한 크기로 한다.

㉰ 긴 설명이나 복잡한 그림은 미리 준비한다.

㉱ 학습자들의 시야를 가리는 것이 없도록 고려한다.

㉲ 자주 활용되는 자료는 잘 보관해서 다시 사용하도록 한다.

(3) 실물

① 실물의 의미와 가치

실물은 실제의 물건이므로 수업에 이용하면 학습자의 흥미를 높여주고 수업내용에

대해 구체적이고 정확한 인상을 주어 오랫동안 기억할 수 있게 해 준다. 실물에는 순수한 자연물과 인공이 가해진 인공물로 구별할 수 있으며 모두 수업에 적절히 사용할 수 있다.

실물이 가지고 있는 가치는 실물이라는 특성 때문에 연령이나 배경이 다른 학습자에게 이해를 쉽게 하고, 정확한 지식을 주므로 광범위하게 사용할 수 있으며, 감각을 통하여 직접 경험을 할 수 있으므로 학습자의 주의와 흥미를 끌어 학습을 보다 의미 있고 생생하게 해 준다.

② 실물의 장점

㉮ 사물을 자연의 상태로 관찰할 수 있다.

㉯ 직접적이고 구체적이며 입체적인 관찰을 한다.

㉰ 형태, 색체, 냄새, 음색, 맛, 단단한 정도를 직접 경험할 수 있다.

㉱ 자연물의 내용을 실생활과 결부시킬 수 있다.

㉲ 수업상황을 종합적으로 체험할 수 있어 실제 사회생활에 기여할 수 있다.

㉳ 모든 학습자에게 광범위하게 사용할 수 있다.

③ 실물의 단점

㉮ 시간과 시기적인 제약이 있다.

㉯ 이동상의 제한성과 실물 크기에 한정이 있다.

④ 실물 사용의 유의시항

㉮ 실물을 선택하는 데 주의하여야 한다.

㉯ 학습자가 직접 다루고 관찰하며, 교사는 보충설명을 한다.

㉯ 학습 현장 또는 지역사회에서 구입 또는 수집한 것으로 한다.

㉱ 다른 자료와 병행해서 사용한다.

㉲ 관찰하고 조사한 학습내용을 종합 검토하도록 한다.

(4) 슬라이드와 환등기

슬라이드(slides)는 사진이 촬영된 35mm 필름이나 투명 필름에 그림을 그려 놓은 것을 한 프레임(frame)씩 끊어서 영사할 수 있도록 만든 것으로, TP 자료와 함께 교육현장에서 뿐만 아니라 다양한 분야에서 폭넓게 사용하고 있는 투시 가능한 정적 매체이다.

① 슬라이드의 특성

슬라이드는 다음과 같은 특성이 있다.

㉮ **제작과 사용이 쉽다** : 슬라이드는 일반용 카메라로 쉽게 제작할 수 있고 프로젝트의 조작이 간단하여, 교사 스스로 작동하면서 보여줄 수 있다. 또한 슬라이드용 필름의 가격이 비교적 저렴하기 때문에 「저작권법」에 저촉되지 않는 한 다량 복사하여 공급할 수 있다.

㉯ **시·공간을 초월할 수 있다** : 현미경 촬영이나 망원렌즈 촬영을 통하여 육안으로는 볼 수 없는 장면이나 사실을 슬라이드로 관찰할 수 있다.

㉰ **연속적인 내용의 학습에 효과적이다** : 정적인 화면이긴 하지만 연속적으로 일어나는 과정을 차례로 찍어 제시함으로써 학습내용의 연결성을 줄 수 있다.

㉱ **제시 순서를 조정할 수 있다** : 각각의 독립된 프레임으로 되어 있어 필요에 따라 순서를 바꾸거나 첨가하는 등 재배열하여 보여줄 수 있다.

㉲ **속도조절이 가능하다** : 학습자가 화면의 의미를 이해할 때까지 원하는 시간만큼 충분히 제시해 줄 수 있으며, 교사가 임의로 속도를 조절할 수 있기 때문에 장면을 빠르게 진행시킬 수도 있고 앞장면으로 다시 되돌아가서 설명할 수도 있다.

㉳ **그룹 또는 개별학습에 다 같이 활용할 수 있다** : 학습목표에 따라 그룹으로 활용하기도 하고, 화면과 카세트테이프 녹음기가 부착된 슬라이드 환등기(audioviewer)를 이용하면 학습자의 학습진도에 맞추어 영사속도를 조정할 수 있어 개별학습이 가능하다.

㉴ **다른 매체와 함께 사용할 수 있다** : 녹음자료, 영화필름, 또는 여러 개의 슬라이드 등과 복합적으로 사용할 수 있다. 특히 여러 대의 슬라이드 프로젝트를 컴퓨터로

프로그램하여 제시함으로써 정적인 화면에서 동적인 움직임을 연상하게 하는 영사방법이 가능하다.

㉵ 사진보다 생동감과 심미감을 줄 수 있다.

㉶ 보관이 쉽다 : 내용별로 슬라이드 보관상자에 분류하여 놓거나, 또는 슬라이드 보관용 비닐색에 보관한다. 트레이(tray)에 넣어 보관할 경우에는 필요할 때 트레이 채 프로젝트에 끼워서 간편하게 사용할 수 있다.

이와 같은 장점이 있는 반면에, 슬라이드는 영화처럼 동적인 내용에 활용될 수 없다는 제한점이 있으며 차례가 고정되어 있지 않아서 순서가 바뀌거나 분실의 우려가 있다. 또한 개별용 슬라이드 환등기를 제외하고는 암막장치가 필요하다.

② 슬라이드의 제작

기획 → 콘티(스토리보드) 작성 → 촬영 및 현상 → 마운팅 → 편집 → 녹음

㉮ 기획

기획단계에서는 목적과 주제를 결정하고 어떤한 내용을 다룰 것인지를 결정한다. 이 단계에서는 원하는 자료가 현재 시판되고 있는지를 알아보고, 시판된 것을 그대로 사용하거나 수정하여 사용할 수 있는지를 검토하여 꼭 필요하다고 판단될 때 제작에 착수한다.

일단 주제가 결정되면 구체적인 학습목표를 세워야 한다. 학습목표가 정해지고 학습대상이 결정되면 제작에 관한 전반적인 내용을 각 분야별로 구분한다(Eastman Kodak, 1981). 내용은 어느 정도의 깊이와 넓이로 다루어야 할지, 학습자의 수준은 어느 정도인지를 고려해야 한다. 슬라이드의 질은 기획단계에서 거의 결정되므로 누가 사진촬영을 담당할 것인지, 스크립트를 어떻게 작성할 것이며, 예산과 자료제시는 누가 맡아서 해나갈 것인지 등등의 제작에 필요한 여러 가지 사항들은 세심히 고려해야 한다.

㉯ 콘티(스토리보드) 작성

학습자의 특성(언어능력, 지적수준 등)을 고려해서 내용의 중요 비중 정도를 분석해 놓으면 촬영이나 녹음작업을 비교적 수월하게 진행시킬 수 있다.

첫째, 화면구성을 제시하고

둘째, 화면구성 방법에 대한 설명과, 촬영상의 유의점 등을 밝히고

셋째, 해설은 중복없이 이해하기 쉬운 명료한 문장으로 기록하고

넷째, 녹음과 음향효과 등의 지시를 기입한다.

이상의 네 가지 요소를 한 장의 콘티에 작성하고 빠진 내용이 없는지 순서가 제대로 되었는지를 검토한다.

콘티 작성 용지는 일정한 규격이나 양식은 없지만 대개 4×6인치, 혹은 8×10인치의 두꺼운 독서카드 용지에 장면 번호, 장면의 간단한 스케치, 내용설명, 촬영기법 및 카메라 앵글 등을 써서 나열해 놓고 구체적인 계획이 세워질 때까지 재배열, 첨가, 제거 등의 편집작업을 한다. 내용이 길고 복잡할 경우에는 스크립트를 작성할 때 스크립트의 양식은 대개 8×10인치 정도의 종이에 4~5장면씩 세로로 작성하면 된다.

스크립트는 보통 좌우의 두 부분으로 나누어서 왼쪽에 화면설명을, 오른쪽에 해설(narration)과 배경음악 및 음향효과를 쓴다. 화면의 왼쪽 위에는 장면 번호가 들어가며, 아래에는 촬영할 장면의 스케치나 그래픽으로 나타낼 타이틀과 자막이 들어간다.

㉰ 촬영 및 현상

슬라이드를 촬영하는 방법에는 자연광선 아래서 직접 찍는 야외촬영, 인공조명을 이용해서 찍는 실내촬영, 복사대를 이용하는 복사촬영 등 기본적으로 세 가지가 있다. 촬영할 때 콘티에 적혀 있는 번호 순서대로 찍기보다는 한 장소에서 찍을 수 있는 것은 모아서 한꺼번에 촬영을 한다. 사진촬영이 끝난 장면은 각 장면의 번호, 촬영 횟수, 셔터스피드, 조리개, 장소 등을 기록하여 로그 시트(log sheet)를 작성해 두면 노출이 적당하지 않거나 다시 촬영을 할 경우 좋은 참고자료가 될 수 있다.

촬영한 필름들은 필름 현상소에 맡기면 마운트까지 되어 나온다. 그러나 흑백 필름이나 컬러 리버설(reversal)필름의 경우 현상약품을 구입하여 직접 현상할 수 있다. 현상방법은 일반 필름과 기본원리가 같으나(사진자료 참고), 사용되는 필름의 종류와 용도에 따라 현상과정이 조금씩 다르다.

㉣ 마운팅

슬라이드 필름을 현상소에 맡기지 않고 직접 현상했을 경우 마운팅을 해야 하는데 마운팅의 재료로는 일반적으로 카드보드와 플라스틱이 있다. 현상된 필름의 각 프레임을 따로따로 자른 후 마운트를 벌려 필름을 적당한 위치에 고정시킨 뒤, 플라스틱 마운팅인 경우에는 열려 있는 한 쪽을 마운트 프레서(mount presser)로 눌러준다. 슬라이드를 바로 보이도록 놓고, 왼쪽아래 구석을 펀치로 뚫어 주거나 색연필로 표시를 해 놓는다. 이것은 슬라이드를 트레일러에 끼울 때, 엄지손가락으로 잡게 되는 부분(thumb spot)이 된다.

㉤ 편집

마운트한 슬라이드를 조명상자 위에 놓고 검토해 본다. 노출과 구도가 좋은 슬라이드를 대본 순서대로 나열한다. 상이 들어가게 되는 부분에 필요없는 가장자리가 찍혀져 나왔으면 빛을 통과시키지 않는 검은색 테이프를 반듯이 잘라 붙여서 수정해 준다. 장면을 삭제하거나 첨가할 경우에는 일관성이 있어야 하고 슬라이드 장면에 맞게끔 콘티를 다시 써야 한다.

㉥ 녹음

슬라이드가 편집된 후에는 녹음과정이 필요하다. 녹음이 없이 교사가 직접 설명해 줄 수도 있지만 배경음악과 효과음을 넣어 활용하면 슬라이드의 효과성을 높일 수 있다. 녹음을 할 때는 슬라이드 화면을 바꾸기 위해 실로폰, 벨, 또는 기타 다른 음으로 제시하여 줄 수도 있고, 우리 귀에는 들리지 않는 신호를 테이프에 기계적으로 녹음함으로써 자동적으로 슬라이드의 화면이 바뀌게 할 수도 있다. 슬라이드 한 장면에 대한 해설은 5~10초가 좋으며 20초 이상이 되면 지루하여 효과가 떨어질 수 있다.

③ 슬라이드의 활용

슬라이드를 실제 교육현장에서 활용할 때는 제시 전에 슬라이드를 검토해야 하며 제시방법, 제시 후의 활동 등에 대해서도 고려해야 한다.

㉮ 슬라이드 제시 전의 사전 준비

슬라이드를 제시하기 전에 교사는 슬라이드 자료가 학습자의 생각이나 행동에 어떠한 변화를 가져올 것인가를 먼저 생각해야 한다. 즉 어떤 목표를 달성하기 위하여 슬라이드를 제시할 것인가를 분명히 해야 하며, 학습내용에 알맞고, 이해 수준을 고려해서 적당한 양을 선택하여야 한다. 제작 혹은 선정된 슬라이드를 교사는 사전에 시사하여 학습내용과의 관련성을 분석하고 검토하여야 한다. 영사순서, 학생들에게 강조해야 할 점에 대하여 미리 준비해야 하며, 학습과정의 도입 · 전개 · 정리 단계 중 어느 부분에서 슬라이드를 이용할 것인가를 결정하여 학습지도계획을 세운다. 학습지도계획을 세울 때 유의해야 할 점은 다음과 같다.

첫째, 슬라이드도 다른 교재와 마찬가지로 처음부터 학습지도계획에 포함되어야 할 것이며, 아무런 계획도 없었던 것을 즉흥적으로 삽입해서는 안 된다.

둘째, 슬라이드에 대한 학습지도 계획이 학습효과를 높일 수 있도록 짜여져 있는가를 검토해야 할 필요가 있다.

셋째, 먼저 사용한 교사의 평가표를 참고로 슬라이드의 효과에 대해 알아보고 다른 학습자료와 어떻게 관련시키는 것이 적당한가를 검토해 보아야 한다.

㉯ 슬라이드 제시

슬라이드 제시 방법에는

㉠ 교사가 학습자들에게 슬라이드를 보여 주면서 직접 설명하는 방법

㉡ 슬라이드만 보여주고 나중에 그 내용에 대해 이야기를 꾸며 보게 하거나, 교사가 전체적인 내용을 설명하는 방법

㉢ 녹음설명을 동시에 틀어 주는 방법 등이 있다.

교사는 학습자들이 제시된 영상을 어떻게 받아들여서 어떻게 이해해야 하며, 발전시켜 나가는 가에 관심을 갖고서 다음에 유의하여야 한다.

㉠ 화면은 가능한 한 크고 선명해야 하고, 음성은 명확하고 너무 크거나 작지 않아야 한다.

㉡ 시각적 영상에서 올 수 있는 착각이나 실제 크기와의 비교, 색채, 원근에 대하여 보충설명을 해야 한다.

㉢ 해설이나 설명을 할 때는 지적봉을 이용해서 화면을 지적하면서 자연스럽게 한다.

㉣ 내용이나 제시방법에 따라서 학생들에게 발표, 토론, 비판활동의 기회를 주고 때로는 해설이나 진행을 담당시키도록 한다.

㉤ 각 장면은 충분한 시간 동안 제시해서 학습자들이 내용을 충분히 파악할 수 있도록 한다.

㉥ 경우에 따라서는 내용과 관련된 다른 자료를 제시하는 복합적 제시방법도 효과적이다.

㉦ 영사 도중 필기할 필요가 있을 때는 화면을 보는 데 지장을 주지 않을 정도의 조명을 해 준다.

㉧ 슬라이드 제시 후에는 슬라이드를 통해 학습한 내용을 종합화 또는 단순화시켜서 정리하여 주며 이해하지 못한 부분은 그 자료를 다시 사용하여 재확인시킨다.

슬라이드 프로젝트를 두 대 이상 혹은 다른 영상매체 – 비디오테이프, TP, 필름 스트립트를 복합하여 복합영상을 만들 수 있다. 복합영상의 제시를 위해서는 복수 스크린 이외에도, 여러 대의 슬라이드 프로젝트, 프로젝트 조작 프로그래머, 화면 순환을 조절하는 디졸브유니트 등이 필요하다. 최근에는 전시용 혹은 상업용으로 수십 대의 슬라이드 프로젝트를 이용해 수십 개의 영상이 동시에 상영되면서 특수한 영상효과를 나타낼 수 있는 복합 영상시스템이 있는데, 비용이 많이 들고 제작에 전문적인 기술이 요구된다. 복합영상 시스템의 가장 중요한 특징은 화면을 다양하게 구성할 수 있기 때문에 학습자에게 흥미를 주고, 학습내용을 보충 혹은 보완하여 풍부히 해 주는 데 있다.

녹음 ↔ 슬라이드의 간단한 복합매체 시스템에서부터 영화필름 ↔ 슬라이드, 비디오테이프 ↔ 컴퓨터를 복합한 상호작용 비디오 시스템까지 교육현장에서의 복합매체 활용에 대한 관심과 기대는 커지고 있다. 교육현장에서 효율적으로 사용할 수 있는 간단한 복합영상으로는 슬라이드 프로젝트를 두 대 혹은 세 대를 사용하여 좌우 두 개의 화면, 혹은 좌우중간의 세 개의 화면을 만드는 것이다. 복합영상 제시를 위한 스크립트는 단일화면 스크립트 작성과 동일하지만 화면의 변화, 연결 등을 고려하여 작성해야 하므로 조금 복잡하다.

㉰ 복합영상 화면 구성 기법

㉠ 비교(comparison)와 대조(contrast)를 한다 : 유사점과 공통점, 차이점을 제시하여 쉽게 구분할 수 있게 한다.

㉡ 여러 각도(multiple perspective)에서 관찰한다 : 사물의 다양한 측면을 보여줄 수 있어 개념의 이해를 돕는다.

㉢ 연속성(sequence)을 나타낸다 : 연속적으로 일어나는 사건을 차례대로 보여주어 사건이나 사물의 흐름을 이해하기 쉽게 한다.

㉣ 강조(emphasis)를 한다 : 같은 장면을 크게 혹은 클로즈업 해서 보여줌으로써 중요부분을 강조한다.

㉤ 움직임(motion effect)을 묘사할 수 있다 : 빠른 속도로 화면을 움직여 주어 정지된 화면에서 동적인 영상을 느낄 수 있다.

㉥ 파노라마(panorama)가 가능하다 : 하나의 장면이 여러 화면에 연결되어 나열함으로써 특수 효과를 얻을 수 있다.

㉦ 과정(process)을 보여준다 : 시작부터 완성까지의 과정을 차례로 보여줄 수 있다.

(5) 투시자료와 투시물 환등기

① 투시자료의 특성

투시영사는 투시물(TP : transparencies) 교재를 환등기인 OHP(overhead projector)에 의해 확대 제시하는 것을 말한다. OHP용 TP 교재는 아세테이트, 셀로판, 플라스틱 등 투명체 위에 TP용 펜으로 원하는 내용을 기재하거나 TP 전용 복사기를 이용해서 제작한다. 투시물 환등기를 OHP라 부르는 이유는 TP 교재나 OHP의 반사경 및 렌즈에 의해 교사의 머리 위로 영사되기 때문에 붙여진 이름이다. 투시물 영사를 이용한 수업에서는 OHP를 교실 전면에 교사가 학습자들과 대면하여 수업을 진행한다.

투시자료(TP)의 특징은 다음과 같다.

㉮ 투시자료는 여러 가지 방법으로 비교적 쉽게 제작할 수 있다.

㉯ 제작방법에 따라 다양한 표현으로 할 수 있다.

㉰ 제시방법을 다양하게 할 수 있다.

㉱ 수업목표에 맞게 교사가 창의적으로 제작할 수 있다.

㉲ 색채효과를 쉽게 할 수 있다.

㉳ 반복하여 사용할 수 있다.

㉴ 판서에 따른 시간을 절약할 수 있다.

㉵ 학습자와 마주보고 수업을 할 수 있다.

㉶ 학습자의 사고과정이나 이해 정도에 적절하게 내용을 제시할 수 있다.

㉷ 기계조작이 간편하여 사용하기에 편리하다.

㉸ 자료 활용과 관리가 편리하다.

② OHP의 특성

㉮ 칠판 대용으로 사용할 수 있어 시간을 절약할 수 있다.

㉯ 일반 교실에서도 선명하게 확대된 영상을 볼 수 있다.

㉰ 학습자들의 주의를 집중시켜 밀도 높은 수업을 할 수 있다.

㉱ 각종 자료나 교재제시를 다채롭게 해줄 수 있다.

㉲ 가까운 거리에서도 확대율을 적절히 조절할 수 있다.

㉳ 여러 겹의 그림판을 이용해 내용을 간단하게 조직적으로 설명할 수 있다.

③ OHP의 활용방법

㉮ **판서적 방법** : 판서 대신 활용하는 방법으로 TP에 필요한 내용을 미리 기록하였다가 제시하는 것이다.

㉯ **합성분석법** : TP 교재를 두 장 이상을 겹쳐 맞추어 사용하는 합성투영법과 한 장씩 제거하면서 사용하는 분해투영법 등을 학습자들의 사고나 지도내용의 전개에 따라 단순화, 복잡화할 수 있는 것이 특징이다.

㉰ **지시법** : TP의 어느 부분을 강조하거나 주목시키기 위해 지시봉으로 TP 자료를

지시하면서 설명하는 방법이다.

㉣ **이동법** : 이동법은 평행이동, 회전이동, 대칭이동으로 분류할 수 있는데, TP 자료를 어떻게 이동시키는가에 따라 내용 전개의 변화가 다르게 나타난다.

㉤ **유동표시법** : TP와 TP를 함께 이용하면 혈액순환 등과 같은 유동적인 운동을 나타낼 수 있다.

㉥ **부분, 전체제시법** : 수업목표에 따라 내용을 부분만 보이거나 필요에 따라 전체를 보여서 설명하는 방법이다.

㉦ **모형작동법** : 색깔을 사용하여 실제로 움직이는 모형을 만들고 이를 작동시켜 구조적으로 표현하는 방법이다.

㉧ **순간투영법** : 순간적으로 보이거나 가리는 방법으로 단어, 단문, 수 등을 인지시키고자 할 때 이용하는 방법이다.

④ OHP의 조작원리

㉠ 환등기 렌즈가 벽이나 칠판을 향하도록 설치한다.

㉡ 반사경을 조절해서 광선을 스크린에 맞춘다.

㉢ 스위치를 켠다.

㉣ 투시판 위에 TP를 놓는다.

㉤ 렌즈를 조절하여 초점을 맞춘다.

㉥ 글을 쓰면서 설명하는 경우에는 손으로 가리지 않도록 조심한다.

㉦ 여러 장의 TP를 중첩하여 사용할 수 있다.

(6) 사진과 그림

① 사진과 그림의 특성

사진과 그림은 언어보다 실제적이고 구체적인 인상을 주는 것으로 언어를 능가하고 문화적인 장벽을 극복할 수 있는 통신매체로서 세계의 공통어 구실을 한다. 사진과 그림은 시청각교재 중에서 비교적 손쉽게 구하여 이용할 수 있는 시각교재로 제작하기 쉽고 경비도 적게 든다. 특히 삽화, 판화나 신문, 잡지 등에 나타난 사진과 그림은 중요한 역할을 하고 있으며, 사상이나 지각전달의 매체가 된다. 그리고 이러한 자료는 화보, 잡지, 신문 등에서 손쉽게 구할 수 있다.

사진과 그림을 올바로 이해하고 그 뜻을 알도록 하기 위해서는 기본적인 능력을 갖추어야 하는데 사진이나 그림에 나타난 중심되는 물체를 알아보고, 무엇인지를 알아야 하며 눈에는 잘 띄지 않는 것까지도 자세히 보도록 해야 한다. 사진과 그림의 특성을 정리하면 다음과 같다.

㉮ 언어와 마찬가지로 사상을 전달한다.

㉯ 언어묘시에 비하여 사진은 지속성이 있으며, 간편하고 오랫동안 인상에 남는다.

㉰ 현상을 효과적으로 압축하고 간결한 모양으로 바꾸어 표현한 것이다.

㉱ 보관하기 편하고 반복 사용할 수 있다.

㉲ 정적 매개체로서 평면적이다.

㉳ 비교 연구를 할 수 있으며, 학습자의 연구심을 유발한다.

㉴ 상징적 언어를 지니며 정지된 상태로서 동작을 시사한다.

㉵ 요점을 강조하는 데 효과적이다.

② 사진과 그림자료의 선택

사진과 그림을 수업에 사용하기 위해 선택상 고려해야 할 사항은 다음과 같다.

㉮ 수업목표를 달성하는 데 적합한 것이어야 한다.

㉯ 학습자의 수준에 맞는 것이어야 한다.

㉰ 내용이 흥미로운 것이어야 한다.

㉱ 학습자의 상상력을 자극할 수 있는 것이어야 한다.

㉲ 학습자의 지식을 증대시킬 수 있는 것이어야 한다.

㉳ 주제가 명료하게 표현되어야 한다.

③ 사진과 그림자료의 정리

수집한 사진과 그림을 효과적으로 사용하기 위해서는 자료들을 정리하여 보관할 필요가 있다. 여러 자료 중 중요하고 계속 사용해야 할 것은 마운팅해서 보관한다. 사진과 그림은 마운팅을 하면 사용하기 편리하고 자료를 보호할 수 있으며, 효과를 증가시켜 줄 뿐만 아니라 다루기도 쉽다.

㉮ 수업에 유효하다고 생각되는 사진과 그림은 기회 있을 때마다 수집한다.

㉯ 수집한 그림이나 사진은 대지를 붙여 상하지 않게 한다.

㉰ 분류하고 정리하기에 편리하도록 라벨을 붙인다.

㉱ 중요한 자료는 비닐 또는 셀로판으로 씌워 사용한다.

㉲ 새로 좋은 자료를 입수하였을 때는 낡고 좋지 못한 것은 버린다.

㉳ 서적 중의 사진이나 그림은 백지를 삽입하여 라벨을 붙여 두었다가 실물환등기로 사용한다.

㉴ 사용하기 편리하도록 목록을 작성하고 자료실에 비치해 둔다.

④ 사진과 그림자료의 장단점

사진과 그림의 장점은 저렴한 가격으로 활용할 수 있고 융통성 있게 활용할 수 있다는 것이다. 단점은 크기가 제한되어 있다는 것이고 입체감이 없으며 활동성이 없다는 점을 들 수 있다.

⑤ 사진과 그림 이용의 유의사항

㉮ 교사는 필요한 사전지도를 충분히 한다.

㉯ 학습할 시간적 여유가 있으면 게시 또는 개별적으로 볼 수 있도록 한다.

㉰ 학습의 흥미를 잃지 않도록 적절하게 제시한다.

㉱ 자료는 수업목표를 성취할 수 있는 것을 선택한다.

㉲ 적당한 수나 양의 자료를 제시한다.

㉳ 각 재료가 의미하는 것을 지적해 준다.

㉴ 제시의 효과를 높이기 위하여 전시방법을 연구한다.

㉵ 자료에 포함되어 있는 사항은 여러 각도에서 관찰하도록 한다.

㉶ 자료를 보고 배운 사항에 관해 의견을 나누도록 한다.

㉷ 보고난 후 이해의 정도를 평가한다.

(7) 융판

① 융판 그림의 의미

융판 그림은 융과 융이 달라붙는 원리를 이용하여 만들어 낸 교육자료로써, 융판이란 베니아 판이나 하드보드(Hard board)에 융을 덮어 씌워 만든 관으로, 펠트 보드(Felt board), 플란넬 그래프(Flannel Graph), 또는 플란넬 보드(Flannel board)라고 하며, 일반적으로 융판이라 할 때는 융판과 융판에 붙이는 교재물을 모두 포함해서 말한다.

영유아 교육자료 중에서 가장 많이 활용되고 있는 자료 중의 하나가 융판이며, 시중에 융판용 교재가 많이 나와 있어 쉽게 구입하여 활용할 수 있는 자료이다. 융과 융이 서로 붙는 원리를 이용하여 등에 융 조각을 붙인 그림 본을 융판에 붙여가며 이야기하는 시각 재료이다. 융판 그림은 제작이 쉽고, 돈이 많이 안 들며 사용하기도 간편하며 재료를 보관하기도 쉽기 때문에 손쉽게 이용할 수 있는 좋은 교재이다. 이것은 그림이 척척 붙는 특이한 점이 있기 때문에 어린이들의 흥미를 일으키는 데도 큰 역할을 한다.

② 융판의 장·단점

㉮ 융판 교육의 장점

㉠ **손쉽다** : 만들기 쉽고, 사용하기 쉽고, 운반이나 보관이 간편하다.

㉡ **인상적이다** : 여러 가지 색깔로 다양한 내용의 것을 여러 가지 형태로 쉽게 붙였다 떼었다 하면서 교육내용을 제시할 수 있기 때문에 주의를 집중시킬 수 있고, 특징 있는 교육을 전개할 수 있다.

㉢ **적응도가 넓다** : 나이, 학년, 학습 내용에 제한받지 않고 유치부에서부터 장년에 이르기까지 설교, 동화, 통계, 교육 등에 널리 사용할 수 있고, 개인은 물론 집단을 대상으로 하여 교육할 수 있다.

㉣ **시간이 절약된다** : 준비된 자료를 제시하여 교육함으로 짧은 시간에 계획된 교육 내용을 잘 전달할 수 있으며, 사용한 자료라도 잘 보관하면 다시 사용할 수 있다. 특히 주일학교 교육에 임하는 교사들이 직장이나 가정일에 얽매였다가 주일에 한두 시간 봉사하는 입장이므로 융판 교재는 더 없이 좋은 교육자료 중의 하나로써 각광을 받고 있는 것이다.

요즘엔 성경이나 설화이야기 등이 융판자료로 많이 제작되어 시판되고 있기 때문에 이에 대한 관심이 있는 교사라면 얼마든지 좋은 학습을 전개할 수 있다.

㉯ 융판 교육의 단점

㉠ 섬세한 설명에 부적당하다 : 낱장의 그림을 제한된 융판에 붙여가며 학습을 전개하기 때문에 자세한 부분까지 설명해 나가는 학습내용에는 부적당하다. 그래서 대체로 동화나 설교같이 그림제시, 간단한 도표나 도식의 제시 등에 활용할 수 있다.

㉡ 사전 준비가 필요하다 : 영화나 슬라이드와 같이 준비된 기재를 기계에 걸어 시작만하면 되는 학습자료는 아니다. 아무리 시중에서 구입한 융판자료라 해도 사전에 자료를 정리하고 준비해 두어야만 활용할 수 있다.

㉢ 바람이 불면 떨어지기 쉽다 : 융의 껄끄러운 면과 면이 서로 달라붙는 성질을 활용하는 것이기 때문에 본드나 접착테이프 같이 강력한 접착력이 없다. 그러므로 바람이 불든지, 융판이 충격을 받는다든지, 융판의 경사가 급하다든지 하면 융판에 붙인 제시물이 떨어지기 쉽다.

③ 융판 자료(그림)의 제작

㉮ 융판에 붙이는 자료의 제작에 필요한 재료는 융지, 도화지, 켄트지, 얇은 스펀지, 싱지(양복 안감), 사포(sand paper), 신문, 잡지, 그림책, 부직포 등이다.

㉯ 배경(background)이란 그림을 붙일 융판을 뜻한다. 이것은 보통 거리에서 팔고 있는 융이면 된다. 무지(無知)의 것도 쓰며 배경 그림을 그려서 쓰기도 한다. 가르치고자 하는 교육내용에 알맞은 그림이나 사진은 수집하든지 아니면 필요한 그림을 그린다. 이때 그림 본은 도화지, 켄트지, 얇은 스펀지, 융지, 싱지(양복 안감), 사포, 부직포 등에 그리는 것이 보통이며, 도화지나 켄트지 등에 그린 그림은 뒷면에 융 조각이나 사포, 화장지, 창호지 등을 붙여서 사용해야 하고, 얇은 스펀지, 융지, 사포, 싱지, 부직포 등에 그린 그림은 가위로 오려 그대로 사용한다.

㉰ 수집한 그림이나 사진 등은 역시 뒷면에 사포, 융지, 창호지, 화장지 등을 붙여

사용한다. 켄트지 같은 그림본이 두꺼운 종이에 그려졌을 때는 뒷면에 융지나 사포를 붙이지 않더라도 칼 끝으로 긁어 붙일 수도 있다.

㉣ 융판 자료의 제작에서 주의할 점은 그림본이 한 눈으로 쉽게 알아 볼 수 있도록 특징적인 점을 강조해서 그려야 하고, 섬세한 부분은 과감히 생략해도 무방하다.

㉤ 크기는 학생들의 수에 따라 어린이 전체가 잘 볼 수 있도록 조절해야 한다. 전체 학생을 대상으로 할 때와 자기반(분반 공부)을 대상으로 할 때 그림의 크기를 조절해서 효과적으로 사용할 수 있도록 해야 한다.

㉥ 색칠은 단순하게, 같은 인물이나 배경은 처음부터 끝까지 같게 칠하여 이해하기 쉽게 해야 하며, 지나치게 자극적인 원색 계통의 색은 특별한 일을 제외하고는 피하는 것이 좋다.

㉦ 인쇄물을 이용할 때는 윤곽을 뚜렷이 하여 잘 볼 수 있도록 먹으로 선을 그어 준다.

4. 교수매체의 선정과 활용

1) 매체 선정 기준 및 활용 절차

수업상황에 따라 최대의 학습효과를 보장받기 위해서는 적절한 매체의 선정이 필수적이나. 적절한 매체의 선정에 관한 많은 연구들이 이루어졌는데 Dale(1969)은 매체를 선정하는 기준으로서 다음 7가지를 들었다.

① 전달하고자 하는 아이디어의 표현 정도

② 학습 내용에 도움성

③ 학습자의 연령, 지능, 경험 등 개인적 특성에 적합성

④ 매체의 물리적인 상태

⑤ 효과적인 사용을 위한 안내서의 존재

⑥ 학생들의 사고력과 창조력 배양에 도움

⑦ 매체 이용에 드는 시간과 비용, 노력에 상응하는 가치 여부

교수매체를 효과적이고 체계적으로 활용하기 위한 절차적 모형으로서 ASSURE 모델이 있다(Heinich, Molenda, & Russell, 1995). 다음의 6개 절차의 머리글자를 따서 ASSURE 모델이라고 하였으며, 이 절차를 따라서 매체를 선택 및 활용하면 수업목표의 달성을 확실하게 보장한다는(assure) 뜻을 암시하고 있다.

① **학습자 분석(Analyze learners)** : 학습자의 일반적인 특성, 인지적 출발점 행동, 학습양식 등을 표준화 검사지나 면담 등을 통하여 파악하고 분석한다.

② **목표 진술(State objectives)** : 학습목표를 구체적으로 제시하고 그 목표의 성취에 가장 적절한 교육내용과 교수매체를 선정한다.

③ **교수매체와 자료의 선정(Select methods, media, and materials)** : 분석된 학습자의 특성과 진술된 목표를 달성하기 위한 수업방법, 교수매체 그리고 자료를 선정한다. 학습자의 특성과 학습목표에 따라서 기존의 자료를 선정・수정・보완하거나 새롭게 제작한다.

④ **교수매체와 자료의 활용(Utilize media and materials)** : 선정 또는 제작된 매체를 수업에 사용하기 전에 먼저 내용과 순서, 환경을 확인하고 시험적으로 사용해 본다.

⑤ **학습자의 참여 유도(Require learner participation)** : 효과적인 학습이 되도록 하기 위해서는 학습자의 적극적인 참여가 필요하다. 피드백을 통해서 지식이 잘 수용되도록 하는 활동을 계획한다.

⑥ **평가와 수정(Evaluation and revise)** : 학습목표와 관련하여 학습자의 성취도를 측정하고 매체와 방법, 교수-학습과정에 대해 평가한 후 필요하면 수정한다.

2) 매체의 선정과 활용

주어진 주제에 대한 수업을 실행하기 위해서 어떠한 매체가 가장 적절한 것인지에 대한 판단의 기준은 교수상황과 교수이론에 근거하여 결정되어야 한다. 가장 적합한 매체 선정을 위한 의사결정을 돕기 위하여 행렬표(Briggs & Wager, 1981)나 순서도

(Romiszowski, 1974)가 작업보조표(job aids) 형태로 제시되었다.

〈표 8-1〉은 각 매체를 제작비, 복제비, 학습진단의 형태, 적합한 학습영역 등 교수상황과 관련하여 행렬표로 비교하여 제시하였다. 매체를 활용하는 목적과 관심 분야 등 교수상황에 따라 어떤 매체를 선택할 것인지를 결정하여야 한다. 예를 들면 정의적 영역의 학습에는 TV나 동사진이 인쇄자료보다 더 우수하지만, 비교적 높은 제작비를 부담하여야 하는 단점이 있다. 제작비가 부담이 되는 상황에서는 차선책으로 강의나 슬라이드를 생각해 볼 수 있다.

〈표 8-1〉 제작비, 복제비 등 교수상황에 따른 매체 분류

매 체	제작비	복제비	학습진단의 형태	적합한 내용			사용되는 감각
				인지적	정의적	심동적	
인쇄자료	매우 낮음	매우 낮음	개별	뛰어남	보통	좋음	시각
강의	낮음	높음	집단	보통	좋음	나쁨	시·청각
오디오 테이프	낮음	낮음	집단, 개별	나쁨	보통	나쁨	청각
슬라이드	낮음	낮음	집단, 개별	좋음	좋음	좋음	시·청각
OHP	보통~낮음	낮음	집단	좋음	보통	보통	시각
슬라이드/테이프	보통~낮음	낮음	집단, 개별	좋음	좋음	뛰어남	시·청각
TV	높음	보통~낮음	집단, 개별	보통	뛰어남	뛰어남	시·청각
동사진	매우 높음	보통~낮음	집단, 개별	보통	뛰어남	뛰어남	시·청각
시뮬레이션	매우 높음	매우 높음	개별	좋음	좋음	뛰어남	시·청·후·촉각

〈표 8-2〉는 각 매체를 교수이론과 관련하여 주어진 학습목표의 달성에 적합한 정도를 상중하 3단계로 상대 평가한 행렬표이다. 예를 들면 절차학습에 대한 학습목표를 달성하기 위해 적합한 매체로 동사진, 프로그램 학습, 시범 등을 들 수 있으나 동사진을 구하기 어려운 경우에는 프로그램 학습이나 시범을 차선책으로 선택하면 될 것이다.

〈표 8-2〉 학습목표달성에 적합한 매체의 유형 분류

학습목표 / 매체유형	사실적 정보 학습	시각적 확인 학습	원리, 개념, 규칙 학습	절차 학습	숙련된 지각적 자동 행위수정	바람직한 태도, 의견, 동기개발
정사진	중	상	중	중	하	하
동사진	중	상	상	상	중	중
TV	중	중	상	중	하	중
실물	하	상	하	하	하	하
오디오 자료	중	하	하	중	하	중
프로그램학습	중	중	중	상	하	중
시범	하	중	하	상	중	중
교과서	중	하	중	중	하	중
구두 예시	중	하	중	중	하	중

3) 교수매체 선정 시 고려사항

(1) 수업방법의 선정

매체의 선정에 앞서 결정되어야 할 것은 바로 수업방법의 선정이다. 수업방법의 선정은 수업내용의 특성과 수업목표를 잘 고려해서 결정되어야 하는데, 대체적으로 강의식 수업 · 토의식 수업 · 발견학습과 탐구학습 · 협동학습 등이 있다.

(2) 수업에 적합한 교수매체의 선정

교수매체를 선정할 때는 다음 두 가지를 고려해야 한다.

첫째, 선정된 수업방법이 필요로 하는 기능이나 역할에 맞는 매체가 무엇인지를 확인한다. 여기서도 수업목표의 성격과 수업내용의 특성을 고려해야 한다.

둘째, 학습자의 크기, 선수학습능력, 수업목표의 성격 등을 고려한다.

(3) 선정된 교수매체에 적합한 자료의 선정 · 수정 또는 설계

① 현재 사용 가능한 자료의 확보

㉮ 자료의 확보를 위한 탐색

㉯ 자료의 선정 – 자료를 선정할 때는 교육목표와의 일치성, 학습자의 능력의 적합성, 정보의 확실성 및 참신성, 흥미와 집중의 가능성, 참여의 가능성, 기술적인 질, 효율성, 공정성 등을 고려해야 한다.

② 자료의 수집과 분류

많은 경우에 필요로 하는 자료는 없지만 일부 내용을 수정하거나 보완하면 수업에 활용할 수 있는 자료를 찾게 된다. 이때는 수정을 하거나 보완을 하기 전에 우선 새로 만드는 것과 수정하는 것 두 가지 중에 어느 것이 더 쉬운지를 확인할 필요가 있다. 수정할 부분이 너무 많으면 새로 개발하는 것이 좋다.

③ 새로운 자료를 설계하는 일

새로운 자료를 설계할 때는 다음과 같은 것들을 주의해야 한다.

㉮ 학습자의 특성을 충분히 파악하고 있는가?

㉯ 자료를 만들기 위해 필요한 시간과 비용을 가지고 있는가?

㉰ 자료를 만들기 위한 충분한 장비와 기술을 가지고 있는가?

㉱ 자료를 활용할 환경에 대해 충분히 파악하고 있는가?

㉲ 자료를 활용할 사람들에 대해 충분히 파악하고 있는가?

㉳ 내용은 충분히 파악하고 있는가? 만약 그렇지 않다면 도와줄 외부 전문가는 확보하고 있는가?

㉴ 개발과정에서 생길 수 있는 문제에 대해 도움을 받을 수 있는 사람은 있는가?

CHAPTER 9

컴퓨터와 멀티미디어 교육

1. 컴퓨터의 교육적 활용

1) 컴퓨터 교육의 개념

정보사회에 대비하기 위하여 최근 컴퓨터 교육에 대한 관심이 고조되고 있다. 이에 따라 컴퓨터 교육의 개념 정의에 대한 의문이 많이 제기되고 있다. 흔히 컴퓨터에 관한 교육을 컴퓨터 교육이라고도 하고, 교육용 소프트웨어를 이용한 수업을 컴퓨터 교육이라고도 한다. 또 어떤 이는 워드프로세서와 같은 응용 소프트웨어의 기능 및 사용법을 익히는 것을 컴퓨터 교육이라고도 한다.

이와 같은 개념의 혼란은 컴퓨터 교육이 학교에 도입되어 실시되기 시작한 배경과 컴퓨터 관련 기술의 급속한 발전과 같은 환경 변화에 기인한다.

컴퓨터가 개발되어 보급되기 시작하면서 컴퓨터 교육은 시작되었다. 이 당시의 컴퓨터 교육은 대학과 실업계 고등학교에서 컴퓨터 개발, 관리운영, 프로그램 개발에 필요한 전문 인력을 양성하기 위한 것이었다. 이후 컴퓨터 교육이 확산되면서 전문 인력 양성을 위한 교육과정이 축약되어 초등학교, 중학교, 일반계 고등학교에 그대로 인식되었다.

최근에 개인용 컴퓨터의 발전과 각종 응용 소프트웨어의 보급으로 많은 사람들이 자신의 활동을 위해 컴퓨터를 용이하게 사용할 수 있게 되었다. 이에 따라 컴퓨터 사용자는 컴퓨터에 관한 전문 지식과 프로그래밍 능력이 없더라도 범용적인 응용 소프트웨어를 이용하여 자신의 목적을 달성할 수 있게 되었다. 따라서 문서 편집기와 같은 각종 응용 소프트웨어 사용법을 가르치는 것이 중요하며, 이러한 것을 가르치는 것이 컴퓨터 교육이라고도 한다. 또 어떤 학자는 각종 소프트웨어의 사용법을 익혀서 각 교과 내용을 학습할 때 문제해결의 도구로 사용할 수 있는 능력과 소양을 가르치는 것이 컴퓨터 교육이라 한다.

이와 같이 컴퓨터 교육의 개념은 사회의 요구, 기술의 발전 정도, 경제 산업적 필요 등의 여러 요인에 의해 영향을 받고 있다. 이에 따라 다양한 컴퓨터 교육에 대한 개념을 포괄하여 정의하게 되었으며, 결국 컴퓨터에 대한 기본 이해 또는 컴퓨터 소양(Computer Literacy)을 학습자가 습득하도록 교육하는 것이 컴퓨터 교육이라고 인식하게 되었다.

결국, 컴퓨터 교육이란 학습자로 하여금 컴퓨터에 대한 기본 이해 또는 컴퓨터 소양을 갖도록 하는 것이며, 이러한 소양이 구체적으로 어떠한 지식이나 기능 등을 갖추는 것인가 하는 내용의 문제는 시대와 상황에 따라 변화되는 것이라 할 수 있다. 최근에는 학습자의 어려 활동에서 컴퓨터를 도구로 활용하는데 필요한 지식, 기능, 태도를 함양하는 교육을 포함하고 있다.

컴퓨터 교육의 내용은 컴퓨터 리터러시라 불리는 컴퓨터에 관한 학습(learning about computer), 컴퓨터 보조 학습(CAI)에 속하는 컴퓨터를 활용한 학습(learning from computer), 그리고 인지 능력 함양을 위한 도구로서의 컴퓨터와 함께 하는 학습(learning with computer)으로 분류할 수 있을 것이다.

이제까지는 주로 컴퓨터의 구성요소, 컴퓨터의 역사, 컴퓨터 조작 방법, 각종 소프트웨어의 사용법, 그리고 컴퓨터 언어 학습이 주요 내용이었다. 그러나 컴퓨터 환경이 발전하고 특히 WIMP(Window, Icon, Mouse, Pull-down Menu)라 불리는 사용하기 쉬운 컴퓨터 환경으로 변하면서 이의 중요성이 다소 줄고, 반복 연습형(drill & practice)이나 게임형(instructional game), 개인 교수형(tutorial), 모의실험형(simulation) 등으로 대별되는 컴퓨터 보조 학습이 점차 강조되고 있다.

특히 학습자와 상호작용하며 학습자의 흥미나 학습 양태(learning style)에 맞는 정보를 제공하고 학습자의 학업 성취도를 시스템에서 자동 누가 기록하여 학습자의 학습 과정을 도와주는 지능형 개인 교수 시스템(intelligent tutoring system 또는 expert system)의 개발 · 활용이 점차 강조될 것이다. 주로 디스크로 보급되던 컴퓨터 학습 프로그램이 CD-ROM이나 인터넷의 웹을 통한 소위 Web CAI로 보급되는 예 또한 증가할 것이다.

멀티미디어의 특성을 최대로 활용한 MBI(Multimedia Based Instruction) 또는 MAI(Multimedia Assisted Instruction)와 웹의 특성을 최대로 활용한 WBI(Web Based Instruction) 또는 WAI(Web Assisted Instruction)이 중요한 컴퓨터 교육의 내용이자 방법이 될 것이다.

각종 소프트웨어를 도구로 하여 학습에 활용하는 생산적인 도구(productivity tool)로서의 컴퓨터 교육도 주요 내용이 될 것이다. 생산적인 도구로서의 컴퓨터 활용을 통하여 실생활에서 직면하는 문제를 해결하는 방법과 과정을 모의 학습할 수 있다는 점에서 중요한 부분이라 생각한다.

교사가 정보를 제공하고 학생은 시험에서 좋은 점수를 얻기 위해 정보를 암기하는 형태의 교수-학습방법은 점차 지양되고, 정보 사회에서 요구되는 종합인지능력으로 문제해결력, 의사결정능력, 기획 능력, 창의력, 종합력, 분석력, 평가력, 비판력 등의 함양 방법에 관한 연구가 한창인데, 이는 새로운 형태의 인지 능력 향상 도구(cognitive tool)로서 마인드 툴(mind tool)이라 불린다. 마인드 툴로서의 컴퓨터의 활용은 문서 편집기, 데이터베이스, 스프레드시트, 통신, 멀티미디어 및 하이퍼미디어 등의 소프트웨어를 이용하여 앞서 열거한 종합인지능력을 향상시키는 도구로서 컴퓨터와 통신을 활용한다는 것이다.

2) 컴퓨터 교육의 특성

(1) 교육내용의 급격한 변화

컴퓨터 교육은 컴퓨터 및 통신 공학이 급격하게 변화하기 때문에 교육내용도 그 변화에 대응해야 하는 특성이 있다. 어느 미래 학자는 인류가 창출해 낸 기존 정보가 2배로 증가하는데 3~5년 걸릴 것이고, 그 증가 속도는 기하급수적일 것이라고 예상한다. 이는 새로운 교수-학습방법은 물론 교육내용이 변화해야 한다는 필요성을 요구한다. 새로운 정보를 효과적으로 찾아내서, 필요한 정보를 선택하고, 선택한 정보에 아이디어를 가미해서 새로운 정보, 소위 지식을 창출해 내는 능력을 향상시키기 위한 교육내용을 선정해야 하는 특성이 있다.

(2) 컴퓨터 환경에의 종속성

컴퓨터 교육의 내용은 컴퓨터 환경에 큰 영향을 받는 특성이 있다. 현재 학교에 보급된 컴퓨터의 대부분은 펨티업(업그레이드) 계열 컴퓨터인데, 이 컴퓨터 환경에서 지도할 수 있는 컴퓨터 · 정보 교육의 내용은 제한될 수밖에 없다. 인터넷을 교수-학습에 활용하려면 최소한 인터넷신은 확보가 필요하고 이러한 특성은 학교 환경에 맞게 교육내용을 구성하거나, 환경에 크게 구애받지 않는 내용을 구성해야 한다는 필요성을 요구한다.

(3) 도구 교과로서의 특성

컴퓨터 · 정보 교육은 독립 교과로서의 교육내용 이외에 타 교과에서 도구로서 활용할 수 있는 방안을 제시해야 하는 특성이 있다. 앞으로는 각 교과에서 컴퓨터를 도구로 하여 새로운 능력, 즉 정보 활용 능력을 함양하기 위한 방법이 시도되고 정착될 것이다. 컴퓨터 · 정보 교육의 내용은 이러한 교수-학습방법이 실현될 수 있도록 기본적인 컴퓨터에 관한 교육, 컴퓨터를 활용한 교육, 그리고 컴퓨터를 인지활동의 도구로 활용한 교육 등으로 편성되어야 한다는 특성이 있다. 다시 말해서 타 교과에서 컴퓨터를 도구로 활용할 수 있도록 기본 능력과 활용 능력 함양을 위한 교육내용으로 구성되어야 한다는 특성이 있다.

3) CAI(Computer Assisted Instruction)

(1) 개념

실제 수업과정과 유사한 과정을 컴퓨터를 활용하여 컴퓨터가 직접 수업기능을 하도록 되어 있는 체제로서 컴퓨터가 직접 교수매체로 활용되어 교과내용을 학습자에게 가르치는 방법이다. CAI의 기원은 교수기계와 Skinner의 프로그램학습에서 시작되었다.

(2) 특징

① 무한한 인내력, 고도의 정확성, 완벽한 기억력이 있어 학습속도가 늦은 학생들을 구제할 수 있다.

② CAI는 빠르고, 정확한 정보처리 능력이 있어 복잡한 그래프나 그림을 포함한 복잡한 정보 재생이 가능하다.

③ 여러 가지 수업원리를 활용하는 언어가 개발되어 그 융통성이 매우 높아진다.

④ 인간 교사와 CAI는 수업활동을 공동 책임을 지는 형식으로 역할 분담이 가능하다.

⑤ 높은 정보처리 능력과 정보재생 능력으로 CAI는 학업성취도의 즉각적 평가가 가능하다.

(3) CAI의 장점과 단점

① 장점

㉮ 상호작용적이다.

㉠ CAI에서는 교사와 학습자 사이에 정보를 교환하는 상호작용이 역동적으로 일어난다.

㉡ 컴퓨터는 학습자의 반응에 따라 학습자의 능력과 특성을 평가 분석하여 그 결과에 따라 학습자에게 적합한 과제를 선정하여 제시할 수 있다.

㉢ 어떠한 반복학습에서도 인내를 가지고 계속적으로 학습자를 상대해 줄 수 있다.

㉯ 교수-학습과정이 개별화된다.

㉠ 개별화된 패키지(package)는 학습자가 이해한 것을 즉각적으로 모니터하여 학습자의 요구에 기호하여 응답해 줄 수 있다.

㉡ 학습태도와 학습능력 수준이 같지 않은 개별 학습자를 동시에 수용하여 기대하는 성취수준에 개별적으로 이르게 할 수 있다.

㉢ 학습자 개개인에게 맞는 수준과 속도로 학습을 진행할 수 있다.

㉰ 흥미로운 학습경험을 제공할 수 있다.

㉠ 내용진행과 화면처리방식에 있어서 다양한 기법을 사용할 수 있다.

㉡ 애니메이션이나 그래픽을 이용해서 강조하려는 내용을 재미있게 제시하면서 학습자에게 친근하게 학습내용을 제시할 수 있다.

㉱ 학습자에게 독립된 문제상황에서 적절한 학습전략을 구사할 수 있는 환경을 제공한다.

㉲ 운영상 편리하며 비용면에서도 효과적이다.

㉠ CAI 코스웨어(course-ware)는 교사가 가르치는 것과 똑같은 과정을 제공해 줄 수 있으므로 교사가 없는 곳에서도 수업이 가능하다.

㉡ 코스웨어를 이용하면 원격교육, 무학년, 무학급의 교육과정도 충분히 운영해 갈 수 있다.

㉢ 필요한 수업내용을 컴퓨터 디스켓에 얼마든지 복제할 수 있고, 통신망을 통해 원거리로 보낼 수 있으므로 장기적으로 볼 때 비용면에서도 효과적이다.

㉣ CAI에서는 과다한 비용이 들거나 위험부담이 높은 훈련내용을 모의실험해 볼 수 있으므로 경제적이면서도 안전하다.

② 단점

㉮ 하드웨어에 소용되는 비용이 높다.

㉯ 컴퓨터 모니터를 통해 재현되는 그래픽은 실제적이지 못하다. 즉, 컴퓨터 영상은 색상의 종류와 배합에 제한이 뒤따르며 화면의 해상도가 낮고 동적인 화면을 구성하기가 어렵다.

㉰ 코스웨어가 질, 양, 다양성 측면에서 부적절하다고 인정되고 있다.

㉠ 질적인 측면에서는 학습과제나 학습자의 요구, 학습자 특성에 대한 세심한 분석이 뒷받침되지 않으며, 새로운 지식이 빨리 축적되어 감에 따라 코스웨어의 수명이 그 개발 시간과 노력에 비해 짧다.

㉡ 수요가 많은 중간 능력 학습자의 수준에 맞추어 코스웨어가 개발되므로 영재나 지진아들의 개별학습 요구를 만족시키지 못하고 있다.

4) CAI의 유형

(1) 개인교수형

① 개념

개인교수형은 컴퓨터 본위 수업의 대표적인 것으로 인식되어 있다. 학습자는 마치 교사와 일대일의 교수 상황에서 학습을 수행하는 것처럼 프로그램과 상호작용한다. 그리고 개인교수형 프로그램은 실제 상황에서 교사가 학습자를 지도하여 특정의 목표를 달성하도록 하는 과정에서 수행하는 모든 역할을 수행을 한다. 예를 들면 프로그램은 학습자의 사전학습 수준을 측정하여, 적절한 정보를 제시하고, 연습기회를 제공한 뒤 학습을 확인하는 문제를 제시한다. 이 문제에 대한 학습자의 반응을 바탕으로 추가적인 정보를 제시하거나 새로운 과정을 진행한다.

② 개인교수형의 기본구조

개인교수형 프로그램에서는 교사가 수행하는 교수적 활동이 모두 포함되어 있다. 따라서 이 유형의 프로그램은 Gagně가 제시한 개인교수형을 바탕으로 구성된다.

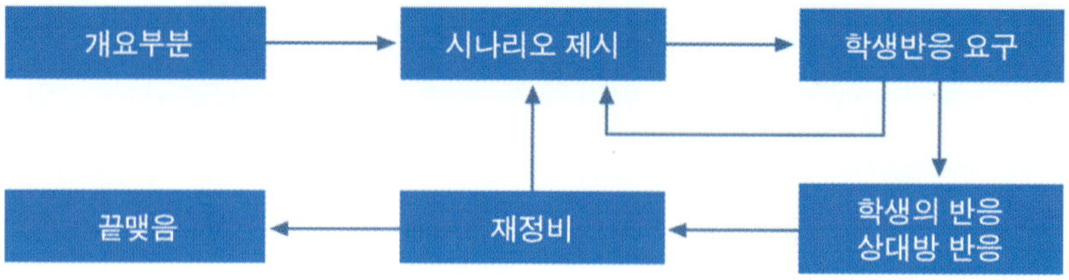

[그림 9-1] 개인교수형의 기본구조

③ 도입

㉮ 이 단계에서는 Gagně의 교수사태에서 주의집중과 목표 제시가 이루어진다. 학습자들이 주의를 집중하도록 하기 위해서 그래픽, 소리, 애니메이션, 유머 등이 사용된다. 개인교수형 프로그램도 시작 부분에서 학습자들의 시각을 끌기 위한 그림이나 애니메이션을 활용한다.

㉯ 학습을 시작하는 시점에서 학습자가 달성해야 할 구체적인 목표를 분명히 인지하는 것은 학습성취도에 긍정적으로 영향을 줄 뿐만 아니라 학습자의 주의를 집중하는 데도 효과적이다. 따라서, 학습목표는 개인교수형 프로그램의 도입부에서 구체적으로 제시된다.

④ 정보의 제시

㉮ 정보 제시는 개인교수형 프로그램에서 가장 중심이 되는 단계이다. Gagně의 교수 사태 중 선수학습의 회상과 자극의 제시 및 조언이 이루어지는 단계이다.

㉯ Gagně에 따르면 학습자에게 새로운 정보가 제시될 때, 그 정보를 학습하기 위해 필요한 선수 지식 또는 그와 관련된 지식 중 학습자가 이미 습득한 것을 회상할 수 있도록 도움을 제공하여야 한다. 예를 들면 개인교수형 프로그램에서 학습자가 곱셈에 대한 문제가 제시될 때, 덧셈에 대한 지식을 학습자들이 필요하면 언제든지 볼 수 있도록 제공된다.

㉰ 개인교수형 프로그램은 학습자에게 정보를 제시하는 방법에 있어서 다른 매체와 차이가 있다.

- 학습자들의 주의를 집중시키기 위해 그림, 색, 애니메이션, 음향, 반전 등의 효과를 사용한다.
- 인쇄물과는 달리 추가적인 비용 부담 없이도 한 화면에 한 가지 아이디어만을 제시할 수 있도록 다수의 화면을 사용한다.
- 학습 내용을 순차적이 아닌 구조적인 형태로 제시한다. 예를 들면 인쇄물의 경우 정보의 제시는 항상 일정의 순서에 따라 제시된다. 이에 비해, 개인교수형 프로그램에서는 특정의 정보와 관련된 정보를 연결하여 이 정보들을 언제든지 볼 수 있도록 조직한다.

㉣ 학습 내용의 제시와 더불어 학습자들에게 그 내용을 이해하는 데 도움이 되는 내용들이 함께 제시된다. 개인교수형 프로그램에서 학습자들은 제시된 내용에 대해 도움이 필요하면 언제든지 도움말이나 힌트를 구할 수 있다.

⑤ 질문과 응답

이 단계에서는 Gagnĕ의 교수 사태 중 반응 유도가 이루어진다. 실제 개인교수에서 교사는 다양한 방법을 동원하여 제시된 정보를 학습자가 이해하였는지를 확인한다. 그러나 컴퓨터의 본위 개인교수는 실제 교사와는 달리 이러한 학습을 확인하는 데 있어서 매우 제한적이다. 컴퓨터는 학습자들의 표정이나 몸짓 등을 관찰할 수 없기 때문에 직접적으로 학습자에게 질문을 제시하게 된다. 이 질문은 학습자에게 중요한 정보에 대해 주의를 집중하게 하는 한편, 연습의 효과도 있다.

⑥ 피드백 및 교정

앞 단계에서 유도된 반응에 대해 프로그램은 적절한 피드백을 제공하는 단계이다. 이 피드백은 단순히 반응이 정답인지 오답인지를 알려주는 것에서, 정답을 제시하는 데 도움이 되는 정보가 같이 제시되는 경우도 있다. 또한 보다 복잡한 프로그램은 학습자의 이전 반응을 고려하여 적절한 피드백을 제공하기도 한다.

⑦ 프로그램의 종료 결정

개인교수형 프로그램에서 학습의 종료는 학습자가 선택할 수 있도록 허용하는 한편,

프로그램이 적절한 종료 시기를 결정할 수 있도록 개발된다. 이것은 Gagnĕ의 교수 사태 중 수행의 평가에 해당한다. 즉, 학습자들이 제시된 정보를 어느 정도 습득하였는지를 확인하기 위한 검사 문항이 제시된다. 만약, 학습자들의 성취도가 정해진 수준에 미치지 못할 경우, 프로그램은 학습자들이 어려움을 겪은 정보들을 다시 볼 수 있도록 한다.

⑧ 학습 결과 제시

제시된 내용을 모두 학습하였을 경우, 프로그램은 Gagnĕ의 교수 사태 중 학습 효과 지속과 전이를 촉진하기 위해 그 단원의 주요 내용과 학습자의 학습 결과를 요약하여 제시한다. 특히, 학습의 전이를 높이기 위해 후속학습에 대한 구체적인 안내를 제시한다. 만약, 학습자가 중도에 종료하는 경우, 다음 시작 시 현재 종료된 부분에서 다시 시작할 수 있도록 종료 시점을 저장해 둔다.

(2) 반복연습형

① 개념

반복연습형은 컴퓨터 본위 수업은 학습자들에게 주어진 과제를 반복적으로 학습함으로써 미리 정해진 수준의 성취도를 달성할 수 있도록 하는 것을 목적으로 한다. 대부분의 경우, 이 유형의 프로그램은 단순 암기를 통하여 지식이나 기능을 학습하고자 할 때 활용된다. 학습자들은 사실적 정보, 기본적인 용어, 개념 또는 단순한 운동 기능 등을 학습하는 데 대부분의 시간을 소비한다. 이러한 내용들은 보다 복합적이고 높은 수준의 기능을 학습하기 위해서 반드시 습득해야 하는 선수학습요소이다. 학습방법의 측면에서 볼 때, 이러한 내용들은 정해진 숙달 수준까지 습득하기 위해 대부분 지속적인 반복학습을 활용한다. 예를 들면 학습자들이 영어 학습을 효과적으로 하기 위해서는 영어 단어의 의미를 반복적인 암기 연습을 통해 습득하게 되고, 초등학교 저학년 학생들은 구구단을 끊임없이 암송함으로써 익힌다. 기본적인 용어 또는 기능을 습득하는 과정은 매우 단조롭고, 지루하고 흥미롭지 못하기 때문에 학습자들이 부정적인 시각을 가질 가능성이 높다. 이와 동일한 시각에서 반복연습형 프로그램은 컴퓨터 본위 수업에서 중요치 않게 취급되거나, 심지어 컴퓨터의 부적절한 활용으로 보기도 한다. 그러나 반복연습형 프로그램은 학습을 위해 컴퓨터의 기능을 가장 효과적으로 활용한 경우라고 할 수 있으며, 더불어 연습을 보다 흥미롭고, 동기유발적이며, 효율적으로 만듦으로써 학습 효과를 높일 수 있다.

② 반복연습형의 기본구조

컴퓨터를 활용한 반복 연습은 초기의 반응에 대한 즉각적인 강화와 반복의 원리를 주장하는 행동주의적 시각을 바탕으로 이루어졌으나, 최근에는 학습자들이 의미를 손쉽게 구성할 수 있도록 자료를 조직하여 제시하는 것이 중요하다는 인지주의적 시각이 도입되었다. 이러한 이론적 시간의 변화와는 달리, 반복연습형의 기본적인 구조는 크게 변하지 않았다.

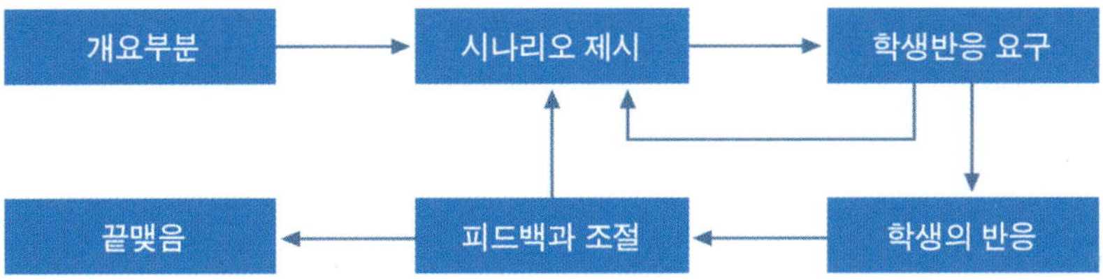

[그림 9-2] 반복연습형의 기본구조

㉮ 도입

㉠ 도입 단계에서는 프로그램의 목적과 성격, 학습과정에서 학습자들의 반응 요령, 문항 선택 요령 등의 진행방법, 학습자의 반응에 대한 채점방법 등에 대한 설명이 제시된다.

㉡ 프로그램은 반복 연습의 기본적인 선택 사항들을 학습자에게 입력할 것으로 요구하기도 한다. 예를 들면 학습자들은 연습할 문항수, 문항의 난이도, 각 문항에 대한 시도 횟수 등을 설정할 수도 있다.

㉯ 문항 선택과 제시

㉠ 이 단계는 학습자에게 제시되는 문항이 컴퓨터에 의해 선택되는 단계이다. 문항의 선정 방법은 문제은행의 수에 따라 1원, 2원, 3원 등 세 가지 방법을 들 수 있다. 간단한 반복연습 프로그램의 경우, 문항은 개발자가 미리 정한 순서에 의해 또는 무작위적으로 선택된다. 무작위에 의한 문항 선택의 가장 큰 문제점은 이전 반응에 따라 역동적으로 문항을 선택할 수 없다는 것이다. 무작위적 선택에서 모든 문항은 선택될 확률이 동일하다. 따라서, 프로그램은 오답을 한 문장과 정답을 한 문항을 구별하지 않고 선택하게 된다.

㉡ 2원 문제은행 선택은 학습자의 반응에 따라 문항을 두 부류로 분류함으로써 다음에 제시되는 순서를 변경하게 된다. 예를 들면 학습자가 정답을 제시한 문항은 복습을 위한 문항으로 분류하고, 오답을 제시한 문항만 학습해야 할 목록에 남겨두는 방법을 사용함으로써, 학습자들이 오답한 내용을 집중적으로 연습하도록 한다. 그러나 이 방법도 문항의 수가 많을 경우, 오답한 문항을 다시 접하는 데 많은 시간이 걸리기 때문에 그 문항에 대한 정보를 잊어버리는 혼동의 오류를 범하는 단점이 있다.

㉢ 3원 문제은행 선택은 문항을 세 부류로 분류하여 학습자에게 제시함으로써 2원 선택의 단점을 보완하였다. 이 선택 방법은 인지이론에서 제시하는 7±2 원리를 바탕으로 전체 문항을 7개씩 묶고, 각 집단 내에서 문항을 우선적으로 학습자에게 제시한다. 학습자가 이 문항에 대해 정답을 제시하면 복습 뮤항으로 분류하고, 오답을 제시하면 집단에 남겨두어 다시 제시될 수 있도록 간격을 줄이고, 제시 순서의 단조로움을 극복하기 위한 것이다.

㉰ 응답의 입력과 판단

㉠ 학습자는 제시된 문항에 적절한 반응을 입력한다. 학습자가 입력한 반응은 프로그램에 저장되어 있는 정답과 일치되는지 비교한다.

㉡ 프로그램은 그 판단의 결과를 정답과 오답으로 구분하여 저장한다. 또한, 프로그램은 학습자의 반응에 따라 적절한 피드백을 제공한다.

㉢ 프로그램은 학습자가 그 문항에 대해 전체적으로 어떻게 반응하였는지를 판단하여 다양하게 제시한다.

㉣ 학습자가 동일한 문항에 대해서 처음 오답을 했을 경우에는 오답이라는 메시지만 알려 주고, 그 문항을 다시 제시한다. 만약 두 번 연속해서 오답을 할 경우, 프로그램은 학습자의 반응이 왜 오답인지를 알려준다.

㉱ 연습의 종료 결정

㉠ 학습자의 반응에 따라 피드백이 주어진 뒤, 프로그램은 연습의 지속 여부를 결정한다.

㉡ 개발자는 학습자가 언제든지 연습을 중단하는 것을 허용하는 한편으로, 제시된 문항수, 학습자의 숙련도 등을 고려하여 연습을 멈추도록 할 수 있다. 만약 연습을 지속하는 것으로 결정될 경우, 프로그램은 다음 문항을 선택하는 단계로 진행한다.

㉢ 학습자가 준비된 모든 문항을 제시했을 경우, 프로그램은 문항을 재배열하여 연습을 반복한다.

㉲ 학습 결과 제시

반복 연습이 종료되면, 프로그램은 학습자의 전체적인 수행에 대한 평가 결과를 학습자에게 제시한다. 이때 프로그램은 학습자의 반응을 전체적으로 종합한 결과에 대한 평가와 더불어 각 문항별 학습자의 반응 결과에 따른 평가를 동시에 제공한다.

(3) 게임형

① 개념

모의실험과 함께 컴퓨터는 게임에 있어서 새로운 장을 열었다고 할 수 있다. 그만큼 컴퓨터는 게임을 즐길 수 있는 환경으로서 탁월하다는 것이다. 그런데 컴퓨터를 이용한 게임은 다양하기 때문에 컴퓨터 본위 수업을 위한 게임은 별도로 정의될 필요가 있다.

백영균은 교육적 게임을 "학습을 촉진시키거나 특정의 기술을 습득하도록 설계되어 있는 컴퓨터 프로그램"으로 정의하였다. 최근에 게임은 학습을 위해 교육에서 활용하는 빈도가 점차적으로 증가하고 있다. 이것은 컴퓨터 게임이 학생들의 동기를 유발하는 데 매우 효과적인 것으로 인식되고 있는 것과 매우 상관이 높은 것으로 보인다. 게임을 수업에서 활용하는 목적은 목표를 달성하기 위한 것이다. 지금까지 개발된 게임은 사실과 원리, 과정, 조직과 구조, 문제해결능력, 사회적 기능, 태도 등 매우 다양한 종류의 목표를 다루고 있다. 게임은 적절하게 활용하면 매우 효과적인 학습 도구이다.

② 게임형의 기본구조

게임형의 기본구조는 모의실험형과 거의 동일하다. 다만 게임형은 상대가 있을 경우, 상대방의 반응이 추가된다는 점이다. 게임은 기본적으로 도입, 실행, 결론 등 세 부분으로 구분된다.

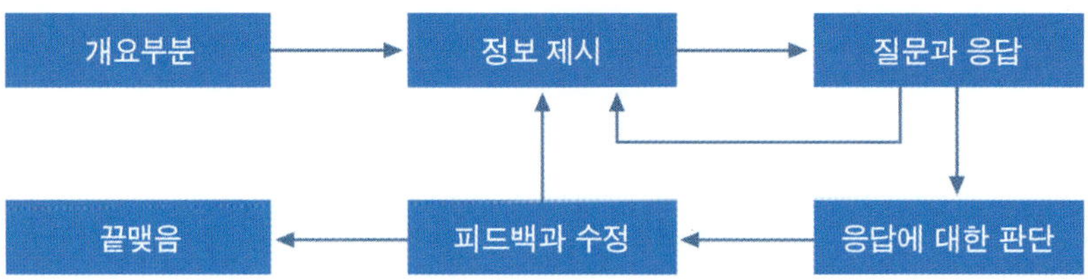

[그림 9-3] 게임형의 기본구조

㉮ 도입

㉠ 이 단계의 목적은 학습자에게 게임을 안내하는 것이다. 이 단계에서는 게임을 통해 습득할 목표, 규칙, 진행방법과 절차, 벌칙 등에 대한 설명이 제시된다. 학습자는 이 단계를 통해 게임에서 무엇을 어떻게 해야 하는지에 대해서 분명하게 인식되게 된다. 사실상, 이 도입부는 게임형 프로그램이 교육적으로 성공을 거두는 데 있어서 가장 중요하다. 만약 학습자가 게임에서 달성해야 할 목표가 무엇인지를 제대로 인식하지 못하면, 학습자는 단지 게임을 즐기기만 할 뿐 목표를 달성하는 것에 주의를 기울이지 못 하게 된다.

㉡ 게임형에서 학습목표는 게임의 목표와 상이할 수도 있기 때문에 목표를 구체적으로 구분하여 제시하기도 한다. 또, 도입단계에서는 학습자에게 학습목표를 달성하는 것이 행운이나 우연에 의한 것이기보다는 특정의 지식 또는 기능을 적용하는 것에 의해 이루어진다는 설명이 제시된다.

㉯ 시나리오의 제시

㉠ 시나리오는 게임이 이루어지는 장이다. 따라서 이 시나리오는 가르치고자 하는 지식이나 기능, 즉 학습목표와 관련되어 서술된다. 시나리오는 학습목표와 어떻게 관련되어 있느냐에 따라 내재적 · 관계적 · 임의적 유형으로 구분한다. 이 중에서 시나리오가 학습목표를 내재적으로 함유하고 있을 때 가장 효과적이다.

㉡ 게임의 시나리오에는 동기유발을 위해 목표달성이 약간 불확실해 보이도록 제시된다. 일반적으로 게임에서 목표를 불확실하게 하는 것은 난이도와 목표 수준을 차별화하거나, 중요한 정보를 일부 숨겨두거나, 가끔은 임의로 반응하게 하거나, 호기심을 자극하는 등의 방법이다.

㉢ 학습자/상대방 반응 : 게임은 항상 경쟁자를 상대로 이루어진다. 학습자는 동료 학생을 이기기 위해 반응하기도 하고, 컴퓨터를 이기기 위해 반응하기도 한다. 이러한 학습자의 반응에 대해 상대방은 상응하는 반응을 제시한다. 학습자의 반응 입력은 모의실험형처럼 컴퓨터의 기본적인 입력 장치를 통하여 이루어지기도 하고, 간혹 특별히 개발된 장치를 통해 이루어지기도 한다.

㉣ 반응에 따른 결과 제시 : 게임형 프로그램은 학습자와 상대방 반응의 결과를 제시한다. 이 결과는 점수를 변화시키는 것으로 나타나거나 혹은 불리한 상황에 처하는 것으로 제시되기도 한다. 이러한 결과들은 학습자의 반응에 대한 피드백으로 볼 수도 있다.

㉤ 게임의 종료와 결과 제시 : 학습자와 상대방의 반응을 바탕으로 프로그램은 종료의 시점을 결정한다. 일단 게임이 종료되면 프로그램은 승자를 결정하여 화

면에 제시한다. 이와 더불어, 학습자가 학습목표를 얼마나 달성하였는지에 대한 평가 결과도 제시한다.

(4) 모의실험형

① 모의실험형의 개념

모의실험은 컴퓨터를 통하여 실제와 유사한 가상적 상황을 단순화하여 학생들에게 제시함으로써 실제 상황에서 관련된 요소나 개념, 원리, 조작 절차, 변화 과정 등을 이해하도록 하는 프로그램을 말한다. 컴퓨터에 의해 제시되는 상황은 실제를 모방한 가상적 상황이다. 그러나 이 상황은 학습목표와 관련된 주요 특성들이 반영되어 있는 상황이다. 학습자는 이 가상적 상황하에서 과제를 수행하고, 그 결과를 확인함으로써 구체적인 지식을 습득할 뿐만 아니라 문제해결력을 기르게 된다.

② 모의실험형의 기본구조

모의실험에서는 컴퓨터가 미리 정해 놓은 상황을 제시하는 것이 아니라 학습자들의 반응에 민감하게 대처하는 것이다. 모의실험으로 학습하는 학습자는 능동적으로 의사결정을 하고 그 안에서 학습자는 학습목표를 성취한다. 모의실험형의 기본구조는 다음과 같다.

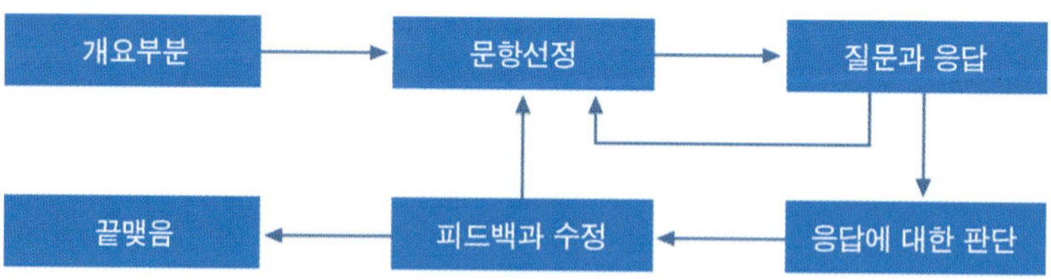

[그림 9-4] 모의실험형의 기본구조

㉮ 모의실험형에서는 물리적 · 절차적 · 상황적 · 과정적 등의 네 가지 기본 형태가 있다.

㉠ 물리적 모의실험은 가장 간단한 형태로 실험 도구와 같은 구체적인 물체나 물

리적 대상을 화면에 제공하여 학생들이 그 물체를 가상적으로 조작해 봄으로써 배울 수 있도록 한다.

㉡ 절차적 모의실험은 개구리 해부와 같은 특정한 일의 절차 및 순서를 학습하는 것을 목적으로 한다.

㉢ 상황적 모의실험은 상황극처럼 실제와 유사한 상황을 제공하여 학습자들이 그러한 상황을 대처해 나가는 능력을 기르기 위한 것이다.

㉣ 과정적 모의실험은 학습자들이 모의실험의 초기에 다양한 변인을 설정하도록 하고, 그 변인에 의해 어떤 결과가 나타나는지를 보여주는 것을 말한다.

이상과 같이 모의실험에서는 다양한 유형이 있다.

㉯ 모의실험형의 기본구조

㉠ 도입

- 모의실험형 프로그램이 교육적인가 아닌가 하는 결정은 그것이 구체적인 교육 목표를 가지고 있는가 하는 점이다. 따라서 모의실험형 프로그램의 도입부에서는 학습자가 달성해야 할 교육 목표가 구체적으로 제시된다. 모의실험형에 있어서 학습목표의 진술은 그 어느 컴퓨터 본위 수업에서 보다 중요하다. 왜냐하면 모의실험에서 제시되는 가상의 상황은 학습자들에게 직접적으로 학습목표를 알려주지 않기 때문이다. 만약 학습목표가 명시적으로 제시되지 않으면, 학습자들은 가상적 상황에서 제시되는 과제들을 성공적으로 수행하고도 무엇을 습득했는지 인식하지 못할 수도 있다.
- 도입 단계에서는 학습목표와 더불어 학생들이 접하게 될 모의실험에 대한 개략적인 설명과 진행방법 등에 대한 정보도 같이 제시된다. 이때 모의실험에서 제시되는 가상적 상황이 매우 복잡할 경우, 그 상황을 개괄적으로 보여주기도 한다.

㉡ 가상적 상황 제시

- 컴퓨터에 의해 제시되는 가상적 상황은 실제 상황을 얼마나 정확하게 묘사하였는가를 나타내는 정확도가 무엇보다도 중요하다. 컴퓨터가 제시하는 상

황은 실제를 모사한 것이기 때문에 모사되지 않은 것에 대해 학습자의 상상력을 필요로 한다. 즉, 학습자는 가상의 상황을 실제와 동일한 것으로 상상하게 된다.

- 실제 상황에 대한 모사의 정도를 나타내는 정확도는 그 상황의 특성과 모의실험의 목적에 의해 결정된다. 예를 들면 사물과 관련된 상황일 경우, 가상적 상황의 정확도는 증가할 것이지만, 사람이 관여된 사회적 상황은 어떻게 전개될 것인가에 대한 예측이 힘들기 때문에 정확하게 모사하기 힘들다. 또한, 모의실험은 그 목적에 따라서 정확도가 굳이 높을 필요가 없는 경우도 있다. 예를 들면 전기에 관한 실험의 경우, 매우 단순한 형태로 모사하는 것만으로도 학습 목적을 실현할 수 있다.
- 일반적으로 모의실험에서 가상적 상황이 전개되는 순서에는 직선형, 반복형, 복합형이 있다. 대부분의 실제 상황은 직선형이나 반복형보다 여러 가지 상황이 동시다발적으로 발생하는 복합형이다. 그러나 모의실험 프로그램의 전개 유형은 학습목표에 따라 결정되며, 직선형과 반복형이 보다 흔하게 사용되고 있다.

ⓒ 학습자 반응

학습자의 반응은 모의실험과 실제 상황의 차이를 가장 극명하게 보여 준다. 예를 들면 학습자들이 가상의 호수를 관리하면서 환경에 대해 학습할 때, 학습자들은 호수를 정화하기 위해 직접 쓰레기를 치우는 것이 아니라 마우스나 키보드를 사용하여 청소기를 선택한다. 이처럼, 모의실험에서는 학습자의 반응은 컴퓨터의 입력 장치에 의해 제한되는 경향이 있다. 최근에는 모의실험의 정확도를 높이기 위해 특별한 입력 장치를 개발하여 사용하기도 한다. 예를 들면 전화예절을 학습하는 모의실험 프로그램에서 학습자들은 컴퓨터와 연결된 실제 전화기를 사용하여 반응을 입력한다.

ⓓ 반응 판단과 피드백

- 모의실험에서 피드백은 앞에서 설명한 두 가지 유형보다 복잡하다. 학습자들은 실제 상황에서 발생할 수 있는 결과를 가상적으로 경험하는 자연적인 피

드백을 받을 수도 있고, 이전의 유형에서처럼 개발자가 입력한 설명문 형태의 인위적인 피드백을 받을 수도 있다. 예를 들어 학습자가 자동차 운전 연습을 위한 모의실험 프로그램에서 운전이 미숙하여 사고를 냈을 경우, 차가 부서지는 모습이 소리와 함께 제시되는 상황과 단순히 "잘못 운전했습니다."라고 제시되는 상황이 있다.

- 모의실험에서 피드백은 즉각적으로 주어지기보다 상당히 지연되어 주어지기도 한다. 실제 상황에서 학습자는 지연된 피드백을 받는다. 따라서 모의실험의 정확도를 높이려면 지연된 피드백을 제시해야 한다.

㉤ 모의실험 종료 결정 및 학습 결과 제시

모의실험의 경우 종료는 학습자가 임의로 중도에 멈출 수도 있고 가상적 상황에 대한 학습자의 성취도에 의해 결정될 수도 있다. 학습자가 모의실험을 종료하면, 프로그램은 학습자가 그 모의실험에서 보여준 수행의 정도를 평가하여 학습자에게 제시한다.

(5) 발견학습형

발견학습형 코스웨어는 학습과정 중심의 학습형태로서, 학습자가 시행착오를 통해 귀납적으로 고도의 지적 기술을 학습하도록 하는 유형이다. 많은 경우, 학습자는 스스로 가설을 세우고 코스웨어에서 제공되는 데이터베이스에 질문을 던지거나 그 데이터베이스를 분석하는 정보검색 전략을 사용하기도 한다. 이를 통해 학습자는 스스로 원리나 규칙을 개발하게 된다.

(6) 문제해결형

창의력을 요구하는 문제해결 상황을 제시함으로써 학습자 스스로 문제를 정의하고 해결책을 수립하도록 유도하는 유형이다. 이 컴퓨터학습 프로그램을 통해 학습자는 단순히 개념이나 절차 등의 학습뿐만 아니라 문제해결에 관련된 기술과 전략을 실습할 수 있는 기회를 가짐으로써 추리력, 논리력, 비판력 등의 복잡한 사고력을 개발할 수 있다.

〈표 9-1〉 CAI 코스웨어 유형과 특정 비교

유형	활 용	교사의 역할	컴퓨터의 역할	학습자의 역할
반복 연습형	• 이미 배운 내용의 반복 연습 • 기본적 사실이나 정보복습 • 수업목표가 달성될 때까지 계속 반복연습 가능	• 관련된 내용의 수업 먼저 제시 • CAI 문제의 수준 확인 • 학습자 진도 확인과 조언	• 질문 제시 • 즉각적 피드백 제시 • 학습자의 진도를 디스크에 저장	• 질문에 대답 • 답의 정/오답 여부의 확인 및 피드백을 통한 반복연습
개인 지도형	• 새로운 학습내용의 제시 • 개별지도가 많이 필요한 내용의 학습	• 개별학습의 진도 확인 및 관찰	• 학습내용 제시 • 학습내용에 대한 질문, 정답 확인, 도움제시, 피드백제공, 요약제시, 학습경로 및 성취도 저장	• 프로그램의 지시에 따라 학습함 • 질문에 대답 • 필요시 질문이나 도움 사용 • 피드백을 통한 학습
게임형	• 복습용 • 동기를 높일 필요가 있을 때 • 개별적 또는 소집단 간의 경쟁을 통해 동기를 높일 때	• 학습시간의 제한 • 진도의 관찰	• 경쟁자, 심판 또는 점수 기록자 역할	• 사실 · 전략 · 기능들의 학습 • 자신의 선택에 대한 평가 • 컴퓨터나 동료와의 경쟁
모의 실험형	• 실제상황과 유사한 상황의 제시가 필요할 때 • 학습활동이 위험하거나 수행에 따른 비용이 비쌀 때	• 주제 제시 • 배경과 규칙의 설명	• 역할분담 • 상황의 규칙, 데이터 그리고 학습자의 결손에 따른 결과의 제시	• 의사결정 연습 • 선택 • 자신의 선택에 대한 결과 분석 및 평가
발견 학습형	• 가설검정 • 시행착오를 통한 학습 • 데이터 탐색 • 귀납적 접근	• 기본문제의 제시 • 학습진도 관찰 및 조언	• 정부 및 자료의 탐색기능 제시 • 학습자의 탐색활동 기록	• 가설의 설정 및 확인을 통한 원리나 규칙을 발견
문제 해결형	• 문제설정 • 가설진술 • 데이터 검증 • 해결책 제시	• 문제설정 • 학습자 배정 • 해결책의 방안	• 문제제시 • 데이터 조작 • 데이터 관리 • 피드백 제공	• 문제의 규명 • 해결책 제시 • 독립변인들의 조작
자료 제시형	• 자료검색 • 자율학습	• 검색방법 제시 • 특징 제시	• 자료제시(Text, Video, Audio, 사진 등) • 필용에 따라 사용자용 • Note와 Print 기능 제공	• 자료의 탐색, 수집, 비교, 분석, 정리

2. 멀티미디어의 개념과 구성요소

1) 개념

미디어란 광의로는 학습자가 지식, 기술, 태도를 학습할 수 있게 하는 조건을 수립하는 어떤 사람, 자료 또는 사건 등으로 간주된다. 이런 의미에서는 교사, 교과서, 학교 환경 등이 모두 미디어이다. 그러나 좁은 의미로의 미디어란 시각적·언어적 정보를 담고 처리하고 또는 재구성하는 데 이용되는 도상적·전자적·기계적 수단으로 정의된다.

멀티미디어란 문자정보 처리능력만을 가지던 컴퓨터 시스템이 문자, 음성, 이미지, 동화상 등 여러 가지 미디어를 동시에 처리할 수 있는 컴퓨터 시스템으로 발전함에 따라 단순미디어에 대한 대치 개념으로서 자연스럽게 조합되어 사용된 용어이다. 특히, 컴퓨터 공학과 통신공학이 결합하여 스탠드얼론(stand alone) 형태의 컴퓨터 시스템이 네트워크 형태의 컴퓨터 시스템으로 바뀜에 따라 멀티미디어란 개념의 활용이 더욱 가속화되었다.

미디어의 개념은 미디어의 교육적 효과에 대한 연구의 역사를 더듬어 보면 보다 분명해진다. 대부분의 미디어 연구는 여러 가지 다른 미디어의 수업 효과를 비교할 때 필름, 텔레비전, 교과서, 오디오테이프, 슬라이드 등과 같은 용어를 이용한다. 그러나 이러한 각 용어들은 실제로 매우 다양한 것들을 포괄하는 것이다. 예를 들면 사람들은 "교육심리학입문"이라는 제목의 많은 교과서를 조사하고 나서는 교육심리학이라는 주제에 대한 기본적인 접근 방법에 있어서 교과서마다 큰 차이가 있음을 깨닫게 된다. 즉 제시의 계열과 구조화, 도형의 이용, 인쇄기법 등에서 서로 현격한 차이를 보인다. 이런 현상은 필름, 오디오테이프, 슬라이드, 텔레비전 등에서도 마찬가지로 발생한다.

따라서 미디어 변인은 구체적인 속성(attributes)으로 정의되어야 한다는 주장이 나타나게 되었다. 이 속성이란 특정 미디어의 수용 능력(capability)을 구체적으로 기술한 것이다. 그래서 미디어의 속성은 사람이 제시할 수 있는 자료의 종류, 다른 자료와의 관계 속에서의 배열, 그 자료가 제시되는 방법 등에 영향을 주는 구조적 성분(structural component)이다. 이런 종료의 분석적 변인은 동작을 보여 줄 수 있는 능력, 따로따로 또는 동시에 시각적 · 청각적 자극을 제시할 수 있는 능력, 시간적 · 공간적 차원을 조작할 수 있는 능력 등이다.

멀티미디어 시스템이 교육적 기대를 모을 수 있었던 또 다른 특징은 종전의 미디어 시스템들이 가지지 못했던 상호작용적 특성을 가질 뿐만 아니라 대량의 정보를 저장, 통신관리, 처리하는 능력이 탁월하다는 것이다. 특히 종전의 미디어 시스템은 한 번 고정된 것을 뜻대로 수정하고 보안하다는 것이 매우 어렵거나 불가능할 때가 있는데 비하여 멀티미디어 시스템에서는 수정 · 삭제 · 첨가 · 보완 등이 비교적 자유롭다. 이러한 특성은 종전의 미디어 시스템에 비하여 학습자 특성과 학습과제 특성 및 환경적 특성에 대한 수업의 적응력을 대단히 높은 수준으로까지 향상시킬 수 있게 되었다.

2) 멀티미디어의 구성요소

멀티미디어를 구성하는 기본요소로서 텍스트, 이미지, 사운드, 애니메이션, 비디오가 있다. 이들은 모두 컴퓨터의 통제하에서 디지털의 형태로 변환되어 사용된다. 멀티미디어를 구성하는 요소들에 대해서 간단히 살펴보자.

(1) 텍스트

멀티미디어 데이터 가운데 가장 많이 사용하는 것은 텍스트 데이터이다. 텍스트 데이터는 가장 수월하게 조작할 수 있는 데이터로서 주로 키보드를 이용하여 입력하거나, 스캐너로 입력된 글의 영상을 문자 인식 프로그램을 이용하여 텍스트 데이터로 생성할 수 있다. 이러한 텍스트 데이터들은 다른 미디어 데이터들보다는 저장 공간이 매우 적게 필요하면서 많은 정보 내용을 전달해 줄 수 있는 데이터이다.

(2) 그래픽과 이미지 처리 기술

정보를 문자나 숫자로만 표현한 경우에는 수십 또는 수백 자 분량의 정보를 그림이나 그래프를 이용하여 그 의미를 쉽게 전달하는 사례를 많이 볼 수 있다. 이것은 그림, 그래프와 같은 영상 매체들이 많은 정보를 함축적으로 표현할 수 있고, 사람들에게 직관적으로 느낌을 줄 수 있기 때문이다. 멀티미디어 환경에서는 지금까지 많이 사용하였던 텍스트 정의보다는 그래픽과 이미지 정보의 사용이 늘고 있다.

일반적으로 그래픽과 이미지의 용어는 구별 없이 사용되고 있으나 이를 좀 더 명확하게 구분하여 보자. 그래픽 편집기 등을 이용하여 제작한 데이터를 그래픽 데이터라 하고, 스캐너와 비디오 보드를 이용해 얻어진 데이터를 이미지 데이터라고 한다. 좀 더 전문적인 구분은 어떠한 영상 이미지에서 영상의 형태를 인식하여 구조적으로 표현한 것이 그래픽이고, 영상의 전체 모형을 형상화하여 비구조적인 형태로 나타낸 것을 이미지라 한다.

(3) 사운드

멀티미디어에서 사용되는 사운드 데이터는 텍스트 정보와 그래픽 정보와는 다르게 귀로 들을 수 있는 정보를 제공하여 준다. 사운드 데이터는 주의력을 집중시키거나 오락의 현실감을 부여하여 주며, 음악을 재생, 편집, 합성하는 등의 방법으로 멀티미디어의 다양한 효과를 더해 줄 수 있다. 이와 같은 사운드 데이터는 모든 소리를 총칭하는 의미로서 이를 구분하여 보면 사람의 음성, 악보를 표현할 수 있는 음악과 여러 가지 음성 효과로 구분할 수 있다. 각 요소들은 컴퓨터 내부에서 데이터 표현 형태를 달리하고 있으며 기능에 있어서도 서로 다른 역할을 하고 있다.

(4) 비디오와 애니메이션

멀티미디어 타이틀에 비디오나 애니메이션 데이터를 사용하면 더욱 시각적 효과를 얻게 된다. 이는 자료 중에서 영상 자료가 차지하는 비중은 정보의 전달이나 설명에 있어 그만큼 탁월한 효과를 가지고 있다고 할 수 있다. 사운드 데이터가 비디오나 애니메이션과 함께 결합하여 지원된다면 아주 극적인 변화를 줄 수 있으며, 그 활용 범위도 매우 넓어진다.

비디오나 애니메이션은 연속적으로 움직이는 장면을 보여주는 일반적인 기능은 동일하나, 만화 영화와 같이 어떤 형태의 움직임의 특성이나 모양의 특성을 강조하여 제작한 데이터를 애니메이션이라고 하고, 실제적으로 비디오 카메라로 촬영한 결과를 재생시켜 제공하는 영상을 이용하여 제작한 비디오 데이터의 장면 속도보다 뒤떨어져 부자연스러워 보이기도 한다. 비디오와 애니메이션은 제작에 있어 이러한 구별이 가능하나 컴퓨터 내부에서는 동일하게 취급한다.

(5) 압축기술

멀티미디어에는 여러 매체가 사용된다. 음향이나 화상 데이터, 특히 동화상 데이터는 크기가 매우 크므로 동화상 데이트를 저장한 디스크 공간이나 메모리 공간의 부족은 물론이고, 처리기(CPU)의 계산 속도가 따라주지 못하며, 컴퓨터 내부 및 네트워크에서의 전송 속도가 떨어지는 문제가 생긴다.

압축이란 많은 양의 정보를 더 작은 크기의 데이터로 표현하는 기술을 의미하고, 복원은 압축을 푸는 작업을 말한다. 즉, 파일압축이란 다양한 압축 기법을 사용하여 파일 크기를 줄이는 것을 의미한다.

문자를 압축하는 데 있어서는 ZIP 알고리즘을 많이 사용한다. 정지 화상의 경우 GIF, JPEG 등이 널리 쓰이며, 음향의 경우 G.722 등이 쓰이며, 동화상의 경우 DIV, 퀵타임 H.261, MPEG 등이 대표적이다. 모든 압축의 기본 원리는 중복성 제거이다. 여기에 더해 시각 및 청각 매체들에 대해서는 가시 가청성의 원리를 사용할 수 있는데, 가시 가청성의 원리한 사람이 자세한 것은 보지 못한다는 점 등을 이용해서 사람이 잘 느끼지 못할 데이터들은 살짝 빼버림으로써 데이터의 양을 줄일 수 있다는 원리이다.

3) 멀티미디어의 특징

멀티미디어의 특징은 그것이 갖고 있는 다중매체, 상호작용성, 하이퍼링크, 대용량성의 속성과 더불어 네트워크를 기반으로 한 접근성에서 찾을 수 있다.

첫째, 멀티미디어는 현실과 유사한 풍부한 환경을 제공한다. 다중매체의 속성은 사용자로 하여금 텍스트, 사운드, 그래픽, 애니메이션, 비디오를 포함하는 다양한 정보들을 통합적으로 제공함으로써 현실과 유사한 경험을 제공할 수 있다. 예를 들어 인터넷 쇼

핑은 초기의 우려에도 불구하고 엄청난 성장을 계속하고 있다. 소비자는 직접 눈으로 보고 만져 보는 대신에 텍스트 정보와 실물사진, 동영상에 의존하여 필요한 물건을 구입하고 있으며, 화상을 통하여 의사가 원격진료를 하거나 상담하는 사례도 늘고 있다.

둘째, 하이퍼링크의 형태로 조직된 멀티미디어는 웹과 결합함으로써 사용자 중심의 상호작용 환경을 제공한다. 상호작용성은 사용자의 필요와 선택에 의해서 원하는 내용을 선택하고 사용시간과 분량을 마음대로 조절하게 함으로써 사용자에게 개별화된 경험을 갖도록 하며, 필요한 정보를 신속하고 폭넓게 탐색하게 할 수 있는 환경을 제공한다.

셋째, 멀티미디어 저장매체는 많은 정보를 수록・저장할 수 있는 대용량성을 가진다. 멀티미디어의 저장매체로 가장 많이 사용되고 있는 USB와 대용량 외장하드를 사용한다.

넷째, 멀티미디어는 즐거움과 편리함을 제공한다. 멀티미디어가 가장 각광받고 있는 분야 중의 하나가 컴퓨터 게임이다. 생동감 있는 영상과 우수한 음질은 게임을 더욱 실감나게 만들고 프로그램 내용과 사용자들 간에 다양한 상호작용을 가능하게 한다. 세계의 유명 박물관에 소장된 미술작품을 언제든지 감상할 수 있고, 모든 장르의 음악과 영상을 텍스트 정보와 함께 감상할 수도 있다.

다섯째, 멀티미디어는 비용, 시간, 위험부담을 줄일 수 있다. 우주비행사를 위한 비행 시뮬레이션 프로그램, 의학이나 과학 분야에서의 해부실험이나 가상치료 프로그램은 비용과 위험부담을 줄이면서 원하는 효과를 거둘 수 있다.

4) 멀티미디어의 유형

멀티미디어 출판은 많은 분야를 포함하고 있으며 사용되는 미디어의 종류에 따라서도 많이 달라진다. 우리가 기존에 사용하던 방식에서 대화형식을 가미하면 바로 멀티미디어 방식으로 간주할 수가 있다.

(1) 전자책

전자책은 인쇄물을 디지털 분야로 확대한 것으로 본문, 실례, 사진뿐만 아니라 기존의 인쇄 매체로는 표현하기 곤란했던 사운드, 비디오, 애니메이션까지도 제공하며, 본문과 그 이외의 요소들을 재빨리 찾아볼 수 있는 검색 능력과 더불어 매우 방대한 저장 능력까지도 갖추고 있다.

각기 다른 매체를 결합시키는 기술과 다른 쪽으로 즉시 연결할 수 있는 하이퍼링크 기능으로 인해 이미 인쇄 매체로 출판된 책을 전자화함으로써 많은 출판 회사들이 매우 인기 있는 전자책을 만들어 왔다.

(2) 전자 잡지

전자 잡지는 기존의 잡지를 사운드, 애니메이션, 비디오 클립, 정보 데이터베이스 그리고 대화형 인터페이스를 포함하는 디지털 분야로 확대한 것이다. 전자 잡지의 제작은 대부분의 작업이 각각의 미디어에서 따로 진행된다는 점을 제외하고는 전자책의 제작과 별 차이가 없다. 전자 잡지의 출판은 기존의 인쇄 잡지와 방송 텔레비전의 수입원을 전자화하게 된다. 잡지사의 수입원은 구독료보다는 광고비가 대부분을 차지한다.

[그림 9-5]는 〈PC Plus〉라는 영국에서 발간되는 전자 잡지의 목차 화면을 보여 준다. 잡지 내에 기사를 포함하고 있으며 상용 프로그램의 샘플과 쉐어웨어 프로그램을 포함하고 있는 경우가 많다.

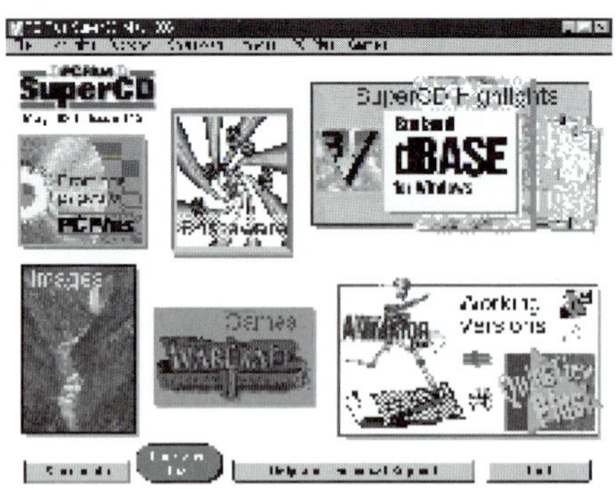

[그림 9-5] 전자 잡지 PC Plus의 목차화면

(3) 키오스크

키오스크(kiosk)는 정보를 수많은 사람들에게 접근할 수 있도록 한 공공시설로서 전통적인 키오스크는 게시판이나 벽보를 들 수 있다. 멀티미디어 키오스크는 쇼핑몰이나 공항과 같은 공공장소에서 정보를 제공하거나 안내 업무에 주로 사용된다. 키오스크의 활용도를 높이려면 사용하기 쉽고 내용을 이해하기 쉽게 표현해야 한다. 대부분의 사람들이 컴퓨터에는 친숙한 편이 아니기 때문에 그 시스템이 작동하는 방법을 알고자 많은 시간을 할애하지 않을 것이다. 이에 정보를 조직화하고 인터페이스를 디자인하는 것은 매우 중요하다.

(4) 멀티미디어 데이터베이스

전통적인 데이터베이스의 개념은 텍스트 데이터를 저장하는 것이었다. 그러나 이제 이러한 개념은 멀티미디어를 사용하면서 빠르게 변화되고 있다. 멀티미디어 데이터베이스는 다양한 매체, 즉 오디오, 비디오, 그래픽과 애니메이션을 포함할 수 있으며, 이러한 매체들을 디지털화하고 분류하여 검색하기 쉽도록 데이터베이스 기술을 개선하여 멀티미디어를 취급하도록 한다.

예로 의학 멀티미디어 데이터베이스의 경우에는 환자의 이름, 주소, 나이, 보험, 진료 경험뿐만 아니라, X-선, 심전도, 단층촬영 결과와 같은 사진 자료는 디지털 포맷으로 저장하여 여러 의사가 각자의 방에서 터미널을 사용하여 볼 수 있도록 하는 등 이러한 분야의 응용이 확대될 것으로 예상된다.

(5) 훈련

모든 기업들은 방대한 업무에 대하여 수많은 직원들을 일괄적으로 훈련시킬 필요가 있다. 다양한 업무에 종사하며 때로는 먼 거리에 있는 직원들을 대상으로 타이틀을 개발하면 직원은 각자에게 편리한 시간에 반복적으로 훈련에 참가할 수 있다. 여러 연구 보고서들은 대화형 학습환경이 학습자에게 훨씬 유용하다는 것을 제시하고 있다. 이러한 측면에서 많은 회사들이 컴퓨터에 입각한 훈련을 도입하여 컴퓨터 스크린을 통하여 자신의 보조에 맞추어 학습할 수 있도록 하고 있다.

(6) 대화형 게임

재미와 즐거움을 얻게 하는 행위를 '게임'이라고 한다면 전자 게임의 범주는 상대적으로 넓어질 수 있다. 스포츠 게임, 어드벤쳐(adventure) 게임, 인물과 이야기를 조절할 수 있는 대화형 영화 등 기술의 발달은 보다 빠르고 보다 생생한 게임을 가능케 하며 이러한 대화형 게임은 멀티미디어의 어떤 분야보다도 빨리 진보하고 있다. 대화형 게임의 발달로 인하여 하드웨어 분야, 그래픽 분야 그리고 애니메이션 도구 등의 발달을 가져오고 있다.

5) 멀티미디어 교육의 효과

멀티미디어로서의 교육은 다음과 같은 특징을 갖는다.

첫째, 최첨단 멀티미디어 교육장비를 사용한 생생한 경험 학습을 할 수 있다. 그림, 문자, 청각 자료, 애니메이션 등 다양한 매체를 통한 멀티미디어 학습으로 학습의 최대 효과를 얻게 된다. 멀티미디어를 이용한 교육의 경우, 교육내용이 어린이의 시각, 청각, 촉각 등의 감각기관을 통해 전달되고, 스스로 만져보고, 움직여 보는 과정이 진행되어, 학생들에게 재미있고 학습효과가 뛰어난 교육환경과 교육과정을 제공함으로써 궁극적으로 학생들의 학습 능력 향상에 도움이 된다. Heinich 등(1996)에 의하면 인간은 읽은 것은 10% 정도 기억하고, 들은 것은 20%, 본 것은 30%, 보고 들은 것은 50%, 소리내어 읽은 것은 70%, 스스로 해 본 것은 90% 정도 기억한다고 하였다. 이런 점에서 학습 내용을 가장 구체적인 상황으로 구성해 줄 수 있는 멀티미디어야 발로 가장 효과적인 매체가 될 수 있을 것이다.

둘째, 일상생활에 자신감을 주는 교육이다. 학생들에게 자연스럽게 멀티미디어 기기들을 접할 수 있도록 함으로써 컴퓨터를 비롯한 다양한 도구를 조작하는 데 두려워하거나 어렵게 생각하지 않고 컴퓨터의 무한한 능력을 이용하여 생활에 활용하도록 함으로써 이에 대한 자신감을 갖도록 한다.

셋째, 개별화 학습이다. 교육과정이 연령별, 능력별, 흥미 등을 고려하여 구성될 수 있어 교사가 사전 검사와 관찰결과에 따라 개별화 학습을 진행할 수 있다.

넷째, 소집단 협동학습이 가능하다. 2명 또는 몇 명이 짝이 되어 어떤 문제를 해결하기 위해 서로 의논하고 의견을 교환할 수 있어 협동심을 유발하게 된다. 많은 연구들이 컴퓨터를 사용한 소집단 협동학습, 특히 어린이들의 친구 관계를 향상시키고, 학습성취도, 태도와 사회적 상호작용성, 협동성을 증가시킨다는 결과가 입증되고 있다.

6) 멀티미디어 학습 타이틀의 선정방안

각 학교마다 교육용 소프트웨어를 구입하는 데 어려움이 있는 것으로 알고 있다. 그 이유는 학습에 도움을 주는 멀티미디어 학습 타이틀을 선정하기가 만만치 않기 때문이다. 따라서 각 학교에서 교육용 소프트웨어 구입 시 다음과 같은 심의 기준을 적용하여 구입하는 것이 좋다.

좋은 소프트웨어를 선정하기 위한 심의 기준은 여러 가지로 나타나 있으나 본인이 (사단법인)교육소프트웨어 진흥센터의 위탁을 받아 연구한 교육용 소프트웨어의 심의 기준은 〈표 9-2〉와 같다. 이런 기준은 각 학교에서 컴퓨터 소프트웨어를 다루어본 교사들과 각 교과를 담당한 교사들이 팀을 이루어 심의할 수 있다. 이런 과정이 번거로우면 다음과 같은 방법으로 교육용 타이틀을 구입하는 것이 좋다.

첫째, 기존에 교육개발원에서 개발 보급한 교육용 소프트웨어 중 질 좋은 소프트웨어를 찾아내어 학습에 적극 활용한다.

둘째, 공인된 기관에서 추천하는 교육용 타이틀을 구입한다. 가령 멀티미디어교육지원센터(KMEC)에서 추천하는 교육용 소프트웨어들을 구입한다. 현재 1,2차의 평가를 통해 110종의 품질 인증의 소프트웨어가 선정되었다. 또한 (사단법인)교육소프트웨어 진흥센터에서 추천하는 우수 교육용 소프트웨어를 구입한다(현재 7차까지의 소프트웨어 평가를 통해 수백 개의 교육용 소프트웨어의 특성들을 평가하여 그 중 우수교육용 소프트웨어를 추천하고 있다(웹주소 : www.espa.or.kr).

셋째, 각 시 · 도 교육청에서 교사들이 공모전에 출품한 작품 중 우수한 작품들을 추천 받아 구입한다.

〈표 9-2〉 교육용 소프트웨어 심의 기준

심의 요소	심의 내용
프로그램의 내용	• 학습목적과 일치 • 학습내용의 정확성 • 수준별 학습 • 교수 설계 전략 • 동기유발 • 학습자 제어 • 학습 평가의 적절성
기술성	• 시각적 요소 • 화면 양식의 편리성 • 응답속도가 어느 정도 빠른지 • 사용의 용이성 • 자동적 채점 기능 등 • 사운드의 사용정도
효과성	• 학생들의 관심도 • 학생들의 성취도 • 학생들의 평가
보조자료의 제공성	• 출력 매뉴얼 • 음성 지원 자료 • 비디오 지원 자료
다른 매체와의 차별성	• 상호 대화적인 장점 • TV, 비디오, 교과서와 다른 점

CHAPTER 10

원격교육

1. 원격교육의 개념

현재까지의 기존의 학교교육체제는 교육 기회적인 측면이나, 교육의 질적인 측면에서 개인의 다양하고 독특한 교육적 욕구를 채워 주지 못하고 있다. 또한 전통적인 학교교육체제에서는 학생 개개인의 다양한 욕구의 충족은 물론 학교교육을 마친 성인들에게는 아무런 교육적 혜택을 주지 못하고 있다.

1980년대에 들어와서 교육의 기회를 확대해 보고자 하는 사회적 분위기에 편승하여 날로 발달하는 과학기술과 정보 기술, 새로운 매체의 대두, 특히 컴퓨터 기술의 가속화에 힘입어 원격교육(distance education)의 개념이 구체화되었다. 원격교육은 이러한 평생교육의 혜택을 누리는 특수성을 가지고 있는 대상에게 학교교육체제를 갖추면서 새로운 관점의 교육방법론을 제시한 교육체제라고 할 수 있다.

원격교육은 19세기 인쇄된 자료를 통한 교육으로 시작되어 20세기에 들어와서 라디오, 전화, 오디오, 비디오, 컴퓨터 등 다양한 매체로 인해 많은 발전을 가져왔으며, 새로운 매체의 대두 및 발전이 원격교육의 관점에 큰 영향을 미쳤다고 하여도 과언이 아니다.

원격교육이라는 용어가 세계적으로 통용되기 시작한 것은 얼마되지 않았으며, 그 이전부터 이와 비슷한 형태의 교육제도 및 방법으로 각 시대 및 나라마다 다르게 사용되고 있다. 영국은 평생교육의 차원에서 통신교육(Correspondence Education)으로 사용하고 있으며, 미국은 영국과 같은 맥락인 평생교육적인 측면에서 가정학습(Home Study), 개방학습(Open Learning), 원거리 교수(Telematic Education : ICCE)에서 원격교육이라는 용어가 공식적으로 채택되어 사용되고 있다.

원격교육은 여러 학자들이 다음과 같이 설명하고 있다.

Holmberg(1997)는 교사가 교실 혹은 학교 내에서 지속적이고 직접적인 관리감독을 하지 않고 개별지도체제에 의해서 가르치고 계획하며 지도하는 모든 수준에서의 다양한 학습형태를 포함하는 것으로 개별지도체제를 강조한다.

교사와 학습자 사이의 분리는 전통적인 면대면(face to face) 교수-학습 형태와 비교하여 원격교육을 구별짓는 특성으로 원격교육에서는 교사와 학습자 사이에 인쇄물, 오디오나 라디오, 비디오나 텔레비전, 컴퓨터 등이 놓이게 되어 학습에 영향을 미치게 된다. 또한 각종 학습자료를 조직하고 학생들에게 교육조직을 통해서 효과적인 학습으로 연결시키는 것은 원격교육과 개별학습을 구별시켜 주는 것이다.

전통적인 면대면 교수방법에서는 교수자와 학습자가 분리된 상태에서 교수를 준비하고 학습자와 교수자가 면전에서 학습을 하지만, 원격교육에서는 다양한 매체와 방법을 토대로 교수준비와 학습의 두 가지가 학생과 분리되어 행하여지며, 학습매체의 활용과 쌍방 통행식 의사소통을 강조하였다.

Peters는 원격교육은 간접교육의 형식이며 통신, 인쇄매체, 교수-학습 자료, 시청각, 라디오, 텔레비전, 컴퓨터와 같은 기술적 매체에 의해 전달되며, 많은 학생들을 어떠한 장소에서나 동시에 가르칠 수 있도록 수준 높은 교수 자료를 재현하기 위한 특별한 목적으로 광범위한 기술매체를 활용하고 분업 및 조직원칙을 적용하여 합리적으로 지식, 기술 그리고 태도를 전수하는 교육방법(Keegan, 1983)으로 교수-학습의 산업화된 형태에 초점을 맞추고 있다.

김승한(1985)은 "원격교육이란 몇 가지 한정된 범위에서나마 전통적인 교육방법이나 교육상의 구조에 집착을 버리고, 교육의 수단으로 동원할 수 있는 모든 종류의 교육공학적 매체들을 종합적으로 사용함으로써 이른바 다중매체 접근방식(Multimedia Approach)

의 장점들을 최대한으로 활용하여 평생교육 이념에 접근하려고 시도하는 교육에 있어서의 하나의 새로운 방향정립(orientation)이다"라고 정의하고 있다.

이렇게 여러 학자들이 제시한 원격교육에 대한 정의를 종합할 때, 원격교육이란 학습자와 교수자의 사이에 공간적인 상당한 거리가 있는 것을 전제로 교육이 이루어지는 교육방법 중의 하나로 여러 가지 교수매체, 즉 인쇄정보물, 음향정보물, 시각정보물, 컴퓨터, 멀티미디어 등을 단독적 혹은 종합적으로 사용하여 교육 목표와 의도에 부응토록 구성한 교육의 한 형태라고 정의할 수 있다. 이 정의를 도식화하면 [그림 10-1]과 같다.

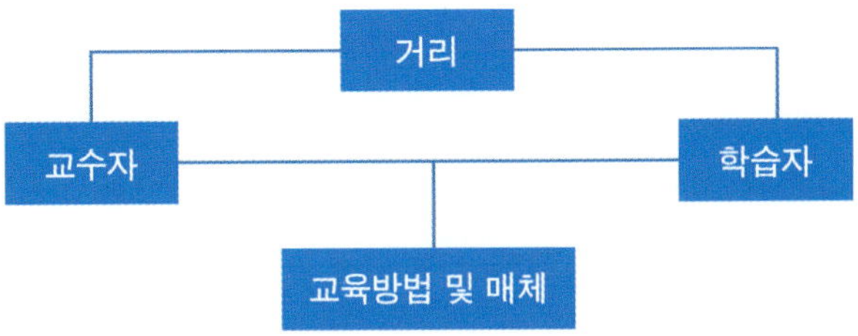

[그림 10-1] 원격교육 원리

2. 원격교육의 역사

원격교육이라는 용어의 사용은 최근의 일이지만, 그와 같은 방법의 활용은 1세기 이전부터 시작되었다. 또한 비조직적인 유형의 활동은 1세기보다 훨씬 오래전부터 있어 왔다.

원격교육의 최초 언급은 1728년 3월 미국 보스턴(Boston)에 사는 속기교사가 속기 배우기를 원하는 먼 거리에 거주하는 학생들에게 보스턴에 거주하는 학생들과 같이 완벽하게 수업을 할 수 있도록 그들에게 정기적으로 여러 개의 학습과제를 보내는 광고에서 시작되었다. 그러나 현대적인 원격교육의 시작은 1840년 영국에서 찾아볼 수 있다. Issac Pitman에 의해 운영된 통신속기 코스를 원격교육제도의 출발로 보며, 최초로 통신 코스를 개설한 기관은 독일 베를린 어학교육기관(1856)으로 설립된 Toussaint와 Langenshedit 제도로 보고 있다.

원격교육은 정규학교에 입학하지 못하는 개인들에 대한 배려에서 시작되었으며, 1880년 스웨덴의 부기교사인 Hans Hermod는 자신이 거주하는 도시로부터 떨어진 학생들에게 우편을 통해서 학습과제를 보냄으로써 가르치는 것을 계속하였다. 그리고 영국에서 William Briggs는 학교에 입학하지 못하는 학생들을 위해 우편에 의한 학교수업을 제안하는 것에서 원격교육의 초기 모습을 볼 수 있다.

미국에서는 19세기 중반의 남북전쟁을 전후하여 급속히 진행된 산업화와 그에 따른 사회 저변의 교육적 요구의 확장에 의해 원격교육 제도가 발전하게 되었다. 유럽에서의 원격교육에 대한 관심은 앞서 제시한 영국과 독일의 초기 모습에서도 볼 수 있듯이 거리적·물리적으로 고립된 불리한 교육적 환경을 소지한 사람을 보상해 주기 위한 시도와 정규 제도적 학교로부터 고립된 학생들에게 교육적 혜택을 주기 위하여 시작되었다. 초기의 원격교육에 대한 시도는 효율적인 우편 활용과 학생들의 높은 동기수준에 지나치게 의존하였다. 이 시대에는 라디오가 이용되지 않아 많은 고립된 학생들에게 교육받을 수 있는 유일한 방법은 우편 통신으로 교수자가 제공하는 과제물과 편지로 학습이 이루어졌으며 다소나마 교육을 받지 못한 이들에게 교육기회를 제공하였지만, 교육계획자의 관심을 끌기에 충분하지 못하였다.

그러나, 특히 활자매체의 발달과 통신수단의 개선으로 통신교육을 촉진시켰으며, 1920년대 이후에는 라디오의 발달과 더불어 종래의 활자통신 방법에서 전파매체를 활용하는 교육형태로 급신장하였다. 뉴질랜드에서는 1937년대까지 미국, 영국, 독일과 그 밖의 국가에서는 우편통신과 방송이 원격교육으로 운영되기 시작했으며, 이어서 통신과 방송 그리고 면대면 수업이 연결되기 시작되었다.

현대적인 원격교육과 같이 방송, 통신, 면대면 수업 등의 다양한 매체와 방법은 1969년 창설된 영국의 개방대학에서 출발한다고 볼 수 있다. 그리고 오늘날에 이르러서는 라디오, 텔레비전뿐만 아니라 전화, 비디오, 컴퓨터 등 다양한 교육매체를 이용하는 원격교육체제를 갖추게 되었다. 오늘날의 원격교육은 학위 과정을 이수하는 방식뿐만 아니라 학령기 이후의 계속교육, 직업교육, 전문 훈련 및 기술교육 등의 여러 분야에서 이용되어 그 폭을 넓혀 가는 추세이다.

우리나라에서는 영국의 '개방대학'과 일본의 '방송대학' 설치 계획에 근거로 1967년 「교육법」 제11조 2항을 신설하여 국립대학교에 방송통신대학을 부설할 수 있는 법적인 준비를 하였고, 몇 년간의 예비작업을 거쳐 1972년 3월에 「한국방송통신대학설치령」이 공포되어 2년제 초급대학 과정의 한국방송통신대학이 서울대학교에 부설로 개설되었다. 그리고 동년 3월 23일 「한국방송통신대학설치령」이 문교부령으로 공포됨에 따라 방송통신 교육이 본격적으로 시작되었다.

한국방송통신대학은 지금까지의 학생이 학교라는 일정한 장소에 출석함으로써 이루어진다는 교육관계에서 벗어나 시간적 · 공간적 · 경제적 제약을 받는 사람들에게 학교에 직접 출석하지 않고 가정이나 직장에서 교육을 받을 수 있는 제도가 확립되었다. 한국방송통신대학은 1981년에 5년제 대학으로 개편되었고, 1982년 2월에는 서울대학교에서 분리하여 독립된 국립대학이 되었다.

원격교육의 발전은 학습자의 욕구충족과 교육권에 대한 폭넓은 이해 그리고 민주주의 의식에 영향을 받았다. 그러나 원격교육이 발생한 지 1세기 이상이 지났지만 이에 대한 본격적인 연구는 1960년대 이후에 시작되었다. 1980년대에는 호주, 캐나다, 미국 대학의 학자들에 의해 원격교육에 대한 연구가 본격화되어 원격교육 조직의 필요성을 부각시켰다.

원격교육의 이론과 교육적 특성은 일반적으로 교육이론과 밀접하게 관련되어 있고, 정보와 의사소통 그리고 독립적 사고와 관련되어 있다. 1970년 이후 원격교육에 대한 연구는 이론적 토대 마련에 중점을 두었다. Baath(1972)는 원격교육의 관심 부분을 학습의 일반이론과 연결시켰고, Moore는 원격교육의 중요한 요소로서 학습자의 자율성을 강조하였으며, Peters는 원격교육을 산업적 형태와 관련시켜 노동의 분업, 경제성의 원칙에 입각하여 분석하였다. 학자들의 다양한 연구뿐만 아니라 고등교육의 수혜율을 높이기 위해 각 국에서 실시한 개방대학은 원격교육의 발전에 많은 영향을 주었다.

3. 원격교육의 일반적인 특성

원격교육은 누구를 위하여 무슨 목적으로 시행되며, 시행되는 곳의 사회적·문화적 환경이 어떠한가에 따라 교육제도의 유형이 여러 가지 있을 수 있다. 교육체제와 방법에도 차이가 있을 수 있다. 공통의 본질적인 특성은 다음과 같이 기술할 수 있다 (Keegan, 1983).

첫째, 교육의 대상이 이질적이다. 원격교육의 대상이 성인만이라고 한정 짓기는 어렵지만 원격교육이 기본적으로 평생교육 이념에 기초를 두고 사회교육의 둘레 안에서 직업교육, 성인교육, 특정 분야의 대상자들로 하여금 부족했던 교육의 기회를 제공한다는 점에서 주대상은 성인이라고 할 수 있다. 성인이 가지는 교육적 특성은 내적 동기유발과, 자기주도 학습이 강하고 기대하는 목표가 분명하고 스스로 평가할 수 있다는 특성을 가지고 있다. 그리고 성인들은 개인차가 현저하게 나타난다. 선행학습의 정도와 수준에서도 크게 차이를 나타내며 입학동기, 학습방법 등도 매우 다르게 나타나고 있다. 독특하고 다양한 교육적 배경과 사회적 경험을 갖고 있을 뿐만 아니라 연령별 차이도 심각하게 드러나고 있다.

둘째, 원격교육은 근본적으로 면대면 교육에 제한을 받는다. 원격교육에서는 가르치는 사람과 배우는 사람 사이에 거리가 있기 때문에 면대면 교육에서 가능한 인간관계의 상호작용과 이에 따른 교육적 효과를 기대하기는 어렵다. 학습자 사이의 역동적 관계가 이루어질 수 없어 상호작용에 의한 잠재적 학습효과를 기대하기 힘들다. 조직된 쌍방향 커뮤니케이션 시스템을 통해 이를 해결하기도 하는데 전화, 컴퓨터 네트워크 등의 통신기술뿐만 아니라 계획적이고 세밀하게 제시되는 교수자료의 안내와 단서, 피드백을 통해서도 비가시적 모의대화가 가능하기도 한다. 여기에서 거리란 교육자와 학습자의 공간적 간격만이 아닌 학생 상호 간, 교과 과정 간, 교육매체 간, 교육방법 간의 생리적·심리학적·형태적·질적 거리의 존재의 전부를 포함하여 모든 교육행위가 이루어진다는 차원까지 포함하는 것으로 파악해야 한다.

셋째, 원격교육의 시스템은 기본적으로 학습자의 자율학습(Self-Directed Learning)에 의존하는 교수-학습 체계이다. 학습자 중심 체제로 타인, 특히 교수자에게 의존하는 것을 최대한으로 줄이고 개별학습을 통해 학습자의 자율성을 신장시켜 자기 학습력을 기르고 학습의 전략과 방법까지 스스로 결정하는 것을 기본으로 하고 있다.

넷째, 다양한 교수자료가 교수-학습 과정에 활용된다. 접촉 혹은 비접촉 통신을 통하여 학습자가 자율적으로 활용할 수 있는 모든 매체들이 이용될 수 있다. 인쇄자료를 주축으로 음향, 영상자료들의 시청각 매체와 쌍방향 통신을 위한 인공위성, 텔레커뮤니케이션, 컴퓨터 네트워크 등이 복합매체로 사용될 수 있다.

다섯째, 원격교육은 다수의 학생을 통신의 수신자로 보고 있다. 원격교육에서 사용되는 통신방법은 텔레비전, 라디오 등의 대중매체뿐만 아니라 학습자료의 개발도 다수의 학생을 대상으로 개발하고 있으며 통신 방법 또한 대량적이고 복합적으로 이용한다.

여섯째, 원격교육은 산업성에 기초를 두고 있다. 학습자의 요구와 특성에 따라 교과내용이 편파적으로 결정될 수 있으며, 학습자의 작업 수행 과정에서 요구되는 교과내용이 주내용이 될 수 있는 유동성이 있다. 또한 원격교육의 계획 과정과 수업의 자율화, 분업화, 기계화, 자료의 평가 등은 산업체의 원리와 비슷하며 교과과정, 교수매체, 교육조직, 책무성, 교수체계화 등에서 산업형 교수-학습이론(Industrial Type Teaching & Learning)의 경향을 띠고 있다.

Garrison과 Seale(1989)은 교육 커뮤니케이션 관점에서 원격교육의 특성을 제시하였다. 즉, 교육은 교사와 학습자 사이에 계속되는 커뮤니케이션의 과정이므로 원격교육 역시 다음의 세 가지 요소로 설명될 수 있다.

첫째, 원격교육은 대체로 학습자와 교사 간의 교육 커뮤니케이션이 동시에 일어나지 않는다.

둘째, 원격교육은 교육과정을 지원하고 활성화시키기 위해 교사와 학습자 간의 쌍방향 커뮤니케이션이 필수적이다.

셋째, 필수적인 쌍방향 커뮤니케이션을 가능하게 하기 위해 원격교육은 테크놀로지를 매개체로 이용한다.

원격교육이 전통교육체제와 구분되는 가장 두드러진 특성은 전통교육에서는 교수, 학습자가 면대면 상황에서 직접적인 커뮤니케이션에 의해 연결되며 주로 단일 교사에 의한 일방적 교수－학습 활동이 대부분이다. 반면 원격교육에서는 면대면적 커뮤니케이션의 기능을 인쇄 방송 혹은 컴퓨터로 대신하게 되고, 아주 드물게 면대면의 기회를 갖게 되며, 교수 전문가와 교육 프로그래머, 다중 전달 매체 전문가 등의 다양한 전문가에 의해 사전에 기획, 개발, 제공되는 체계적인 다학문적 팀 접근이 가능하다는 특성을 지니고 있다.

원격교육의 통합적인 특성을 살펴보면, 원격교육은 원격형 의사소통 방식이나 모형을 통해 비면대면적인 자학자습 방법이며, 다양한 매체로 교사와 학습자들 간의 상호작용적인 학습활동을 조장하는 것을 그 특성으로 하고 있다.

4. 원격교육의 이론

1) 독립성과 자율성 이론

원격교육의 독립성과 자율성을 강조한 이론이다. 원격교육에서 가르치는 것과 배우는 것은 각각 독립적으로 실행될 수 있는 것으로, 학습의 책임을 학습자가 지는 것으로 파악한다.

따라서 원격교육에서는 학습자에게 언제 어디서 어떤 내용을 어떤 방법으로 배울 것인지에 대한 다양한 선택의 기회가 주어지면서 독립적 · 자율적으로 학습할 것을 주장하였다. 대표적 학자로는 Delling, Wedemeyer, Moore가 있다.

미국이나 유럽의 원격교육기관들은 독립성과 자율성 이론을 바탕으로 자신들의 프로그램을 자율학습, 자학자습, 자기독립학습 등으로 명명하고 있다. Wedemeyer와 Moore 등이 주장해 온 자학자습은 그 특성상 매개가 되는 테크놀로지를 필요로 한다. 즉, 혼자서 가능하도록 지원하는 주 교재와 다양한 보조 교재를 필요로 하는 것이다.

이 이론에서는 교수자와 학습자의 분리를 주장한다. 가르치는 것과 배우는 것은 각각 독립적으로 실행할 수 있는 것으로 보기 때문이다. 원격교육에서는 가르치는 사람과 배우는 사람이 시간과 공간상으로 서로 떨어져 있다는 점을 강조한다. 따라서 다시 강조하자면 학습이 언제, 어떻게 일어나느냐 하는 것은 학습자의 책임에 달려 있다. 학습의 책임을 학습자가 지는 만큼 원격교육에서는 학습자들에게 언제 어디서 어떤 방법을 통해서 배울 것인지에 대한 다양한 선택의 기회가 주어져야 한다는 주장이다.

(1) Delling

Delling은 원격교육의 주요 요소는 학습자, 사회(제도, 행정, 가족 등), 지원조직, 학습목표, 내용, 학습결과, 거리, 매체 등이며, 여기서 교수자는 원격교육의 주요소를 포함하지 않았다. 원격교육이란 지원조직이 매체를 이용하여 학습자와 상호작용하는 교육을 의미하며, 교수자와 학습자의 상호작용은 존재하지 않는 것으로 해석한 것이다.

그러나 지원조직이 학습을 위하여 할 수 있는 역할은 제한적이며, 결국 원격교육에서의 학습은 학습자의 자율적이고 독립적인 학습 노력에 의하여 일어나는 것임을 강조한 것이다.

Delling의 원격교육 역사에 대한 이해는 대부분의 원격교육 학습자가 성인이었다는 점과 관련하여 학습자의 자율성 독립성이 원격교육의 핵심이 된다는 주장으로 이어지는 것으로 보인다.

(2) Wedemeyer

독립학습이라는 용어는 Wedemeyer가 대학 수준에서의 원격교육을 기술하는 데 사용하였던 것이다. 그는 독립학습을 교수자와 학습자가 자신들이 해야 할 일은 만나지 않고 떨어져서 수행하면서, 매체를 매개로 통신하는 체제로 설명하였다. 여기서 학습자는 언제, 어디서나 배울 수 있는 자유와 기회가 주어져야 한다고 주장한다.

Wedemeyer가 원격교육을 설명하는 시각은 크게 두 가지로 요약될 수 있다.

첫째, 원격교육에서 가르침과 배움의 행위를 분리시키고 교육기관이나 교수자는 잘 가르칠 수 있도록 계획하고 교재를 마련하며 피드백을 할 책임이 있으며, 학습자는 매체를 통하여 제시되는 교육내용을 스스로 학습하여야 할 책임이 있는 것이다.

둘째, 원격교육에서 학습자의 독립적 학습이 잘 수행되도록 하기 위하여 학습자가 학습속도, 교육내용, 교육목표와 활동 등에서 선택의 자유권이 주어져야 한다는 것이다.

결국 Wedemeyer는 원격교육의 핵심을 학습자의 독립적 · 자율적 학습으로 보면서 이것을 위하여 교수자와 지원조직이 교재와 상호작용의 기회, 그리고 자유를 보장하는 제도를 수립해야 한다는 것을 강조한다.

(3) Moore

Moore는 1970년대 초기 자신의 글에서 원격교육이 하나의 교육방법이 아닌 교육의 주요 분야로 규정하였다. 원격교육이란 학습자가 교수자로부터 시간과 공간적으로 떨어져 자율적으로 학습하며, 매체를 통하여 의사소통하는 '교육체제'라고 설명하였다.

Moore가 원격교육을 설명하는 두 가지 개념은 '거리'와 '자율성'이다. 또 '교수자와 학습자간의 간격'이라는 두 가지 요소를 바탕으로 하고 있으며, 여기서 간격은 쌍방향의 의사소통, 즉 대화의 수준과 개별 학습자의 요구에 반응하는 정도, 즉 구조의 수준으로 구성된다.

Moore는 이러한 구조와 대화의 두 축을 발전시켜서 '교류 거리 이론'을 개발하였다. 교류 거리란 원격교육에 있어서 의사소통상의 거리 또는 심리적인 거리로 파악되며 학습자와 교수자 간의 대화가 많은 튜터 프로그램을 중심으로 하는 교육과정일수록 교류 거리가 좁아 학습자의 자율성이 매우 중요한 기능을 하게 되며, 대화보다는 구조화된 교육에 의해 지도를 받는 읽기에 기초한 학습자의 독립학습 일수록 교류 거리가 넓어 원격교육 프로그램의 구조화 수준이 매우 중요한 영향력을 행사하게 된다는 것이다.

이 이론은 원격교육에 있어서 대화, 구조, 학습자 자율성을 고려하여 상황에 맞는 원격교육을 구현하자는 의도를 가지고 있고, 원격교육의 가장 큰 특징이 학습자의 자율성이기 때문에 원격교육은 기본적으로 거리가 멀어야 한다고 한다.

또한 Moore의 원격교육체계 모형은 원격교육을 체계적 관점에서 볼 것을 제안하면서 원격교육이 이루어지기 위해서는 자원, 설계, 전달, 상호작용, 학습환경이 서로 영향을 주고받으면서 일어나게 된다고 한다.

2) 교수의 산업화이론

이 장에서 산업화이론은 원격교육의 특성을 산업적 · 기업적 특성에서 찾는다. 대표적인 학자는 Peters인데, Peters는 '원격교육이 우리의 산업적 · 기술적 시대를 보완하는 학습형태가 될 것이다'라고 주장하였다. 그는 산업사회의 가장 큰 특징인 분업화와 대량생산의 원리로 원격교육을 설명하였다. 즉 원격교육에서는 전문가들에 의해 체계적으로 계획되고 설계되어 탄생한 교재를 대규모의 학습자 집단에게 제공하고, 관리하며, 평가한다는 것이다.

(1) 원격교육의 산업화된 주요특징

Keegan은 산업화이론이 원격교육이 전통적 교육과 마찬가지로 교육의 한 형태일 뿐이라고 반문하였다. 전통적 교육에서 교수와의 개별적 접촉과 대부분의 교육이 교재를 통해 일어나듯이 원격교육에서도 이와 같다고 하였다. 즉, '원격교육에서나 전통적 교육에서나 교수의 역할은 유사하며 단지 원격교육에만 해당하는 것이 아니다'라고 주장하였다.

하지만 Peters의 이론은 철학적 사회 기능적 특징을 고려하지 않는 비판이지만, 1960~1970년대의 방송매체와 인쇄에 의존한 원격교육이 산업화된 교육형태의 특성을 보여준 것에 의의가 있다.

① 원격교육은 교수과정의 여러 요소들을 합리화시키기 위하여 교수과정에서의 노동을 분화하였다. 즉 기존 전통교육에서는 한 교수가 설계, 개발, 전달, 평가 전체 과정을 책임진 것과 달리 원격교육에서는 기능적으로 분리하였다.

② 원격교육은 기술 장비나 표준화된 작업과정을 적용해 무한정한 양의 결과물을 만들면서 일정한수준의 질을 보장한다. 즉, 원격교육의 교재제작체제를 산업현장에서의 대량생산체제로 비유한 것이다.

③ 원격교육은 교수자를 대체하기 위해 기술공학적 매체(TV, 라디오)를 활용하는데, 이는 산업현장에서의 자동화된 시스템에 비유할 수 있다.

④ 원격교육은 교수 – 학습과정에서 오류를 제거, 일정한 수준을 보장하기 위해 교재를 계속 평가 · 보완하여 교수체제 자체에 대한 모니터링을 실시해야 하는 특징을 가지고 있다. 이 특징은 산업현장에서 생산의 질 관리체계에 비유될 수 있다.

3) 교류적 거리이론

교류적 거리이론(theory of transactional distance)은 두 개의 가정을 전제로 한다.

첫 번째 가정 : 거리란 교육학적 현상이다-구조로 설명
두 번째 가정 : 코스설계요소-거리로 설명

원격교육은 학습자가 시 · 공간적으로 분리되어 있는 상황에서의 모든 교육적 활동의 영역임이 사실이다. 그러면서 실무자와 이론가에게도 마찬가지로 관심 있고 중요한 것은 가르치는 데 있어서, 이 거리가 학습자와 교수자 간의 의사소통과 상호작용의 형태, 교과과정, 프로그램의 운영 등에 대해 미치는 영향이다.

원격학습이라고 말할 때, 학습자와 교수자의 물리적 분리를 제외하고는 '접촉하는' 과정(교실교육)과 별 차이가 없는 교육과정을 의미하지는 않는다. 효과적이며 신중하고 계획된 학습이 일어난다면 여기서의 거리는 교수자와 학습자 및 교육조직에 의해서 극복되어야 하는 지리적 거리로서 이해되고 지각된 거리이다. 그러나 이 거리를 극복하는 절차는 교수설계와 상호작용하는 절차로서 교육학적인 거리이지 지리적인 거리가 아니라는 것을 강조함으로써 "교류적 거리"라는 용어를 사용한다.

원격교육 활동에서 사용하는 교류는 서로 분리된 특수한 성격을 갖는 환경 안에서 교수자와 학습자 간의 인적 부분, 그리고 특별한 교수 – 학습행동의 결과물이다. 이것은 의사소통의 간격, 즉 교수자와 학습자 행동 간의 잠재된 심리적 공간을 만들게 되는데 이것이 교류적 거리이다.

보통 원격교육이라고 불리는 것은 교수자와 학습자의 분리가 너무 심각해서 이것이 그들의 행동에 중요한 양상으로 영향을 미치는 교육적 상황을 말한다. 이 분리는 실제

로 교수자가 계획하고, 내용을 제시하고, 상호작용하고, 면대면 환경과는 아주 다른 방법으로 가르치는 과정을 수행하도록 지배한다. 얼마나 특수한가는 교류적 거리의 정도에 의존할 것이다.

교육 가능거리	유 형	사 례
최대	대화도 없고, 구조도 없는 교육프로그램	학습자의 읽기에 기초한 독립학습
↑	대화는 없고, 구조는 있는 교육 프로그램	라디오/TV 교육 프로그램
↓	대화도 있고, 구조도 있는 교육 프로그램	진형적인 원격교육 코스
최소	대화는 있으나, 구조가 없는 교육 프로그램	교수자 지원이 있는 원격교육

이러한 특별한 교수행동은 두 가지 범주로 분류되는데, 이는 대화와 구조이다. 원격교육은 '구조'와 '대화'의 함수관계로 결정되며, 구조(structure)는 코스의 교육목표, 교수전략, 평가방법의 엄격성이나 융통성을 나타내기 때문에 코스의 구성요소가 각 학습자의 개인적 요구를 충족시키거나 반영하는 정도를 나타낸다. 즉, 교수 프로그램이 개인 학습자의 요구에 부응하는 정도를 나타낸다. 대화(dialogue)는 한 쪽이 교수를 제공하고 다른 쪽이 반응할 때 교사와 학습자 사이의 말, 행동, 아이디어, 다른 상호작용들 간에 있는 교차에 초점을 둔 용어이다. 즉, 학습자와 교수자 간의 상호작용을 허용하는 정도를 나타낸다. 구조화가 높고 대화거리감이 낮을 때 교류거리는 가장 높다고 할 수 있다.

4) 사회적 상호작용 이론

원격교육의 핵심적인 특성으로 상호작용과 커뮤니케이션을 강조하는 사회적 상호작용 이론은 1970년대 스웨덴의 Baath와 Holmberg, 캐나다의 주요 원격교육기관에서 활동하다가 영국 개방대학의 총장이 되었던 Daniel, 그리고 영국 개방대학의 Sewart 교수 등에 의하여 발전되었다(Keegan, 1996).

Baath(1970)는 기존의 교수 모델들을 분석하면서 Skinner의 행동주의 모델, Ausubel의 선행조직자 모델, Bruner의 발견학습 모델, Gagnĕ의 일반교수모델, Rogers의 학습

촉진 모델들이 원격교육에 적용될 수 있음을 지적하였다(Keegan, 1996). 이는 이들 모델에서 강조하는 점이 교수-학습활동에 있어서 학습자와 교재와 교수자 간의 상호작용이라고 보고, 이 상호작용은 원격교육에서도 핵심적 속성이라고 설명하였다.

쌍방향 상호작용이 원격교육의 핵심이면서 교수(tutor)의 역할이 중요하다고 보았다. 교수자는 무엇보다 기초 능력을 가져야 하는데, 기초적인 능력을 구체적으로 제시해 보면 다음과 같다(Aufenanger, 2004).

- 자기주도적 학습을 위한 지식
- 매체 능력(기술적 능력과 행위 및 적용능력)
- 네트워크를 통한 교류 능력
- 그룹에서의 협력적인 텔레학습에 대한 교류 능력
- 텔레학습의 교수-학습 상태의 교수적 구조의 능력

원격교육에서 쌍방향 상호작용은 학습자와 교재만을 통하여 이루어질 수는 없는 것이며, 교수가 학습자 반응에 대하여 피드백과 평가를 하고, 더 나아가 교재와 학습자를 연결시킬 수 있는 여러 가지 형태의 교육적 기능을 수행함으로써 가능한 것이다. 하지만 그는 학습자와 교재, 학습자와 교수와의 상호작용을 강조하고 있기는 하나, 상호작용이나 쌍방향 커뮤니케이션 체제가 어떠한 방식으로 원격교육 전반과 연결되는지 등 거시적 차원의 설명은 제대로 하지 못하고 있다.

Holmberg는 교육의 핵심은 결국 개별 학습자에 의한 학습임을 강조하면서, 원격교육을 "안내된 교훈석 대화(guided didactic conversation)"로 설명하면서, 원격교육은 교재를 통하여 매개된 커뮤니케이션 활동임을 주장하였다. 그가 말하는 원격교육에서의 대화는 질문과 대답, 교재 풀이와 피드백, 논쟁 등의 형태로 이루어진다. 그에 따르면 교육이란 대부분 가르치고 배우는 사람 간(between educans and educandus)의 상호작용 및 동료 학생 간의 상호작용에 기반을 두고 있다는 것이다(Holmberg, 1986).

또한 Holmberg는 원격교육 교재는 구어체로 학습자를 앞에 두고 말하듯이 쓰여져야 하는 것으로 보았다. 따라서 원격교육에서의 상호작용은 교재를 통하여 가능하므로 그 핵심은 마치 학생이 교재를 읽을 때 면대면으로 교수자와 상호작용하는 느낌을 갖도록 내용을 정교하게 하고, 자신이 알고 있는 것과 연관시키며, 활발하게 사고할 수 있도록 교재를 만드는 것이 중요하다고 한다. 또한 그는 원격교육 교재는 학습자가 "정교화된 문자처리(elavorative text processing)"와 "내면화된 대화(internalized conversation)"가 가능하도록 개발되어야 하며, 그럼으로써 원격교육의 핵심적 특성인 "안내된 교훈적 대화"가 가능해진다고 한다.

Holmberg는 "안내된 교훈적 대화"를 위한 가정을 통하여 학습을 개인적으로 내면화된 과정으로 보면서, 원격교육의 장점은 교재를 통하여 개별 학습자의 학습동기와 기쁨을 증가시키면서 교훈적 대화에 참여하도록 하는 것으로 설명하고 있다.

Holmberg는 독일 Hagen의 원격대학 교수로 재직하면서, 원격교육에 내재된 근본적 아이디어는 학습자와 교사 간의 대화라고 선언했다. Holmberg가 제안한 원격교수는 "안내된 교훈적 대화"라고 부르는 대화이어야 한다. 그는 "안내된 교훈적 대화 방법으로서의 훌륭한 원격교육은 성격상 학습에 초점을 둔 안내된 대화의 성격과 비슷하며, 대화의 전형적인 특성이 학습을 촉진함을 의미한다"고 했다. 다시 말해서 Holmberg는 학생과 교사 사이의 대화를 원격교육의 핵심으로 간주하고 있다(Holmberg, 1986, 1989).

Daniel(1979)은 캐나다와 영국의 원격교육기관에서 행정가로 종사했다. 그는 원격교육을 학습자가 개별적으로 하게 되는 독립적 활동과 교수자와 학습자 간의 매체를 통한 대화하는 상호작용 활동 부분으로 구성되었다고 한다. 독립적 활동 부분은 주로 인쇄교재와 방송 등을 통하여 학습자가 스스로 하는 활동이면서 원격교육의 경제성을 보장해 줄 수 있다. 상호작용적 활동 부분은 개별교사와의 쌍방향 커뮤니케이션 활동이면서 학습성취를 향상시킬 수 있는 부분이다. 따라서 원격교육이 성공하기 위해서 Sewart 역시 Daniel과 유사한 입장을 보이고 있다. 그는 원격에서 공부하는 학생들이 학습을 성공적으로 성취하도록 하기 위해서는 교재만을 통해서는 부족하며, 그 중간 장치로 학습자 지원 서비스가 필수적임을 지적하였다. 학습자 지원 서비스에는 면대면의 즉각적인 피드백을 대신해 줄 수 있는 여러 가지 형태와 매체를 이용한 쌍방향 상호작용이 포함된다.

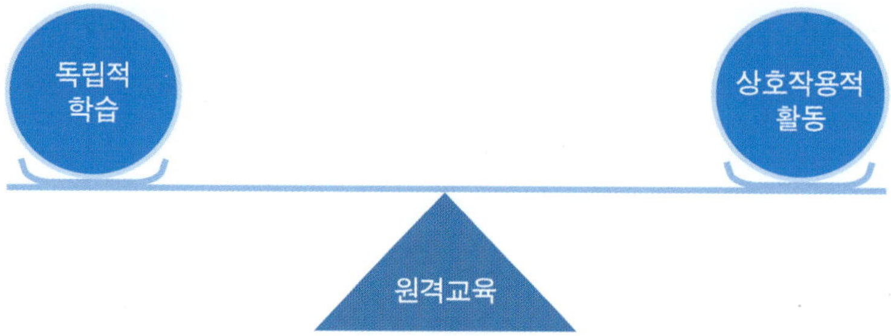

[그림 10-2] Daniel과 Sewart가 보는 원격교육의 구조

5) Kember의 열린학습모형 이론

Kember의 열린학습모형 이론은 가장 최근의 이론이며, 특히 원격교육에서 학습자에게 초점을 둔 학습자 진척 모형을 제시했다. 실제로 "열린학습(open learning)"이라는 용어를 사용해서 원격학습을 하나의 학습형태로 개념화하였다. 이 모형은 학습자가 부딪히는 직장, 가족, 사회적 임무 등을 학습과 통합시킬 수 있는 능력 정도에 초점을 두고, 원격교육프로그램에서 학습자의 학업성취도에 영향을 미치는 요소들에 초점을 두었다. 열린학습은 공간의 부족, 빈곤, 지리적 거리, 고용, 가정 사정 등으로 교육참여를 누리지 못한 사람들에게 기회를 준다는 것이다(홍순정 외, 1997).

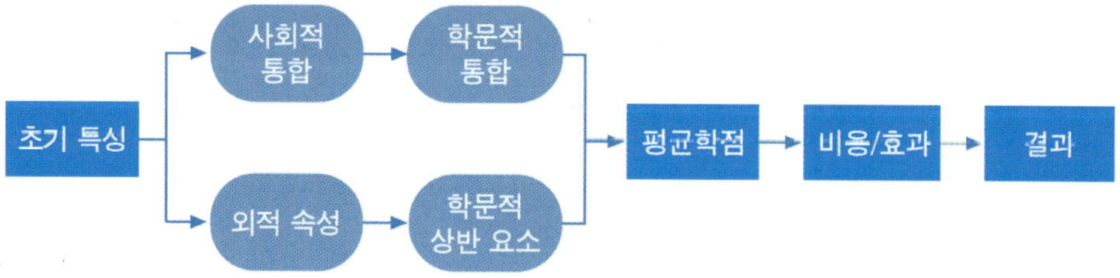

[그림 10-3] Kember의 열린 학습 모형

Kember의 모형은 원격교육에 있어서 학습자의 교육적 능력, 가족, 상황, 직장 등과 같은 기초적 배경이 원격교육 코스에서 두 가지의 길 가운데 하나의 길로 가도록 유도한다. 좋은 상황에 있는 학습자들은 긍정적인 길로 가게 되지만, 사회적 · 학문적 통합

을 성취하는 데 어려움을 겪는 학습자들은 부정적 길을 택하게 된다. 이 모형은 비용과 효과결정 단계를 포함하여 학습자들이 계속 학습해가는 비용과 효과 측면을 고려한다.

Kember의 모형은 전통적인 교육코스와 원격교육코스 모두에서의 학생 감소에 관한 충분한 연구와 이론을 근거로 하였으며, Kember는 모형의 형식화와 타당도를 위해 다양한 자원들로부터 경험적인 자료(면담과 설문지 등)를 사용하였다. 이 모형의 표준화된 자료를 수집하기 위하여, Kember는 '원격교육 학습자의 진척(Distance Education Student Progress : DESP)'이란 설문지를 개발하여 사용하였는데, 이는 모형들의 변인들에 관계된 68개의 문항으로 이루어져 있고, 이에 더하여 학습자들의 초기 특성을 위해 인구통계학적 정보를 포함하고 있다. Kember는 학습자들의 학습결과에 대한 자료를 평균 학점(GPA)이나, 완성된 코스의 모듈 숫자 형태로 수집하였다.

이 모형의 타당도를 위해서, Kember는 중요 요소를 결정하는 설문지 반응에 대한 요인 분석을 사용하였다. 요인 분석은 네 가지 모형의 일차적 변인인 사회적 통합, 학문적 통합, 외적 속성, 학문적 상반 요소 등을 확인하는 것이었다. Kember는 모형의 변인들 간의 인과 관계를 확인하기 위해 다중회귀기법을 통한 경로분석을 사용했다. 경로분석 결과, 모형의 기본구조는 분명함을 확인했다. 즉, 학습자 완성에 대한 전체 변인의 80%가 이 모형의 변인에 의해서 설명될 수 있었다.

Kember는 모형이 함축하고 있는 의미를 긍정적인 학업 통합 요소는 "깊이 있는 접근"과 "내적 동기"를 하위 척도로, 부정적인 학문적 상반 요소는 "피상적인 접근"과 "외적 동기"를 하위 척도로 한다고 요약하였다. 이는 만약 코스 실제가 내적 동기를 개발하고 교과목에 대한 깊이 있는 접근에 집중한다면, 학습자 진척은 향상될 수 있음을 암시한다. 학문적 통합 역시 학생의 기대와 코스 절차 사이의 통합적인 귀속 관계를 개발하여 조화시킴으로써 향상될 수 있다. 이 모형은 개발된 학습코스를 완성하는 데 있어 학생들이 직면하기 쉽고 어려운 점들을 확인하게 하고, 따라서 상담과 안내 활동을 위한 지침을 제공할 수도 있다.

6) 학습공간 확장 이론

정보통신의 발달로 1990년대 중반 이후 국내에서도 원격교육 이론 정립에 관한 시도가 이루어졌는데, 원격교육의 한 형태로 웹과 온라인이 원격교육의 특성을 어떻게 변화시키고 있는가에 주목한다. 그 결과 중의 하나가 바로 웹이 제공하는 학습공간의 확장성이다.

(1) 정보 통신의 발전에 따른 기존 원격교육 이론의 변화

① 기존 이론들은 소외계층이나 환경적 · 경제적으로 불리한 계층을 위한 대안적 교육 방식이라 하지만 현재에는 형식교육 및 제도권 교육에서 활용하는 형태로 발전하였고, e-러닝이나 대학원 수준의 사이버대학의 운영으로 전환되어가고 있다(영국 개방대학 BBC 협조. 남아프리카 공화국대학, 미국 learn/Alaska 알래스카 산간벽지 학생 대상 강좌).

② 기존 이론들은 원격교육이 대량의 교육 서비스를 통하여 경제적으로 저비용의 산업화라 하였지만 현재는 소규모를 대상으로 하는 고비용의 프로그램으로 운영되며 또한 고부가가치 산업으로 전개되어 가고 있다(독일의 Otto Peters - 교수의 산업화 이론).

③ 기존의 이론들은 원격교육에서 구조를 강조하면 대화가 약점을 가지게 되고, 대화를 강조하면 구조가 부실해진다는 논리를 지니고 있는데, 이에 반하여 최근 웹 기반의 기술을 활용하는 원격교육은 구조화도 높으며 대화를 적극적으로 지원할 수 있는 원격교육체제가 가능해진 것이다. 즉, 학습자 간의 상호작용이 원격교육에서 그 기능을 다하고 있는 것이다. 대표적으로는 시뮬레이션 형태나 스토리텔링 형태 · 문제 기반학습 형태 등 여러 가지 방식의 구조화를 보여주는 콘텐츠들이 개발되는 현상도 나타나고 있다(독립성과 자율성이론의 Michael Moore 교류간격이론 구조와 대화에 의해 영향을 받는다).

④ 기존의 원격교육이론들은 거리상으로 멀리 떨어진 학습자들을 위한 서비스라는 점에 기반을 두고 있지만, 최근에는 전통적 캠퍼스 기반의 대학에서 혼합학습형

태로 나타나고 일반 대학에서 온라인 형태의 토론과 의견 교환이 이루어지는 것으로 보아 거리상의 의미도 없어진 것 같다.

지금까지 살펴본 것처럼 기존의 원격교육 이론들이 시공간적 제약을 전제로 하면서 동시에 '멀리 떨어진, 원격' 교육이 라는 것에 초점을 맞추어 논의를 전개한 것으로 본다. 그러나 정보통신기반의 새로운 원격교육은 이러한 제약에서 자유로우면서 동시에 학습환경에 새로운 측면 혹은 공간을 가지게 되는 특징을 지니며, 이 공간을 확대된 학습공간으로 보는 것이다.

이와 관련해서 정인성과 나일주는 최근 웹 기반 원격교육의 특성을 반영하는 새로운 원격교육이론으로 학습공간의 확장(expansion of learning space)이론을 제안한다.

(2) 이들이 주장한 학습공간의 확장 이론은 크게 네 가지로 웹 기반 원격교육의 공간 특성을 규명한다

① 정보 습득 공간이다. 웹 기반의 원격교육에서 정보 습득 공간은 무한정으로 확대될 수 있다. 기존의 인쇄자료, 오디오 및 비디오 자료도 웹을 통하여 제공될 수 있을 뿐만 아니라 원격교육이 진행되면서 새롭게 나타나는 각종 자료와 정보들을 학습자 및 교수자들이 쉽게 획득할 수 있게 되었다. 즉, 정보 습득 공간이 확대된 것이다(구글, 네이버 지식인, 각종 카페, 블로그, 홈페이지 등).

② 정보 활용 공간이다. 웹 기반의 원격교육에서는 자신이 습득한 정보를 인터넷상의 다인의 학습공간에까지 확내하여 개인의 성보들이 활용되고 있다. 예를 들어 자신이 학습한 내용을 토론방이나 블로그 형식으로 정리하여 웹에 올리게 되면 그것을 또 다른 학습자들이 활용하면서 정보 활용 공간이 확대되는 것이다(각 학과별 카페 및 방송대인 이야기, 방송대 이야기).

③ 학습대화 공간이다. 새로운 원격교육의 등장은 학습대화의 공간을 상당히 확대하게 하였다. 전자메일, 토론방, 채팅방 등은 물론이고 블로그의 활용 및 무선인터넷을 통한 다양한 통신 방식 등을 활용하고 있다. 이러한 확장된 학습 대화 공간은 시간과 공간의 제한을 해결함과 동시에 전 세계에 흩어져 있는 전문가들과

대화도 가능하게 하는 등 원격교육의 중요한 측면을 구성하고 있다(엠에스, 네이트, 타키 등. 각 사이트의 메신저를 이용한 음성 화상대화, 카카오 톡, 라인 메시지 등).

④ 지식 구성 공간이다. 기존 원격교육에서 거의 불가능하거나 어려웠던 부분이 습득된 정보를 이용하여 고차원 지식을 구성하는 것으로 새로운 원격교육 환경은 학습자가 지식 구성을 할 수 있는 공간을 확대시켜 주었다. 즉, 학습자는 다른 학습자와의 협동적 학습 활동을 통하거나 개별적으로 현실적인 문제를 해결하기 위한 지식을 보다 손쉽게 구성해 나갈 수 있게 되었다.

5. 원격교육에서의 상호작용

1) 상호작용의 형태

원격교육의 가장 큰 특징은 교수자와 학습자의 사이에 거리가 있다는 점이다. 이 점은 학습자가 전통적인 교육에서의 사회·심리적 환경에서 접할 수 없다는 점과, 교수-학습 과정에서의 가르치는 사람이나 동료 학생들과의 의견이나 느낌의 교환이 어렵다.

교육의 기본적인 원리는 가르치는 사람과 배우는 사람 간의 쌍방향 상호교환을 통하여 일어난다고 할 때 원격교육은 어떤 방식으로든 부족한 상호작용의 기회를 보완해야 할 필요성이 있다. 그러나 일반적인 원격교육 제도하에서는 면대면 교육환경에서와 같이 학습자와 교수자, 또는 학습자 상호 간에 직접 커뮤니케이션을 통한 지적·사회적 교류의 기회를 자주 갖는 것은 극히 어려운 것이 사실이지만 최근 테크놀로지의 발달과 매체의 효과적인 적용으로 직접 상호작용을 보완할 수 있는 간접 상호작용이 가능하게 되어 많은 원격교육기관에서는 컴퓨터 통신, 오디오와 비디오, 비디오 컨퍼런스 시스템 등을 도입하고 있다.

원격교육의 상호작용의 모형은 세 가지로 요약할 수 있다.

첫째, 일방적으로 전달된 방송강의 내용이나 미리 지급된 교재의 내용 속에 학습자가 상호작용의 효과를 갖도록 여러 가지 활동의 기회를 제공해 주는 것으로 이는 교재와 학습 시간의 상호작용을 의미한다.

둘째, 출석수업이나 교수자와의 상담지도 등 면대면 상황을 마련하여 상호작용을 하도록 유도하는 경우이다. 이때는 학습자와 교수자 간의 직접 상호작용을 강조하며 사회교육적 영향력이 극대화될 수 있다는 장점을 가지고 있다.

셋째, 우편이나 전화, 또는 보다 발전된 형태의 테크놀로지를 이용하여 매개된 상호작용의 기회를 제공하는 것이다. 역시 학습자와 교수자, 학습자 간의 상호작용을 강조하고 있으며 면대면 상호작용이 어려운 원격교육 기관 학습자들의 상황을 고려한 방식이다.

원격교육체제에서의 상호작용은 학습자와 교수자 사이에서보다는 학습자와 교수자와의 관계에서 일어난다. 시·공간적으로 직접 대면할 수 없는 교수자를 대신하여 다양한 형태의 교수매체를 제공하는 데 주안점을 두고 있다. 그러나 직접 상호작용을 실현시키는 것은 어렵기 때문에 간접적으로 쌍방향 커뮤니케이션의 기회를 함께 제공하고 있는 것이다.

이러한 원격교육의 상황에서 원격회의 시스템이나 컴퓨터 통신 등의 뉴미디어를 통한 상호작용의 가장 큰 특징은 직접 상호작용에 가까워 역동적 대화가 가능하거나 다양한 형태의 정보를 자유롭게 교환할 수가 있게 되었다. 원격회의 시스템을 통한 상호작용은 공간적 제약을 뛰어 넘어 실제로 상호작용하는 것과 유사한 효과를 줄 수 있는 반면 비용과 설비 등이 많이 드는 관계로 보통 원격교육 기관에서는 보편화되어 있지 못하다.

컴퓨터 통신의 경우 다양한 형태의 많은 정보를 교환하기가 용이하고 시간과 공간의 제약을 받지 않는 상호작용이 가능하고, 컴퓨터의 확산과 통신망의 발달로 이용 가능성이 높아지고 있기 때문에 통신 도구로의 도입이 활발해지고 있으며 교수-학습 활동에의 활용도 확산되고 있다.

2) 원격교육과 컴퓨터 통신을 통한 상호작용

원격교육체제하에서 제한된 상호작용의 단점을 보완해 주는 여러 가지 원격교육 매체 중에서 컴퓨터 통신 시스템은 그 자체의 특성으로 인하여 현재 직접적인 상호작용을 매개하는 가장 강력한 도구로 지적되고 있다. 컴퓨터 통신의 특성을 나타내면 다음과 같다.

첫째, 컴퓨터 매개통신을 이용한 학습 상황에서 학습자와 교수자들은 정해진 같은 시간에 만날 필요가 없다. 면대면 전화 커뮤니케이션의 실시간 상호작용과는 달리 컴퓨터 매개 통신은 시공을 초월한 비동시성 상호작용을 가능하게 하는 장점이 있다.

둘째, 컴퓨터 매개통신은 많은 양의 최신 정보를 빠른 시간 내에 교환할 수 있도록 함으로써 학교체제와 같이 외부의 정보습득에 뒤지기 쉬운 사회에 정보교환의 수단을 제공한다.

셋째, 컴퓨터 매개통신은 학습자 개인이 아니고 혼자 공부하는 상황에서 다른 학습자나, 교수자 혹은 전문가들과의 정보나 의견교환, 토론을 통하여 지식을 쌓아갈 수 있는 상황을 제공함으로써 지적 상호작용이 가능하도록 한다.

넷째, 컴퓨터 매개통신은 독특한 사회 · 심리적 커뮤니케이션 구조를 제공하여 면대면 수업에서 얻기 어려운 긍정적 학습효과를 가져올 수 있다.

다섯째, 컴퓨터 통신은 다른 원격교육의 매체에 비해 상호작용의 효과 및 비용효과면에서 상당한 장점을 가진다.

이런 장점에 비해 컴퓨터 통신이 내포한 단점도 있는데, 상업적 사설 서비스에 접속한 이용자들에 대한 개인의 정보가 없어 진실성이 결여된다는 것과 공개된 정보의 관리와 시스템의 관리자가 반드시 있어서 교수자와 학습자의 상호작용이 효과적으로 이루어질 수 있도록 해야 한다는 점이다. 또한 특정한 욕구를 지닌 사람이 아닌 일반 이용자들이 이용할 경우 대중이 원하는 서비스가 준비될 수 있도록 운영자의 능력이 필요하다는 점이 컴퓨터 통신에서의 상호작용 단점으로 들 수 있다.

그러나 컴퓨터 통신이 가지는 장점은 교육적으로 큰 효과를 가지며, 계획 있게 조직화하고 전문적인 운영자가 그 역할을 충분히 발휘한다면, 원격교육의 상호작용 매체로서 상당한 역할을 할 것이라고 기대된다.

3) 원격교육과정에서의 상호작용 유형

원격교육에서 학습자들은 크게 세 종류의 상호작용을 통해 학습에 참여하게 된다. 즉 학습자들은 여러 가지 매체를 통해 제공되는 학습내용의 자습, 교수자와의 질의 및 응답, 다른 학습자와의 의견 교환 등을 통해 학습을 해 나간다. 이러한 활동들은 학습자와 학습내용 간의 상호작용, 학습자와 교수자 간의 상호작용, 학습자와 학습자 간의 상호작용으로 구분된다.

(1) 학습자와 학습내용 간의 상호작용

학습자와 학습내용 간의 상호작용은 모든 학습에서 가장 기본이 되는 상호작용이다. 학습자는 배워야 할 학습내용을 이해하고, 자신의 것으로 습득할 수 있도록 학습내용과 상호작용할 수 있는 기회를 충분히 가져야 한다. 이 과정을 통해서 학습자는 학습내용을 스스로 구조화하고, 구조화된 내용을 자신의 지식으로 내면화하게 된다.

(2) 학습자와 교수자 간의 상호작용

학습내용이 제시된 후 교수자는 학습자들이 학습내용과 상호작용하는 것을 안내하고 지원해야 한다. 이를 위해 교수자는 해당 과목에 대한 학습자의 관심과 학습하고자 하는 동기를 자극하고 유지시키도록 노력해야 한다. 또한, 교수자는 학습자가 잘못 이해한 부분에 대해서 설명을 제공해 주고, 학습내용을 정교화하거나 단순·명료화하기도 하며, 심화학습을 위해 관련된 자료를 제안해 줄 수도 있다.

(3) 학습자와 학습자 간의 상호작용

효과적인 온라인 학습을 위해서는 학습자 개개인에 필요한 지원과 피드백뿐만 아니라 학습자들의 적극적인 참여를 유도하여 학습자들 사이에서의 상호작용을 증진시키는 것이 필요하다.

6. 원격교육과정 운영의 주체 및 역할

원격교육과정의 운영은 원격교육 주체의 특성 및 원격교육에 활용되는 기술 방식에 의하여 다양한 형태를 보일 수 있는데, 여러 가지 운영 형태 중 어떤 형태의 강좌이든지 하나의 원격교육 강좌를 운영할 때 참여하게 되는 운영 주체에는 교수자, 튜터, 운영자, 기술지원 담당자 등이 포함된다.

1) 교수자

교수자는 원격교육과정을 설계하고 개발하는 단계에서는 내용전문가로서 필요할 경우, 동영상 강의나 음성 강의 제작 시 강사로서 직접 강의를 진행하기도 한다. 원격교육에서의 교수자는 학습자들로 하여금 제공된 학습자료를 가지고 스스로 학습해 나갈 수 있도록 안내하고, 지원해 주는 촉진자로서의 역할을 수행하게 된다.

(1) 교수자의 역할

① 교수적 역할

교수적 역할은 학습내용과 직접적으로 관련된 역할로서, 학습자가 주어진 학습목표를 달성할 수 있도록 도와주는 지적 활동을 말한다.

② 사회적 역할

사회적 역할은 학습자들이 학습활동에 적극적으로 참여할 수 있도록 친근하고 우호적인 환경을 조성하는 것으로, 서로를 존중해 주는 인간관계 속에서 학습자들이 집단에의 소속감이나 서로에 대해 유대감을 느낄 수 있도록 하는 것이 중요하다.

③ 관리적 역할

관리적 역할은 조직적 · 절차적 · 행정적 역할 등을 포괄하는 것으로, 학습자들이 수행해야 할 과제나 학습활동을 조직하고 관리하는 활동을 의미한다.

④ 기술적 역할

기술적 역할은 원격교육 수업에서 사용되는 시스템과 소프트웨어를 학습자가 어려움 없이 사용할 수 있도록 도와주는 활동을 말한다.

(2) 교수자의 운영 전략

인터넷 중심의 정보통신기술이 도입되면서 교수자와 학습자가 공간적으로 분리되어 있는 원격교육에서도 학습자와 교수자 또는 학습자와 학습자 사이에서 즉각적이고 활발한 상호작용이 가능하게 되었다. Salmon은 컴퓨터 매개통신을 활용한 온라인 교수-학습이 어떤 단계들을 거치면서 발전하는지와 각 단계마다 교수자가 어떤 운영 전략을 활용해야 하는지를 구체적으로 제안하였다.

① 1단계: 시스템 접근과 동기화(Access and Motivation)

첫 번째 단계에서 가장 중요한 문제 중의 하나는 학습자와 교수자 모두 컴퓨터 시스템에 쉽고 빠르게 접속할 수 있게 되는 것이고, 다른 하나는 학습자로 하여금 시간과 노력을 투자할 수 있도록 동기화시키는 것이다.

② 2단계: 사회적 상호작용(Online Socialization)

두 번째 단계에서 학습자들은 새로운 컴퓨터 시스템에 익숙해지고, 공동의 목표를 위해 함께 일할 동료 학습자들과 온라인 공동체를 형성하기 시작한다. 이 단계에서 학습자들은 서로에 대해서 알게 되고, 온라인 환경에서 어떻게 행동해야 하는지에 관한 방향감각을 개발해야 할 필요성을 느끼게 된다.

③ 3단계: 정보 교환(Information Exchange)

세 번째 단계에서 학습자들은 과목과 관련된 정보들을 서로 교환하게 된다. 학습자들이 서로 교환하게 되는 정보는 강의 내용과 관련된 질문 및 답변, 어떤 주제와 관련된 참고자료나 웹사이트의 목록, 다른 학습자가 제출한 과제나 아이디어에 대한 피드백 등 다양한 형태를 띨 수 있다.

④ 4단계: 지식 구성(Knowledge Construction)

네 번째 단계에서 학습자들은 서로 보다 전면적이고 적극적으로 상호작용을 하기 시작한다. 이 단계에서 교수자는 학습자들의 논의 내용을 종합하여 과목에서 다루고 있는 개념 및 이론들과 어떻게 관련되어 있는지를 제시하고, 토론과 공동과제 수행을 통해 아이디어들을 발전시켜 나갈 수 있도록 촉진하고, 새로운 주제를 소개하는 등의 역할을 수행하게 된다.

⑤ 5단계: 발전(Development)

이 단계에서 학습자들은 컴퓨터 매개 통신을 통한 자신의 학습에 보다 주도적인 역할을 수행하게 되고, 그 이전 단계에서 교수자로부터 받았던 도움 이상의 지원은 거의 필요로 하지 않게 된다. 비판적 사고와 기정사실로 받아들여지는 것에 대해 문제제기를 할 수 있는 능력 등과 같은 새로운 기술이 이 단계에서는 중요한 역할을 한다. 또한, 이 단계에서 교수자와 학습자는 기본적으로 학습과 관련하여 구성주의적 접근방법을 적용한다.

2) 튜터

원격교육에서의 튜터는 자기주도적으로 학습해야 하는 원격교육의 학습자들에게 학습활동을 지원해 주고, 학습과정에서 발생하는 여러 가지 어려움을 해결하는 데 도움을 줌으로써 학습자의 학습동기를 유발 · 유지시키고, 효과적인 학습결과를 얻을 수 있도록 지원하는 원격교육 운영의 한 주체이다.

3) 운영자

운영자는 강좌의 시작에서부터 마지막 종료 시점까지 교수자, 튜터, 학습자와 밀접하게 의사소통을 하면서 학습자들의 수강이나 학사업무, 학습 운영, 수업 관련 다양한 문제해결 등 강좌의 전반적인 운영을 책임지는 담당자를 말한다.

4) 기술지원 담당자

기술지원 담당자는 원격교육의 상황에서 매체와 관련하여 발생할 수 있는 기술적인 문제를 해결하는 역할을 담당하게 된다.

CHAPTER 11

인터넷 교육

1. 인터넷 교육의 개념 및 성격

1) 인터넷 교육의 개념

인터넷이란 전 세계의 컴퓨터망을 연결하여 개별 컴퓨터가 소장한 정보들을 주고받을 수 있는 컴퓨터 통신망으로, 사용 가능한 정보의 양이 방대하기 때문에 정보화 시대에 살고 있는 현대인들에게 유용한 정보를 제공한다. 뿐만 아니라, 인터넷을 이용하여 수업과 관련된 정보를 제공할 수도 있으며 사용자들을 연결시켜 그들의 상호 교류를 활성화할 수도 있다.

인터넷은 이처럼 정보화 시대와 열린 교육 시대에 학습자들에게 정보화 능력을 키워주고 자신의 선호와 능력에 적합한 개별화 학습을 하도록 도와주는 첨단매체이다. 그렇다면 인터넷 교육이란 무엇인가? 인터넷 교육의 의미는 온라인 교육, 사이버 교육, 원격교육, 웹 기반 교육 등과 같이 혼용되고 있다. 또한 최근에는 e-Learning이라는 단어도 자주 사용된다.

e-Learning은 기반기술(Technology based) 교육을 의미하며, 교육용 CD-ROM이나 교육용 소프트웨어를 이용하는 교육으로서 컴퓨터 기반(Computer based) 교육, 웹 기반(Web based) 교육, 가상 학습(Virtual classroom) 교육과 협력을 강조하고 있는 디지

털 컬래버레이션(collaboration)을 포함하는 개념이다. 우리가 오프라인 교육과 대비하여 흔히 쓰는 온라인 교육은 인터넷, 인트라넷, 엑스트라넷을 통한 웹 기반 교육을 의미하며, e-Learning의 한 부분이다. 그리고 유사개념으로 쓰이는 원격교육(Distance learning)은 온라인 교육은 물론 e-Learning까지 포함하는 가장 광범위한 개념이다(유인출, 2000).

〈표 11-1〉 e-Learning의 개념적 구분

컴퓨터 기반교육 〈 온라인 교육 〈 e-Learning 〈 원격교육

이러한 개념적 정의는 실제로는 크게 구분되지 않고 쓰이고 있으며 인터넷 교육, 원격교육, 사이버 교육, e-Learning, 온라인 교육 등은 거의 같은 의미로 쓰이고 있다. 그래서 본 연구에서는 이들을 동일한 개념으로 간주하고 통칭하여 인터넷 교육이라고 한다.

2) 인터넷 교육의 성격

인터넷 교육의 특징에 대해서는 다음과 같이 여러 가지로 정의해 볼 수 있다. 인터넷 교육은 원하는 시간에 원하는 장소에서 자유로이 학습할 수 있으므로 교수자와 학습자 간에 시·공간적 원격성을 극복할 수 있고 교육대상자의 연령, 배경이 단일하지 않고 매우 다양한 이실석 십단이다.

그리고 각종 피드백이나 비면대면 출석강좌, 전화상담, 컴퓨터 통신을 통한 토론, 음성 또는 화상 회의 시스템 등을 통한 상호작용은 쌍방향 커뮤니케이션을 중심으로 교육이 이루어지므로 다원적 쌍방향 커뮤니케이션을 지향한다.

또한 다원적 쌍방향 커뮤니케이션이 보다 원활히 이루어지도록 다양한 학습체제 개발과 최신 정보공학 기술의 교육적 활용을 가능하게 하며, 무엇보다 학습자에 의한 자기주도적 자율학습과 개별학습의 수행이 가능하다. 인터넷 교육에서 학습자는 서로 가르치고 서로 배우는 관계에 있는 사람이다. 즉, 누구나 자신이 가지고 있는 유용한 정보와 지식을 공유하려고 한다는 전제가 필요하다. 그러므로 학습자는 정보생산자이고 자기주도적 학습자인 것이다. 그리고 이 학습자는 교수자로부터 무엇을 기대하기보다는 동일한 과제에 관심이 있는 다른 여러 사람들과의 관계맺음을 더욱 중요시하는 사람들이다.

인터넷 교육은 자기주도적 자율학습과 개별학습을 수행하므로 지식전달 중심이라기보다는 협동학습, 과제 지향적 학습, 토론학습의 중요성이 더욱 부각된다.

인터넷 교육의 장점은 이러한 특징을 기반으로 설명할 수 있는데, 인터넷 교육은 시간과 공간의 제약이 거의 없다. 인터넷상에서는 전자메일이나 게시판을 이용하여 시간 및 공간에 구애됨이 없이 다수의 학습자에게 메시지를 전송할 수 있다. 또 공간의 제약 없이 같은 시간에 어떠한 주제에 관한 토론을 할 수 있다.

인터넷의 강의가 완전히 기존의 오프라인 강의를 대체할 수 있는 것은 아니지만, 학습자는 인터넷을 통하여 인터넷을 사용하는 기능과 학습에 투자한 노력에 비례하여 더 많은 것을 배울 수 있다는 것을 깨달을 수 있게 된다. 그러므로 학습자에게 감동, 동기부여를 제공한다.

학습자들은 인터넷을 통하여 질문하는 법을 배우고, 또 어떠한 쟁점에 대해 논쟁을 하며, 자신의 사고를 더욱 명확하게 표현하는 법을 배울 수 있기 때문에 인터넷은 미래지향적이다.

인터넷상에는 많은 새로운 것들이 실시간으로 업그레이드되기 때문에 최신의 경향 및 이론변화를 신속히 반영할 수 있고 필요에 따라 이를 적절하게 이용할 수 있다. 그리고 인터넷 매체의 특성을 활용하여 커뮤니티 서비스, 동영상을 통한 쌍방향 교육 등 다양한 서비스 및 교육방법을 활용할 수 있다.

인터넷과 인터넷 교육에 대한 이러한 규정을 바탕으로 인터넷 교육에 대해서 정리해보면 인터넷 교육은 학습자와 교수자 간의 비접촉성, 커뮤니케이션의 특성을 가지고 있어야 하고, 다수의 학생을 대상으로 하면서도 개별학습에 초점을 맞추어야 하며, 각종 교재 개발과 학생지원 서비스 등을 위한 조직이 필요하다.

또한 컴퓨터 통신의 결합으로 인해 쌍방향성(two-way)의 상호작용성(interactivity)이

다른 미디어에 비해 월등하므로 이를 보다 체계적으로 정의하기 위해서는 커뮤니케이션의 매체, 형태, 대상, 적용범위 등을 고려해야 한다.

2. 인터넷 교육의 필요성

전통적인 교육의 형태는 교실이라는 한정된 공간에서 교사와 학생이 얼굴을 맞대고 정해진 교육과정에 의하여 가르치고 배우는 방식으로 이루어졌다. 그러나 오늘날 컴퓨터와 커뮤니케이션 기술이 융합된 멀티미디어가 교육에 활용되면서 기존의 물리적인 공간 중심의 교육환경에 커다란 변화를 주었다. 이러한 변화는 전통적인 교육체계에서 벗어나 점차적으로 인터넷을 교육적으로 활용하려는 움직임을 활성화시켰다.

정보기술의 발전에 따라 나타난 인터넷을 통한 교육의 필요성은 다음의 세 가지로 설명할 수 있다(정선애, 2002).

첫째, 산업사회와는 다른 차원의 사회의 규범과 조직과 인식구조를 형성하는 정보시대가 도래하였다. 정보시대는 사회의 운영원리가 정보를 어떻게 생산하고 활용하는가에 의해 결정되며, 따라서 이를 생산하고 분배하는 과정에서 부와 권력이 나뉘게 된다는 기본인식을 토대로 하고 있다. 사이버는 실재하지 않는 '가상'의 세계가 아니라 현실의 반영이자 또 하나의 실재하는 세계인 것이다.

둘째, 정보화 사회에서 새로운 사회적 문제를 낳는 정보격차는 단순히 정보접근성의 격차가 아니라 정보시대가 요구하는 새로운 인간유형에 적응하지 못하는 격차문제가 더 본질적이다. 정보화 사회에서는 정보를 창조적으로 생산하고 공유하며 사이버 스페이스가 만들어내는 새로운 문화에 적응할 수 있는 사람이 필요하다. 이러한 정보시대를 맞이하여 평생학습의 필요성이 대두하였다. 날마다 전 지구적으로 쏟아져 나오는 정보는 내용과 속도에서 하루아침에 습득할 수 있는 것이 아니며 그 자체로는 지식이 아니다. 학교를 다니면서 배운 정보와 지식을 가지고 사회적으로 요구되는 역할을 수행하기에는 사회는 복잡하고 다양하다. 사람들은 자신이 살아가는 데 필요한 지식을 시의적절하게 유용한 수단을 통하여 학습할 수 있어야 한다. 인터넷 교육은 원하는 시간에, 원하는 장소에서, 원하는 방식으로, 원하는 사람이 교육을 받을 수 있는 가능성을 높여준다.

셋째, 정보화 시대의 도래와 평생학습의 필요성 대두 등 시대의 변화에 따라 수요자의 요구가 변화하였다. 정보활용능력은 지식을 창조한다. 권위 있는 지식을 소유하고 있던 사람이 소수인 사회에서는 다양하고 새로운 정보를 접하고 가공하여 새로운 지식을 창조할 수 있는 조건을 갖춘 사람이 소수였던 사회이다. 정보사회는 정보공유와 네트워크를 통해서 보다 창조적인 지식을 만들어 내는 많은 개인들이 탄생한다. 이러한 개인들은 더 이상 교육의 대상으로서 가르침을 받는 존재로 남아 있기를 원하지 않으며 서로 가르치고 배우는 과정을 통해서 교육자이자 학습자의 역할을 하게 된다. 인터넷 교육의 기본 특징인 쌍방향성, 수평적인 네트워크는 수요자의 이와 같은 요구를 반영한다.

이러한 세 가지의 필요성(정보시대의 도래, 평생학습의 필요성 대두, 수요자의 변화)에 의해서 인터넷 교육은 현재 유치원으로부터 정규교육과정, 평생교육과정에 이르기까지 다양하게 활성화되면서 전자교과서뿐만 아니라 사이버 대학교, 사이버 학생, 그리고 사이버 교수까지 등장하고 있다.

3. 인터넷을 활용한 수업 방안

인터넷을 수업에 활용하는 방법에는 여러 가지 유형이 있으나 크게 보아 과목이나 과제의 유형별 특성에 따른 방법과 집단별 특성에 따른 방법으로 구분되고 있다. 우선 과목의 유형별 특성에 따른 것에는 ① e-mail과 토론방 및 게시물을 이용하여 여러 사람들과 언어적 상호작용을 통한 의사소통능력의 함양을 목적으로 하는 언어적 토의수업, ② 과목의 특성상 교재에서 얻을 수 없는 다양한 자료를 찾아서 활용하는 주제별 검색과 정리에서부터 어떤 주어진 문제를 새로운 방법으로 해결하려는 문제해결수업, ③ 탐구능력을 체험하게 하고 새로운 것을 탐구하려는 적극적인 태도를 기르는 탐구학습으로 나뉜다(백영균 · 설양환, 1997). 집단별 특성에 따른 분류에는 집단의 크기에 따라 개별학습, 소집단 학습, 대집단 학습으로, 또한 집단의 역할에 따라 협동학습과 경쟁학습(변영계 · 김영환, 1996)으로 나눌 수 있다.

활용과 개발의 범위에 따라 학습자들이 단순 교육프로그램을 활용하는 개별학습, 실시간 · 비실시간(非實時間) 토론기반 협동학습, 학생들이 개발에 참여하는 개발학습 등으로 또한 활동의 특성과 목적에 따라 구성활동에 대한 논의(discussing constructions), 다른 학습자와의 공유, 협동적 구성(Collaborating on constructions) 등으로 나누기도 한다(김회수 · 김영환, 1999).

인터넷을 활용한 수업이 이루어지는 환경에 따라 일반 교실에서 컴퓨터 1대를 사용하여 이루어지는 정보안내제시유형, 정보자료실에서 5~6대의 컴퓨터를 사용해 소집단별로 이루어지는 정보탐색 해결 유형, 그리고 멀티미디어실에서 학습자들이 개별적으로 컴퓨터를 사용하는 정보 생성 공유 유형(조배원, 1998) 등으로 구분된다. 이런 유형의 분류는 다분히 중복적인 성격을 갖고 있으며 현장에서는 통합적으로 활용될 수도 있다. 여기서는 이들 중 중복성이 높은 몇 가지의 개념과 실제 연구 결과들, 그리고 제한점들을 중심으로 살펴보겠다.

1) 언어 및 의사소통 학습을 위한 인터넷의 활용

많은 실험 결과들은 인터넷의 활용이 자국어 및 외국어에 대한 언어 및 의사소통 기능을 향상시키는 데 큰 효과가 있다고 보고하고 있다.

(1) 인터넷을 활용한 자국어 학습의 경우

① 컴퓨터 펜팔을 통한 의사소통 학습

Beazley(1989)의 연구는 영어권에서 이루어진 것으로 학생들의 성별, 학년, 나이, 취미, 관심사 등을 기초로 다른 학교 학생들과 컴퓨터 펜팔을 주선하고 서로 자신의 소개, 소식, 관광안내, 사회문제에 대한 토론, 그리고 민속신앙과 전설 등을 소재로 토론하게 하였다. 이 결과 문자에 의한 의사소통 능력이 향상되고 의사소통에 대한 태도가 적극적으로 변하게 되었다고 보고한다.

② 학급소식지 개발을 통한 의사소통 학습

인터넷을 활용하여 학급 소식지를 개발하는 방법을 통해 Riel(1985)은 학생들의 기능적 쓰기 능력이 향상된다고 한다. 학생들은 소식지를 만들면서 전자메일을 통해 동료들의 다양한 의견의 수집 및 정보의 교환과 최종작품의 공유를 통한 협동작업을 수행하였는데 전체 과정과 결과는 담당교사에 의해 피드백되었다.

③ 외국의 학생과 의견을 교환한 방법

Cohen과 Riel(1989)의 연구는 중학생을 두 집단으로 나눈 다음 한 집단은 외국의 학생들에게 자신의 글을 보낸 후 의견을 교환하게 하였고 다른 집단은 글을 교사에게만 제출하고 피드백을 받게 하였는데 학생들끼리 피드백을 받은 집단이 더 기능적 쓰기 능력이 향상된 것으로 나타났으며, 부차적으로 학교 밖의 보다 넓은 세계에 통합시켜주는 효과를 얻었다고 보고하고 있다.

(2) 인터넷을 통한 외국어 학습

일본의 Miyake와 Sugimoto(1985)는 일본, 미국, 멕시코, 이스라엘 대학생들이 국제문화 학습 네트워크(Inter-Cultural Learning Network)를 통해 전자메일을 통한 의사소통을 한 결과 실험집단이 비교집단에 비해 우수한 것으로 보고하였는데, 특히 이들은 실제적인 의사소통 기능이 많이 향상되었다고 한다. 핀란드의 중등학생들을 대상으로 한 Tella(1992)의 연구도 유사한 결과를 보고하고 있다. 뿐만 아니라 Spanos(1992)의 연구는 다양한 언어능력의 향상과 더불어 고차적인 사고능력의 향상에도 효과적임을 밝히고 있다.

그러나 이들 연구들은 대부분 단기의 횡적 연구 설계에 의한 것들이기 때문에 학생들의 쓰기 능력이 장기적인 관점에서 어떻게 변화하는지에 대한 정보는 제공하고 있지 못한 것이 제한점이 된다(심웅기, 1998).

(3) 인터넷을 활용한 협동학습

잘 설계되고 준비된 협동학습은 많은 장점을 갖는데 이런 장점은 인터넷을 기반으로 한 협동학습에도 바로 연결된다. 변영계와 김영환(1996)은 협동학습이 협력적인 상호작용을 촉진하면서 집단보상에 초점을 두는 동기론적(動機論的) 관점과 팀의 응집성을 중심으로 협동기술에 초점을 두는 사회응집성의 관점으로 대별된다고 정리하였는데, 이는 인터넷을 통한 Twidale과 Harasim의 연구에서도 실증되고 있다.

Twidale과 연구진(1995)은 인터넷을 활용한 협동학습에 대한 연구를 통해 다음과 같이 보고하고 있다. 학생들은 정보를 검색하면서 협동을 하게 되는데 그 과정에서 학생들이 전통적 방식에 비해 더 즐거워하고, 동기를 더 많이 받았다. 또한 실제적 과제를 하면서 얻는 교육적 이점이 많았으며 비용면에서도 크게 절감되었다.

Harasim(1993)은 인터넷을 통한 협동학습의 장점으로 역동적이며 적극적인 참여를 유도한다고 한다. 특히 인터넷을 통한 협동학습은 시간제한이 없으며 일반 수업의 경우와 같이 소수에 의해 토론내용이 지배되지 않기에 모두에게 열려 있다는 점이 적극적이고 공평한 참여를 보장하고 이 속에서 학생들은 강한 우정이 있는 또 하나의 공동체를 갖게 된다. 결국 이런 성격은 인터넷 활용에 대한 동기를 높이게 되어 인터넷 환경에서의 학습은 능동적이며 적극적인 학습이 가능하고, 특히 여러 사람들과의 상호작용을 통한 협동학습은 학습자들에게 즐거움을 통해 동기를 부여하기 때문이다.

하지만 협동학습은 소집단 학습에 비해 긍정적 상호의존성, 개별 책무성, 구성원의 이질성, 공유하는 지도력, 과제와 구성원과의 관계의 지속성, 사회적 기능, 교사의 관찰과 개입, 그리고 집단과정 등이 주도 면밀하게 구성되는 것이 필요하다. 그렇지 않으면 ① 학습능력이 높은 학습자가 낮은 학습자보다 더 많은 반응을 통해 소집단을 장악하고 더 많은 혜택을 보게 되는 부익부 현상, ② 학습능력이 낮은 학습자가 적극적으로 협동작업에 참여하지 않아도 학습능력이 높은 학습자의 성과를 공유할 수 있는 무임승객효과, ③ 학습능력이 높은 학습자가 자기의 노력이 다른 학습자에게 돌아가기 때문에 학습참여에 소극적이 되는 봉효과 등의 문제점을 낳을 수 있다는 점에 주의하여야 한다(변영계 · 김영환, 1996).

(4) 인터넷을 통한 발견학습과 탐구학습

발견학습과 탐구학습은 아동이 학습의 주체가 되고 구체적인 활동을 통하여 나름대로의 결론을 내리도록 유도한다는 점에서는 공통성을 갖지만, 교수-학습 과정에서 강조되는 활동과 과정에 차이가 있다(변영계 · 김영환, 1996). 이 차이점에 대해 Trowbridge는 발견학습은 주로 과학의 기초과정인 관찰하기, 분류하기, 측정하기, 예상하기, 서술하기, 추리하기 등으로 구성되며, 탐구학습은 문제의 제기, 가설의 형성, 실험 설계, 데이터 수집, 가설의 검증, 그리고 결론의 형성의 과정이라고 한다.

이러한 발견학습이나 탐구학습을 인터넷을 활용하여 시행하기 위해서는 무엇보다도 구체적인 준비가 필요하다. 일 예로 Newmann(1991)은 인터넷을 이용한 탐구수업을 실시하였는데, 이를 위해 그는 학생들이 자신의 탐구활동을 관리하고 스스로 조정할 수 있도록 도와주는 도구의 개발이 필요하다고 보고하고 있다. 실제로 주도면밀한 준비가 없는 상태에서의 발견 · 탐구학습은 문제를 낳을 수 있기 때문이다. 또한 백영균과 설양환(1998)은 인터넷을 기반한 탐구학습 위해 다음과 같은 것들을 유의해야 한다고 말하였다. ① 탐구적 수업에 활용되는 인터넷은 독립된 CAI와는 달라야 한다. 즉, 데이터 베이스 및 전자사서함 등 인터넷상의 모든 사이트를 기반한 탐구활동을 위한 툴을 제공해야 하며 이들의 역할이 강조될 수 있도록 설계되어야 한다. ② 탐구적 수업은 덜 구조화되어 있기에 교사통제 유형이 더 바람직할 수 있다.

하지만 이러한 준비는 미시적인 관점보다는 전체적인 관점(holistic)에서 과제를 보면서 이루어져야 한다. 탐구학습을 하더라도 그 결과가 발견이나 나름대로의 결론에 도달하지 못할 가능성이 있으며, 또한 발견은 반드시 앞서 제시한 여러 과정을 거치지 않더라도 직관이나 경험에 의해 이루어질 수 있기 때문이다(김영환, 1998).

(5) 교실유형에 따른 인터넷의 활용 방안

〈표 11-2〉는 컴퓨터의 대수를 중심으로 한 교실 환경에 따라 수업방법을 분류한 것이다. 이 표는 현장의 교사로서의 경험을 살려 상당히 잘 조직화한 것으로 보이며 다소 보완하면 좋은 모형이 될 수 있다고 보여진다. 조배원(1998)은 이들 모형을 정보활용 유형에 따라 다음 세 가지로 나누고 다음과 같은 전략을 제시하였다.

① 정보안내제시 유형

교사가 미리 준비한 자료를 제시하면서 안내, 제시, 설명해 가는 강의형 모형으로 학습자가 수동적이 되거나 교사 중심 수업의 위험성이 있다. 이의 보완을 위해 철저한 사전 계획의 수립과 주의집중, 상호작용을 높일 수 있는 방안의 강구가 필요하다.

② 정보탐색해결 유형

6~7명 정도의 소집단으로 구성된 학습자들이 자료를 직접 탐색하거나 문제를 해결하는 유형으로 모둠별 활동이 기본이다. 또한 소집단 사이의 상호작용을 극대화하면서도 개별활동이 가능하다.

③ 정보생성공유 유형

학습자 개개인이 자신의 학습속도와 능력, 흥미에 따라 주어진 과제에 관련된 내용을 탐색하고 창조적인 정보를 낼 수 있도록 한다. 또한 친구나 교사에게 자신이 발견한 것을 보내고 답을 받으면서 창의성과 논리성을 키울 수 있다(조배원, 1998).

〈표 11-2〉 교실환경별 멀티미디어 교육정보 활용 유형(조배원, 1998)

장 소	일반교실	열린정보실 (일반교실포함)	컴퓨터실
컴퓨터	1대 + 정보망	4~8대 + 정보망	30~50대 + 정보망
통제 중심	교사, 학생	교사, 학생	학생 중심
수업형태	대집단	소집단	개별
정보활용유형	정보안내제시	정보탐색해결	정보생성공유
수업목표	문제해결, 탐구, 조사		지식, 원리, 개념, 절차
수업방법	제시, 시범, 질문제기, 강의, 토론 학습, 보고서 작성	토론, 그룹과제, 협동학습, 문제해결, 그룹별 웹페이지 작성	개별과제, 개별・협동학습, 문제해결, 개인별 웹페이지 작성
투입자료	인터넷 사이트/웹 프로그램/저작도구		제시용 프로그램
투입방법	문제제기 및 탐구방법 등을 프로그램, DB, 웹 페이지로 대형 TV에 제시	문제제기 및 탐구방법 등을 프로그램, DB, 웹 페이지로 제시	

이와 같은 활용 모형들이 갖는 본질적인 제한점은 인터넷을 사용해야 한다는 강박관념에 사로잡혀 있다는데 있다. 그것은 교육방송활용 연구나 멀티미디어 활용 연구 등 각종 매체의 활용을 위한 모형들에서 공통적으로 나타나는 현상이다(김영환, 1999). 쉽게 말하면 수업을 위한 수업인지 매체를 위한 수업인지 혼동이 발생하게 되는 것이다.

2) 인터넷의 학습에의 활용시 장·단점

(1) 장점

① 다양하면서도 방대한 교육자료를 제공하여, 범 교과적, 범 학년적으로 사용된다.

② 멀티미디어자료(문자, 그림, 사진, 음성 등)를 제공함으로써 학습자의 흥미유발과 학습 내용의 파지가 향상된다.

③ 자료의 탐색, 갱신, 보완이 신속하게 이루어지므로 새로운 교육자료로서의 역할이 가능하고 학생의 호기심과 탐구심을 유발한다.

④ 발견적 사고와 창의력을 향상시킨다.

⑤ 도시와 농촌 간, 국가 간의 교육격차를 해소한다.

⑥ 학교 홈페이지 구축을 통하여 학교의 홍보효과를 가져온다.

⑦ 학교 간 정보교류 활성화가 이루어진다.

(2) 단점

① 초기 비용과 제작시간이 많이 든다.

② 정보검색능력이 결여된 채 학습할 경우 상당히 많은 정보로 인해 혼동되거나 방향을 잃을 수 있다.

③ 사회 경제적인 빈부격차에 따른 학습자의 우열의 격차가 심화된다.

④ 학교교육의 경시풍조가 심화된다.

⑤ 컴퓨터와 데이터베이스에 의존하는 수동적인 교사상이 형성된다.

⑥ 정상적 교우관계 형성의 어려움이 든다.

⑦ 인터넷 교육의 평가방법의 문제가 있다.

⑧ 학생이나 교사가 학습을 위해 정보를 수집할 필요성이 미약한 것이 현실이다.

⑨ 무분별하게 제공되는 유해정보로부터 학생들을 보호할 수 있는 방법이 미비하여 예측하지 못한 부정적 효과가 우려된다.

3) 절차적 전략으로서 인터넷의 수업 활용 방안

다음 전략들은 절차적으로 진술되었지만 실제 적용할 때는 현장의 특성과 활용자의 경험에 따라 다소 순서를 바꿔서 적용해도 무방하다.

(1) 준비단계

① 인터넷 활용에 대한 요구분석

누가, 왜, 어떻게 인터넷을 수업에 활용하려는 요구를 발생시켰는지/되었는지 파악한다. 이중에는 학습자들의 요청, 교사 자신의 판단, 멀티미디어실 활용에 대한 무언의 부담감이나 압력, 장학진의 권유 또는 명령 등으로 나뉠 수 있는데, 어떤 것에 바탕을 두고 있느냐에 따라 작업의 범위와 깊이가 달라지는 것은 아니지만 다음 단계를 수행하는데는 큰 차이를 줄 수 있다. 만약 각종 압력이나 권유, 또는 명령에 의한 것이라면 학습자들과의 신뢰의 구축과 동참을 끌어내기 위한 전략이 강화되어야 한다.

② 과제의 선정과 분석

초기부터 인터넷을 이용해서 모든 학습상의 문제를 해결할 수는 없다. 해결하고자 하는 과제는 되도록 단순하고 구체적인 것이 좋다. 예를 들면 "인터넷을 이용한 토론을 통해 학생들의 문제해결력과 의사소통력을 기르는 한편 왕따현상을 해결한다"는 너무 복합적이고 교사위주의 진술이라 초기 목표로는 좋지 않다. 반면에 "무엇이든 물어보세요"용 토론방을 만든다든지, 아니면 "국어문제사전" 등으로 폭을 제한하는 것이 좋다. 또한 협동학습 모형이나 문제해결학습용 등으로 구체적인 모형이나 이론을 초기에 도입하는 것도 좋지 않다. 너무 많은 사전 준비를 요구하기 때문이다.

③ 자원과 환경의 분석

환경은 교실 또는 멀티미디어실의 하드웨어 및 소프트웨어, 그리고 통신망 등이며, 자원은 인적자원과 행 · 재정 시스템, 그리고 각종 지원체제 등이 있다. 인적 자원은 도와줄 수 있는 전문가, 동료교사, 그리고 학생과 학부모 등까지 포함된다. 초등의 상급반이나 중등의 경우에 가장 많은 실제적인 도움을 받을 수 있는 사람은 학생들이다(손미, 1997).

학부모들은 실제적이고 구체적인 자원은 되기 힘들지만 간접적으로 지원하고 통제할 수 있는 자원이 되기에 이들과의 협력 방안도 조심스레 포함되어야 한다. 타 학교의 교사나 학생들의 참여는 아주 좋은 지원 자원이 된다. 특히 고등학생의 경우 타 지역 학생이나 이성학생 등을 확보하는 것이 좋다. 그러나 이성의 경우 우선 자신의 수업이 어느 정도 방법적으로 궤도에 오른 다음에 단계적으로 참여시키는 편이 좋다. 어떤 경우든 단계적으로 확산하는 것이 바람직하다.

④ 교사의 사명 진술

이제 교사는 인터넷을 수업에 활용하기 위해 필요한 시간과 노력을 기꺼이 투자하겠다는 자기 선언이 필요한 단계이다. 이 시간과 노력은 하루에 최소한 1시간씩은 인터넷에 접속하여 검색하고 분류하고 학생들의 질문에 응답하기 위해 자신의 시간을 기꺼이 투자하고, 이런 활동을 위한 지식을 갖추거나 필요시 추가 지식을 갖추기 위한 노력을 아끼지 않겠다는 것이어야 한다. 이런 사전 의지 없이 시작했다가 그쳐버리는 것은 교사와 학생들에게 자칫 "학습된 좌절감"이나 "무기력감"으로 이어지게 되는 문제를 일으키게 되어 다른 어떤 새로운 방법이나 매체의 도입을 어렵게 한다.

(2) 도입단계

① 학습자와 교사 간 예비 활동을 통한 신뢰의 구축과 분위기의 조성

인터넷의 장점은 다양한 학습자료의 검색과 공유, 그리고 활동을 통한 활발한 의견교환에 있다. 이를 끌어내기 위해서는 우선 그 교실이나 수업의 분위기가 먼저 바뀌어야 한다. 그런데 이런 분위기가 조성되지 않은 상태에서 바로 인터넷을 사용하게 되면 기

술적 문제와 태도의 문제가 복합되는 어려움에 빠질 수 있다. 이런 분위기의 조성을 위해서 사용될 수 있는 전략들은 다음과 같다.

㉮ 앗! 나의 실수 : 컴퓨터 통신을 하면서 경험했던 실수나 재미있었던 이야기를 자유롭게 발표하고 토론할 수 있는 시간을 제공한다. 처음에는 교사의 실수부터 시작하는 것이 좋다. 이 토의를 마치면 실수의 유형을 학생들이 분류하고 방지할 수 있는 대책도 함께 논의하면 더 좋다.

㉯ 스티커 설문조사 : 학생들이 흥미 있어 하는 객관식 문항을 3개에서 4개 정도 8절지에 하나씩 쓴 다음에 이 설문지에 모든 학생들이 돌아가면서 문항에 답을 한 후 바로 그 결과를 알 수 있도록 구성한다. 이때 주의할 점은 개인의 답이 공개되지 않도록 공간적 배려를 해 주어야 하며 결과를 시각적으로 바로 알 수 있도록 색상별 원형 스티커를 이용하거나 동그라미를 그리는 식으로 구성되도록 한다. 이때 문항이 너무 교사위주로 생성되지 않아야 하며 결과에 대해 지나친 해설은 피하도록 한다.

㉰ 주제를 주고 창의적이며 다양한 해결책이나 입장을 찾게 한다. 이때 결과보다는 과정에 중시하여 피드백을 주고 신문이나 잡지, 만화, 광고지, 주간지, 월간지 등 창의적이거나 흥미 있는 정보원을 발굴하도록 장려한다. 이렇게 찾은 내용은 간단히 정리하여 교실에 자유롭게 게시하고 비평할 수 있도록 해 준다.

㉱ 이 외에도 다양한 집단상담 및 활동들을 참조하되 창의적이며 개방적으로 접근한다.

② 다양한 긍정적 모형의 제시를 통한 주의집중과 동기부여

창의력과 문제해결력의 증진, 그리고 다양한 정보의 접근 가능성이 인터넷과 컴퓨터를 활용함으로써 증폭된다는 것을 알릴 수 있는 다양한 사례를 제시한다. 이때 제시 방법으로는 교사가 찾아서 제시하는 것도 좋지만 관련된 TV 프로들을 집에서 가족과 함께 본 후 간단한 감상을 적게 하는 것도 좋다. 최근 TV 3사들은 정보화에 관한 특집을 자주 하는 편이라서 방송 프로그램을 잘 보고 활용하면 좋다. 또한 주제를 정해서 팀이나 개인별로 할당한 후 신문, 잡지의 관련 부분을 스크랩하게 하는 것도 좋은 시작점이

된다. 이러다가 서서히 인터넷을 통해 받은 자료를 제시하면서 주의를 집중시킨 후 그 효율성과 효과성을 강조해 준다. 한편으로 최근 인터넷을 통한 각종 아이디어 사업이나 벤처 기업의 성공사례들을 제시해 주며 누구나 아이디어와 끈기, 그리고 인터넷에 대한 지식이 있으면 가능하다는 것을 설득한다. 많은 연구들도 통신 이전에 잘 구성되어 있는 면대면 활동의 중요성을 입증하고 있다(McCreary & Van Duren, 1987; Harasim, 1986).

③ 기본적인 기능에 대한 보충

학습자들이 인터넷에 흥미를 갖게 될 즈음 컴퓨터 활용을 위한 기본적인 기능들에 대한 보충 시간을 마련해 준다. 이때 컴퓨터를 잘 하는 학생들을 도우미 팀으로 구성하여 이들과 함께 수업을 진행할 수 있도록 한다.

(3) 전개단계

이 단계는 인터넷을 주로 검색(search)을 통해 수업에 활용하는 단계로서 다음과 같은 원리들을 응용하여 수업과 학습을 진행하되 단순한 과제부터 복잡한 과제로, 정형화된 과제부터 덜 정형화된 과제로 발전할 수 있도록 계열화를 정한다. 또한 초기에는 과제의 유형에 따라 찾아야 할 내용을 안내해 주다가 점진적으로 안내를 줄이는 방법이 있다. 처음부터 유형별 안내가 주어지지 않으면 학습자들은 종종 정보에 질식하거나 무엇을 하고 있는지 모르는 지적 미궁에 빠질 수 있기 때문이다. 다음은 그 예들이다.

① 개념의 파악과 강화를 위한 탐색

어떤 개념 학습을 한 후 그 개념의 예, 예와 비슷하지만 예가 될 수 없는 것(비례) 등을 찾게 한다. 이 방법은 Merrill의 요소제시이론에 근거를 두고 있는 것으로 개념을 명확하게 하는 데 효과적이다. 예를 들면 초기에는 파충류의 특성은 무엇이며 어떤 종류가 있고, 파충류와 유사하지만 파충류가 아닌 것을 찾게끔 유도해 준다.

② 절차적 지식의 강화를 위한 탐색

절차적 지식이란 어떤 일의 수행을 위해서 필요한 하위 단계들을 모아놓은 지식으로 공통점과 다양성을 갖게 된다. 예를 들면 라면을 끓이는 절차는 모든 라면에 공통적으로 적용할 수 있지만 라면을 먹는 사람의 취향, 라면의 종류와 특성, 가용한 재료의 제한 등에 따라 달라질 수 있다. 이처럼 학습내용에서 나타나는 절차가 실제 현장에서 어떻게 달라질 수 있는지, 그 조건들은 무엇이며 실생활에서 어떻게 적용되고 있는지를 중점적으로 파악하게 한다. 역시 익숙해지면 이런 안내를 줄여간다.

③ 원리적 지식의 강화를 위한 탐색

원리적 지식이란 언제든지 일반화가 가능한 참인 지식을 말한다. 여기에는 원인과 결과로 구성된 인과적(因果的) 지식과 원인과 결과로 정확히 분류할 수는 없지만 공통적 설명 변인을 갖고 있는 상관관계적(相關關係的) 지식, 그리고 자연발생적 과정원리가 있다. 인과적 지식인 경우에는 원인과 결과 사이의 구조를 밝히는 쪽으로 안내와 강화를 주어야 하고, 상관관계적 지식은 그 공통변인을 찾아내는 쪽으로, 그리고 자연과정적 지식은 그 유형과 체계를 파악하는 쪽으로 안내가 필요하다(김영환, 1999). 또한 일단 기본적 원리가 파악된 후에는 다양한 예와 비례를 찾도록 안내하는 것도 좋다.

④ 마인드 맵 모형의 활용

인터넷에서 검색을 하다 보면 종종 많은 분지를 경험하게 된다. 이때 생기는 혼란은 적절한 수준의 경우 인지발달에 도움을 주지만 과도한 경우에는 포기나 흥미의 반감으로 이어지게 된다. 이를 방지하기 위해 마인드 맵을 기반으로 한 검색 지도를 그리게 하는 것이 좋다. 이는 단순한 검색의 결과를 조직화하고 체계화하는 데도 도움을 준다.

예를 들면 처음에는 파충류를 찾기 위해서 검색을 하고 검색된 사이트를 계속 따라가게 된다. 이때 이 사이트에서 찾은 내용들의 순서에 입각해 종이에 주제별로 키워드 맵을 그리는 방법이다. 이 과정 중에 검색된 사이트와는 관계없는 자신의 아이디어에 의해 다시 검색을 하게 되는데, 이런 아이디어의 키워드는 다른 색상이나 기호를 사용해 차별화하면서 지도를 작성하도록 한다. 검색을 마친 후에는 이 지도를 보고 찾아놓은 키워드들 간에 어떤 관계가 있는지 마인드 맵을 재구성하도록 한다.

(4) 발전단계

이 단계는 자신의 아이디어나 검색한 내용을 요약 정리하여 게시판이나 토론방에 올리고 피드백을 받아 고쳐나가는 단계이며, 나아가서는 협동활동이나 각종 다양한 형태의 학습활동으로 발전해나가는 단계이다. 다음은 이 단계에서 적절히 사용할 수 있는 전략들이다.

① 자기주도성과 창의성을 강조한다

토론방은 이미 존재하고 있는 지식이나 정보를 나열하는 곳은 아니다. 학습자의 수준이 낮을수록 이런 정보의 반복 게시는 불가피할 경우도 있으나 대부분 유사한 내용이 반복되거나 이미 알고 있는 내용이 게시될 때 게시판의 매력은 떨어진다. 실수하더라도 창의적인 아이디어와 자기 주도적인 해석을 유도하고 이들을 게시판에 실을 수 있도록 안내하는 것이 필요하다.

② 협동성과 타인에 대한 배려를 강조한다

모든 게시물에 대한 토론을 올릴 때는 기본적인 예절을 갖추도록 한다. 예를 들어, 칭찬을 반드시 먼저 하고 나서 자신의 의견을 말해야 하는데 혹시 반박할 경우에는 나름대로의 근거를 대도록 한다. 또한 개인적으로 감정을 건드릴 수 있는 말이나 표현은 사용하지 않도록 지도한다.

③ 규칙적으로 수업 중에 게시물에 대한 정리를 한다

이때 정리란 불필요한 내용을 지우는 것에서부터 그 동안의 토론내용을 알리고 방향을 검토하기 위해 간단한 회의를 하는 것을 포함한다. 이를 위해 교사는 주기적으로 토론방에 들어가 학생들의 토의내용에 대해 피드백을 해 주어야 하며 지속적으로 토론방에 자기 의견이나 정보를 게제하지 않은 학생에 대해 조언을 해 줄 필요가 있다.

④ 최종 산출물에 대한 책임과 함께 동기를 강조한다

교사는 토론방의 모습을 지켜보다가 적절한 순간에 이 내용들을 이용해서 어떤 산출물을 만들면 좋겠다는 제안을 할 수 있도록 준비하여야 한다. 예를 들어 과학시간이라면 자주 올라오는 질문들을 모아서 FAQ(Frequently answered questions)나 Q &

A(Questions and Answers)를 만들어 후배들에게 사용하는 것이 있다. 이 경우 후배들이나 다른 사람들이 사용하게 될지도 모른다는 것은 참가자들에게 책임의식과 함께 동기를 불러일으키게 된다. 어떤 경우든 토의 내용들이 그대로 잊혀지지는 않으며 무언가 실제적인 방법으로 활용될 수 있다는 것을 강조하는 것이 필요하다.

⑤ 유명인이나 권위 있는 사람들을 가끔 토론방에 끌어들인다

학습자들이 계속 인터넷에 흥미를 갖게 하기 위해서는 가끔 교사가 학생들이 관심 있어 하는 사람이나 그 분야의 저명인사 또는 전문인에게 전자메일을 보내서 토론방에 메모를 남기게 하는 것도 좋은 전략이다. 이들을 찾지 못한 경우에는 동료교사나 타지방의 학생들, 또는 학부모의 참여도 바람직하다.

⑥ 학습해야 할 내용의 기초와 기본을 확실히 제시한다

열린교육이 그러하듯이 너무 창의적이고 적극적인 문제해결과 커뮤니케이션을 중시하다 보면 기초와 기본이 항상 약해진다. 열린교육을 시작했고 정점에 와 있는 영국의 경우 이 문제로 인해 오히려 대만과 일본의 일제식 수업을 연구하기 시작한 것과 미국의 교육이 봉착하고 있는 문제들을 이들에 대한 좋은 자료가 된다. 최소한 봐야 할 것과 알아야 할 것의 기준을 명확하게 알려 주고 이들을 어디서 어떻게 볼 수 있는지에 대한 구체적인 방안을 제시해 주어야 한다.

(5) 체계적 발전 단계

이 단계는 개별 학습자들이 홈페이지를 운영할 수 있을 때 적용할 수 있으며 본격적인 협력학습이나 탐구학습, 그리고 실제적인 프로젝트 학습 등으로 확장·응용된다.

① 실제적인 프로젝트의 개발을 유도한다

미국에서 인터넷을 활용한 수업방법 중 가장 많이 활용되는 전략이 이 방법이다. 예를 들어, 미국 인디애나 주의 Greenwood 중학교에서는 Indianapolis에 위치한 IUPUI (Indiana University Purdue University at Indianapolis)의 대학생들을 위해 역사와 동물을 가르치는 프로그램을 만든 바 있다. 이를 위해 학생들은 광범위한 수준의 역사와 동물에 대한 지식을 갖게 되었고 이런 지식을 찾기 위해 대학의 도서관, 박물관, 동물원

및 각종 홈페이지와 CD-ROM을 포함한 자료들을 검색하고 재구성하였던 것이다. 이 프로젝트는 1년 동안 지속되었는데 IUPUI의 대학생들과 교수들은 형성평가요원 및 클라이언트로서 동참해 주었다. 다른 방안으로는 학년 단위의 분할 프로젝트를 반별이나 조별로 수행하되 교사용 및 학생용 자료집을 만드는 방안이 있다.

② 타 지역의 학생들과 협동 프로젝트 수행

이 방법은 일본 동경의 한 중학교와 싱가포르의 중학교의 학생들이 함께 주제를 정하고 홈페이지를 만드는 것이었는데, 홈페이지의 내용을 50대 50으로 구성하였다. 보다 세부적으로는 필요한 그림을 정한 후 절반은 먼저 일본에서 그리고 나머지 절반은 싱가포르에서 그린 후 채팅을 통해 계속 의견을 교환하면서 이와 같은 방법으로 구성한 것이다. 여기서 가장 중요한 원칙은 상대방의 의견을 최우선으로 존중한다는 것과 창의적인 아이디어와 전통적인 내용을 존중하는 것이었다. 이런 방식은 국내의 학생들 간에도 적용될 수 있다.

③ 여러 지방의 학생들과 교사들이 연계된 모자이크 형 프로젝트

이런 프로젝트의 가장 대표적인 것은 Oregon Trail 프로젝트이다(http://trails.kcmsd.k12.mo.us/Information 참조). 이 프로젝트는 미국 교육부에서 지원하는 것으로 미국의 서부의 역사, 지리, 문화 등을 통합적으로 공부할 수 있는 환경을 제공하는 것으로 여러 지방의 도서관, 박물관, 대학, 초중등학교 등이 연계되어 마치 인터넷상에서 거대한 모자이크를 만드는 것처럼 자기 지역과 자신의 영역을 커버하도록 되어 있다. 원래 Oregon Trail은 CD-ROM으로 제작된 프로그램이었는데 이 프로그램의 성공에 고무되어 관련된 지역의 단체와 학교들이 자발적으로 홈페이지들을 연계하다가 지금은 연방정부의 지원을 받아 운영되고 있다. 여러 단체와 지역의 전문가들이 동시에 참여하는 만큼 다양하고 정확한 정보가 신속히 게재되며 실제 학습에도 많은 도움이 되고 있어서 향후 인터넷 사용의 좋은 방안이 되고 있다.

④ 릴레이 프로젝트

이것은 한 학교나 한 학급에서 반별이나 조별로 할 수 있는 프로젝트로 큰 주제를 잡

은 후 순서를 정해 돌아가며 홈페이지를 관리하고 확장해 나가는 형태이다. 예를 들어, 3월에는 1반이 4월에는 2반이 하는 식으로 책임이 넘어가게 되어 참가자들은 책임감과 경쟁심을 갖게 되고 동기 면에서 적절한 수준의 자극을 받게 된다. 또한 매월 반별 구성원의 특성이 들어가게 되는 장점이 있다.

4) 인터넷 사용 시 유의해야 할 사항들

인터넷이 가지고 있는 문제들 중에 이미 보편적으로 알려진 것들은 외설 홈페이지, 언어적 폭력 및 접속속도와 통신 사용료, 통신 중독증과 이것이 심할 경우 자폐증으로 이어지는 것들이다. 그런데 최근 미국과 일본에서 이들 이외에 심각하게 떠오르고 있는 문제는 바로 통신을 통한 가출이다. 이전까지 가출은 돌발적이고 충동적으로 발생하는 것이 대부분이었다.

최근 인터넷을 통해 많은 사람들과 접촉할 기회가 생기게 되자 가출이 계획적으로 발생하고 있다는 것이다. 즉 통신을 통해 만난 사람들에게 설득을 당하거나, 자료를 얻거나, 심한 경우에는 동거를 약속 받은 후 돈을 모으고 가출을 한다. 미국 인디애나 주의 Greenwood 중학교에서는 모든 학생들에게 ID를 부여하고 수업에 활용한 1년 후부터 이런 유형의 가출이 발생하기 시작했다고 한다. 최초의 인터넷 가출은 1995년 2월에 발생한 것으로 그 학생은 외부적으로는 전혀 문제의 소지가 없었던 학생이었기에 아무도 예측을 못했다고 한다. 그 14살짜리 학생은 가출 일 개월 후 비행기로 5시간 떨어진 LA의 한 중년 미망인의 집에서 동거 중 발견되었는데, 그나마 통신을 조회한 후 소재를 파악할 수 있었던 것이다. 그 후 그 중학교에서는 개별 ID를 모두 폐쇄하고 반별 ID를 여러 명이 공유하도록 바꾸었으나 근본적인 대책은 되지 않고 있다.

우리도 교육부에서 2002년부터 모든 학생들에게 개별 ID를 부여하겠다는 계획을 세웠다. 여러 가지 복잡한 사정 속에서 실현 여부를 떠나 제발 이런 사안에 대한 대비책을 세운 후 실행되어야 할 것이다.

CHAPTER

12 u-러닝과 교육

1. 유비쿼터스

1) 개념

유비쿼터스의 어원은 라틴어에서 유래된 것으로 '도처에 있다', '언제 어디서나 존재한다'라는 의미이다. 신은 언제 어디서나 시공을 초월해 우리 곁에 존재한다는 종교적 이상을 상징할 때 사용되는 용어이다. 즉, 유비쿼터스 컴퓨팅은 '모든 객체의 컴퓨터화'와 '컴퓨터화된 모든 객체의 네트워크화'를 의미한다고 할 수 있다. 유비쿼터스 사회는 물리적 공간과 가상의 세계, 사이버 공간의 융합을 통해 실현된다. 물리적 공간의 요소요소에 컴퓨팅 기능 및 커뮤니케이션 기능, 네트워크 기능이 내재되어 사람이 인지하지 않아도 스스로 알아서 필요시에 접속이 된다.

유비쿼터스 네트워크란 유선의 네트워크뿐만 아니라 무선, 이동 네트워크를 포함하는 종합적 브로드밴드, 즉 상시 접속할 수 있는 네트워크로 언제 어디서나 무엇으로나 접속할 수 있는 환경을 말한다. 유비쿼터스 네트워크 환경에서는 PC, 휴대전화, PDA, TV, 정보가전, 게임기, 자동차 내비게이션, 멀티미디어 키오스크, 자판기, 웹 카메라, 무선 태그 등의 정보기기 혹은 지금까지 정보기기로 간주되지 않았던 기기나 사물도 인터넷 프로토콜(IPv6)로 연결됨으로써 다양하고 방대한 디지털 콘텐츠가 유통되어 새로운 시장을 창출해낸다.

인터넷이 새로운 가상의 사이버 세상을 만들어 냈다면 유비쿼터스는 물리적 공간과 사이버 공간이 융합되어 하나의 통합된 공간을 창출해 내는 것이다. 유비쿼터스 기술은 물리공간에 실존하며, 가상세계(사이버 공간)를 증강하는 것이 아니라 실제세계를 강화하는 것이다.

이제 인간은 컴퓨터나 PDA 같은 특정 단말기가 없어도 네트워크에 연결되어 원하는 정보를 얻고 자유롭게 의사소통을 할 수 있게 된다. 의사소통의 대상도 사람-사람뿐 아니라 사람-사물은 물론 사물-사물까지로 확대된다.

2) 특징

유비쿼터스 IT의 특징은 다음의 네 가지로 설명할 수 있다.

(1) Connected

모든 컴퓨터와 사물 및 인간들이 서로 연결되어야 한다는 것으로 궁극적으로 네트워크 연결의 5대 any화(anytime, anywhere, anynetwork, anydevice, anyservice)를 지향하고 있다.

(2) Invisible(Disappearing)

수많은 컴퓨터와 컴퓨팅 기술이 주변에 편재해 있기는 하지만 사용자들이 거부감을 느끼거나 방해받지 않도록 환경에 효과적으로 통합되어 있어, 마치 직물 속의 실처럼 엮어져 보이지 않게 일상생활에 파고 들어 있어야 한다.

(3) Calm

평소에는 배후에 숨어 의식할 수 없지만 필요한 때는 사용자의 개입을 요구함으로써 인간의 집중력을 효과적으로 활용할 수 있도록 하는 사용자 중심의 환경이라는 점이다. 즉, 기술이 평온하고 고요하게 인간을 지원하는 사용자 중심 환경이어야 한다는 것이다.

(4) Real

유비쿼터스 컴퓨팅은 물리공간에 실존하며, 가상세계의 증강이 아니라 실제세계를 강화하는 것이다. 어떤 측면에서 유비쿼터스 컴퓨팅은 가상현실의 개념과 반대되는 개념이라고 할 수 있다.

3) 유비쿼터스에 따른 사회변화

유비쿼터스 사회에서는 전자식별 태그(RFID)를 부착해 상품의 이동경로, 현황추적 등을 체계적으로 관리할 수 있어 물류와 유통, 우편, 도서, 유가증권 등의 관리에도 적용될 수 있다. 또한 동식물 및 의약품의 이력관리 등에도 이용될 수 있으며, 스마트 먼지를 이용한 군사적 탐지에도 활용될 수 있다.

특수한 기능의 섬유나 의복 자체에 초소형 칩을 내장한 '스마트 웨어'는 작업이나 운동을 하는 사람, 환자 등의 호흡, 혈압, 체온 등을 자동 측정한다. 세탁물에 포함된 태그 정보를 인식해 세탁환경을 자동조절하는 가하면 음식의 내용물 및 유통기한을 인식해 개별 음식과 냉장고의 상태를 알려줄 수도 있다. 병원과 양로원에서 '약품소비'를 감시하고 제어할 수 있는 '스마트 약제함', 타이어의 압력을 자동으로 모니터링하는 '스마트 타이어'는 물론, 스마트 기기들을 특정 공간에서 네트워크화한 '스마트 홈'까지 유비쿼터스 환경이 도래하면 인간의 삶은 더욱 편리하고 풍요로워진다.

유비쿼터스 기술은 사람들의 일상생활 현장 곳곳에 센서와 네트워크 기능을 심어서 이용자들의 실생활을 지원하는 이용자 중심의 IT이다. 따라서 유비쿼터스 기술은 기존 IT환경보다 훨씬 더 개개인 각각의 개별화된 욕구에 대응해 다양한 서비스를 제공할 수 있다. 이러한 특징 때문에 유비쿼터스 기술은 핵심응용 기술에 의존하는 폐쇄적 기술 궤적을 그리기보다는 사용자 중심의 일상생활을 중심에 두고 다양한 응용분야의 기술 변화를 통합적으로 활용해 삶의 질을 높이는 방향으로 발전해 오고 있다.

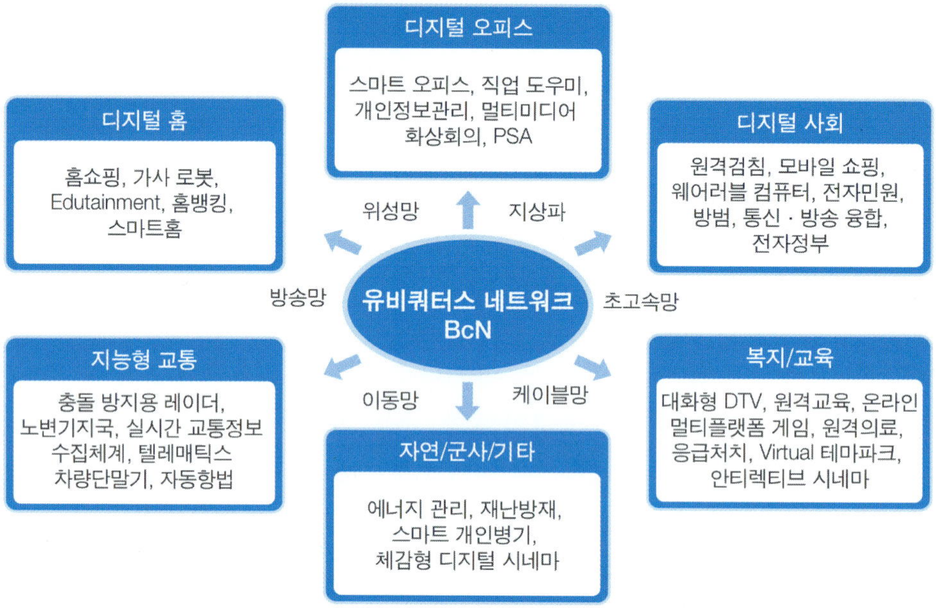

[그림 12-1] 유비쿼터스 사회의 모습

출처 : 정보통신부,'IT839전략 기술개발 마스터플랜', 2004. 6.

2. 스마트 러닝

1) 스미트 교육의 개념

스마트 교육이란 21세기 학습자 역량 강화를 위한 지능형 맞춤 학습체제로 교육 환경, 교육내용, 교육방법 및 평가 등 교육체제를 혁신하는 동력을 말하고, 기술적인 환경보다는 학습자와 학습방법, 학습 콘텐츠에 초점을 맞추는 교육을 뜻한다. 즉 스마트 교육은 지식의 수용자였던 학생이 지식의 주요 생산자로서 역할이 변화되고, 지식 전달자였던 교사가 학습의 조력자인 멘토로 역할이 변화되면서 스마트기기를 통해 온라인 성취도 진단 및 처방으로 스스로 학습하는 체제가 만들어지고, 이는 정형화된 교과 지식

중심에서 체험을 기반으로 한 학습방법을 출현시키게 된다. 따라서 창의적 문제해결과 과정 중심의 개별화된 평가를 지향하게 된다.

또한 교육체제의 유연성이 강화되고 개인의 선호 및 미래의 직업과 연계된 맞춤형 학습을 구현하게 되며, 학교가 지식을 대량으로 전달하는 장소에서 수준과 적성에 맞는 개별화된 학습을 지원하는 장소로 바뀌게 된다.

클라우드 교육서비스를 기반으로 공공기관, 민간과 개인이 개발한 풍부한 콘텐츠를 교육에 자유롭게 활용하면서 집단지성, 소셜러닝 등을 활용한 국내외 학습자원의 공동 활용과 협력학습을 확대시켜, 더 나아가서는 정보기술을 통해 언제 어디서나 원하는 학습을 할 수 있고 수업방식이 다양해져 학습 선택권이 최대한 보장되는 교육환경이 조성되게 된다.

〈표 12-1〉은 위의 내용을 SMART라는 약자로 개념을 표현한 것으로 스마트 교육의 핵심 키워드를 포함하고 있다.

〈표 12-1〉 SMART 교육

구 분		의 미
S	Self-directed (자기주도적)	• 지식생산자로서 학생역할변화 • 스스로 학습하는 지능화
M	Motivated (흥미)	• 체험 중심 교수학습방법 강조 • 문제해결 중심 개별평가
A	Adaptive (수준과 적성)	• 교육체제의 유연성 강화 • 수준과 적성에 맞는 개별화
R	Resource Enriched (풍부한 자료)	• 오픈마켓의 풍부한 콘텐츠활용 • 소셜네트워크를 통한 협력학습
T	Technology Embedded (정보기술활용)	• 학습선택권의 보장 및 개방화

출처 : 김태정(2013). 스마트 교육용 앱의 사용실태 조사 및 활성화 방안, 강원대학교 교육대학원 석사학위논문.

정보화 사회가 되면서 쉽고 편리한 정보 통신 기술이 발달했다. 이에 따라 교육도 쉽고 언제 어디서나 편리하게 할 수 있는 방법을 사람들이 추구하자 스마트 교육이 새로운 교육체제로 떠오르고 있다. 이러한 스마트 교육은 단순히 스마트기기를 활용하여 교육하는 것이 아니라 전통적인 교수 학습방법인 교사 중심에서 학습자 중심의 참여, 협업, 상호작용적으로 전환하여 교육의 효과를 극대화시키는 것을 목표로 하고 있다.

2) 스마트 교육의 세 가지 관점

스마트 교육을 만들기 위한 가장 핵심적인 세 가지는 교육내용, 교육방법, 교육 환경 변화라는 측면에서 살펴볼 수 있다.

첫째, 교육내용 측면에서는 스마트한 학습 모델을 개발하고 적용하는 것이다. 즉, 학교 교육을 통해 배워야 하는 가장 기본적인 콘텐츠인 교과서의 변화를 핵심으로 한다. 디지털 교과서는 디지털 매체의 다양한 장점을 활용하여 교실 수업을 개선하고, 일반 교과서에서 볼 수 없는 사진, 동영상, 애니메이션, 3D 등의 멀티미디어 자료를 볼 수 있다. 또한 수업시간에 궁금한 것들이나 자료들을 실시간으로 시간과 장소에 구애받지 않고 검색이 가능하여 학습에 도움을 줄 수 있다.

둘째, 교육방법 측면을 살펴보면 스마트 교육은 온라인수업의 도입으로 학습자들에게 학습의 선택권을 주고, 기초 학력 저하를 해소할 수 있다. 부득이한 사유로 학업에 지장이 생길 수 있는 학생들에게 학업 기회를 제공하고, 전공 교사가 없어 원하는 과목을 선택하지 못하는 학생들의 학습 선택권을 보장해 줄 수 있을 것이다. 또한 다양한 매체를 활용한 온라인 수업은 전문가와의 연계를 강화하여 현장 체험 학습을 가능하게 하고, 원격교육을 통해 오지에서 교육을 받는 소외받는 계층에게도 학습의 기회를 제공할 수 있다.

마지막으로 교육환경 측면에서는 교육 콘텐츠를 자유롭고 안전하게 이용할 수 있는 환경을 조성해야 한다. 크게 두 가지 방법이 있는데, 하나는 교육 콘텐츠를 공공 목적으로 이용하는 환경을 조성하는 것이다 관련된 법과 제도를 정비하고, 교육 콘텐츠의 관리 시스템을 마련하고, 교육 콘텐츠의 기부 문화를 구축하는 것을 말한다.

다른 하나는 역기능 해소를 위한 정보 통신 윤리 교육을 강화하는 것이다. 즉 정보통신과 관련된 윤리 교육을 내실화하고, 인터넷 중독에 대한 대응을 강화하며, 제도적으로는 정보 통신 윤리 협의체를 구성하는 것이다.

이러한 세 가지 측면의 변화를 바탕으로 한 교육 혁명을 위해서는 두 가지 지원이 요구된다. 먼저 스마트 교육을 실천할 수 있는 교원들의 역량을 강화하고, 기술적인 면에서의 기반 마련 클라우드 교육을 서비스할 수 있는 기반을 조성하는 것이다. 즉 클라우드 컴퓨팅 기술을 이용하여 각 학교에 스마트 교육이 가능하도록 인프라를 구축하고, 이를 바탕으로 교육 콘텐츠 오픈 마켓을 만드는 등 스마트 교육의 표준 플랫폼을 네트워크상에서 개발하고 구축해야 한다.

3) 스마트 교육의 특징

교수학습에는 이미 다양한 학습방법들이 존재한다. 오래전부터 학습 효과를 높이기 위해 컴퓨터교육학, 교수심리학, 교육공학 등 많은 분야에서 다양한 학습방법들이 제안되었다. 제안된 방법들은 전통적인 교사 중심의 학습에서 벗어나 학습자 중심의 학습으로 변화하고자 하는 많은 노력들이 있다. 스마트 교육은 이런 노력들에 알맞은 특징들을 가지고 있다.

(1) 참여학습

참여학습이란 학생들에게 참여에 대한 행동의 지침과 방향을 제시하고 학생들이 스스로 학교와 지역사회 문제를 직접 찾고 해결하는 경험을 제공하는 교육방법이다. 즉, 교육이론에서 말하는 참여학습에서는 사회적인 교류가 학습의 중요한 요소를 이룬다. 이는 추상적이거나 실생활과 동떨어진 지식을 다루는 전통적인 교실의 학습활동과 크게 차이가 난다.

그러나 스마트 교육에서의 참여 학습이란 다른 의미를 뜻한다. 스마트 교육에서의 참여 학습이란 전통적인 수업 방식의 교사 중심 학습에서 학습자의 참여 공간을 만들어 학습자 중심의 학습이 이루어질 수 있는 학습방법이다. 그래서 스마트 교육에서는 교사가 학습의 중심이 아니라 학습자, 즉 학생이 학습의 중심이 되어 학습자가 교사의 역할을 할 수 있고, 교사는 정보를 전달하는 전달자 또는 학습을 이끌어 가는 조력자의 역할을 하여 학습자들이 스스로 학습이 이루어지고 능동적인 학습이 이루어지도록 한다. 참여 학습의 대표적인 사례는 수업 시간에 클리커를 활용하는 방법이 있다.

[그림 12-2] 클리커

[그림 12-2]의 사진 속 학생들은 클리커를 가지고 강의대상을 향하여 클릭하고 있다. 클리커란 학생 응답 시스템으로 손으로 잡을 수 있는 크기의 무선 통신기기이다. 클리커를 교실에서 활용함으로써 학습자들과 실시간으로 직접적인 상호작용을 할 수 있으며, 학습자들이 클리커의 버튼을 누르면 교사의 컴퓨터에 기록이 되고 전송받은 내용은 다시 교실 안의 학습자들과 바로 공유할 수도 있다. 이를 통해 학생들은 수업을 집중할 수 있고, 무엇보다도 학생들이 수업에 참여할 수 있다.

(2) 자기주도 학습

자기주도 학습은 학습자 스스로 학습목표를 세우고, 목표에 맞는 계획을 수립하고, 목표를 수행할 수 있도록 알맞은 도구를 선택하여 학습목표를 수립하고, 그에 대한 평가를 스스로 하는 것을 말한다. 이것은 교사주도 학습에 비해서 학습 주체가 학습자에게 있다고 할 수 있다(임희석, 2012). 그러나 학습자 중심인 스마트 교육에서는 학습자에게 자기주도 학습을 유도하기 위해 재미있는 교육이 되도록 한다는 것이다. 학습자가 관심을 갖고 있거나 좋아하는 것을 할 때는 학습의 행위가 아니라 놀이라는 행위로 바뀔 수 있으며 이러한 놀이는 충분히 긍정적인 학습동기를 유발하여 학생들이 스스로 학습을 할 수 있다.

모든 학습이 게임기반으로 이루어진 "institute of play"라는 교육용 사이트가 있다. 여기서 학습하는 학생들은 학습을 위해 단순히 지식을 습득하는 것이 아니라 학습을 위해 지식을 탐구한다. 이 학생들 대부분은 긍정적인 학습동기를 가지고 있으며 스스로 학습을 하고 있다. 자기주도 학습을 성공적으로 이끄는 것은 긍정적인 학습동기를 줄 수 있는 무언가가 가장 중요하다. 즉 단순히 지식을 습득하는 교육에서 벗어나 재미있는 교육, 지식을 탐구할 수 있는 교육이 될 수 있도록 하여야 한다.

[그림 12-3] institute of play

(3) 협력학습

협력학습은 경쟁이 주는 장점을 활용하여 학습자 개인이 동기유발을 효율적으로 도모하고 바람직한 학습목표와 사회적 목표를 달성하고자 하는 학습의 한 형태이다. 기존의 협력학습에서는 교실에서 같은 공간에 존재하는 학습자들끼리 그룹을 만들고 공동의 목표를 세워 함께 목표를 향해 문제들을 해결해 나간다. 그러나 스마트 교육에서는 이보다 더 광범위한 협력학습을 말할 수 있다. 스마트 교육에서는 교실의 공간뿐만 아니라 온라인으로 연결된 다른 장소의 학습자 또는 교수자와 협력하여 하나의 학습을 구성하여 함께 협력학습을 이룰 수 있다.

[그림 12-4] 협력학습

그래서 다른 공간에서 교수자와 학습자 간의 상호작용이 일어나는 원격교육이 가능하기 때문에 접근하기 어려운 오지에 있는 학교에서 원어민 강사가 직접 수업하지 않더라도 멀티미디어를 통하여 수업이 가능하다. 이를 통해 시골과 도시의 교육 환경의 격차를 줄일 수 있고 또 학습자들에게 다양한 교사, 다양한 환경을 제공함으로써 학습자들의 참여를 높일 수 있으며 단순히 동영상 강의를 보는 것이 아니라 상호작용적인 수업이 가능하기 때문에 학습자의 몰입을 유도할 수 있어 전통적인 멀티미디어 수업에 비해 스마트 교육이 학습의 효과를 더욱 극대화시킬 수 있다.

(4) 상호작용적 학습

상호작용적 학습이란 2명 이상의 사람 사이에서 일어나는 생각과 감정, 지식 등의 교환으로서 필요한 정보나 지식을 획득하는 것을 말한다. 이러한 상호작용적 학습은 자동적이며, 내적 동기에 의해서 주로 나타나고, 의사소통을 통해서 지식이 전달된다. 전통적인 수업 방식에서는 교수자와 학습자 간의 수업이 면대면으로 이루어짐에도 불구하고 교사 중심의 강의형식 수업이기 때문에 학생과의 상호작용적이 학습이 낮았다. 그러나 스마트 교육에서는 소셜네트워크를 활용한 수업을 통해서 교수자와 학습자 간의 상호작용, 학습자와 학습자 간의 상호작용을 할 수 있다.

실제로 고려대학교 한 교수는 자신의 수업을 듣는 학생들에게 무상으로 아이폰을 지급하여 강의실에서 수업을 하는 것이 아니라 엠엔 토크, 트위터 등 소셜네트워크를 통하여 수업을 진행한다. 학생이 수업 과정에서 질문이 있으면 즉각적으로 질문을 하여 답을 얻을 수 있고 또 다양한 학습자들끼리 학습지식의 공유뿐만 아니라 최신정보 지식에서부터 개인 감성까지 다양하게 공유하고 있다.

〈표 12-2〉 유비쿼터스 환경에 따른 새로운 서비스

분야	부 문	서비스	효 과	비 고
공공행정	일반행정	• u-Government	행정효율성과 공공서비스 향상, 정부신뢰성 및 투명성 제고, 수요자 중심 전문서비스로 전환, 24시간 논스톱서비스	e-Government에서 진보
	재난재해 관리	• RFID를 통한 재해예방	국가 위기관리능력 제고, 새로운 유형의 재난재해에 효과적으로 대응	GIS 및 GPS 활용
	사회안전	• u-Defence • 모바일단말 이용 이동형수사정보시스템 • 웨어러블컴퓨터를 이용한 교도소 재소자관리	국방시스템 현대화, 전투병력의 전력향상, 국방예산절감, 공공안전 증대 및 안전인력·경비의 절감, 수사정보의 실시간 제공과 범죄자 파익, 집다한 행징입무감축 및 신속한 대응	버클리대의 스마트먼지 프로젝트, 영국 리버플 유비쿼터스 모바일경찰서
경제산업	비즈니스/상거래	• u-비즈니스 • u-커머스 • u-생산관리	산업생산성 향상, 경영합리화 실현, 신제품 개발, 신규산업 및 서비스 육성	생산공정 자동화에 도입 급증, 초기단계 u-커머스 등장
	금융	• u-Payment • u-Banking • 지능형 전자결제시스템	금융시스템 투명성 증대 통한 경제정의 실현 및 비리척결, 지폐 및 상품권 위조방지	모네타서비스, 고객정보 이미지관리 시스템(CDIS)도입
	노동	• u-취업정보시스템	고용증대 및 적재적소에서 능력 발휘	청년 고용기회 확대
	물류/교통	• u-로지스틱스	물류비용 및 사회적 비용 절감,	월마트 등에서 도입, 차

		• u-물류 • 지능형 교통시스템 • 스마트자동차 • 스마트타이어 • 스마트선박 • 지능형도로	판매관리 및 재고관리의 효율성 증진, 교통안전성 증대 및 교통사고 감소, 타 선박과의 충돌방지, 자동차 및 텔레매틱스 산업의 발전촉진	세대 바코드 개발 중, GM·도요타 등에서 스마트카 개발 중, 타이어 업계에서 스마트타이어 개발 중
	건설/SOC	• 스마트빌딩 • u-도시 • u-Apartment	건물 내의 습도, 온도, 통풍 등의 자동제어, 각종 화재 및 사고 예방, SOC의 체계적 관리 및 효율적 운용을 통한 안전도와 수명증대	각종 건축자재에 극소형 센서 부착, 지방자치단체에서 u-시티에 관심
	농축수산	• 식품추적시스템 • 가축이력관리	식품안전성 향상, 가축 전염병 예방, 생산성 증가로 업계소득 증대	RFID칩 부착으로 이동경로 추적관리
생활 서비스	생활/문화	• 디지털홈 • u-도서관 • u-박물관	국민편의 증진, 삶의 질 향상, 국민 여가생활의 다양화, 문화선진국 건설 도모	국내외 가전업계와 건설업계에서 디지털홈 시범서비스 실시 중
	교육	• u-러닝 • u-Education • u-Campus	사교육 절감 및 공교육 정상화, 평생교육환경 구축, 창의적이고 학습자 중심 교육의 실현	유비캠퍼스, 조지아공대의 e-dass
	환경	• u-폐기물관리시스템	환경훼손 방지, 쾌적한 생활환경 조성	폐기물에 RFID 부착
	보건/복지	• u-Health • 스마트홈 • 원격진료체제 • 노부모개호시스템	생활습관성 실환 개선, 새택건강관리 활성화, 고령화사회에 능동적으로 대응	헬스케어번기, Elite Care

3. e-러닝, m-러닝, u-러닝

1) e-러닝

(1) e-러닝의 정의

유비쿼터스의 혁명이 진행됨에 따라서 이것은 교육에도 영향을 미치기 시작했다. 교실이라는 공간을 벗어나 언제, 어디서, 누구에게나 자신이 필요로 하는 교육 서비스를 받을 수 있는 것이고, 이러한 교육 환경의 새로운 패러다임으로 자리 매김하고 있는 것이 e-러닝이다. 이것은 단순히 온라인 기술을 활용한 교육이 아니라 '기반기술교육(Technology-based Training)'의 발전된 형태로 '학습 선택권의 확장'과 '학습 기회의 확대'를 통해 궁극적으로 언제, 어디서나, 누구나 학습할 수 있는 '열린학습'을 지향하는 학습 방식이라 할 수 있다.

(2) e-러닝의 구성요소

e-러닝을 구성하는 기본 요소는 e-러닝의 학습 내용 및 학습자원을 구성하는 콘텐츠, 콘텐츠를 전달하는 데 필요한 전달체제 및 학습지원 시스템을 들 수 있다.

먼저 콘텐츠 영역을 설명하자면, e-러닝 콘텐츠란 교수-학습 활동을 목적으로 한 각종 학습내용 및 학습자원을 말하는 것으로 텍스트, 이미지, 비디오, 애니메이션 등 다양한 형태로 표현된다.

두 번째 구성요소는 이러한 콘텐츠를 전달하는 데 필요한 각종 전달체제이다. 전달체제란 e-러닝 콘텐츠를 최종 수혜자인 학습자에게 전달하기 위해 기본적으로 갖추어야 할 물리적 체제 및 각종 학습지원 시스템을 일컫는 것이다. 이러한 전달체제는 크게 시스템 인프라와 솔루션으로 나누어 볼 수 있는데, 시스템 인프라는 학습 내용을 효과적 · 효율적으로 전달받기 위한 학습환경을 창출하기 위해 1차적으로 갖춰야 할 기본적인 물리적 인프라를 지칭하는 것이다.

또 e-러닝 체제에 있어서 관심을 기울여야 할 분야가 솔루션 개발 분야이다. 솔루션 개발 분야는 다시 두 가지로 나누어 볼 수 있는데, 콘텐츠 저작도구와 학습지원 시스템 영역이다. 콘텐츠 저작도구는 다시 학습 내용을 구성하는 각종 멀티미디어 자료의 원자료를 저작하는 저작도구와 이들 저작도구에 의해 만들어진 멀티미디어 자료들을 효과적으로 제시하기 위한 저작도구들로 나눌 수 있다. 전자에 해당되는 것은 포토샵이나 플래시 등이며 후자에 해당되는 것은 GVA, Active 등이다.

학습지원 시스템이란 e-러닝 콘텐츠의 개발, 관리, 운영, 평가가 이루어지는 플랫폼이라 할 수 있다. 이러한 플랫폼은 일반적으로 교사용 시스템, 학습자용 시스템, 운영자용 시스템 등으로 구성되며, 다양한 교수-학습방법을 보조하고 지원하기 위해 사용되는 게시판, Q&A, 공지사항 등의 기능 외에 메신저나 협력학습도구, 학사 행정/과정 운영 등 부가기능을 탑재하게 된다.

(3) e-러닝의 발전과정

① 1단계(1997~1999) : 교육과 성과의 연관 낮음(주로 기업에서 활용). 제한된 네트워크 능력으로 멀티미디어 파일의 사용 등에 있어서 제약

② 2단계(2000~2003) : e-러닝에 관련된 네트워크 기술과 콘텐츠 제작 도구의 현저한 발전은 이루어 졌으나, 수요자에 대한 맞춤형 교육의 저가 생산을 가능하게 하는 구분과 표준이 없었다는 한계를 가짐

③ 3단계(2004~2008) : 효율적으로 고품질 학습 가능. 교육과 학습성과의 연관성이 높아지게 되며, 학습자의 개인별 지식, 기술, 학습양식 등 다양한 분야에서 폭넓은 관리가 가능. 양질의 콘텐츠 저렴한 비용 기대. u-러닝의 모습

(4) e-러닝의 특징

e-러닝의 매력이라면 일단 교육내용의 일관성 있는 전달, 시간절약, 교육의 적시성(Just in time), 비용수익성 등이다. e-러닝의 특징 다음과 같다.

① 접근의 용이성 : 정보기술에 의해 시공간의 제약 없이 학습

② 상호작용성 : 학습자와 교수자 간의 쌍방향 의사소통(게시판, 토론방 등을 통합)

③ 학습자 주도의 자율성 : 스스로 학습과정 및 환경 선택 가능(내용, 수준, 분량, 속

도, 횟수 등 - 맞춤형 학습)

④ **비용 효과성** : 강의실 교육보다 교육훈련 비용이 저렴(초기 인프라 구축에 많은 비용이 들 것으로 예상되나 일단 시스템이 정착되면 오히려 감소할 것이다. 그러나 기술 개발이 가속화 되고 있는 만큼 감소의 폭이 좁을 것이라는 의견도 있다.)

⑤ **내용의 신속성** : IT 기술을 활용하여 교육내용을 신속히 업데이트

그리고 e-러닝의 장단점을 비교하면 다음과 같다.

〈표 12-3〉 e-러닝의 장단점

간단한 장단점 비교	
장 점	단 점
• 언제 어디서나 필요할 때 학습 가능 • 시간과 비용 절감 • 개인의 능력과 관심에 맞추어진 학습 가능 • 최신의 정보의 반영 및 수정용이	• 기술의 한계 • 인간적 상호작용의 부족 • 정적인 e-러닝 프로그램 • 과다한 개발 시간과 비용

(5) e-러닝의 교육적 활용

e-러닝은 단기적으로는 교육 기회 확대에 큰 가치가 있고 중·장기적으로는 새로운 교육체제의 구현에 그 가치가 있다고 할 수 있겠다.

우선 단기적 효과 중 대표적인 것으로 교육 공급의 양적 증대를 통한 교육 기회의 확대를 들 수 있다. 교육을 제공하는 경로를 확대시켜 줌으로써(가상 대학, 인터넷상의 여러 교육 강좌 등) 시간과 공간의 제약을 덜 받으면서도 비교적 빠르고 저렴한 교육의 공급을 기대할 수 있게 되는 것이다(교육방송의 인터넷 강의 등).

아울러 교육 기관과 교육 프로그램의 증가는 교육 공급자 상호 간의 경쟁을 심화시킬 것이며, 이는 교육의 질 개선으로 자연스럽게 연결될 것이라는 입장도 있다. 다만 이 경우, 교육 자료가 무비판적으로 확대·공급된다면 교육의 질적 신장이 오히려 저해되는 경우도 생길 것이다.

e-러닝은 중·장기적으로 볼 때에는 더욱 중요한 위치를 차지한다. 현재도 포함한 앞

으로의 사회에서, 개인은 전 생애에 걸쳐 학습해야 하며 거기에 맞는 교육을 받는 존재가 되어야 할 것이다. 또한 서로 간의 협력과 상호의존을 통해 지식을 쌓고 새로운 지식을 만들어 가는 존재가 될 것이다. 이러한 사회에서 교육은 개개인의 연령, 직업, 신체조건 혹은 그 외의 여러 가지 상황에 맞게 적절한 진단과 학습 전략을 제시하고 지원해 줄 수 있어야 한다. 이러한 교육체제의 변화는 e-러닝의 개념을 제외하고는 상상도 할 수 없는 일이다. 앞으로의 e-러닝은 평생교육 차원에서 그리고 학습자 중심의 새로운 교육체제의 구현을 위한 핵심 기반이면서 동시에 핵심 전략 수단인 것이다.

2) m-러닝

(1) m-러닝의 개념

컴퓨터 기술, 지능형 사용자 인터페이스, 상황대응적 모델링 응용 프로그램 등의 진보뿐만 아니라, Wi-Fi, Bluetooth, 다중 무선랜, 그리고 GPS, GSM, GPRS, 3G, 위성 시스템 등과 같은 무선 기술들을 포함한 무선통신 기술의 발달은 기술의 사용자들에게 새로운 가능성들의 폭을 넓혀 놓았는데, 그런 기술들이 모바일 컴퓨터에 적용되면서, 학습의 새로운 패러다임인 모바일 학습, 즉 m-Learning이 떠오르게 되었다.

m-Learning은 "휴대형 전화, PDA, 노트북 컴퓨터 등과 같은 무선 기기들을 통해서 이루어지는 학습행동"이라고 정의되어 왔으며, 관련 문헌에 나타나는 다른 정의들이 있지만, m-learning을 다른 학습형태와 차별화 하는 요인을 특정한 유형의 기술을 사용하느냐 여부에서 찾는 공통점이 있다. 그러나 이동성(mobility)을 기술이 아니라 학습자의 관점에서 생각해 본다면, 모바일 학습은 예컨대, 통학 버스 안에서 시험을 앞둔 학생이 이해한 내용을 수정하거나, 병원 의사들이 회진하는 도중에 의학적 지식을 업데이트하듯이, 어디에서나 이루어지기 마련이며, 그런 공식적 또는 비공식적 학습의 온갖 경우들이 사람들의 이동 중에 일어나고 있다.

그러므로, m-learning의 정의에는 학습자가 모바일 기술에 제공하는 학습기회들을 이용할 때 이루어지는 학습뿐만 아니라 학습자가 고정되거나 예정된 위치에 있지 않은 때에 이루어지는 모든 종류의 학습이 포함되어야 마땅하다.

(2) 기술적 측면

① 휴대형 전화기

3G(3rd generation) 휴대형 전화기도 보급되기 시작해서 2 mbps 정도의 전송 속도를 구현하고 있는데, 그런 성능이라면 동영상을 streaming 방식으로 수신하기 때문에 화상 전화와 동영상 뉴스 서비스를 구현할 수 있으며, 동영상의 저장도 가능하고, QWERTY 방식 자판도 제공된다.

그런데, 4G(4th generation) 휴대형 전화기도 이미 개발되어 100 mbps를 구현할 뿐만 아니라, 3차원의 가상 통신도 내다볼 수 있게 되었다. 예를 들어 휴대형 전화기는 2010년부터 쇼핑몰에서 상품을 선택해서 체크아웃에 접근하면 자동으로 대금을 지불하는 식으로, 환경을 감지하고 상호작용하고 있다.

② PDA

개인 휴대형 단말기(PDA)는 palmtop 또는 handheld PC 등으로 지칭되기도 하는데, 원래 전자수첩 또는 개인정보 관리기로 개발되었지만, 결국 미니 PC로 진화하여 워드프로세서, 스프레드시트, 프레젠테이션 등 사무용 소프트웨어를 탑재하게 되고, 더 나아가 인터넷에 접속하여 웹 검색과 전자메일을 능력을 갖추게 되었다. 또 PDA는 적외선 통신으로 네트워크 없이도 단거리 기기들 사이의 데이터 교환도 가능하며, 탁상용 PC와 싱크하여 데이터를 교환할 수 있다. 최근에는 이동전화 통신망이나 Bluetooth를 통해서 무선 접속이 가능해졌으며, 하나의 기기 속에 휴대형 전화기, PDA, 카메라, MP3, DMB 등의 기능들을 내장하는 제품들도 늘어나는 현상을 보였다.

오늘날에는 다양한 PDA들이 시판되고 있는데, 그 가운데에는 미니 키보드, 스크린 감응용 stylus pen 등을 갖춘 경우도 있고, 스크린의 크기와 모드도 다양하며, OS도 다양하지만 Palm OS와 마이크로소프트 Windows Pocket PC가 주종을 이루고 있다.

③ Tablet PC

Tablet PC는 노트북 컴퓨터를 변형한 것으로서, 접촉감응식 스크린을 갖추고 있고,

그 크기는 대개 A4 규격이고, 입력하는 데에는 stylus pen이 필요하다. 화면 표시는 세로와 가로 두 가지 모드를 선택할 수 있으며, 무선통신 기술을 사용해서 인터넷이나 LAN에 접속할 수도 있고, PDA와 같은 적외선 통신 능력도 갖추고 있다. Tablet PC의 OS는 현재 Microsoft's Windows XP Tablet Edition이 독주하고 있는 형국이며, Windows XP의 모든 기능들과 함께 필기체 인식과 같은 특별한 기능들을 제공하며, 교육에 활용할 수 있는 가능성을 많이 가지고 있다.

④ PMP

휴대형 멀티미디어 플레이어(Portable Multimedia Player)는 통신과 방송 간 컨버전스의 가장 적합한 포터블 기기로 떠오를 전망인데, 원래 들고 다니며 동영상이나 MP3 음악을 듣는다는 컨셉트로 출발했지만, 곧 DMB 결합형 제품이 나오고, 휴대형 인터넷(와이브로)이나 무선 랜, 3G 이동통신기술 등과 접목되면, 미래형 포터블 엔터테인먼트 또는 커뮤니케이터 역할을 톡톡히 해낼 것으로 예상된다.

소비 대중의 절대적인 사랑을 받고 있는 휴대폰이 DMB나 무선 랜을 수용해 100% 효과를 내기에는 너무 화면이 작다는 단점을 안고 있는데, 그런 문제점을 해결하는 대안으로 하드디스크(HDD)를 내장해 저장공간도 넉넉한 PMP가 각광을 받게 된 것이다. PMP는 스마트폰 또는 PDA 폰과 미래 휴대형 커뮤니케이터 시장에서 큰 역할을 할 것으로 예상되며, 교육적 활용 가치도 그만큼 커질 것으로 전망된다.

(3) m-러닝 장단점

① 장점

PDA, Tablet PC, 휴대형 전화기 등 모바일 기기 등은 다양한 교육적 상황에서, 그리고 다양한 교육적 과제들을 성취하는 데에 활용될 수 있는데, 한편으로는 행정관리와 수업 보조기재로, 그리고 또 한편으로는 학습자들을 위한 학습지원용 도구로 유용하게 사용될 수 있다.

- 학습자들이 상호작용하게 하는 데에 유리하다.
- 교실 같은 제한된 공간에서 사용하는 경우 탁상용 PC보다 공간 활용과 비용 등

의 측면에서 유리하다.

- 필요한 정보와 자료를 수장할 경우, 휴대하는 데 상대적으로 유리하다.
- Stylus pen으로 필기하는 것이 키보드나 마우스를 사용하는 것보다 더 자연스럽다.
- 탁상용 PC를 사용할 수 없는 환경에서 데이터를 검색하고 입력하는 데 유리하다.
- 언제, 어디서나 사용할 수 있는데, 특히 자택, 기차, 호텔 등과 같은 장소는 조용히 혼자만의 시간을 가질 수 있기 때문에 학습에 유리하며, 이는 과업 기반의 교육에는 매우 가치 있는 특성이다.
- 젊은이들은 모바일 기기를 사용하기 좋아하기 때문에 학습에 흥미를 유발하는 데 유리하다.
- 탁상용 PC에 비해 상대적으로 저렴하기 때문에 디지털 격차 문제를 해결하는 데 기여할 수 있다.
- 사무실이나 교실 밖의 현장에서 과업을 수행하는 경우 적시적(Just-in-time) 학습과 데이터 검색에 유리하다. 예를 들어, SMS를 사용하면 교육시간표 변경 등과 같은 긴급 정보를 전화나 전자메일보다 교수자들과 학습자들에게 더 신속하게 전달할 수 있다.

② 단점

- 작은 스크린 때문에 표시할 수 있는 정보의 양과 유형을 제한할 수밖에 없다.
- 저장공간이 넉넉하지 못하다.
- 배터리의 지속시간에 제약이 있고 자주 충전하기가 번거롭다.
- 플래트폼, 특히 스크린의 크기와 형태가 다양해서 어디서나 호환되는 콘텐츠를 개발하기 어렵다.
- 탁상용 PC에 비해 분실하기가 더 쉽다.
- 탁상용 PC에 비해 튼튼하지 못하다.
- 동영상을 처리하기에는 아직 성능이 부족한 편이다.
- 제품의 진화가 빠르기 때문에 빠르게 구형화할 가능성이 많다.
- 기기 사이의 접속성과 호환성이 아직 부족하다.

- 무선 네트워크에 접속하는 경우 보안에 취약하다.
- 모바일 기기를 효과적으로 사용하려면 특별한 교육이 필요하다.
- 인터넷에 접속하는 요금이 아직까지는 비싸다.

③ 접근성

모바일 기기는 그 크기, 형태, 무게, 그리고 휴대성 때문에 특히 신체적 장애를 가진 사용자들에 효과적이다. 예를 들어, 휠체어에 그것을 장착할 수도 있다. 그러나 그밖의 다른 특성들은 접근성이 떨어진다. 작은 버튼들은 조작하기가 쉽지 않고, stylus pen은 작고 가늘어서 정확하게 작업을 하기가 쉽지 않다. 그리고 작은 스크린도 불편하기는 마찬가지여서, 표시할 텍스트를 줄이느라 약식 언어를 자주 사용하게 되고, 그것이 학습 능력이 부족한 사람들을 불편하게 만든다.

그러나 대다수의 PDA와 휴대형 전화기에는 진동식과 시각적 경고 기능이 있어서 학습자들에게 수업 참여나 약속 시각을 알려주고, 수행해야 할 과업과 과제 제출 마감시간을 알려준다. PDA에는 대개 사전 기능이 있어서, 특히 학습 장애가 있는 경우에 간편하게 검색할 수 있게 한다.

Tablet PC에 사용되는 Windows 10에는 텍스트를 음성화하고, 음성을 인식하는 기능이 기본으로 설치되어 있어서 신체적 장애와 학습 장애를 가진 사용자들에게는 매우 유용한 도구가 된다. 음성인식과 음성명령인식은 달라서, Tablet PC는 음성을 인식하기 때문에 사용자가 말하면 그 내용이 텍스트로 입력되는 데 비해, 대개의 PDA는 오직 일정한 음성명령만을 인식하는데, 양자가 다 손 동작이 무딘 학습자들이 키보드나 stylus pen을 사용하기 어려운 경우에 크게 도움이 된다.

④ 콘텐츠

m-러닝에서 학습 효과에 영향을 미치는 것은 학습자의 의지 다음에 콘텐츠의 내용인데, 아직은 m-러닝에 특화된 콘텐츠를 찾아보기 어려운 실정이다. 그 대신 인터넷을 통해 구현되던 콘텐츠를 그대로 m-러닝에 적용하는 사례가 많고, 그럴 경우 학습의 효과를 보장하기 어려울 것이라는 지적도 있다.

그런 사정은 2000년대 초반 온라인 영어교육 업체들이 우후죽순으로 생겨났다가 시장경쟁력을 갖춘 몇몇 업체만 살아남은 사실과 연관 지어 생각해 볼 수 있겠는데, 당시 많은 업체들은 오프라인 학원의 콘텐츠를 그대로 웹에 옮겨 놓으면, 당연히 수요가 있을 것으로 생각했지만 오판이었다. 웹의 특성에 맞는 콘텐츠가 필요했던 것이다.

m-러닝도 마찬가지여서, 웹에서 구현되던 콘텐츠를 그대로 모바일 환경으로 옮겨 놓기만 해서는 학습 효과를 보장하기 어렵고, 결국 사용자들로부터 외면을 받을 것이다. m-러닝 학습자가 이동 중에 짬을 내 학습하는 경우가 대부분일 것으로 가정한다면, 서비스되는 콘텐츠도 복습 위주의 가벼운 내용이거나 전체 구성이 간략하게 짜여져야 한다는 전문가들의 조언에 귀를 기울여야 할 것이다.

3) u-러닝

(1) 개념

Ubiquitous와 Learning이 합쳐진 u-러닝은 유비쿼터스 러닝, 즉 언제 어디서나 원하는 학습을 할 수 있는 것을 의미한다. 교실에 얽매이지 않고 일상생활 속에서 남은 시간을 활용해서 장소에 구애 받지 않고 학습이 가능하며 학생들이 단말기의 제약 없이 학습이 가능한 환경을 구축하는 것이다. 물론 미래 u-러닝 학습환경이 완벽하게 구축된다고 할지라도 학교나 교실이 사라질 것이라고 예측되지는 않는다. 다만, 지금의 선생님에게서 학생으로 일방향적인 이루어지는 칠판과 교과서에 의존한 학습이 아닌 다양한 멀티미디어 학습 자료(미래는 가상 현실 등 다양한 기술이 활용 될 것이다)를 활용하여 좀 더 실감적으로 느끼며 교육받고 지리적으로 떨어진 다른 나라 학생과 가상세계를 통해 토론하는 참여형 형태의 교육이 주도하게 될 것이다.

이러한 교육 환경 구축을 위해서는 초고속통신망 환경과 함께 VR[1)], AR[2)], CG, 인공지능 등 다양한 최첨단 IT 기술이 요구된다. 아직까지 국내 교육 시장은 모바일 단말기

---

1) VR(Virtual Reality) : 사용자가 컴퓨터로 생성된 가상의 공간에서 보고, 듣고, 느끼면서(immersion) 데이터와 상호작용(interaction)하여 직접 또는 간접적으로 움직일(navigation) 수 있는 것을 말한다.

2) AR(Agumented Reality) : 실제세계에 3차원의 가상물체를 겹쳐서 보여주는 기술을 활용한 것으로 현실환경과 가상환경을 융합하는 복합형 가상현실이다.

를 활용한 m-러닝에 머물러 있으며, 조금 더 나아가서는 학습자의 음성을 인식하고 해당하는 교육과정을 진행하는 수준에 머물고 있다. 그러나 교육부 등 관계부처는 디지털 세대에 맞는 미래 교육 환경 구축을 위해 디지털교과서 개발, u-러닝 콘텐츠 개발 등 다양한 정책을 추진하고 있다.

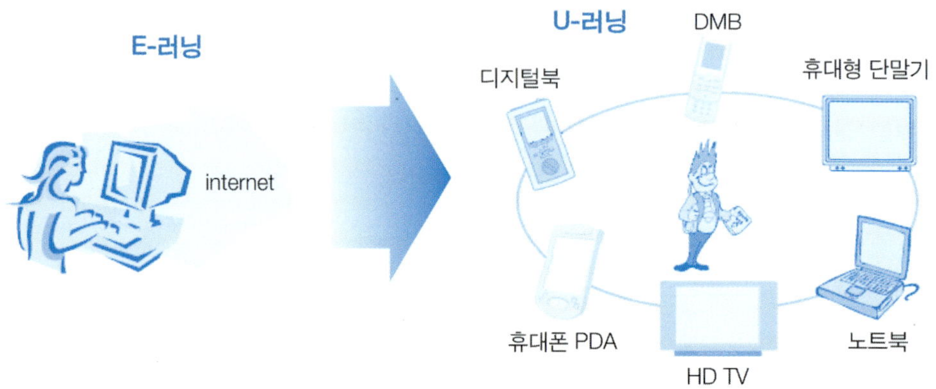

[그림 12-5] e-러닝에서 u-러닝의 변화

(2) 국내 u-러닝 현황

국내 u-러닝 환경 구축을 위해 교육과학기술부에서는 '디지털교과서 상용화계획'을 2007년에 발표하였다. 디지털교과서를 '학교와 가정에서 시간과 공간의 제약 없이 기존의 교과서, 참고서, 문제집, 용어사전 등의 내용을 포함하고 이를 동영상, 애니메이션, 가상현실 등의 멀티미디어와 통합 제공하며, 다양한 상호작용 기능과 학습자의 특성과 능력 수준에 맞추어 학습할 수 있도록 구현된 학생용의 주된 교재'로 정의하였다.

교육부는 디지털교과서를 위한 윈도우 기반 공통플랫폼 개발을 완료하였으며 현재 지식경제부 산하 한국소프트진흥원과 공동으로 공개 SW기반의 공통 플랫폼을 개발 중이다. 또한 초등학교 5학년을 위한 디지털교과서 시범 개발을 완료하고 시범 서비스 중이다. 영어 교육의 새로운 교수학습방법 개선과 학생 중심의 수준별 학습 효과를 극대화하기 위한 '수준별 영어 디지털 교과서시범 개발'을 추진 중이다. 기존의 교과서와는 달리 이미지, 소리, 동영상 등 다양한 멀티미디어 자료와 창의적 구성을 기반으로 하는 새로운 영어 디지털교과서는 새로운 교과서의 모습을 보여줄 대안으로 그 기대가 크다.

이 외에도 정보통신부(현재 문화체육관광부로 업무 이관) 산하 한국소프트웨어진흥원에서는 u-러닝 산업 활성화를 위해 '리눅스 학습 단말기 기반의 유러닝 콘텐츠 개발' 사업을 진행하였다. 이 과제는 공개 SW 기반의 디지털교과서를 시범 제작함으로써 공개 SW 기반을 활용한 u-러닝 콘텐츠 서비스의 가능성을 확인하고 교육부와 협력 초등학교 시범서비스를 통해 실제 교육현장에서 활용성을 검증하였다.

문화부는 u-러닝 산업을 새로운 지식경제시대 차세대경제성장동력으로서 발전시키기 위해 u-러닝 산업발전을 위한 정책 지원을 하고 있다. 그 일환으로 첨단기술을 활용하여 콘텐츠의 실감성을 높인 u-러닝 콘텐츠 개발을 추진하고 있다. 개발이 성공정으로 완료되면 기존의 교육 콘텐츠와는 다른 새로운 단말과 학습방법을 활용한 미래형 콘텐츠로 자리 잡을 수 있을 것으로 기대된다.

(3) 국외 미래 교실 연구 현황

디지털세대에 맞는 미래 교육환경 구축을 위한 연구는 우리나라뿐만 아니라 미국, 싱가포르 등 선진각국에서 오래전부터 연구되어 왔다. 각국은 발달된 IT 인프라를 바탕으로 교육 환경을 개선하고 새로운 세대에 맞는 교육서비스 제공을 위해 여러 연구를 진행하고 있다.

싱가포르는 IT 인프라를 기반으로 교육환경의 혁신을 추구하는 MP, I, II, III for education 프로젝트를 단계적으로 추진하고 있다. 초기 정보화 프로젝트를 시작으로 시간과 공간의 제약을 받지 않고 가정과 학교에서 다양한 교육자료 제공 및 환경 제공을 위하여 노력하고 있으며 올해 MP III 프로젝트를 시작하였다. 21세기가 요구하는 창의적 사고능력, 의사소통능력, 학습하는 능력을 학생들에게 습득시키기 위해서 정보공학을 교육에 이용하겠다는 것이 이 계획의 요지라고 할 수 있다. 특히 새로운 교육학습법의 일환으로 가상 과학 수업, 화상토론 기기를 이용한 교육 등 다양한 교육법을 시험중이다.

싱가포르는 아시아 국가 중 가장 먼저 미래교실에 대한 청사진을 보여주었으며, 현재 활발하게 이용되고 있지는 않지만 eduPAD라는 교육 전용 단말기를 개발 보급하여 새로운 교육 모습의 전신을 보여주었다.

마이크로소프트(MS)사는 필라델피아 주와 협력하여 약 750여 명을 수용할 수 있는 고등학교를 세웠다. 이 학교에서는 학생들은 교과서 대신 태블릿 PC를 활용한다. 이 휴대형 단말은 학교 무선 네트워크에 접속하여 컴퓨터 사용자가 학생인지 보호자인지 아니면 교사인지를 판별해 그 사람에게 맞는 정보를 표시하여 준다. 만약 교사라면 수업계획 등을 알 수 있으며, 보호자라면 아이의 학습 진척 상태나 학생식당의 메뉴와 같은 정보를 얻을 수 있다. 학생이라면 숙제를 다운로드하거나 과제 도서를 읽거나 새로운 말을 학습하거나 테스트 도전을 할 수 있다.

이 미래학교는 MS의 첨단 IT 기술을 활용하여 학습 콘텐츠, 평가, 행정, 학교생활 등 다양한 분야에 ICT 기술을 적용 첨단 미래 교육 환경을 테스트하고 있다. 이밖에도 영국의 미래교실 프로젝트 등 각국은 다양한 미래교실 구축을 위한 프로젝트를 실행 중이며 또한 모바일 기기를 이용한 혼합현실 기술, 효과적인 학습을 위한 콘텐츠 제작 기술, 콘텐츠 관리 기술 등 관련 기술 개발 및 시범 프로젝트 추진 중이다. 예로 프랑스의 Immersion사는 UMPC의 카메라를 이용해 신문과 가상 콘텐츠를 함께 볼 수 있는 애플리케이션을 개발하였으며, 유럽 연합은 청소년들의 평생교육목표 측면에서 스포츠, 음악, 언어, 식업 기술 개발을 위한 콘텐츠가 포함된 m-Learning Project를 신행하고 있다.

또한 MIT는 직접 체험과 PDA가 주는 디지털 정보 부가가치를 결합하는 증강현실(AR) 시뮬레이션을 통하여 게임 기반 학습환경 제공 프로젝트 진행 중이다. 이렇듯 세계 여러 나라가 교육과 IT 기술의 융합을 위해 많은 지원과 노력을 하고 있는 시점에서 우리나라도 빠른 정부 지원과 연구를 통해 세계 시장의 흐름에 뒤처지지 않도록 해야 하며, 지금을 기회로 삼아 시장을 선도할 수 있도록 하여야 할 것이다.

CHAPTER 13

교육공학의 활용 및 전망

1. 지식기반사회로의 변화

직접적으로 지식과 정보를 생산 · 배포 · 이용하는 산업에 기반을 둔 경제이다. 세계가 빠르게 변화하고 있으며, 새로운 지식이 매일 쏟아지고 있다. 급속한 정보화 · 세계화 추세에 따라 전 세계 산업 및 고용구조와 개개인의 삶의 양식 자체가 새로운 패러다임으로 바뀌는 문명사적 전환을 맞고 있다. 21세기가 시작된 지금, 세계는 지식 사회로 나아가고 있다. 이에 우리도 사회와 국가 발전을 위해 지식사회에 상응하는 지식 기반을 구축하기 위한 교육개혁을 단행해야 하는 중요한 전환기에 와 있다. 교육이 변해야 미레기 보인다. 지식 기반 사회는 우리들의 생존 조건이며, 세계 모든 인류의 희망이다.

지식 사회를 구축하고 발전시켜야 하는 이유는 다음과 같다.

첫째, 사회 발전 과정에서 보면 농경사회가 산업사회로 발전하고 산업사회는 후기 산업사회로 발전한 후에 새로운 사회로 진입하였다. 새로운 사회는 정보사회를 출현시키고 학습사회로 들어가면서 지식사회를 창출시키고 있다. 정보사회와 학습사회는 지식사회의 창출을 위한 기반이다. 즉, 정보망을 통하여 홍수처럼 쏟아지는 정보를 선택하여 학습이라는 수단을 이용하여 새로운 지식을 창출하게 된다. 새로운 지식의 축척은 사회와 국가를 지탱하는 힘이 된다.

둘째, 산업사회는 가치경영을 하지 못해 인간학적 지식, 경제적 부가가치를 적극적으로 수용하지 못했기 때문에 인간의 행복을 보장할 수 없었다고 볼 수 있다. 이제부터는 인간학적 가치, 경제적 부가가치와 사회적 가치를 기초로 새로운 지식을 창출하여 모든 업무와 상품 및 서비스 개발에 적용하지 않으면 안 된다.

셋째, 2005년을 분기점으로 지식 사회의 특징이 크게 부가되고, 이에 따라 직업군의 대이동이 일어나 직업 인구의 80~90%가 지식근로자나 준지식 근로자로 전환될 것으로 예측되고 있다. 이제부터는 많은 사람들이 지식근로자나 준지식 근로자가 되기 위한 많은 노력을 해야 하고, 이와 같은 사람들을 길러내기 위해 교육은 대변혁을 해야 하는 것이다.

넷째, 2020년경을 전후하여 지구상에서 자원 부족, 에너지 부족, 물 부족, 식량 부족, 연금기금 부족, 의료보험 부족 현상이 두드러지게 나타날 것으로 예측되고 있다. 결국 이에 대비하는 길은 새로운 지식을 창출하여 고효율을 올려야만 하는 것이다. 이것만이 인류의 생존 수단인 것이다.

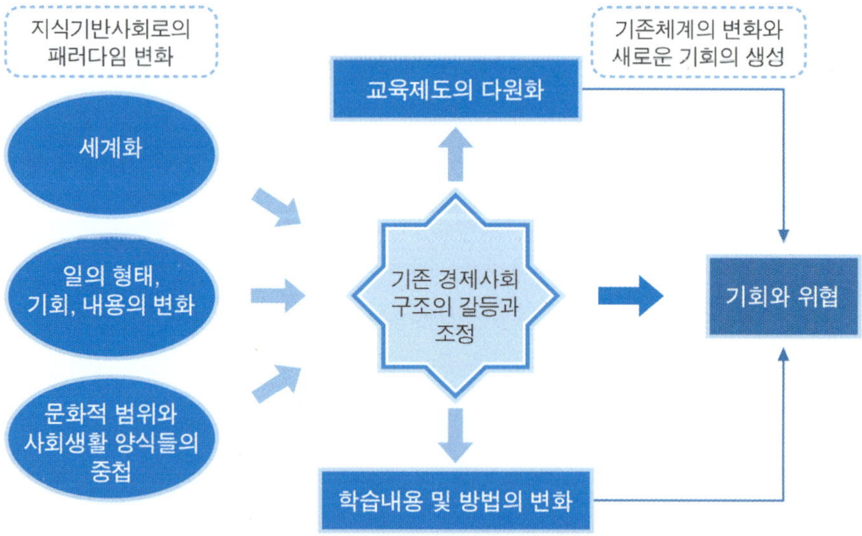

[그림 13-1] 지식기반사회로의 전환과 기회

2. 교육공학의 전망

교육공학의 '진정한' 목적은 Cronbach와 Snow가 말했듯이, 학생의 필요에 맞게 교수방법을 수정하여 적용하는 것이다. 교육공학의 발달은 이러한 적용을 가능하게 했으며, 교육공학을 가장 적절하게 사용하는 교수전략은 근래에 더욱 발전하였다.

다양한 교수매체들인 시청각자료, 사진, 영화, 방송, 컴퓨터학습 등에 대한 연구는 학습을 촉신하는 데 효과적인 교수매체로서 제작과 활용기술을 개발하여 왔으며, 매체가 집단의 학업성취를 증진하기 위해서 사용되는 경우 이들 매체의 효과성에 대하여 활발한 논의가 있어 왔다. 과거의 비판적인 반성으로부터 나온 다음의 제언들은 교육공학의 연구 방향을 제시해 주고 있다.

① 하이퍼미디어 연구를 위한 토대로서 청각, 청사진, 영화, 방송 및 컴퓨터 기반 학습의 발전을 이용하여야 한다.

② 학생의 고차적 사고와 문제해결 능력을 향상시키기 위하여 공학을 기반으로 하는 환경을 모색하고 이를 실천하여야 한다.

③ 사고력과 문제해결력과 같은 고차적 인지기능을 측정할 수 있는 도구를 개발하고 사용하여야 한다.

④ 교수목적을 달성하기 위해 학생들이 사용하는 인지과정을 측정하기 위한 평가방법을 개발히여야 한디.

⑤ 작문에 대한 교수를 향상하기 위하여 공학의 사용방법에 관한 조사를 계속하여야 한다.

⑥ 학교를 재구조화하기 위하여 학생과 교사의 역할과 교실의 조직을 변화시키는데 공학의 사용을 모색하고 실천하여 이를 계속적으로 평가·수정하여야 한다.

⑦ 여학생이 공학을 사용하고 공학에 대한 긍정적인 태도를 갖도록 고무하기 위해 설계를 개발하고 검사하여야 한다.

⑧ 학습자의 관점으로부터 원격교육 환경의 교수적 역동성을 검사하여야 한다.

⑨ 교사연구 문제와 함께 원격교육에 사용되는 교수전략을 점사하여야 한다.

⑩ 적합한 비용-효과 연구를 설계하고 실행하여야 한다.

⑪ 의미 있고 현실감 있는 학습상황을 창출하기 위하여 하이퍼미디어 등의 공학을 사용하는 방법을 구안하고 평가하여야 한다.

교육공학의 미래 연구영역으로는 교수설계, 컴퓨터 기반의 학습, 상호작용 멀티미디어 시스템, 지능적인 개인교수 시스템 등의 분야를 들 수 있다.

현재 사용되고 있는 교수설계이론의 대부분은 20년 전에 개발된 것으로, 새로운 상호작용인 공학을 적용하는 교수를 설계하고 설명하기에는 부적절한 면이 있다. 비록 인지과학이 비약적인 발달을 해 왔지만, 효과적인 교수설계 모형의 종류를 제공하는 데는 아직도 요원해 보인다. 따라서 오늘날의 인지과학과 교수개발 사이의 연결과학이나 이론의 구축이 시급하다.

Seattler는 컴퓨터 보조수업의 발전은 심도 있는 연구와 실험의 결과에 기인한다기보다는 경제적인 요인과 더 관계가 깊다고 지적한다. 즉, 컴퓨터 보조수업이 널리 퍼지는 데 결정적인 역할을 한 것이 비용효과 측면이라는 증거가 점차 많아지고 있다. 한편 최근의 컴퓨터 보조수업의 적용에 대한 연구결과는 긍정적이며 일반적으로 모든 교육 수준에서 높은 성취를 얻었다고 보고되고 있다.

한편 혁신적인 프로그램을 학교에서 사용하지 않는 이유는 보다 더 창조적으로 컴퓨터를 사용하는데 적합한 컴퓨터 보조 수업에 관한 지식을 갖춘 교사가 거의 없다는 문제가 그 원인이다. 따라서 교수설계와 컴퓨터 보조수업 분야에서 교육훈련을 담당하는 교육공학자는 학교에서의 창의력 있는 컴퓨터 사용에 영향을 줄 수 있어야 한다.

Landauer는 2020년까지는 인지과제의 많은 부분이 기계에 의해서 수행될 것이라고 믿는다. 그러나 Feurzeig는 정보공학을 통하여 발전된 미래교육의 전망은 비공학적인 발달에 기초한 방법이나 자원으로부터 더 많은 것을 요구할 것이라고 본다. 우선적으로 가르치는 것에 대한 열정과 자신의 교과영역에 대한 풍부한 지식과 경험을 보유하고 있으며 컴퓨터를 적재적소에 활용하고 인간적으로 교육할 수 있는 진정한 의미의 교사가 요구된다. 나아가 미래에는 공학을 기반으로 한 교육 프로그램을 만드는 시대로부터 컴퓨터를 편안하게 잘 다루고 나아가 풍부하고 다양한 학습경험을 통해서 성장한 비판적인 젊은이들이 세대를 이끄는 변화가 있을 전망이다.

미래에는 공학의 영향으로 인하여 교육에서 진정한 의미의 성장과 산출효과가 이루어지고 교육이 향상될 것이라는 사실을 인식해야 한다. 교육공학 연구자들에게는 교과과정을 개별 학습자 특성에 적응하도록 구안하고 모든 학습자에게 학습이 더 의미 있고 생산적이 되도록 이끌며 교사가 학습자의 교수-학습과정을 변혁시킬 수 있고 학교를 재구성할 수 있도록 부단한 연구와 실천이 요청된다.

3. 미래의 교육공학

'교육은 국가 백년지대계'라는 말이 있다. 그만큼 교육이 국가 경쟁력의 핵심이라고 할 수 있고, 국가의 운명을 좌우하는 것으로 생각하고 교육산업에 투자를 하고 있다. 특히, 빠르게 변화하는 현대사회는 다양하고 전문화된 인재양성을 요구하고 이러한 학습자들을 길러내기 위해 교육의 변화가 요구되고 있다. 미래사회에서는 창의적이며 자기주도적으로 살아갈 수 있는 인간을 육성하는 것을 목표로 보고 있고 이를 위해 다양한 교육방법과 매체를 필요로 한다.

따라서, 미래의 교육에 있어서 교육공학의 중요성이 강조될 것인데, 교육공학이 나아가야 할 방향을 교육공학의 교수설계와 매체, 그리고 이론적 기초가 되는 구성주의 이론에 대해서 생각해 보았다.

교육공학에서 중요한 영역으로 보는 교수설계, 매체는 각각의 영역이었으나, 교육공학이 계속 성장하고 발전하면서, 교수설계, 매체에 대한 영역도 점차로 교육공학이라는 하나의 틀 안에 포함되고 있다. 제2차 세계대전 중에 대집단 교수방법으로 영화가 적용되면서 두 영역 간에 통합이 시작되었고, 전쟁 후에 매체는 교수설계의 중요한 요소가 되었다. 오늘날 교수·학습에 대한 교수설계와 매체의 활용은 새롭게 변화하고 있다.

예를 들면 원격교육 프로그램은 멀티미디어와 인터넷이 제공하는 새로운 기회로 인하여 빠르게 확장되어 가고 있다. 이와 같이 교수설계, 매체, 컴퓨터는 점차 가까워지고 있으며, 미래에는 보다 더 통합되어 가는 현상을 보일 것이다.

현재 교육공학의 변화는 매체를 중심으로 진행되고 있다. 한때 별개로 생각했던 매체는 오늘날 점차적으로 컴퓨터를 중심으로 통합되고 있으며, 디지털화 되고 있다. 시각자료, 음성, 전화 네트워크도 디지털화 되고, 비디오조차 디지털화 되어 새로운 고화질 텔레비전(HDTV, UHDTV)이 개발되었다. 또한 이제는 각각의 매체가 아니라 두 가지 이상의 개별적인 매체를 조화시켜 사용하는 형태로 발전하고 있다. 21세기 미래에서도 전통적인 매체들이 여전히 교육현장에서 사용되겠지만 교수매체는 컴퓨터를 중심으로 통합될 것이다. 즉 모든 것을 통합하고, 모든 것을 호환할 수 있는 하나의 플랫폼으로 변화되어 교육에 이용될 것이다.

컴퓨터는 미래에도 여전히 중요한 자리를 차지할 것이다. 컴퓨터의 기능은 보다 강력해지고, 속도는 보다 빨라지고, 크기는 작아질 것은 당연하고 텔레비전, 라디오, 전화, 팩스 기계와 같이 별개의 장치로 다루어지던 기능들도 하나의 다목적 정보처리기계인 컴퓨터로 통합될 것이다.

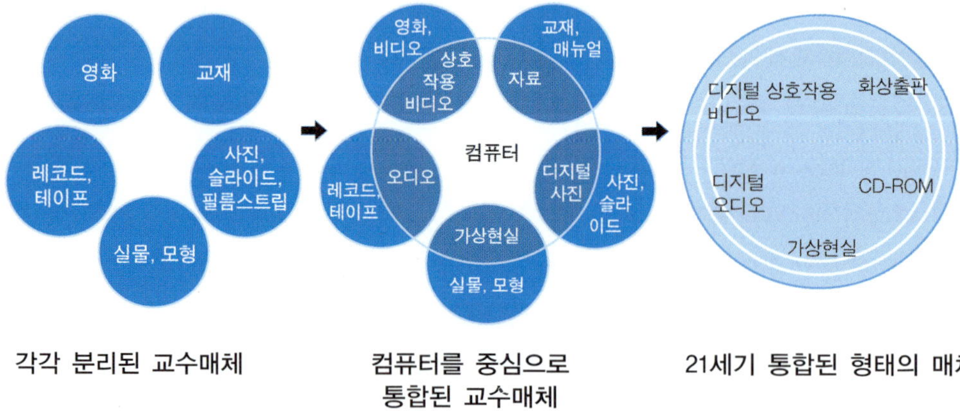

[그림 13-2] 교육공학의 변하는 매체

미래의 교육공학은 원격통신 매체와 가상현실 두 가지의 영향을 받아 변화할 것이라고 생각한다. 원격통신 매체는 교실의 벽을 허물고, 아이디어나 정보를 공유하고 협동적으로 학습하게 하는 잠재력을 제공한다. 세계 곳곳에 있는 사람들이 서로 손쉽게 의사소통을 할 수 있게 하여 사람들 간의 관계도 변화시키고 있으며, 지구촌의 형성을 가속화시키고 있다.

원격통신 매체는 계속해서 발달하고 있고 점차 복잡하고 다양한 정보를 교환할 수 있게 될 것이며, 이는 교육에 있어서도 커다란 변화를 일으킬 것이다. 하여, 미래의 교육공학에서는 원격교육이 거의 모든 분야에서 모든 교육적인 수준에서 사용될 것이며, 원격통신은 세계의 모든 교육과 연결할 수 있게 될 것이라고 생각한다.

공학이 발달하면서 교육에 영향을 줄 수 있는 또 하나의 영역은 가상현실이다. 가상현실은 사용자가 그 안에서 행동으로 반응할 수 있는 컴퓨터가 만들어낸 3차원의 시각적 환경을 말하며, 사용자는 이 안에서 물체를 잡거나 만질 수 있다. 이러한 점에서 가상현실이 교육에 적용될 수 있다고 본다.

원격통신 매체와 가상현실은 현재, 다양한 곳에서 이미 사용되어지고 있지만 미래에는 보다 현실성 있게 교육공학에 이용될 것이라 생각한다. 앞서 말한 것처럼 영화관에서는 3D 안경 같은 것을 쓰고 영화를 관람하면 실제에 내가 그곳에 있는 것 같은 느낌을 받을 수 있고, 컴퓨터를 이용한 원격통신으로는 이미 사이버 강의 같은 것에 사용되고 있다. 그러나 미래에는 원격교육, 홈스쿨링 등 다양한 형태가 나올 것이다. 원격통신 매체가 보편화되면서 학생은 학교를 가지 않는 것은 당연한 것이고 세계 여러 곳에 있는 원하는 교육기관에서 교육을 받게 될 것이며, 자동 번역 장치로 인하여 언어의 장벽은 허물어지고 학습자들이 원하는 언어를 선택한다.

또한 학생들은 가상 현장학습이 가능해져서 역사적 사건의 재창조나 원거리 여행 또는 인체 내부의 관찰까지도 가능해질 것이다. 또한 고도의 현실성이 요구되는 시뮬레이터에 적용되어 실제적인 위험 없이 저렴한 비용으로 수행하는 가상과제도 가능해져서 보다 다양하고 많은 경험을 할 수 있게 될 것이다.

마지막으로 미래의 교육공학은 어떠한 학문의 영향을 받느냐에 따라 발전하는 방향이 달라질 것이다. 교육공학은 다양한 학문의 영향을 받아 발전되고 있다. 초기에 행동주의 학습이론을 바탕으로 교수설계를 했다면 미래에는 구성주의 이론을 바탕으로 교수설계가 이루어져야 한다.

구성주의에서의 교사는 학생들에게 절대적인 존재가 아니다. 교사는 학생이 학습하는 과정에 있어서 정보제공자로서 정보나 지식의 탐구를 도와주는 안내자, 조언자, 동료 학습자의 역할을 하며 학생이 스스로의 힘으로 성장하도록 도와주는 존재가 된다. 예를 들어, 질문을 통해서 학습자의 인지적 활동을 자극한다던가 학습자가 풀어야 하는 과제의 풀이 과정을 먼저 보여주면서 학습자에게 그가 배워야 할 전반적인 개념적 틀을 제공해 줄 수 있고 학습자가 문제해결을 해나가는 데 필요한 여러 자료들을 제시해 준다던가 할 수 있다.

구성주의에 기초한 교육공학의 예를 들면, 교과 교육에 있어서 문제풀이과정을 보여주는 CBT 프로그램을 통해서 학습자는 프로그램의 도움으로 선생님 없이도 지식을 습득할 수 있다. 또한 교육공학이 반드시 교육현장에서만 활용되는 것은 아니므로 운전면허 학원에서도 활용할 수 있다. 즉, 운전면허 습득을 위해서 실제 자동차 및 도로 환경을 모델로 만들어진 시뮬레이션 기기는 운전을 배우는 사람에게 있어서 조력자 역할을 충실히 수행한다. 학습자는 가상의 자동차 모형 기계(교사)를 통해서 사고의 위험 부담 없이 수차례의 시행착오를 거치면서 자기 주도적으로 운전 방법에 익숙해질 수 있게 된다.

구성주의 교육이론은 학생이 수동적인 지식 습득자 역할에서 벗어나 자기 중심적인 학습을 할 수 있게 해 준다는 점에서 전통적 교수 방법의 교사 중심 교수-학습에 있어서의 문제를 극복하는 하나의 방법으로 본다면 이를 현실적으로 가능하게 해 주는 것이 교육공학이다.

만약 교육공학이 학습이론에 기반을 두지 않는다면, 교육공학에 대한 연구가 학습 상황을 개선하는 쪽으로 나아가지 않고, 단지 새로운 공학적 기술을 찾는 쪽으로만 발전할 것이기 때문에 구성주의 교육이론과 교육공학은 상호적인 관계에 있다고 할 수 있다. 그래서 미래의 교육공학은 구성주의 교육이론을 바탕으로 학습자가 주도적인 교육이 이루어질 수 있도록 교육공학이 최선의 학습환경을 주는 것을 목표로 하여 발전해야 할 것이다.

교육공학이 발달하면서 미래의 교육에 보다 많은 영향을 주는 것은 당연하겠지만 그것이 전부라고 생각해서 안 된다. 즉, 미래의 교육이 학생들이 각종 교육공학 설계에 따라 만들어진 프로그램을 통해서 학습을 하고, 교사는 그저 관리자로서의 역할을 하는 그런 형태가 되어서는 안 된다는 것이다. 예를 들어 교과지도가 아닌 생활지도 등의 문제에 있어서는 그 어떤 교육공학 프로그램도 대신할 수 없다. 교육공학이 지금보다 더 학습에 있어서 다양하게 활용될 수 있도록 발전된다 하더라도, 단지 보조적으로 교육이 원활히 이루어질 수 있도록 도울 수 있을 뿐 교육 전체를 대신할 수 없다는 것을 알아야 한다.

4. 미래사회 변화의 학교와 교사의 대응

미래교육의 변화되어야 하는 이유를 학교교육 패러다임의 변화 그리고 미래의 교육공학에서 설명된다. 지식기반사회에서의 학교와 교사의 대응을 살펴보면 다음과 같다.

첫째, 창의성을 길러주는 교육을 실천해야 한다. 다양한 지식을 바탕으로 한 무한 경쟁 사회가 될 것이다. 또한 지식의 양이 증대됨에 따라 지식의 수명 역시 짧아질 것이다. 또한 새로운 지식을 습득했다 하더라도 그것을 현실에 적용하기 위해서는 개개인의 창의적인 능력이 동원되어야 한다. 창의성은 미래사회에서 주도적 역할을 하기 위해서 반드시 필요할 것이다.

둘째, 자기 주도 학습능력을 길러주어야 한다. 미래사회는 지식이 가치 창출의 원천이 되는 지식기반사회이다. 그러므로 스스로의 힘으로 학습하고 이를 토대로 독창적인 지식을 구성하는 자기 주도적 학습능력을 습득해야 한다.

셋째, 학습자 중심을 교육으로 전환해야 한다. 미래사회에서 우리나라의 경쟁력을 확보하기 위해서라도 우리 교육은 학습자 개개인의 다양성을 존중하고, 각자의 능력에 맞는 학습자 중심의 교육으로 전환되어야 할 것이다.

넷째, 인간성 신장을 위한 교육에 힘써야 한다. 이는 곧 인간의 주체성을 회복하기 위함이며, 미래사회의 부정적 측면을 해소하는 데 꼭 필요한 가치지향점이라고 하겠다.

다섯째, 환경을 생각해야 한다. 교육적 시각에서 해결책에 접근하는 방안으로 환경을 생각하고 생명을 존중하는 살림의 교육이 되어야 할 것이다. 산림의 교육은 생명교육을 실천하는 한 방식이 될 것이며, 자연을 이용하는 데 그치는 것이 아니라 더불어 살아가는 가치관을 기르는 것이다. 이는 나아가 환경문제의 해결이나 환경을 보전하는 것뿐만 아니라 과학기술의 발달로 인한 인간의 존엄성 위협 그리고 고도의 산업사회학에 따른 인간소의 현상에 대한 대안이 될 것이다.

여섯째, 학교는 폐쇄성에서 탈피해야 한다. 정보통신기술의 발달로 인해 원하는 정보를 어디서든 찾아볼 수 있으며, 필요한 지식이나 기술을 습득할 수 있게 되었다. 미래사회에서는 이와 같은 일이 더욱 쉽게 이루어질 것이다. 즉, 학교 밖에서도 학교에서 얻을 수 있는 것 못지않게 얻을 수 있다는 뜻이다. 어떻게 보면 이는 학교가 필요 없다고 생각할 수도 있다. 따라서 학교는 현재의 폐쇄성에서 탈피하여 보다 개방적인 모습으로 변화를 모색해야 한다.

5. 미래사회 변화의 교사로써의 바람직한 역할

미래사회에 교육정보화를 위해 교사들이 갖추어야 할 사항은 다음과 같다.

첫째, 학습자 중심의 교육이 이루어져야 한다. 앞으로 학교는 학습자 개개인의 다양성을 인정하고, 서로 다른 학습능력을 충분히 고려하는 방향으로 나아가야 할 것이다. 그러기 위해서는 우선 학습의 주체가 교사가 아닌 학습자임을 충분히 인식하고 정책, 행정, 교수 방법에 중점을 두기보다는 학습자 스스로 자신의 관심분야를 개척하고 능력을 배양할 수 있는 자기 주도적 학습에 초점을 맞춰야 할 것이다.

둘째, 교사는 전문성을 함양해야 한다. 교과서와 교사만이 유일한 정보의 출처였던 과거와는 달리, 요즘은 다양한 경로를 통해 지식과 정보를 습득할 수 있게 되었으며, 미래사회에는 그 양과 질에 있어서 많은 변화가 예상된다. 따라서 과거 정보의 전달자의 위치에 있던 교사의 위치도 변화하는 시대의 흐름에 따라 바뀌어야 할 것이다. 교사는 학급의 보조자, 안내자, 코치 등 여러 가지 역할을 행해야 한다. 이를 위해서 교사는 지금까지보다도 더욱 전문성 함양에 힘을 기울여야 한다.

셋째, 교사는 이해심이 많으며 학생들에게 칭찬과 격려를 아끼지 않으며 학생을 대함에 있어서 솔직하고 긍정해야 한다. 교육은 학생들로 하여금 자기 개발을 통하여 자기를 실현하는 과정이다. 따라서 교육 활동에 가장 영향력 있는 교사는 학생들의 신체적 · 정신적 상태와 발달의 특징을 이해할 뿐만 아니라 그들이 자기 주도적 동기를 각자 자신을 성장시켜 나갈 수 있도록 교사의 칭찬과 격려는 필수적이다.

넷째, 교사는 전체 교육계획 속에서 수업을 융통성 있게 하며, 새롭고 흥미로운 수업자료를 준비하여야 한다. 획일화되고 경직된 수업 분위기에서는 학생들의 흥미를 유발하기가 어려우며 수업의 효과를 기대하기 어렵다. 교육활동의 수업활동에 학생들이 적극적으로 참여하려면 좀 더 새롭고 창의적이며 흥미로운 수업을 하여야 할 것이다.

마지막으로 교사는 교육활동의 과정에서 자신의 실수와 잘못을 학생들 앞에서 솔직성이 있어야 하며, 학생들을 다정하고 따뜻하게 대해야 한다. 교사도 실수가 있기 마련인데, 자기 결점과 실수를 감추려 들지 말고 있는 그대로 노출하여 학생들에게 친근감과 공감을 불러일으킬 수 있다. 자신의 실수와 결점을 스스럼없이 나타내는 솔직함과 아울러 학생들을 다정하고 따뜻하게 배려하고 지도할 때, 효과적인 교육이 될 것이다.

교육은 미래를 대비한 활동이다. 왜냐하면 현재 교육을 받는 학생들이 활동할 무대는 현재가 아닌 미래를 대비한 사회이기 때문이다. 변화의 속도가 그다지 빠르지 않았던 지난날에는 이제까지의 지식과 기술을 전수하는 것으로 교육의 역할은 충분했다. 하지만 그 변화의 속도를 가늠하기 힘들 정도로 빠르게 변화하고 있는 오늘날에는 과거와 같은 교육의 기능만으로는 부족하다. 미래사회 대한 예측과 예측된 변화의 상황에 대응할 수 있는 능력을 배양하는 것이 교육이 해야 할 일이다.

무엇을 배우고 가르친다는 것은 자기 자신이 갖고 있는 능력이나 지식을 공유하는 것이라고 생각한다. 현재 나는 초등학교에서 스포츠 강사로 활동하고 있다. 전직 운동선수로 활동하였는데 내가 선수였을 때는 가르침을 받았지만 지금은 가르치는 입장이 되었다. 가르치는 것과 배운다는 것은 모두 힘든 일이라고 생각한다. 올바르게 배우고 가르칠 때에 유대감과 친근감이 생기기 때문에 올바른 배움과 가르침이 사람과 사람 사이에 특별한 만남으로 인연을 맺는다고 본다.

참고문헌

강명희 외 공역(2004). e-러닝 strategies(Khan, E. H. 저). 서울: 서현사.

강이철(2009). **교육방법 및 공학의 이론과 적용**. 서울: 학지사.

강인애(1995). 인지적 구성주의와 사회적 구성주의에 관한 간략한 고찰. **교육공학연구**, 11(2), 3-20.

강인애(1996). 구성주의 모델들의 특징과 차이점: 인지적 도제 이론, 상황적 학습 이론, 인지적 유연성 이론을 중심으로. **교육공학연구**, 12(1), 3-23.

강인애(2003). **PBL의 이론과 실제**. 서울: 문음사.

강인애, 임병노, 박정영(2012). 스마트 러닝의 개념화와 교수학습전략 탐색: 대학에서의 활용을 중심으로. **교육방법연구**, 24(2), 283-303.

고재희(2008). **통합적 접근의 교육방법 및 교육공학**. 서울: 교육과학사.

교육인적자원부·한국교육학술정보원(2005). **2005 교육 정보화 백서**. 서울: 한국교육학술정보원.

권낙원, 김동엽(2005). **교수-학습 이론의 이해**. 서울: 문음사.

권성호(2002). **교육공학의 탐구(개정판)**. 파주: 양서원.

김경섭, 유제필 역(2005). **창의적 교수법**. 서울: 김영사.

김남순(1997). **교육심리학**. 서울: 교육과학사.

김동식, 정옥년, 정상필 역(2002). **교수설계이론의 탐구**. 서울: 도서출판 원미사.

김순택 외(1991). **현대수업원론**. 서울: 교육과학사.

김신자(1989). **효과적인 교수설계**. 서울: 문음사.

김신자(2001). 구성주의 학습환경 설계모형 연구. **교과교육학연구**, 5(2), 5-20.

김영환 외(2002). **원격교육의 이론과 실제**. 서울: 학지사.

김재만(1994). **사랑과 교육관**. 서울: 배영사.

김준권 외(2008). **교육방법 및 교육공학**. 서울: 학이당.

김준권, 옥장흠(2008). **교육방법 및 교육공학**. 서울: 학이당.

김진화(2006). **평생교육방법 및 실천론**. 경기: 서현사.

김진화, 정지웅(1997). **사회교육 프로그램개발의 이론과 실제**. 서울: 교육과학사.

김판수 외 공역(1999). **급진적 구성주의**. 서울: 원미사.

나일주 편(1999). **웹기반교육**. 서울: 교육과학사.

나일주(2007). **교육공학 관련 이론**. 파주: 교육과학사.

나일주 편(2015). **글로벌 학습 시대: 묵스의 이해**. 파주: 학지사.

나일주, 정인성(1990). **CAI개발과 활용**. 서울: 교육과학사.

나일주, 정인성(1998). **교육공학의 이해**. 서울: 학지사.

나일주, 정인성(2004). **원격교육의 이해(제2판)**. 서울: 교육과학사.

노석준, 오선아, 오정은, 이순덕 공역(2008). **교수 · 학습을 위한 교육공학**. 서울: 학지사.

문선모(2004). **교육심리학**. 파주: 양서원.

문선모(2004). **교육심리학-학습발달 중심 접근**. 파주: 양서원.

문은식, 박선환, 정미경(2007). **교육심리학**. 고양: 공동체.

박상호 외(1999). 최신 교육방법. **교육공학**. 서울: 집문당.

박성익 외(2010). **교육방법의 교육공학적 이해**. 파주: 교육과학사.

박성익, 임철일, 이재경, 최정임(2015). **교육방법의 교육공학적 이해**. 파주: 교육과학사.

박숙희 외(1999). **교육방법 및 교육공학**. 서울: 학지사.

박숙희, 염명숙(2007). **교수-학습과 교육공학(제2판)**. 서울: 학지사.

박인우(1998). 뉴미디어와 교육. **교육방법의 공학적 접근**. 서울: 교육과학사.

백영균, 박주성, 한승록, 김정겸, 최명숙, 변호승, 박정환, 강신천(2006). **유비쿼터스 시대의 교육방법 및 교육공학(제2판)**. 서울: 학지사.

변영계 외(2001). **교육방법 및 교육공학**. 서울: 학지사.

변영계 외(2007). **교육방법 및 교육공학**. 서울: 학지사.

변영계, 강태용(2003). **학습기술: 공부를 잘 하는 방법**. 서울: 학지사.

변영계, 김광희(2002). **협동학습의 이론과 실제**. 서울: 학지사.

변영계, 이상수(2003). **수업설계**. 서울: 학지사.

서울대학교 교육연구소(1998). **교육학 대백과사전**. 서울: 하우동설.

성현란 외(2001). **인지발달**. 서울: 학지사.

신종호 외 역(2007). **학습과학: 뇌, 마음, 경험 그리고 교육**. 서울: 학지사.

안미란 역(2004). **전략적 공부기술**. 서울: 들녘미디어.

오인경, 최정임(2005). **교육 프로그램 방법론**. 서울: 학지사.

오택섭, 강현두, 최정호(2005). **미디어와 정보사회(개정증보판)**. 서울: 나남.

오혜영(2004). **학습상담**. 서울: 학지사.

유구종 외(2005). **교육방법 및 공학**. 서울: 창지사.

유승우 외(2010). **교육방법 및 교육공학**. 파주: 양서원.

윤광보 외(2008). **교육방법과 교육공학의 이해**. 파주: 양서원.

윤광보, 김용욱, 최병옥(2008). **교육방법과 교육공학의 이해**. 파주: 양서원.

윤운성, 임형택 외 공편(2003). **에니어그램 이해와 적용**. 서울: 학지사.

이병승 외(2008). **쉽게 풀어쓴 교육학**. 서울: 학지사.

이상섭, 오만록(1994). **인간과 교육**. 서울: 형설출판사.

이성은 외(2002). **초 · 중등 교실을 위한 새교수법**. 서울: 교육과학사.

이성진 외(2009). **교육심리학서설(제3판)**. 서울: 교육과학사.

이성호(1999). **교수방법의 탐구**. 서울: 양서원.

이성호(2001). **교수방법론**. 서울: 학지사.

이성호(2008). **교육방법 및 교육공학**. 서울: 교육과학사.

이성흠 외(2009). **교육방법 및 교육공학 - 의사소통, 교수설계, 그리고 매체활용**. 파주: 교육과학사.

이영민, 남정권, 장상필(2008). **블로그 활용수업의 실제**. 파주: 교육과학사.

이현림, 김지혜(2003). **성인학습 및 상담**. 서울: 학지사.

전희옥(2014). 사회과 거꾸로 교실 수업 모형 개발, **사회과교육연구**, 21(4), 51-70.

성문성(2002). **협동학습의 이 해와 실천**. 서울: 교육과학사.

정순목, 김인회(1985). **교육이란 무엇인가**. 서울: 대은 출판사.

정인성, 나일주(2004). **원격교육의 이 해(제2판)**. 서울: 교육과학사

정혜선, 최성희(1998). 메시지 내용분석을 통한 전자우편의 교육적 활용 연구. **교육공학연구**, 14(2), 167-186.

조성일 외(2006). **지식기반사회에서 교육방법 및 교육공학의 이론과 실제**. 서울: 동문사.

조연순(2006). **문제중심학습의 이론과 실제**. 서울: 학지사.

최동근, 양용칠, 박인우(1997). **교육방법의 공학적 접근**. 서울: 교육과학사.

최수영, 백영균, 설양환 공역(2003). **체제적 교수설계**. 서울: 아카데미프레스.

캘러, 송상호(1999). **매력적인 수업설계: 주의집중, 관련성, 자신감 그리고 만족감**. 서울: 교육과학사.

한국교육공학회(2005). **교육공학 용어사전**. 파주: 교육과학사.

한국교육심리학회(1999). **교육심리학 용어사전**.

한방교, 윤길근(2000). **교육방법론**. 서울: 동문사.

한순미 역(2002). **학습의 기술**. 서울: 학지사.

한정선 외(2004). **교육공학: 인포맵을 통해 찾아 본 뿌리와 줄기**. 파주: 교육과학사.

한정선 외(2008). **교육방법 및 교육공학**. 파주: 교육과학사.

한정선 외(2009). **교육공학 귀의와 논평**. 파주: 교육과학사.

한정선, 김영수, 주영주, 강명희, 정재삼, 박성희(2008). **미래사회를 위한 교육방법 및 교육공학**. 서울: 교육과학사.

황정규 외(2003). **교육학개론**. 서울: 교육과학사.

Atkinson. R C., & Schiffrin, R M.(1971). *The control of short-term memory.* Scientific American.

Ausubel. D. P & Nopak, J. D & Hanesian, H.(1978). *Educational psychology: A cognitive view*(2nd ed.). New York: Holt Rinehart & Winston.

Baker. J. W.(2000). The classroom flipped using web course management tools to become the guide on the side. Paper presented at the 11th international conference on college teaching and learning. Jacksonville, FL.

BcrgniEnn. J & Sams, A.(2012). Flip your classroom: Reach every student in every class every day. Washington, DC: *International Society for Technology in Education.*

Bishop. J. L & Verleger, M. A.(2013). The flipped classroom: A survey of the research. *In ASEE National Conference Proceedings,* Atlanta, GA.

Blacnk. G.(1990). Vygotsky: Tlie man and his cause. In L. C. Moll (Ed.), *Vygotsky and education.* New York: Cambridge.

Borich. G. D.(2000). *Effective Teaching Methods*(4th ed.). Merrill, Prentice Hall. Cooper, J. M., et al.(1994). *Classroom Teaching Skills(*5th ed.). Lexington: D.C.: Health and Company.

Borich.G. D.(2007). *Effective Teaching Methods*(5th ed.). Upper Saddle River, N. J.: Prentice Hall.

Clark.R. E.(1985). Compounding in Educational Computing Research. *Journal of Educational Computing Research*, 7(2).

Clark.R. E.(1994). *Media Will never Influence Learning.* ETR & D, 42(2).

Donald. A. Maley(1978). *Industrial Art's Teacher's Handbook.* Allyn and Bacon Inc.

Fisher. C. W., et al.(1981). *Teaching Behaviors. Academic Learning Time and Student Achievement: An Overview.* In C. Denham & A. Lieberman(Ed.), Time to Learn, Washington, DC: U. S. Department of Education.

Fulton. K. & Honey.M.(2002). Emerging Technologies in Education. *Educational Technology,* 42(4), 6-8.

Gage. N. L.(1963). Handbook of Research on Teaching. Chicago: Rand McNally & Co.

Henri. F.(1992). Computer conferencing content analysis. In A. Kaye (Ed.), *Collaborative learning through Computer conferencing*. NATO ASI series, Berlin Spring-verlag.

Highet. G.(1950). *The art of teaching*. New York: Random House, Inc.

Hill. J. R & Hannafin. M. J.(2001). Teaching and learning in digital environment: The resurgence of resource-based learning. *Educational Technology Research and Development*, 49(3), 37-52.

Holt.J.(1964). *How Children Fail.* New York: Pitman.

Huizinga. Johan(1955). *Homo Ludens: A study of the play element in culture. Boston,* MA: The Beacon Press. 김윤수(역)(1993). 호모 루덴스. 서울: 도서출판 까치.

Jonassen. D. H.(1999). *Designing constructivist learning environments. In C. M. Reigeluth(Ed.). Instructional design theories and models(Vol. II).* New Jersey: Lawrence Erlbaum Associates, Publishers

Jones. A. S. et al.(1979). *Strategies for teaching. Metuchen,* N.J. The Scarecrow Press Inc.

Joyce. B. & Weil, M.(1972). *Models of teaching. Englewood Cliffs,* N.J.: Prentice Hall, Inc.

Khan. B. H.(1997). *Web-Based Instruction*. Englewood Cliffs: Educational Technology Pub.

Kim. Y. H.(2005). The Recent Progress and Vision of APEC Future Education Consotrum. APEC Future Education Forum, Beijing, China.

Kneller. G. F.(1971). *Introduction to the philosophy of education.* New York: John Wiley & Sons.

Knowles. M. S.(1980). The modern practice of adult education. Chicago: Follett Publishing Company.

Kozma. R.(2000). Reflections on the State of Educational Technology Research and Development. *Educational Technology Research and Development.* 48(1), 545.

Morrill. W. H. et al.(1980). *Dimensions of intervention for student development.* New York: John Wiley & Sons.

Olson. M. H. & Hergenhahn, B. R.(2009). *An introduction to theories of learning*(8th ed.). Pearson Education, Inc.

Ormrod. J. E.(2000). *Educational psychology: Developing learners*(3rd ed.). Upper Saddle River, NY: Merrill Prentice-Hall.

Ormrod. J. E.(2004). *Human learning: Theories, principles, and educational applications*(4th ed). Upper Saddle River, NY: Merrill Prentice-Hall.

Papert. S.(1980). Mindstorms-Children, Computer and Powerful Ideas. New York: Basic Books.

Perkinson. H. J.(1984). *Learning from our mistakes.* Connecticut: Greenwood Press.

Pfeiffer. J. W.(Ed.)(1994). *Training technologies. Library of experiential learning activities.* San Diego, CA: Pfeiffer & Company.

Reay.D.(1994). *Selecting Training Methods.* London: Kogan Page.

Reigeluth. C. M.(Ed.)(1983). *Instructional-design theories and models: An overview of their current status.* Hillsdale, NJ: Lawrence Erlbaun Associates, Pulishers.

Reigeluth. C. M.(Ed.)(1999). *Instructional design theorise and models: A new paradigm of instructional theory.* N.J. Lawrence Erlbaum Associates.

Romiszowski. A. J., & Mason. J. M.(1996). Computer-Mediated communication. In D. Jonassen (Ed.), *Handbook of research for educational communications and technology*(pp. 438-456). Simon & Schuster Macmillan.

Rosenberg. M. J.(2001). *E-learning: Strategies for developing knowledge in the digital age.* New York, N.Y.: Mcgraw-Hill.

Sinpsoa. E. J.(1966). *The classification of educational objectives Psychomotor domain.* Illinois Teacher of Home Ecotiowtcs: 10, 110-114.

Smhh. P, L, & Ragaa T. J.(1999). *Instinctional design*(2nd ed.). New York, N.Y.: John Wiley & Sons, Inc.

Strayer. J. F.(2012). How learning in an inverted classroom influences cooperation, innovation and task orientation. Learning Environments Research, 15(2), 171-193.

Stufflebeam. Daniel L. & et al.(1971). *Educational evaluation and decision making.* Itasca, IL: F. E. Peacock.

Toqeer. R.(2013). Flipped classroom concept application to Management and Leadership course for maximizing the learning opportunities. *The Business & Management Review,* 3(4), 137.

Vygotsky. L. S.(1986). *Thought and language. Edited by Kozulin,* Cambridge, MA: MIT Press.

Vygotsky. L. S.(1987). *The collected works of L. S. Vygotsky, Vol 3.* Edited by R. W. Rieber & A. S. Carton, NY: Plenum Press.

Willis. J.(2000). The maturing of constructivist instructional design. Some basic principles that can guide practice. *Educational Technology, 41*. 5-16.

찾아보기

ㅍ

ㅎ

기타

저/자/소/개

■ 하경표

일본명성대학 대학원 박사
현, 대림대학교 유아교육과 교수
〈저서〉 교육학개론, 학교폭력 예방의 이론과 실제 등

■ 구서연

원광대학교 대학원 유아교육 전공 교육학박사
현, 국제대학교 아동보육과 겸임교수
〈저서〉 교육심리학, 영유아발달 외 다수

■ 김운삼

홍익대학교 대학원 교육심리 전공 교육학박사
현, 강동대학교 유아교육과 교수
〈저서〉 교육학개론, 영유아교수방법론 외 다수

■ 남기양

가톨릭관동대학교 일반대학원 교육방법 및 교육과정 전공 교육학박사
현, 강원관광대학교 간호학과 교직 겸임교수
경동대학교, 대원대학교 교직 출강

■ 송창백

안동대학교 사범대학 교육공학박사 수료
현, 가톨릭상지대학교 유아교육과 교수
〈저서〉 교육학개론, 학교폭력 예방의 이론과 실제 등

■ 안미영

로마 교황청립 살레시안대학교 대학원 교육학박사
현, 제주한라대학교 유아교육과 교수
〈저서〉 교육방법 및 교육공학 등

■ 이다현

공주대학교 대학원 교육학박사
현, 성공회대학교 외래교수
대덕대학교 유아교육과 겸임교수

교육방법 및 교육공학

1판 1쇄 인쇄 — 2018년 8월 25일
1판 1쇄 발행 — 2018년 8월 30일

저　　자 - 하경표 · 구서연 · 김운삼 · 남기양
　　　　　송창백 · 안미영 · 이다현
발 행 인 - 강철원
발 행 처 - 양성원
주　　소 - 경기도 파주시 검산로 173번길 29-20
전　　화 - 031-946-3861(代)
팩　　스 - 031-946-3864
이 메 일 - tnwpub@naver.com
홈페이지 - tnwpub.co.kr
출판등록 - 2015년 8월 31일 제 2015-000211 호

ISBN 979-11-6126-135-5

정가 19,000원